行政法原理

The Principles of
Administrative Law

韩德利　著

中国书籍出版社
China Book Press

图书在版编目（CIP）数据

行政法原理 / 韩德利著. —— 北京：中国书籍出版社，2022.10

ISBN 978-7-5068-9203-2

Ⅰ.①行… Ⅱ.①韩… Ⅲ.①行政法—研究 Ⅳ.①D912.104

中国版本图书馆CIP数据核字(2022)第170390号

行政法原理

韩德利　著

责任编辑	成晓春
责任印制	孙马飞　马　芝
封面设计	东方美迪
出版发行	中国书籍出版社
地　　址	北京市丰台区三路居路 97 号（邮编：100073）
电　　话	（010）52257143（总编室）　　　（010）52257140（发行部）
电子邮箱	eo@chinabp.com.cn
经　　销	全国新华书店
印　　刷	北京睿和名扬印刷有限公司
开　　本	787毫米×1092毫米　1/16
印　　张	32.25
字　　数	514千字
版　　次	2022 年 10 月第 1 版
印　　次	2022 年 10 月第 1 次印刷
书　　号	ISBN 978-7-5068-9203-2
定　　价	98.00元

版权所有　翻印必究

自序
——行政法的精神

法律是什么？法的价值何在？行政法的价值追求是什么？我们研究行政法的目的是什么？这几个问题是必须回答的。

1997年党的十五大提出依法治国的治国理念，2014年党的十八届四中全会专门就依法治国问题专题研究。法治的春天到了。无论是民法界、刑法界、行政法界，还是实务界，对于法治的研究方兴未艾。笔者结合实践经验和三十年来的教学经验，试图对以上问题作出回答。

一、关于法律。我国通说认为法律是由国家制定或认可并以国家强制力保证实施的，反映由特定物质生活条件所决定的统治阶级意志的规范体系。法律是统治阶级意志的体现，是国家的统治工具。

笔者认为，法就是社会规则。法这种社会规则是由国家立法机关代表国家制定的，其核心内容是权利和义务，其基本作用是维护社会秩序和保障公民权利，其价值追求是正义和自由。法这种社会规则具有规范性、概括性、普遍性、严谨性、强制性、公开性、程序性。法的规范性是指法律以规范性文件的方式表现出来，并且为人们的行为提供模式、标准、样式和方向，即规定人们能做什么，不能做什么，必须做什么。法的概括性是指法的对象是一般的人，是可以反复适用多次的。因为法是从大量实际、具体的行为中高度抽象出来的一种行为模式。法的普遍性是指法是所有社会成员共同遵守的社会规则，没有法外之地、法外之人、法外之事。法的严谨性是指法律语言必须是明确的，不能是模棱两可的；法律逻辑结构必须是严谨的，一般而言，构成一个法律的要素有法律原则、法律概念和法律规范。每一个法律规范由行为模式和法律后果两个部分构成。法律是由国家强制力保障实施的，因此法具有强制性。法律不是神秘的，法律必须是公开的。法律制定过程必须公开，法律文本必须向社会公开才能生效，这就是法的公开性。法律的实施必须依照法定程序进行,包括执法程序、司法程序。没有程序保障的法律是缺乏生命力的,其实施结果是不会理想的。

关于法的价值,见仁见智。笔者认为,法的基本价值是保障社会正义,最终价值是保障公民的人权。人权的范畴极其广泛,但是人身权、财产权、政治权利和自由权、生存权、发展权是人权中最基本的方面。法律在维护社会公平正义的基础上,保障我国公民以上基本人权应当是其最根本的价值追求。

二、关于法治。法治的要义就是良法善治。所谓良法就是完善的法律体系,所谓善治就是法律得以良好的实施。良法是善治的前提,善治是法治的目标,法治应当是良法与善治的有机结合。良法是法律形式合理性与实质合理性的统一,其基本要义在于强调法律必须体现理性、表达公意、维护公益和保障人权。善治是指"法律实施"之"善"。善治反映了实质法治主义的价值追求,强调要把制定良好的法律付诸实施,尊重《宪法》和法律的权威,严格依法办事,同时又不机械执法,善于根据法律原则和法治精神创造性地运用衡平的方法适用法律,从而弥补法律局限性。善治以社会公平正义为圭臬,强调在法律实施中不仅注重原则上的统一性,而且要注重不同适用对象的特殊性,做到同样情况同样处理,不同情况不同处理。

法治与依法治国紧密相连。法治是依法治国的必然要求,依法治国必须要依靠法治。依法治国的基本要求是科学立法、严格执法、公正司法、全民守法。依法治国不仅仅是治民、更是治官、治吏。而现阶段我国最大的法治难题就是治官、治吏问题,即关键少数的问题。我国对于违法犯罪的官吏编织了严密的法网,比如刑法、监察法、党规党纪等,但是老虎苍蝇还是存在,可见治吏之难。

三、关于行政法。关于行政法的作用、功能、价值、意义和本质等基础性问题,理论界一直存在争论。至今存在过为人民服务论、人民政府论、平衡论、公共权力论、服务论、政府法治论、公共利益本位论等学说。比较有影响的是管理论、控权论和平衡论三种观点。笔者赞同控权论的观点。控权论,即用法律规范和控制行政权,防止出现越权、滥用职权或者不履行职责等违法行为,通过对政府权力的约束和规范以达到保护人权的目标。首先,上述关于我国法的基本价值同样适用于行政法。因为行政法是我国的法律部门之一,是我国社会主义法律体系的组成部分。行政法的目的应当是保护公民、法人和其他组织的合法权益,最终达到保障人权的价值目标。其次,我国全面推进依法治国,总目标是建设中国特色社会主义法治体系，建设社会主义法治国家。要实现这一目标就要坚持依法治国、依法执政、依法行政共同推进，坚持法治国家、法治政府、法治社会一体建设。其中法治政府建设是关键。要建设法治政府，必须要用法律来约束政府行为。那么这里的法律就是行政法。最后，从权力本身角度观察，行政权属于国家公权力，而公权力是有强制性的。如果不能有效约束它，那么滥用行政权将会给社会、公民和其他组织体带来极大伤害。综上，我国行政法的本质应当是规范和控制行政权的法律，其价值追求是保障我国公民和其他组织体的基本权利不受行政权力的恣意侵犯。

四、关于本书的内容。本书共计四编21章。四编分别是"第一编行政法的基本理论"；"第二编行政行为"；"第三编部门行政法"；"第四编行政司法与行政救济"。基本逻辑结构式是"基本理论——行政行为——监督与救济"。其中第一编和其他编的部分章节，如第七章、第十三章、第十九章理论性较强；剩余其他章节属于法律规范的解读，实用性较强。本书也有创新点，如对于行政行为的含义进行重新提炼；对于行政行为的成立、生效、有效、无效、失效进行了阐释；提出了行政第三人的概念；对于重点部门行政法进行了解读等。总之，本书是站在前人的肩膀上，在提炼前人理论基础上，又进行了重新创作，是一部既有理论性，又具有实践性的一本行政法著作。当然，限于本人的学养，书中难免有不足甚至错误，恳请行政法同仁批评指正。

2022年5月　作者于古城邯郸

目　录

第一编　行政法的基本理论

第一章　行政法的起源与发展 3
第一节　外国行政法的起源与发展 3
第二节　中国行政法的产生与发展 16

第二章　行政法基础理论 37
第一节　基本概念辨析 37
第二节　基本理论体系 44

第三章　行政法基本原则 49
第一节　基本原则概述 49
第二节　行政合法性原则 56
第三节　行政合理性原则 61
第四节　程序正当性原则 65

第四章　行政法的渊源 71
第一节　行政法渊源概述 71
第二节　我国行政法的渊源 74

第五章　行政法主体 89
第一节　行政法律关系 89
第二节　行政主体 95
第三节　行政相对人 106
第四节　行政第三人 110

第六章　行政程序 116
第一节　行政程序概述 116

第二节　行政程序的基本制度 …………………………………… 121
　　第三节　政府信息公开制度 ……………………………………… 128

第二编　行政行为

第七章　行政行为概论 …………………………………………… 141
　　第一节　基本概念分析 …………………………………………… 141
　　第二节　具体行政行为 …………………………………………… 149
　　第三节　抽象行政行为 …………………………………………… 163

第八章　行政处罚 ………………………………………………… 180
　　第一节　行政处罚概述 …………………………………………… 180
　　第二节　行政处罚的管辖与适用 ………………………………… 186
　　第三节　行政处罚程序 …………………………………………… 192

第九章　行政强制 ………………………………………………… 200
　　第一节　行政强制概述 …………………………………………… 200
　　第二节　行政强制措施 …………………………………………… 203
　　第三节　行政强制执行 …………………………………………… 209

第十章　行政征收 ………………………………………………… 218
　　第一节　行政收费 ………………………………………………… 218
　　第二节　税　收 …………………………………………………… 223
　　第三节　征收房屋 ………………………………………………… 234
　　第四节　征收土地 ………………………………………………… 240

第十一章　行政许可 ……………………………………………… 244
　　第一节　行政许可概述 …………………………………………… 244
　　第二节　行政许可的设定 ………………………………………… 251
　　第三节　行政许可的实施 ………………………………………… 258

第十二章　行政给付 ……………………………………………… 270
　　第一节　行政给付概论 …………………………………………… 270
　　第二节　社会救助 ………………………………………………… 276

第三节　社会保险……………………………………… 284
第十三章　其他类型行政行为……………………………… 292
　　第一节　行政确认……………………………………… 292
　　第二节　行政检查……………………………………… 296
　　第三节　行政指导……………………………………… 302
　　第四节　行政合同……………………………………… 307
　　第五节　行政决策……………………………………… 312
　　第六节　行政命令……………………………………… 320

第三编　部门行政法

第十四章　公安行政………………………………………… 325
　　第一节　公安行政概述………………………………… 325
　　第二节　公安执法典型类型…………………………… 331
　　第三节　公安行政执法程序…………………………… 339
第十五章　教育行政………………………………………… 350
　　第一节　教育行政概述………………………………… 350
　　第二节　高校教育行政管理…………………………… 358
第十六章　市场监管………………………………………… 364
　　第一节　市场监管概述………………………………… 364
　　第二节　市场监管行政处罚程序……………………… 371
第十七章　环境执法………………………………………… 381
　　第一节　环境执法概述………………………………… 381
　　第二节　环境执法要求………………………………… 388
第十八章　应急管理………………………………………… 398
　　第一节　应急管理概述………………………………… 398
　　第二节　突发公共卫生事件应急管理………………… 407
　　第三节　生产安全事故应急管理……………………… 412
　　第四节　自然灾害应急救助…………………………… 416

第四编 行政司法与行政救济

第十九章 行政司法行为 ... 425
第一节 行政仲裁 ... 425
第二节 行政裁决 ... 436
第三节 行政调解 ... 443

第二十章 行政复议 ... 450
第一节 行政复议概述 ... 450
第二节 行政复议范围 ... 456
第三节 行政复议主体与管辖 ... 461
第四节 行政复议参加人 ... 465
第五节 行政复议程序 ... 473

第二十一章 行政赔偿 ... 486
第一节 行政赔偿概述 ... 486
第二节 赔偿范围和赔偿义务机关 ... 488
第三节 行政赔偿程序 ... 490
第四节 赔偿方式和计算标准 ... 493

附件：本书涉及的法律、法规等规范性文件 ... 499

第一编

行政法的基本理论

本编共计六章内容，主要介绍了行政法的起源与发展，行政法的基本概念、基本原则，行政法的渊源，行政法主体和行政程序等问题。

第一章　行政法的起源与发展

本章导读：本章介绍了外国行政法的起源与发展问题，重点介绍了新中国行政法和行政法学的历史发展。

第一节　外国行政法的起源与发展

关于行政法的起源有两种说法。一种认为行政法是随着国家的出现而产生的。随着阶级和国家的产生，行政管理和相应的法律制度就随之产生。任何组织体都需要行政管理活动，国家作为人类最为强大的组织体，其行政管理更为细密严格。而规范行政管理活动的规则、制度，体现在国家层面就是行政法。因此，这种观点认为在奴隶社会和封建社会时期就存在行政法，只不过由于当时的法律形式是诸法合体，没有专门的"行政法"这一术语存在。比如我国唐代的《唐六典》，明代的《大明会典》《正德会典》《万历会典》，清代的《清会典》《雍正会典》《乾隆会典》和《光绪会典》等均是古代行政法的表现形式。第二种观点认为，行政法是资产阶级革命胜利的产物，是在资产阶级民主政治和三权分立制度基础上形成和发展起来的。

关于以上两种观点学者们还存在分歧。笔者赞同第二种观点。第一，古代缺乏行政法产生的思想基础。对于行政法价值目标认识，我国先后有管理论、控权论、平衡论、公共利益本位论、服务论等观点。但是究其根本，行政法的价值在于限制公权力，保障人权（关于这一问题，下文专门论述）。而无论是中国古代，还是其他国家的古代，都不存在人权概念。古代也不存在限制公权力、保护公民权的观念。奴隶社会、封建社会的法律只不过是统治臣民、维护政权的工具而已。

第二，古代缺乏行政法产生的制度基础。行政法是在三权分立、权力制衡的基础上产生的。古代中国权力集中于统治阶级。西方中世纪存在世俗权力和宗教权力的分立，但是管理国家和社会的权力属于国王和贵族阶级，也不存在立法权、司法权和行政权的分立。只有在资产阶级革命胜利后，掌握政权的资产阶级按照启蒙思想家的设想制定宪法，创设三权分立制度，行政权和司法权、立法权分离出来，才具备了行政法产生的制度基础。第三，古代缺乏行政法产生的法制基础。古代中国实行诸法合体、民刑不分的法律制度，根本不存在行政法这一法律部门。古罗马虽然有公法、私法和市民法、万民法之分，但也不存在专门的行政法。因此，古代世界不存在行政法产生的法制基础。

一、行政法的产生

行政法产生于法国，法国被称为"行政法之母"。

1789年，法国资产阶级在革命取得初步胜利后，为了号召人民保卫革命成果，于8月26日颁布了《人权宣言》（即《人权和公民权宣言》）。它不仅是法国历史上的第一部人权宣言，也是人类历史上第一部正式的人权宣言，具有极其重要的历史意义。《人权宣言》揭示了天赋人权、自由平等的原则，否定了封建等级制度，体现了摧毁封建君主专制的要求，成为资产阶级夺取政权和巩固政权的思想武器。它实际上宣告了旧封建王权灭亡和资产阶级政治制度的诞生。《人权宣言》同时也是法国历部宪法的序言，对于法国的重大制度作出了安排，尤其是三权分立制度在《人权宣言》得以体现，为行政法的产生奠定了基础。如宣称："凡权利无保障和分权未确立的社会，就没有宪法"，把权利保障和权力制约作为宪法的基本任务。

在法国大革命中，普通法院代表保守势力，站在了革命的对立面。因此，为了保卫革命成果，提高行政效率，防止普通法院对新政权的干扰，法国于1799年设立行政法院，并且在《宪法》（拿破仑宪法）中对其职权作出专门规定。行政法院是法国重要的行政法制机构，也是法国行政法的最大特点。法国行政法的发展与研究都离不开行政法院。可以说，行政法院的产生意味着行政法的诞生。

行政法的产生不仅有深厚的历史背景，还有其独特的经济基础、思想基础和制度基础。

（一）商品经济的发展是行政法产生的经济基础

14、15世纪，地中海沿岸的某些城市已经稀疏地出现了资本主义生产关系的萌芽，但是资本主义时代是从16世纪才开始的。在封建社会末期，商品经济的发展，促进了封建社会自然经济的解体，引起小商品生产者的两极分化。自给自足的自然经济被破坏，大量农民和手工业者破产，从而既给资本主义造成了劳动力市场，又给它造成了商品市场。同时，商品经济的发展，使得新兴资产阶级迫切需要新制度以保护其财产所有权和平等交换权。商品经济的发展不仅催生了新思想，培养了人们的平等与权利意识，同时也为资产阶级革命奠定了经济基础，这是行政法产生的原动力。

（二）思想启蒙是行政法产生的思想基础

17—18世纪发生在欧洲的思想启蒙运动是一场反封建的思想文化运动，是欧洲发生的一次思想解放运动。它既是一次思想解放运动，又是一次资产阶级反封建的政治运动。法国启蒙运动以"百科全书派"为重要力量，以伏尔泰、孟德斯鸠和卢梭等杰出思想家为代表。伏尔泰提倡天赋人权，宣扬自由和平等原则；孟德斯鸠主张"三权分立"；而卢梭在强调"天赋人权"的同时，认为一切权力属于人民。伏尔泰是18世纪法国资产阶级启蒙运动的旗手，被誉为"思想之王""法兰西最优秀的诗人""欧洲的良心"。他反对封建专制制度，主张开明的君主执政，强调资产阶级的自由和平等，批判天主教会的黑暗和腐朽。孟德斯鸠是法国启蒙思想运动的代表人物，他主张"三权分立"以及君主立宪制。他的重要著作是《论法的精神》。在该书中提出了"三权分立"的学说，即国家权力分为立法、行政、司法三种，分别由议会、君主、法院三家掌管，各自独立，相互牵制。他的"三权分立"学说，成为资产阶级政治制度的基本原则。这些思想的提出为资产阶级革命提供了理论根基，同时也为行政法的产生奠定了思想基础。

（三）资本主义制度的确立是行政法产生的政治基础和制度保障

只有砸碎旧制度的桎梏，才能建立新制度。法律制度也是如此。无论是在法国、德国，还是在美国、英国、日本，其行政法律制度均是在资产阶级掌握政权，在本国确立权力分立和权力制衡之后才真正产生和逐步发展完善。

二、行政法的发展

制度的进步必然引起学术的发展，同时，学术的发展又促进制度的完善。行政法也是如此，行政法律制度的产生和发展催生了行政法学的诞生和发展，同时，行政法学的发展又促进了行政法律制度的不断完善和进步。下面就从行政法律制度和行政法学两个角度来探讨法国、德国、英国和美国等西方国家行政法的发展问题。

（一）法国

法国被称为行政法的母国，其行政法律制度的演进应予重视。

1. 司法组织

1789年12月22日，法国国民会议通过了关于改革地方行政区划的法令。这项法案把全国划分为83个郡，改革了选举制度和财税体制，确立了新的司法组织。这是法国历史上最早对近现代意义上的行政组织体系进行划分与规定的法律规范。

2. 行政法院

法国行政法院的前身是国王参事院，一度被废除，后来得以重建，成为国家参事院，即最高行政法院。1799年颁布的《拿破仑宪法》规定，行政法院负有裁决因行政事项而发生的争诉之职责，但是其没有独立的审判权，主要作为国家元首的咨询机关存在。19世纪30年代底，行政法院设立内设机构——诉讼处，开始行使一定的审判权。1872年，法国恢复了因普法战争而被取消的最高行政法院，并且确立了其独立审判权。

3. 争议法庭

1872年5月，法国通过法律设立了权限争议法庭，负责裁决普通法院和行政法院之间的审判权限争议。之后在1932年、1960年分别通过争议法令，赋予了争议法庭更多职能。

4. 地方行政法庭

1953年9月，法国通过法令设立地方行政法庭。凡是法律未规定由普通法院审理的行政诉讼案件，都以地方行政法庭作为初审法庭。

5. 上诉行政法院

1988年，法国根据《行政诉讼改革法》创设上诉行政法院。上诉行政法院在法国共设立了五个，其主要职能是审理地方行政法庭的上诉案件。

6. 行政诉讼法典

2001年1月1日，《法国行政诉讼法典》生效。它是法国有关行政诉讼最完整、最具体的程序法典。

行政法学是行政法的伴生物，随着行政法的产生而产生的。根据法国著名行政法学家莫理斯·奥利佛（Maurice Hauriou）的观点，法国近代行政法学的形成和发展，在"二战"之前大体可以分为三个时期，即"潜在的创造期""明显的形成发展期""组织化的时代"。

第一,"潜在的创造期"(1800年至1818年)。这一时期,法国行政法院的审判职能还不健全,处理行政案件的判例尚未公开,有关行政法研究的系统著作也没有面世。随着法国行政法院各种活动的展开,学者们已经注意到它在法国政治和法律生活的重要意义,从此就开始对未公开的判例进行阐释。1814年出版的马卡雷尔的《行政判例要论》就是这方面的代表性成果。该时期也是法国行政法学诞生的准备期。

第二,"明显的形成发展期"(1818年至1860年)。该时期在法国行政法学界出现了几件较大的事件,这些事件有力地推动了法国行政法的发展,从而最终导致了法国行政法学的诞生。第一件大事是1818年至1860年法国行政法学界关于行政法院改革的论战。由于自1799年法国行政法院建立以来,它的功能并不是十分完善,因而众多学者都在讨论行政法院的功能转变问题,其中有"行政国家论"的观点,也有"司法国家论"和"行政裁判国家论"的观点。经过论战,"行政裁判国家论"成为主流观点。第二件大事是行政法讲座在法国大学的开设。1819年3月24日,根据国王的敕令,在巴黎大学法学院创设了"行政法讲座",以此来适应有产阶级与市民了解国家租税、警察行政、土地征用、公共工程建设事业等方面行政法知识的需要。自此至1837年12月12日,根据法王的敕令,法国全国各个大学的法学院中全部设立了"行政法讲座"。第三件大事是"巴黎学派"和"普瓦捷学派"的形成和发展。这两个学派分别依托于巴黎大学法学院和普瓦捷大学法学院,故而得名。"巴黎学派"和"普瓦捷学派"的形成及其活动,积极地推动了法国行政法学的发展。第四件大事是论述行政法各论的作品大量出现。1840年以后,法国出现了以行政法院成员为核心的构筑行政法学总论体系的活动。行政法院副院长、建设部部长和国会议员维因在1845年出版的《行政研究》一书中,首次将行政法分为总论(总则)和各论(分则)两大部分,从而在法国最早开始对行政法总论的研究。第五件大事是行政法各论的论述作品大量增加。各论对提出行政法学的众多概念很有帮助,如"行政法""行政法学""越权诉讼""公益""行政事务""警察行政""权力行为""公权力国家"等,都是在这些行政法各论中得以提出和成为固定用语的。

第三,"组织化的时代"(1860年至20世纪20年代)。在此时期,法国出现了许多开创性的行政法学者,其代表人物有奥柯、拉弗里耶尔、贝泰勒米、狄骥和奥里乌等人。他们的作品使得法国行政法学最终定型。奥柯继承和发展了"巴黎学派"的观点,认为行政机关进行公共服务的这种管理行为,属于行政行为,应当接受行政审判的管辖。这种理论观点成为日后狄骥的"公共服务理论"的源泉。奥柯的理论在法国行政法学历史上占据着重要的地位。在19世纪占据法国行政法学统治地位的"公共权力理论"在19世纪末遭到了以狄骥为首提出的"公共服务理论"的挑战,并最终被后者所取代。狄骥的"公共服务理论"成为20世纪初法国行政法学的主流学派。奥里乌的《行政法精义》是法国历史上第一本关于行政法总论的体系书,该书的出版,标志着法国总论性质的行政法学最终定型。奥里乌提出了不同于以往"公共权力理论"与"公共服务理论"的"制度理论"。该理论更加强调行政的公共权力性质与公共服务目的之间的平衡。奥里乌认为,公共服务是行政要实现的目的,而公共权力是实现这种目的的手段。奥利乌的制度理论带有狄骥和莱菲利埃尔理论折中的色彩。继狄骥的公共服务理论,奥里乌的制度理论成为其提出后的主流学说。

"二战"以后,法国行政法学又取得了较大的发展。在基础理论方面,在狄骥和奥里乌的公共服务理论和制度理论基础之上,行政法学界又进一步衍化出了诸多分支学说。而在总论方面,法国行政法学开始形成了成熟的体系构造。1962年,法国教育部规定给法科学生开设的《行政法》课程应该按照如下体系授课:(一)行政与行政法;(二)行政审判制度与行政诉讼;(三)行政组织;(四)行政作用总论;(五)行政的各种行为;(六)国家赔偿责任。此外,在行政法各论方面的研究,法国行政法学也有了长足的进步。

法国行政法具有两个明显的特征:一是独立的行政法院系统。解决行政活动是否违法的争端,不由普通法院管辖,而由行政法院管辖。行政法院和普通法院是两个互相独立的审判系统,前者受理行政诉讼,后者受理普通诉讼。二是行政法主要由判例构成。法国行政法的主要渊源并不是成文法典,而是源于行政法院的判例。法国的经典行政法理论都是在19世纪末期和20世纪初期根据最高行政法院的判决发展而来的。因为行政法院存在的历史比较短暂而且行政法没有像民法和刑法那样完备的法典,所以行政法院在实践中必须更多地依靠判例。

(二)德国

德国与法国虽然同属大陆法系国家,但是其行政法的发展轨迹却具有自己的特色。15世纪的德国,开始出现警察法及与维护社会秩序有关的法律,这便是德国行政法的萌芽。但德国近现代意义行政法的产生是从19世纪初开始。德国历史经历了警察国、自由法治国、社会法治国三个时代，相应地就出现了警察行政、法治行政和给付行政三种行政方式。（1）警察行政在 18 世纪之前的德国封建时代，即警察国时代。当时也存在警察法之类的管理国家和社会事务的"行政法"，但是这些法律只不过是维护封建专制统治的工具而已，不是近代意义的行政法。（2）18 世纪末至 19 世纪初德国逐步进入资本主义社会，国家进入自由法治国时代。国家职能发生转变：一是适应资本主义自由竞争的需要，国家对经济和社会生活的干预减少，只保留维护社会秩序和公共安全消除危险的职能；第二，实行法治原则，国家对社会经济生活和公民自由的干预必须有法可依。近代行政法应运而生。（3）"二战"之后，德国逐步进入社会法治国时代。第一是国家具有广泛的社会管理职能；第二，国家职能的扩展导致法律对行政的约束更为迫切，法治的内容更加丰富；第三，给付行政不断发展，德国进入福利行政社会。

德国行政法的发展，具有典型意义的法律事件包括：（1）行政法院设立。巴登在 1863 年首次建立独立的高等行政法院，这是德国第一个独立的行政法院，对德国行政法院体系的建构具有重要意义。1875 年，普鲁士设置了独立的行政法院体系，包括初等行政法院、中等行政法院、高等行政法院三个等级。普鲁士的做法对德国行政法和行政诉讼制度的完善，起着主要的奠基作用。（2）1883 年普鲁士颁布《普鲁士一般行政法》，规定了强制执行、法律救济等制度。（3）1926 年图林根州通过了第一个州行政条例，调整一般行政法与行政程序法的主要领域。（4）1931 年符腾堡州公布了《一般行政程序法草案》，这是德国历史上第一次以行政程序法规范行政法院及其活动。（5）1952 年 9 月 23 日，联邦行政法院设立。（6）《行政程序法》出台。1960 年起草行政程序法示范草案，1966 年进行修改；1976 年行政程序法通过；1996 年、1998 年进行了两次修改。（7）1960 年颁布《行政法院法》，该法规定了行政法院的组织制度、法官制度、审判制度、执行制度等。（8）《国家赔偿法》出台。1970 年开始起草国家赔偿法，1978 年联邦政府向联邦议会提交立法草案，1981 年联邦总统签署国家赔偿法，至此该法正式生效。（9）1978 年，联邦司法部公布行政诉讼法草案。

德国行政法学历史久远，结构完整，理论深邃。德国行政法学发端于 19 世纪中叶。（1）1852 年，法学家伯格提出国家与公民之间的关系是一种法律关系，公民对这种法律关系有权要求法律救济。1864 年，奥托·贝尔出版《法治国——一个政治提纲》一书。贝尔在该书中提出，法治国家最根本的原则是依法行政，因而行政必须接受司法审判，行政事件必须由司法机关裁判。1865年，伯格出版《德国国家法体系原理》一书。伯格认为法治国家的实质意义就是行政领域必须要有确切的法律规范，以防止权力滥用。同时，他还认为行政法要建立自己的理论体系，必须要独立于宪法而存在和发展。（2）奥托·迈耶——德国行政法学集大成者。德国行政法学在经过50年来的发展后，直到1895年时任史特拉斯堡大学教授的奥托·迈耶出版了一部上、下两册《德国行政法》，可说是达到19世纪行政法研究的最巅峰。迈耶讨论了警察国家的概念与法治国的原则，从法学的角度讨论警察国家的概念，特别是举出了警察国家已发展出将国家视为一个"国库"的法人组织，也使得国家由专制国家递嬗到现在的法治国家有一个过渡阶段。迈耶分章讨论行政法的基本原则为"依法律行政"，同时揭示出一个至今仍为行政法重要原则的"比例原则"；开创出行政处分(具体行政行为)的概念；行政法律关系方面，提出了影响后世甚为深远的所谓"特别权力关系理论"。另外，迈耶也提及公法权利、行政法法源及公权力对人民财产的侵害，例如对财产的公用征收，等等。迈耶的巨作不仅对于德国行政法的发展有重大影响，甚至对亚洲行政法的发展也具有重要影响。（3）第一次世界大战后，德国政府的行政职能发生了变化，行政法理论也作出了回应。1938年，福斯特霍夫在其发表的《作为给付主体的行政》一文中提出了"生存照顾"和"给付行政"理论。该观点丰富了行政法学理论，为以后福利国家理念奠定了基础。（4）第二次世界大战之后，德国的行政法理论又有了新的变化和进展。1956年，汉斯·J·沃尔夫、奥托·巴霍夫和罗尔夫·施托贝尔三人合著《行政法》一书，提出了行政法应由本国行政法、外国行政法和国际行政法三部分组成。该理论是战后德国行政法从形式法治走向实质法治的指导纲要，同时也是当代德国行政法理论与实践的领先著作。1980年，哈特穆特·毛雷尔出版了《一般行政法》一书。在该书中毛雷尔研究了行政活动方式、国家赔偿、行政组织、行政程序等制度，探讨了行政法的理论基础、历史发展、宪法依据等理论问题，对于当代德国行政法的发展具有重要理论价值。

德国行政法具有三个特点：第一，完备的成文法体系。德国虽然与法国同属大陆法系国家，但是不同于法国在行政法领域以判例法为主的风格，德国在行政法领域具有完备的成文法体系。德国1976年的《行政程序法》和1960年《行政法院法》分别近似于行政实体法法典和行政诉讼法法典，构成其完整的行政法基础。第二，独立的行政法院系统。在普通法院之外，德国有独立而自成体系的行政法院，行政案件由行政法院审理，普通法院无权管辖。德国的行政法院属于司法机关，不受行政部门干预，具有很强的司法性，而非行政性。德国的行政法院，从组织设置上考察，分为三级：初等行政法院、高等行政法院和联邦行政法院。第三，程序实体合一化。德国有发达而完整的行政程序法，早在1963年德国就有"行政程序法标准草案"。现行的行政程序基本法，是1976年制定的《行政程序法》。但德国行政法中的"行政程序"并非是单纯的"程序"，它同时包括我们所理解的"行政实体"。例如，行政处分的构成条件、公法契约和国家责任等行政实体法问题，在德国均通过行政程序法加以调整和规范。

（三）英国

英国属于普通法系国家，没有公法、私法之分，因此很长时期内英国不存在专门的行政法。同时，英国长期以来没有设置独立的行政法院系统，各类案件包括行政案件都由普通法院管辖，因此也缺乏行政法存在的土壤。但是行政法是客观存在的。尤其是随着社会的发展，到19世纪末诸多的社会问题需要行政法加以解决，保守的英国法治观无法适应新的社会现实，于是行政法概念逐步被承认，并在制度上有了较大的发展。英国行政法发展史上重要的法律事件包括：（1）1215年《大宪章》签署，不仅意味着英国宪法的起步，同时最重要的是王权开始受到限制。1689年《权利法案》的签署，进一步限制王权，加强议会权力。1947年《王权诉讼法》签署，规定英王和其他行政机关一样要承担赔偿责任，从而确立了英国国家赔偿制度。（2）1883年，法院规则改变。在行政法上，宣告令之诉针对包括王室在内的各种政府机构的越权行为的有效救济，且适用范围广泛，无强制威胁。（3）行政裁判所的设立和改革。行政裁判所是指根据英国议会法令所建立的、专门处理某一类行政争议的机构。它产生于20世纪，因程序简便、办案迅速、费用低廉且具有专门知识而迅速发展。它在组织上和行政机关有联系，但活动上保持独立性质，不属于普通法院系统。它的类型很多，有些与法院非常相似，但大部分与法院不同；名称也不统一，最常见的名称有委员会、局、裁判所和专员等。裁判所具有准司法权，以类似于法院的程序和方式开展活动。裁判活动坚持公开、公平和无偏私的规则，程序上无统一的程序法典，各裁判所根据工作对象不同而异，但大都采用对抗式进行。1921年，英国议会颁布了《裁判所和调查庭法》，正式建立了行政裁判所。1957年，弗兰克斯委员会向议会提交了《行政裁判所和调查法》的报告，对裁判所提出了改革意见。1958年，英国议会通过《行政裁判所和调查法》，这是英国行政法发展史上的一个里程碑。裁判所进行了全面改革。此后，裁判所的权力得到普遍认可。（4）2000年，议会通过《信息公开法》，规定公共机构有责任根据公众提出的申请公开相关信息。

英国行政法学的发展有着自己的特色。英国著名的法学家A.V·戴雪在1885年出版的《宪法学导论》中指出：行政法是法国的东西，是保护官吏特权的法律。在这种制度下，支配政府和公民的关系的法律和支配公民相互关系的法律不一样，是两种不同的法律体系，由两种不同的法院系统管辖。给予官吏特别保护，和英国的法治原则不相容。因此英国不存在行政法。他的观点在英国有着广泛的影响，同时也受到了大量的批判。英国行政法学发展史上著名的理论和著作包括：（1）19世纪90年代，戴雪和韦德提出的红灯理论。该理论认为行政法的核心是对行政权的控制。（2）20世纪20年代，越权无效原则。这一原则是英国行政法的核心原则。根据英国法院判例的发展，越权无效主要有三种情形：一是违反自然公正原则；二是程序上越权；三是实质上越权。（3）20世纪30年代，詹宁斯和罗伯森为代表的法学家提出的绿灯理论。该理论以自由或社会为导向，本质更注重效率。（4）1961年，威廉·韦德的《行政法》是英国行政法学的经典著作，在国际上享有盛誉。该著作详细介绍了英国行政法的发展与演进，介绍了英国行政法的原则、英国的司法体制、英国的政府体制等内容。（5）1967年，M·维尔在其著作《宪政与分权》中重点论述了程序价值理念。（6）2003年《英国行政法教科书》。本书是莱兰和安东尼合作编写并历经修改的一本教科书。在该书中提出了黄灯理论。所谓黄灯理论，就是旨在对行政进行内外控制与让行政机关独立工作之间寻找平衡。

英国行政法主要有四个特征：第一，行政法是普通法的组成部分。英国没有公法、私法之分，没有单独的行政法这一法律部门。行政法只不过是英国普通法的一个组成部分而已。第二，英国的行政法是不成文法。行政法很少有成文的法律文件，其基本内容主要是：法官对无数案件的判决而形成的有关控制行政权行使和保护公民权益的一系列基本原则的集合体。第三，在行政法的价值或功能的认识上，强调行政法是控权法，即限制政府权力的法。第四，英国没有独立的行政法院体系，行政诉讼和民事诉讼、刑事诉讼一样都由普通法院管辖。

（四）美国

美国行政法受英国行政法的影响，同样产生较晚。美国行政法的产生是同政府积极干预经济相联系的,1887年成立的州际贸易委员会被认为是美国行政法的开始。从罗斯福"新政"开始,美国行政法迅速发展,1946年《联邦行政程序法》的制定是美国行政法上划时代的法律,该法以美国《宪法》中的正当法律程序为基础,建立起准司法的行政程序。对美国行政法具有重大影响的法律和法律事件包括:(1)美国《宪法》。1787年美国制定了世界上第一部成文《宪法》,确立了三权分立的立国原则。1868年7月美国《宪法》第14条修正案生效。该修正案确立了正当法律程序原则,规定任何政府机关的行为必须符合该原则。实质上是限制政府的公权力,保障公民的私权力。(2)1887年国会通过《州际商业法》,设立州际商业委员会。美国行政法正式诞生。(3)《美国联邦行政程序法》,1946年生效,1966年9月6日编入《美国法典》,1978年第95届国会曾作过修订。它是关于美国联邦政府制定和实施行政条例,决定及司法复审权的法律。其主要内容:第一,在颁布新条例之前要进行通知,包括听证的地点、日期及建议更改的主要内容。第二,在联邦政府纪事中公布所有的通知及新的或修订后的行政命令、规章和条例。第三,对因行政机构实施活动而受到侵害的任何人,有司法复审权,法院可以撤销行政机构的决定或行为,只要认为这种行为是不公平的、专断的、违宪的或不能被事实证明。(4)1946年《联邦侵权赔偿法》。该法确立了美国国家赔偿制度。(5)关于政府信息公开方面的法律。①《情报自由法》主要内容是联邦政府的记录和档案原则上向所有的人开放,但是有九类政府情报可免于公开。公民可向任何一级政府机构提出查阅、索取复印件的申请。政府机构则必须公布本部门的建制和本部门各级组织受理情报咨询、查找的程序、方法和项目,并提供信息分类索引。公民在查询情报的要求被拒绝后,可以向司法部门提起诉讼,并应得到法院的优先处理。该法于1967年6月5日由美国总统批准,同年7月6日施行,是美国当代行政法中有关公民知情权的一项重要法律制度。后来在1974年、1976年、1986年做了三次修改。②《阳光下的政府法》是一部规定美国合议制行政机关会议公开举行的法律。依据该法,公众可以观察会议的进程,取得会议的文件和信息。该法于1976年9月13日由美国第93届国会参众两院通过,1976年国会修订《美国法典》第五编"政府组织与雇员"时,将其列为第552b节。③1974年《隐私权法》。该法案适用于美国公民和在美国取得永久居留权的外国人。该法案对政府机构应当如何收集个人信息、什么内容的个人信息能够储存、收集到的个人信息如何向公众开放及信息主体的权利等都做出了比较详细的规定,以此规范联邦政府处理个人信息的行为，平衡隐私权保护与个人信息有利利用之间的紧张关系。

美国的行政法学起步较晚，直到1893年第一部行政法著作《比较行政法》才出版。对于美国行政法发展具有较大影响的代表人物和著作主要包括：（1）古德诺。古德诺是美国政治学家教育家，其学术成就主要是在行政法学领域，是美国公共行政与市政学的重要的奠基人和权威。著有《比较行政法》《政治与行政》《美国的市政府》《美国行政法原理》等。其中，《比较行政法》（1893）是其成名作，该书被译成多种语言，使古德诺称誉于全世界。1900年的《政治与行政》是古德诺的另一部代表作。该书被称为美国行政学的第一本专著，与伍德罗·威尔逊的《行政学之研究》（1887）一文并成为美国行政学的开山之作。他系统阐述了政治与行政分离理论，认为政治是表示国家意志的领域，行政是实现国家意志的方法和技术，行政不应受政治权宜措施及政党因素的影响。它反映了当时美国社会反对政党分赃制，进行行政改革，实行科学管理的要求，对美国的行政实践和理论研究都产生了深远的影响，并成为第二次世界大战以前行政学研究的出发点。（2）1932年弗兰克福特出版了《行政法案例》，这是早期比较有影响的判例著作。（3）1958年戴维斯教授出版了《行政法论》一书，该书对美国现行行政法进行分析，提出理论和原则。（4）1975年斯图尔特教授出版《美国行政法的重构》一书，提出了"行政法的利益代表模式"理论。（5）1991年美国著名行政法学家B·施瓦茨对行政法进行了重新定义，认为行政法是控制政府活动的法律，它规定行政机关的权力、权力行使的原则和人民受到行政活动侵害时的救济手段。

美国行政法主要特点在于：第一，以行政程序法为核心。行政程序法在美国行政法中有特殊重要的地位，行政程序法除了规定行政机构实施的影响相对人权益的行政行为的基本程序和规则外，还规定了相对人权益受到行政行为侵害时请求行政救济和司法救济的途径。第二，价值追求多元化，包括公平、正确、效率和责任政府等。第三，行政法的法典化程度比较高，判例法与成文法不分上下，形成良性的互动关系。成文法吸收和改变判例法，判例法发展成文法。美国行政法中最重要的法律是《行政程序法》《情报自由法》《隐私权法》《联邦侵权赔偿法》《阳光下的政府法》等。第四，美国属于联邦制国家，联邦行政法和州行政法并存。

三、当代行政法的发展趋势

随着社会经济文化的发展,以及全球化的影响,当代行政法出现了福利行政、行政法全球化等发展趋势。

(一)两大法系行政法相互借鉴、日趋融合

大陆法系和英美法系有着明显的差异:(1)大陆法系有公法、私法之分,行政法属于公法范畴;英美法系不存在这一分类,行政法只是其法律体系的一部分。(2)大陆法系国家一般设置专门的行政法院系统,独立审理行政案件;英美法系不存在这一系统,所有案件都由普通法院审理。(3)大陆法系对行政法的理解宽泛,既包括实体法也包括程序法,既包括外部行政法又包括内部行政法;英美法系通常是从狭义的角度理解行政法的概念,其内容比较狭窄,一般是指程序法。

但是现在两大法系的行政法相互借鉴,出现了一定程度融合的趋势。如英美国家的学者逐步认可广义的行政法,认为行政法包括实体法和程序法。英国虽然没有独立的行政法院系统,但是其行政裁判所却发展迅猛,其行政裁判权日益获得社会认可;美国虽然属于判例法国家,但是其在行政法领域却以成文法见长。又如大陆法系国家现在普遍认识到程序控制对于行政法的意义,逐步学习英美法系国家的行政程序制度,并以立法形式固化。例如,法国作为大陆法系的典型,但在行政法领域却以判例法见长等。

(二)给付行政、积极行政、福利行政发展迅猛

当代行政法的发展首先在观念上发生了深刻的变化,即各国普遍强调行政的积极性,出现了给付行政、服务行政等新的行政观念。近年以来,社会发展要求行政机关提高效率,增进整个社会福利。各国议会以越来越多的模糊的规定对行政机关授权,使各国政府越来越积极行政,以提高行政效率,增进人民福祉,提升本国人民的获得感与幸福感。

(三)行政法国际化

传统行政法调整的范围只限于国内,因而被理解为国内公法的一部分。但是随着法律文化的相互交流与发展,传统行政法的调整范围得到扩大,内容及其调整方式出现了国际化趋势,法律法规的内容更多地涉及涉外方面。

第一,行政法区域化。以欧盟为例,所有欧盟国家必须遵守欧洲议会制定的法律,其国内法如果与欧盟法相冲突,以欧盟法为准。这就是典型的区域行政法。类似的情况很多,如东盟国家要遵守东盟法律和条约等。

第二，行政法全球化。以世贸组织为例，所有成员国都要遵守世贸规则，如果其国内法与世贸规则相冲突，以世贸规则为准。我国在 2001 年加入 WTO 以来，就迅速修改商标法、专利法等国内法，以适应世贸规则的要求。另外，随着全球治理观念的提出，在很多领域都需要各国协作，才能解决问题，如气候问题、经贸问题等。因此，行政法的全球化势在必行。

第二节　中国行政法的产生与发展

行政法对于中国来说属于舶来品，其最早是在清末民初引入我国的。行政法的本土化、中国化经历了一个曲折的过程。

一、中国近代行政法的产生和发展

（一）清末变法

晚清时期，为了挽救腐朽没落的封建统治，统治当局开展了变法图强的运动。洋务运动、戊戌变法、清末新政与立宪活动先后登场，但是都以失败告终。在戊戌变法时，行政法作为变法内容之一进入国人视野。汉语"行政法"一词，于 1889 年首次出现在梁启超编译的《各国宪法异同论》一文中。梁启超在《各国宪法异同论》一文中指出："政府之大臣，合而共执一切之政务，又分而各执各种之政务者也。故有行政法上、刑法上之责任。若违法之事，必不可不受其罪。故法律敕令，必要政府大臣签名云。"后来"行政法"一词广泛出现在译著、著作、论文、大学讲义、法令汇编以及文官招录考试科目之中。

清末变法涉及诸多方面，与行政法有关的主要是官制改革和立宪活动。在官制改革方面主要包括：《厘定官制宗旨大略》《内阁官制草案》《外务部官制》《吏部官制》《民政部官制》《度支部官制》《礼部官制》《学部官制》《陆军部官制》《海军部官制》《法部官制》《农工商部官制》《邮传部官制》《理藩部官制》《各部官制通则》《行政裁判院官制草案》《度支部职掌员缺章程》《各省学务官制》《礼部职掌员缺》《农工商部职掌员缺》《内阁官制各省官制通则》《内阁官制》《内阁办事暂行章程》《州县改选章程》《切实考验外官章程》等。实际上，这些法律都属于行政组织法的内容。

清政府根据出国考察宪政的清宗室载泽、端方等五大臣的意见，于 1906 年下诏预备立宪。1907年在中央筹设资政院,在各省筹设咨议局。1908年,清政府宣布"九年后实行立宪",同时颁布《钦定宪法大纲》。1911年爆发辛亥革命,清政府公布《宪法重大信条十九条》企图挽救自己,但已无效。清末的"预备立宪"主要涉及三个方面的内容:一是行政改革,包括司法改革、教育改革,其核心是官制改革;二是设立议会;三是实行地方自治。

在其他方面,为了加强报纸新闻业管理,清政府还专门制定了《大清印刷物专律》《大清报律》;为适应商业经济的发展,专门制定了《商标注册试办章程》《商会简明章程》;针对近代学堂的迅速兴起,专门重新修订了《学堂章程》;针对城市管理,还制定了《警务局章程》《传染病预防法》《改定清道章程》等。这些法律都包含近代行政法的内容。

(二)民国时期

民国时期行政法律制度初具规模。(1)在政府组织法方面,孙中山于1912年1月30日以临时大总统令颁布了《中华民国临时政府中央行政各部及其权限》,以尽快建立、完善中央机关的组织和制度。同年2月6日,总统府下的法制局起草了《各部官制通则》,并交参议院议决。同时还制定了《中央行政官官等法》《官俸法》等官吏管理的法律。而后又颁布了《文官任免执行令》《文官考试令》《文职任用令》等文官管理的程序性规定。南京国民政府的国家各行政机关组织单行法的颁布已渐臻完备,主要有《中华民国国民政府组织法》《行政院组织法》《立法院组织法》《司法院组织法》《考试院组织法》《监察院组织法》等。(2)在行政行为法方面,1913年4月1日,《行政执行法》公布施行。该法一直沿用至1932年12月28日新的《行政执行法》公布施行后才废止。(3)在行政救济法方面,1914年公布了《行政诉讼法》《纠弹法》《诉愿法》。北洋政府于1914年设立平政院,中国建立了行政诉讼制度。1932年11月27日,国民党政府颁布了《行政诉讼法》,1945年4月16日又颁布了《行政法院组织法》。这两部法律规定,行政法院与普通法院二院分立,专门处理行政诉讼案件。(4)在部门行政法方面,民国时期制定的法律法规则更加繁多。如经济财政税收法规主要有《会计法》《审计法》《审计法施行规则》《盐税条例》《制盐特许条例》《整理盐务大纲》《国币条例》《矿业条例》《矿业注册条例》《民业铁路条例》《民业铁路法》《商会法》《工商同业公会规则》《狩猎法》等;治安行政法主要有《国籍法》《国籍法施行细则》《领署给发护照简章》《侨商回国请领护照简章》《请领出洋经商护照章程》《戒严法》《治安警察条例》《预戒条例》《警械使用条例》等；文化教育法规主要有《国民体育法》《古物保存法》《电影检查法》《教育会法》等。

（三）近代行政法学的发展

旧中国时代，外有侵略者虎视眈眈，内有军阀混战，人民流离，政府权威丧失。所以，政府制定的法律实施效果极差。尤其到了南京国民党政府时期，其所颁行的法律更成为镇压人民、维护其独裁统治的工具。因此，旧中国只能说有了行政法律制度，而不存在行政法治。但是，在这样的国情下，行政法学却在中国大地上悄然落地、生根、发芽，并逐步成长起来，这不能不说是法学发展史上的一个奇迹。

旧行政法学的产生，主要借鉴了日本行政法学的理论。由于戊戌变法是以日本的明治维新为榜样的，当时的行政法学也基本上借鉴了大陆法系行政法学的理论，尤其是日本的行政法学理论。

（1）译作的传播。中国第一篇行政法译文当属1900年12月6日《译书汇编》第1期发表的德国学者海留司烈的《社会行政法论》。从1902年白作霖将日本浮田和民翻译的美国古德诺《比较行政法》转译为中文，到1911年用中文出版的行政法著作，共计39部。这些译作的传播对于旧中国行政法学的生成起到了巨大的作用。

（2）行政法教科书的诞生。我国第一部行政法教材当属1920年钟赓言先生撰写的《行政法总论》。该讲义由和记印刷局印刷，传播广，影响大，体系完整，在以美浓部达吉为代表的日本行政法学的基础上有所发展。

（3）行政法学教育的开端。法学的发展离不开法学教育，行政法学亦然。行政法课程设置发端于京师大学堂。1902年，清政府颁布的《钦定京师大学堂章程》中专门为科甲出身已入仕途之人肄习政法而设立仕学馆，其课程设置中就包括前两年在政治学课目中的行政法课程，这可以说是近代中国法律教育中最早由国家批准开设的行政法课程。京师大学堂又特设进士馆，学制3年，并于1903年和1904年分别颁布了《奏定进士馆章程》。其中在第一年每星期开设4个钟点的教育行政法课程。在第三年每星期开设6个钟点的各国行政法课程。1903年颁发了《大学堂章程》规定了政法科大学分2门：政治门和法律门。政治学门课目中将"各国行政机关学"设为主课，开设时间为第三学年和第四学年，每星期1个钟点；而在法律门课目中却将"各国行政机关学"设为补助课，开课时间仅为第一学年，每星期1个钟点。此外，1909年，青岛特别高等学堂设有法政科，并开设了行政法课程。行政法学教育为行政法学的发展储备了大量人才。

（4）到20世纪20年代，中国行政法学基本完成了创建工作。其最主要的成就为确立了旧中国行政法学的基本范畴和基本原理。在20世纪二三十年代的中国行政法学著作中，已经确立起行政组织、公法人、行政行为、行政强制执行、行政损害赔偿、行政损失补偿和行政救济等行政法学基本范畴，阐明了行政法治、行政行为的效力、公法关系、特别权利关系、行政诉讼等行政法学基本原理。其中白鹏飞先生的《行政法总论》和钟赓言先生的《行政法总论》，对于我国行政法理论体系构建完成具有标志性意义。

（5）旧中国行政法学的发展有着自己独有的特征。第一，发展行政法与行政法学的目的明确，就是为了救国图强。当时的中国内忧外患，包括知识分子在内的有识之士各尽所能，有实业救国，有变法救国，有科学救国等。行政法学在中国的生成和发展是知识分子寻求救国道路的一种表征而已。第二，法律移植特征明显，包括法学也是学习借鉴国外的学说而生成。甲午战争泱泱大国被蕞尔小邦战败，对国人刺激极大，于是我国当时兴起了东渡日本学习之风，其中就包括学习日本的法律制度。虽然民国年间在行政法领域曾出现过"大陆派"与"英美派"的论争，但是最后我国当时还是借鉴了日本的行政法制度。对于旧中国行政法学的产生和发展影响较大的主要是德国、日本。第三，旧中国不存在宪政基础，民主法治建设在战乱年代是一种奢望，因此当时的行政法学只能是脱离社会现实的"纸上建筑"，只能对未来社会起到一种文化积累的作用。所以说，旧中国的行政法学只能是一个历史性的法文化现象。

二、新中国行政法的建设与发展

新中国成立以来，行政法治（制）[①] 建设和发展历经四个阶段：

（1）行政法制建设探索和挫折阶段（1949—1978）；

（2）行政法制重建阶段（1978—1989）；

---

① 法制与法治是两个不同的概念。1999年3月，全国人民代表大会对1982年《宪法》进行修改，将法治与法治国家予以《宪法》确认："中华人民共和国实行依法治国，建设社会主义法治国家。"1997年，党的十五大提出"依法治国"基本方略。在这次大会中，"法制"改为"法治"。

（3）行政法治的确立和发展阶段（1990—2012）；

（4）行政法治全面推进阶段（2012— ）。

（一）行政法制建设探索和挫折阶段（1949—1978）

1949年2月，中共中央印发《关于废除国民党的六法全书与确定解放区的司法原则的指示》，明确宣布废除国民党的《六法全书》，建立人民的法制。由此，中国共产党在法制的废墟上开始重新搭建新的社会主义法制。探索和挫折阶段可以分为两个时期。

1. 行政法制建设起步和初创时期（1949—1957）

这一时期在行政法制建设建设方面的主要成就：（1）行政组织法基本健全。1949年9月，政治协商会议在京召开，会议通过了《中国人民政治协商会议共同纲领》（以下简称《共同纲领》）、《中央人民政府组织法》和《中国人民政治协商会议组织法》。以《共同纲领》为基础，中央人民政府和政务院先后通过了《人民法院暂行组织条例》《最高人民检察署暂行组织条例》等法律文本。1954年，第一届全国人民代表大会第一次会议在京召开，通过了中华人民共和国第一部宪法，简称"五四宪法"。此后到1956年，在"五四宪法"的指导下，又陆续制定了《全国人民代表大会组织法》《国务院组织法》《人民检察院组织法》《人民法院组织法》《地方各级人民代表大会和地方各级人民委员会组织法》等一批法律文件。（2）行政管理方面的法律、法规大量颁行。据统计1949年10月至1956年12月，国家共颁布行政管理方面的法律、法规829项。例如，关于机构、人事、编制管理方面的法律、法规有《中央人民政府政务院及其所属机关组织通则》《关于各省人民委员会设置工作部门和办公机构的决定》《中央人民政府任免国家机关工作人员暂行条例》《县级以上人员委员会任免国家机关工作人员条例》《国家机关工作人员退休处理暂行办法》等；关于财政金融税收管理方面的法规有《预算决算暂行条例》《货币管理实施办法》《中央金库条例》《全国税政实施要则》以及各种具体税收条例；关于公安民政管理方面的法规有《治安保卫委员会组织条例》《保守国家机密暂行条例》《革命残废军人优抚暂行条例》《社会团体登记暂行办法》等；关于经济建设管理方面的法规有《公私合营工业企业暂行条例》《私营企业暂行条例》《基本建设管理暂行办法》《对外贸易管理暂行条例》《商标注册暂行条例》《商品检验暂行条例》等；关于教育科学文化卫生管理方面的法规有《高等学校暂行规程》《保障发明权与专利权暂行条例》《管理书刊出版业、印刷业、发行业暂行条例》《电影新片颁发上演执照暂行办法》《医院诊所管理暂行条例》《传染病管理办法》等。（3）关于行政法治监督方面。1949年9月，第一届全国政协通过的《中华人民共和国中央人民政府组织法》规定政务院设人民监察委员会，人民监察委员会负责监察政府机关和公务人员是否履行其职责。1954年9月21日，第一届全国人大通过的《中华人民共和国国务院组织法》规定，国务院设立监察部。监察部的任务是对行政机关及其工作人员是否正确履行职责进行监督。这一时期行政法制建设的特点是重视组织法和管理法方面的建设，而对于法制监督只停留于纸面上，行政法律救济方面属于空白。

2. 停滞和倒退时期（1957—1978）

这个时期中国社会最显著的特征的是政治运动经常化，最典型的有反"右派"、反"右倾"、"大跃进"人民公社等，最后发展到"十年动乱"。这些政治运动对中国物质文明建设、精神文明建设、政治制度建设造成了不可估量的损失。尤其是法制建设大倒退令人扼腕。1957年以后，整个立法工作的速度放慢了，如1957年6月，全国人大常委会颁布了《中华人民共和国监察条例》，10月颁布了《中华人民共和国治安管理处罚条例》，11月批准颁布了《消防监督条例》，1957年10月，国务院颁布了《关于国家行政机关工作人员的奖惩暂行规定》等。后来，整个国家的立法工作完全停滞。这个时期，不仅行政法制，整个国家法制都遭到空前的毁灭性的破坏，《宪法》被实际废除，公民的权利自由毫无保障。1957—1978年的21年间，整体说来，是行政法制被摧残、被践踏的年代。

（二）行政法制重建阶段（1978—1989）

1978年12月，党的十一届三中全会开启了改革开放的历史新时期，作出把全党工作重点转移到经济建设上来的重大决策，同时强调要发展社会主义民主、健全社会主义法制。从此，我国的行政法治进入重建阶段。

1. 基本方针和基本原则的确立

十一届三中全会会议公报指出："为了保障人民民主，必须加强社会主义法制，使民主制度化、法律化，使这种制度和法律具有稳定性、连续性和极大的权威，做到有法可依，有法必依，执法必严，违法必究。"这"十六字方针"，准确地描述了法治的基本精神内核，阐述了依法治国的基本内涵，为依法治国方略的最终提出奠定了思想基础。"十六字方针"是新时期执政党法制建设的指针，同时也是法治建设的基本要求。

党的十一届三中全会提出了法制建设的两项基本原则：司法独立原则和法律面前人人平等原则。党的十一届三中全会会议公报指出："检察机关和司法机关要保持应有的独立性；要忠实于法律和制度，忠实于人民利益，忠实于事实真相；要保证人民在自己的法律面前人人平等，不允许任何人有超于法律之上的特权。"党的十一届五中全会通过的《关于党内政治生活的若干准则》提出："要坚持在党纪国法面前人人平等的原则，党内决不容许有不受党纪国法约束或凌驾于党组织之上的特殊党员。"党的十二届六中全会将"法纪面前人人平等作为我国政治和社会生活中不可动摇的准则"；提出"不允许有任何超越法律和纪律的特殊人物"。同时，这两大原则在现行《宪法》（"八二宪法"，以下简称《宪法》）中也得以体现。《宪法》第33条第2款规定："中华人民共和国公民在法律面前一律平等。"第131条规定："人民法院依照法律规定独立行使审判权，不受行政机关、社会团体和个人的干涉。"第136条规定："人民检察院依照法律规定独立行使检察权，不受行政机关、社会团体和个人的干涉。"

2. 恢复原有法制

1979年，全国人大常委会作出决议，确定从中华人民共和国成立以来国家制定的法律、法令，凡不与现行《宪法》、法律、法令相抵触者均继续有效。这样就恢复了一大批法律、法令，包括调整行政关系的法律、法令的效力，部分地解决了行政领域无法可依的问题，为重建行政法制做了第一步较容易做却有较大效益和作用的工作。

3. 健全行政立法制度

1982年《宪法》正式确认行政立法，规定国务院有权制定行政法规，国务院各部委有权制定规章。以后《中华人民共和国地方各级人民代表大会和地方各级人民政府组织法》（以下简称《地方组织法》）又规定省、直辖市、自治区人民政府，省、自治区人民政府所在地的市和经国务院批准的较大的市的人民政府亦有权制定规章。国务院于1987年4月专门颁布了《行政法规制定程序暂行条例》，各省市也于其后相继颁布了有关制定地方规章的程序规定，使整个行政立法逐步规范化。

4. 立法工作取得重大进展

第一，"八二宪法"公布。1982年12月，五届全国人大五次会议通过了现行《宪法》。这部《宪法》继承和发展了1954年《宪法》的基本原则，是一部有中国特色、适应中国社会主义现代化建设需要的根本大法。这部《宪法》重新确认和发展了作为行政法制基础的人民主权原则；重新确认和发展了以"法律至上"为核心的行政法治原则；重新确认和发展了一定的职权划分与制约原则；重新规定了工作责任制和效率原则；重新确定了国务院和地方各级人民政府的性质、地位，规定了中央和地方各级人民政府的基本职权。这部《宪法》为我国法治建设奠定了根本基础。

第二，行政组织法逐步完善。1979年7月1日，第五届全国人民代表大会第二次会议通过《中华人民共和国地方各级人民代表大会和地方各级人民政府组织法》（以下简称《地方组织法》），将地方各级革命委员会改为地方各级人民政府，规定了地方各级人民政府的组织、职权和工作方式。1982年12月10日，第五届全国人民代表大会第五次会议通过《中华人民共和国国务院组织法》，将国务院的组织和活动重新纳入法制的轨道。

第三，颁布大量行政管理方面的法律法规。如《中华人民共和国文物保护法》《中华人民共和国食品卫生法（试行）》《中华人民共和国学位条例》《中华人民共和国律师暂行条例》《中华人民共和国逮捕拘留条例》《关于劳动教养问题的补充规定》《中华人民共和国商标法》《中华人民共和国森林法（试行）》《国家建设征用土地条例》《中华人民共和国环境保护法（试行）》《中华人民共和国海洋环境保护法》等。

5. 精简政府机构，转变政府职能

为了改变政府机构臃肿、人浮于事、职责不清、工作效率低下的情况，1982年3月，第五届全国人大常委会第22次会议通过决议，决定对国务院和地方各级人民政府的机构进行全面改革。1988年3月，第七届全国人大第一次会议通过决议，决定对政府机构进行新的全面性的改革。但是这两次机构改革效果并不理想，出现了精简—膨胀，再精简—再膨胀的现象。

（三）行政法治的确立和发展阶段（1990—2012）

1990年至2012年这22年是我国依法治国、建设社会主义法治国家的基本方略确立和系统发展阶段，也是依法行政、建设法治政府的目标确立和重要发展阶段。

1. 确立依法行政原则和建设法治政府的目标

1993年，第八届全国人大第一次会议通过的政府工作报告正式以政府文件的形式确定了依法行政的原则。《报告》明确提出："各级政府都要依法行政，严格依法办事。一切公职人员都要带头学法懂法，做执法守法的模范。"1993年，党的十四届三中全会通过的《中共中央关于建立社会主义市场经济体制若干问题的决定》提出："各级政府都要依法行政，依法办事。"这是第一次在党的正式文件中提出"依法行政"，将法治政府建设作为法治建设的重点，进一步丰富了依法治国的内涵。1996年，第八届全国人大第四次会议通过的《关于国民经济和社会发展"九五"计划和2010年远景目标纲要及关于（纲要）报告的决议》更进一步将依法行政，依法治国，建立法治国家作为国家的治国方针。《报告》指出："要坚持和实行依法治国，积极推进社会主义法制建设的进程，加强立法，严格执法，不断提高广大干部和群众的法律意识和法制观念，努力建设社会主义法制国家。"自此，依法行政原则在我国逐步形成并最终正式确立。2004年3月，国务院印发的《全面推进依法行政实施纲要》，确立了建设法治政府的目标，明确规定了今后十年全面推进依法行政的指导思想和具体目标、基本原则和要求、主要任务和措施。2008年5月，国务院印发的《关于加强市县政府依法行政的决定》，明确完善市县政府行政决策机制、建立健全规范性文件监督管理制度、严格行政执法、强化对行政行为的监督、增强社会自治功能等，目的就是全面落实依法治国基本方略，加快建设法治政府。

2. 行政诉讼法的实施是行政法治确立的标志

有权利必须有救济，无救济则无权利。我国两千多年的封建历史，形成了官本位、权力本位的文化色彩，官方虽然不禁止民告官，但是其难度难于上青天。新中国成立后，1954年颁布的《宪法》和1982年颁布的《宪法》中都允许民告官，但是实践中却没有任何法律依据。在1982年颁布的《中华人民共和国民事诉讼法（试行）》第3条第2款规定："法律规定由人民法院审理的行政案件，适用本法规定。"但是这只能看作一个应酬性的规定，因为在司法实践中这一条款没有发生任何作用。

直至1989年4月由第七届全国人民代表大会第二次会议通过，并于1990年10月1日正式生效实施的《中华人民共和国行政诉讼法》，我国的行政法律救济制度才真正建立，行政法治才真正确立。这部法律历经2014年、2017年两次修改，逐步完善。行政诉讼法首先明确立法目标是：为保证人民法院公正、及时审理行政案件，解决行政争议，保护公民、法人和其他组织的合法权益，监督行政机关依法行使职权。其核心是保护公民权利，监督行政权力。这是人民政府要对人民负责的法律表征,是建设责任政府的必然要求。其次,行政诉讼法确立"民告官"的机制,即规范了起诉、立案受理、审判、执行一整套完备的诉讼制度,使相对人能够方便诉讼。再次,行政诉讼法确立人民法院能够对行政机关进行司法审查的原则,充分体现了权力制约原则。最后,行政诉讼制度的建立明确了人民和政府平等原则,这是《宪法》关于法律面前人人平等原则的具体化。

3. 行政监督和救济制度不断完善

（1）行政复议制度的建立。《行政复议条例》于1990年11月9日国务院第七十一次常务会议通过,自1991年1月1日起开始实施,行政复议制度正式建立。《中华人民共和国行政复议法》于1999年4月29日第九届全国人民代表大会常务委员会第九次会议上通过,自1999年10月1日起实施。这部法律在2009年、2017年历经两次修改。2007年为了进一步发挥行政复议制度在解决行政争议、建设法治政府、构建社会主义和谐社会中的作用,根据行政复议法制定了《中华人民共和国行政复议法实施条例》并于2007年8月1日施行。行政复议制度本质上是行政机关内部的层级监督。（2）国家赔偿制度的建立。1994年5月12日,八届全国人大常委会第7次会议通过了《中华人民共和国国家赔偿法》,于1995年1月1日生效实施。我国国家赔偿制度确立。国家赔偿法的立法目标就是为保障公民、法人和其他组织享有依法取得国家赔偿的权利,促进国家机关依法行使职权。该法中专章规范行政赔偿制度,规定行政机关及其工作人员行使职权时侵犯相对人的人身权和财产权,国家应予赔偿,并且规定了赔偿的程序和标准。（3）行政监察制度和审计制度。1990年12月,国务院发布《行政监察条例》（以下简称《条例》）,1997年5月,第八届全国人大常委会第25次会议又通过《行政监察法》,将《条例》上升为法,从而确立了我国相对稳定和较为规范的,且有中国特色的行政监察制度。1994年,第八届全国人大第九次会议通过《审计法》,规定国家实行审计制度,由国家审计机关对国务院各部门和地方各级人民政府及其各部门的财政收支以及国有的金融机构和企业事业组织的财务收支进行审计监督。监察监督和审计监督制度所体现的主要是制约原则,体现的是内部监督。

4. 行政行为法的完善

我国的行政行为法最为著名的是法律三部曲,即《行政处罚法》《行政许可法》和《行政强制法》。《行政处罚法》于1996年3月17日第八届全国人民代表大会第四次会议通过,自1996年10月1日起施行。《行政许可法》由第十届全国人民代表大会常务委员会第四次会议于2003年8月27日通过,自2004年7月1日起施行。《行政强制法》由第十一届全国人民代表大会常务委员会第二十一次会议于2011年6月30日通过,自2012年1月1日起施行。这三部法律对于我国行政法治的进步发挥了巨大的作用。

第一,确立了行政行为的共同原则。一是合法性原则,即行政处罚、行政许可、行政强制等行政行为的设定和实施必须有法律依据。二是公开、公正、公平的三公原则。"三公"原则是指政府行使法定职能要遵循正当法律程序,即保证实体和程序正义的公开、公正、公平的程序。三是权利保障原则。即行政相对人享有陈述权、申辩权,对行政行为不服的,有权依法申请行政复议或者提起行政诉讼。

第二,确立了行政行为的共同制度。一是表明身份制度,即行政机关工作人员在行政执法中首先要表明自己的身份,要"亮证执法"。二是听证制度,对于相对人具有重大影响的行政行为,必须依法听证,否则无效。三是告知制度和说明理由制度,即在作出行政行为前,必须要事先告知行政相对人拟作出的行政行为和理由以及相对人的权利。三部法律还确定了调查和收集证据制度、听取当事人陈述和申辩制度,送达行政决定书、告知当事人救济权利、救济途径的制度,时效制度等。

第三,三部法律最大的共同特征是既有实体规范,又有程序规范,而且重点在于程序性的规定。所以这三部法律作为程序立法更为恰当。

5. 有关行政管理的部门立法加速

包括《土地管理法》《税收征收管理法》《城市房地产管理法》《道路交通安全法》《食品卫生法》《产品质量法》《公路法》《反不正当竞争法》《消费者权益保护法》《居民身份证法》《教育法》《人民银行法》《建筑法》《广告法》《审计法》《银行业监督管理法》《律师法》《警察法》《治安管理处罚法》等。

(四)行政法治全面推进阶段(2012—)

2012年11月,党的十八大胜利召开,我国法治建设进入全面推进和不断完善阶段。十八大报告提出"全面推进依法治国",确保到2020年实现全面建成小康社会宏伟目标时,"依法治国基本方略全面落实,法治政府基本建成,司法公信力不断提高,人权得到切实尊重和保障"。强调"法治是治国理政的基本方式",更加注重改进党的领导方式和执政方式,保证党领导人民有效治理国家;更加注重发挥法治在国家治理和社会管理中的重要作用。这是在党的报告中首次把法治确立为治国理政的基本方式,首次要求更加注重发挥法治在国家治理中的重要作用。

2014年10月,党的十八届四中全会专题研究推进"依法治国",通过了《中共中央关于全面推进依法治国若干重大问题的决定》(以下简称《决定》)。《决定》中第一次提出了"坚持走中国特色社会主义法治道路,建设中国特色社会主义法治体系"。2015年,中共中央、国务院印发的《法治政府建设实施纲要(2015—2020年)》,从总体要求、主要任务和具体措施、组织保障和落实机制三个方面对法治政府建设进行了全面布局,使我国的行政法治建设迈上了新台阶。

1. 理论升华

习近平法治思想关于依法治国,建设社会主义法治国家有专门论述。

第一,提出了依法治国,建设社会主义法治国家的新十六字方针,即"科学立法、严格执法、公正司法、全民守法"。这是一次重要的理论升华,从立法、执法、司法、守法四个方面科学概括了我国法治建设的总体要求。这十六字方针与十一届三中全会上提出的十六字方针——"有法可依、有法必依、执法必严、违法必究"形成回应、比照。两者有着衔接的关系,前者是在后者基础上的发展,丰富了后者的内涵,扩大了后者的外延,更为科学地彰显国家治理现代化的法治建构。

第二,形成五大体系。一是形成完备的法律规范体系,这就是我们通常讲的中国特色社会主义法律体系,这个体系虽然已经形成了,但还是"毛坯房",需要加工、装修、完善。二是形成高效的法治实施体系,必须通过严格执法、公正司法、全民守法把法律落实到社会生活的各个层面,把纸上的法律变成行动中的法律。三是严密的法治监督体系,必须对公权力、对执法权和司法权进行严密监督,主要是让党内监督、人大监督、民主监督、行政监督、司法监督、审计监督、社会监督、舆论监督形成一个监督整体,形成一个完整合力。四是有力的法治保障体系,最根本的保障就是党的领导,还有队伍保障、人才保障、财政保障等。五是形成完善的党内法规体系。我们党是执政党,党内法规既是管党治党的重要依据,也是建设社会主义法治国家的有力保障。

第三,提出"三个共同推进"和"三个一体建设"。坚持依法治国、依法执政、依法行政共同推进,坚持法治国家、法治政府、法治社会一体建设。这是全面推进依法治国的工作布局。依法治国是党领导人民治理国家的基本方略,依法执政是党在新的历史条件下执政的基本方式,依法行政是各级政府的基本准则。法治国家主要是指整个国家机器和国家权力都要在法治的轨道上运行；法治国家是依法治国的根本目标。法治政府是指各级政府都要严格依法行政，法治政府是建设法治国家的关键和前提。法治社会是指社会全体成员树立法治意识，形成整个社会对法律至上地位的普遍认同和坚决的支持，养成自觉遵守法律，并且通过法律途径解决政治、经济、社会和民事等方面纠纷的习惯和意识，法治社会是依法治国的重要基础。同时，要实现科学立法、严格执法、公正司法、全民守法，这是法治建设的四个重要环节，也是法治工作的基本格局。

第四，要加强科学立法、民主立法。立法涉及重大体制和重大政策调整的，必须报党中央讨论决定。拓宽公民有序参与立法的途径。健全立法机关主导、社会各方有序参与立法的途径和方式。争议较大的重要立法事项引入第三方评估。

2. 依法行政的制度设计

主要包括：（1）建立重大决策终身责任追究制度及责任倒查机制。对决策严重失误或者依法应该及时作出决策但久拖不决造成重大损失、恶劣影响的，严格追究行政首长、负有责任的其他领导人员和相关责任人员的法律责任。（2）减少市县两级政府执法队伍种类。推进综合执法，大幅减少市县两级政府执法队伍种类；理顺行政强制执行体制；理顺城管执法体制，加强城市管理综合执法机构建设，提高执法和服务水平。严格实行行政执法人员持证上岗和资格管理制度；严禁收费罚没收入同部门利益直接或者变相挂钩。（3）推行政府权力清单制度。完善行政组织和行政程序法律制度；行政机关要坚持法定职责必须为、法无授权不可为；行政机关不得法外设定权力；推行政府权力清单制度，消除权力设租寻租空间。（4）积极推行政府法律顾问制度。建立政府法制机构人员为主体、吸收专家和律师参加的法律顾问队伍，保证法律顾问在制定重大行政决策、推进依法行政中发挥积极作用。

3. 进一步规范行政立法

2000年3月15日，第九届全国人民代表大会第三次会议通过《中华人民共和国立法法》（以下简称《立法法》），对行政立法进行了规定。该法于2015年3月15日，第十二届全国人民代表大会第三次会议进行了修改，对行政立法进行了更为严格、详细、明确的规范。

第一，《立法法》明确了法律保留原则。《立法法》第8条规定：下列事项只能制定法律：（1）国家主权的事项；（2）各级人民代表大会、人民政府、人民法院和人民检察院的产生、组织和职权；（3）民族区域自治制度、特别行政区制度、基层群众自治制度；（4）犯罪和刑罚；（5）对公民政治权利的剥夺、限制人身自由的强制措施和处罚；（6）税种的设立、税率的确定和税收征收管理等税收基本制度；（7）对非国有财产的征收、征用；（8）民事基本制度；（9）基本经济制度以及财政、海关、金融和外贸的基本制度；（10）诉讼和仲裁制度；（11）必须由全国人民代表大会及其常务委员会制定法律的其他事项。

第二，规定了行政机关的立法权限。国务院根据《宪法》和法律，制定行政法规。行政法规可以就下列事项作出规定：（1）为执行法律的规定需要制定行政法规的事项；（2）《宪法》第八十九条规定的国务院行政管理职权的事项。国务院各部、委员会、中国人民银行、审计署和具有行政管理职能的直属机构，可以根据法律和国务院的行政法规、决定、命令，在本部门的权限范围内，制定规章。部门规章规定的事项应当属于执行法律或者国务院的行政法规、决定、命令的事项。没有法律或者国务院的行政法规、决定、命令的依据，部门规章不得设定减损公民、法人和其他组织权利或者增加其义务的规范，不得增加本部门的权力或者减少本部门的法定职责。省、自治区、直辖市和设区的市、自治州的人民政府，可以根据法律、行政法规和本省、自治区、直辖市的地方性法规，制定规章。地方政府规章可以就下列事项作出规定：（1）为执行法律、行政法规、地方性法规的规定需要制定规章的事项；（2）属于本行政区域的具体行政管理事项。设区的市、自治州的人民政府制定地方政府规章，限于城乡建设与管理、环境保护、历史文化保护等方面的事项。没有法律、行政法规、地方性法规的依据，地方政府规章不得设定减损公民、法人和其他组织权利或者增加其义务的规范。

第三，规定了备案审查制度。行政法规、规章应当在公布后的 30 日内依照下列规定报有关机关备案：（1）行政法规报全国人民代表大会常务委员会备案；（2）部门规章和地方政府规章报国务院备案；地方政府规章应当同时报本级人民代表大会常务委员会备案；设区的市、自治州的人民政府制定的规章应当同时报省、自治区的人民代表大会常务委员会和人民政府备案。全国人民代表大会专门委员会、常务委员会工作机构在审查、研究中认为行政法规、地方性法规、自治条例和单行条例同《宪法》或者法律相抵触的，可以向制定机关提出书面审查意见、研究意见；也可以由法律委员会与有关的专门委员会、常务委员会工作机构召开联合审查会议，要求制定机关到会说明情况，再向制定机关提出书面审查意见。

制定机关应当在两个月内研究提出是否修改的意见，并向全国人民代表大会法律委员会和有关的专门委员会或者常务委员会工作机构反馈。全国人民代表大会法律委员会、有关的专门委员会、常务委员会工作机构根据前款规定，向制定机关提出审查意见、研究意见，制定机关按照所提意见对行政法规、地方性法规、自治条例和单行条例进行修改或者废止的，审查终止。全国人民代表大会法律委员会、有关的专门委员会、常务委员会工作机构经审查、研究认为行政法规、地方性法规、自治条例和单行条例同《宪法》或者法律相抵触而制定机关不予修改的，应当向委员长会议提出予以撤销的议案、建议，由委员长会议决定提请常务委员会会议审议决定。

4. 监察制度改革

2016年12月25日，第十二届全国人民代表大会常务委员会第二十五次会议通过《全国人民代表大会常务委员会关于在北京市、山西省、浙江省开展国家监察体制改革试点工作的决定》。我国监察体制改革开始启动。2018年3月11日，第十三届全国人民代表大会第一次会议经投票表决，通过了《中华人民共和国宪法修正案》。《中华人民共和国宪法修正案》第50条规定，《宪法》第三章"国家机构"中增加一节，作为第七节"监察委员会"；增加五条，分别作为第一百二十三条至第一百二十七条。这就为我国监察制度改革奠定了宪法基础。2018年3月20日，第十三届全国人大一次会议表决通过了《中华人民共和国监察法》（以下简称《监察法》），同时废止《中华人民共和国行政监察法》。《监察法》共九章69条，明确规定了设立监察制度的目的、原则和指导思想；规定了监察机关的性质、组成及其职责以及监察范围、管辖和监察权限；规范了监察程序和反腐败国际合作；明确了对监察机关和监察人员的监督及相关法律责任。制定监察法是推进国家治理体系和治理能力现代化的重大举措，是总结反腐败斗争经验、巩固反腐败成果的制度保障，同时也是推进行政法治建设，建设法治政府的必要举措。

5. 立法和修法工作稳步推进

2014年、2017年全国人大常委会对《行政诉讼法》进行了两次修改。这两次修改是我国行政诉讼制度的巨大进步。新的行政诉讼法扩大了受案范围，规定了登记立案制度，完善了证据制度、时效制度，增设了公益诉讼制度。另外，《野生动物保护法》由第十二届全国人民代表大会常务委员会第二十一次会议于2016

年7月2日修订，自2017年1月1日起施行。2017年9月1日，第十二届全国人民代表大会常务委员会第二十九次会议决定对《公务员法》《律师法》《公证法》《行政复议法》《行政处罚法》作出修改，自2018年1月1日起施行。同时，我国十分重视环境保护问题，近几年来对相关法律进行了修改。如2014年修改了《环境保护法》，2017年修改了《水污染防治法》，2015年修改了《大气污染防治法》，2013年、2015年、2016年连续三次对《固体废物污染环境防治法》进行了修改。《公共文化服务保障法》由第十二届全国人民代表大会常务委员会第二十五次会议于2016年12月25日通过，自2017年3月1日起施行。《环境保护税法》由第十二届全国人民代表大会常务委员会第二十五次会议于2016年12月25日通过，自2018年1月1日起施行。

三、新中国行政法学的发展

新中国行政法学的发展有着深厚的历史背景和时代特色，同时又反映着行政法自身的发展规律。

（一）关于新中国行政法学的断代问题

行政法学界将新行政法学的历程划分为若干不同的阶段。有的学者认为，新行政法学经历了以下四个阶段：第一阶段（1949—1978），"行政法学研究在这一阶段难以全面展开，处于似有非有的状态"。第二阶段（1978—1983），"行政法学研究进入创立时期"。第三阶段（1983—1989），是行政法学正式确定阶段"。第四阶段（1989—），是行政法学研究的新阶段。[1] 有的学者则认为，新行政法学经历了这样四个阶段：第一阶段（1949.10—1957.5），是行政法学的萌芽和初步发展时期。第二阶段（1957.5—1978.12），"是我国行政法学停滞、徘徊和开始复苏时期"。第三阶段（1978.12—1989.4），是我国行政法学的"恢复、发展和繁荣时期"。第四阶段（1989.4—），是我国行政法学理论进一步发展和完善时期，或者行政法学的繁荣和高度发展时期。[2]

行政法学的产生和发展既有自身的规律，也受到现实条件的限制。首先，行政法学属于法学的分支学科，所以说行政法学的产生是学科分离的结果。第二，

---

[1] 张尚鷟主编：《走出低谷的中国行政法学》，中国政法大学出版社，1991年。
[2] 参见许崇德等主编：《新中国行政法学研究综述》，法律出版社，1991年。

行政法学的发展必须建立在一定的经济基础上，即商品经济和市场经济。在封建小农经济和计划经济条件下，不可能产生真正的行政法学，因为市场经济就是法治经济。第三，法学包括行政法学的发展受到一定政治条件，尤其是意识形态的影响。

基于以上分析，在 1978 年之前我国不存在真正的行政法学。这是因为，其一，这三十年（1949—1978）期间，我国虽然存在行政法，但是主要是组织法和管理法，其目标主要是为了社会管理。其二，当时我国是高度的计划经济体制，政府是全能政府，不存在市场主体。政府和企业之间是简单的命令与服从关系，没有行政法治生发的土壤。其三，20 世纪 50 年代的中国，曾经是苏维埃法学一统天下的时代。虽然我国当时派到苏联留学的人员中没有专门学习行政法的，但通过苏联专家来华讲学，苏维埃行政法学传播到了中国。苏联专家司徒节尼金（C.C.Студеники）等在中国人民大学等校讲授"苏维埃行政法"，由中国学生记述和整理。但是这只是昙花一现，行政法学并没有在新中国落地生根。

1978 年至 1983 年可以看作行政法学的萌芽阶段。这一阶段是改革开放的初始阶段，是思想解放的初始阶段，也是行政法学的雏形和萌芽阶段。受党的十一届三中全会影响，一批行政法学人如夏书章、刘海年、张尚鷟、姜明安等开始在报刊上发表文章，为在中国健全行政法制和建立行政法学开始呼号。与之同时，龚祥瑞等一些学者也开始研究和介绍外国行政法和行政诉讼制度，部分高校开始讲授行政法课程，编写自用讲义和教材。但是这一阶段我国行政法学的基本范畴、基本概念尚未定型，学科体系没有成型，因此，只能认为这是我国行政法学的萌芽阶段。

1983 年至 1989 年，我国行政法学体系基本建立，是我国行政法学的形成阶段。1983 年 6 月，由王珉灿主编的我国第一部行政法学统编教材《行政法概要》在法律出版社正式出版。该书的问世标志着行政法学作为一门法学分支学科的诞生，但其学科理论体系仍有待于进一步修正和完善。1989 年，由罗豪才先生主编的第二部全国统编教材《行政法学》在中国政法大学出版社出版。自此，行政法学自身独立的理论体系得以摆脱行政管理学色彩而基本建立。我国行政法学基本概念已经形成、调整范围基本确立、体系结构基本形成、理论基础初步提出。行政法学作为一门科学已初步形成。

1990 年至 1999 年，是我国行政法学的确立阶段。这一时期，我国经济体制改革进入了新阶段。1992年10月12日，党的十四大报告明确指出，中国经济体制改革的目标是建立社会主义市场经济体制，以利于进一步解放和发展生产力。1993年，第八届全国人大一次会议将《宪法》第十五条修改为"国家实行社会主义市场经济"。社会主义市场经济第一次写进中国的《宪法》。1993年11月14日，党的十四届三中全会正式作出了《中共中央关于建立社会主义市场经济体制若干问题的决定》，把党的十四大提出的建立社会主义市场经济体制的目标和原则具体化、系统化，勾画了新经济体制的基本框架，对有关的重大问题，都作出了明确的原则性规定，把社会主义市场经济的理论和实践大大推进了一步。受此影响，行政法治建设取得重大突破。1990年《行政诉讼法》正式实施；1991年《行政复议条例》生效实施；1994年《国家赔偿法》出台；1996年《行政处罚法》正式生效。由此，我国行政救济制度、国家赔偿制度、行政程序制度基本成型。这一阶段行政法学也出现了良好的发展态势。第一，行政法体系更加完善。行政法学的体系形成了绪论、行政法主体、行政行为和行政救济四个部分。第二，研究范式进入专题性研究阶段。行政诉讼研究、国家赔偿研究形成体系；行政程序、行政处罚、行政许可、行政监察、行政执行等都已出现独立的研究专著；部门行政法尤其经济行政法、税务行政法等的研究有了良好开端。姜明安教授主编的"面向21世纪课程教材"《行政法与行政诉讼法》（1999年），标志着我国行政法学科体系已经成熟。第三，理论基础的进一步讨论和重构，相继出现和形成了"管理论""控权论""平衡论""服务论"和"公共利益论"等学说。

2000年至今，行政法学的全面发展阶段。进入新世纪，中国的行政法治建设有了长足进展，中国的行政法学向全方位、开放式、多元化发展。（1）2000年《立法法》颁布实施，对于行政立法和地方立法制度作出规范，相应地学界对于地方立法的行政法学研究也不断深入。（2）党的十六大以来，党中央提出了科学发展观。科学发展观要求要建立服务型政府，相应地学界对于给付行政、服务行政加深研究。（3）党的十八大以来，党中央提出全面推进依法治国，建设社会主义法治国家，相应地学界对于法治政府建设开展了全方位探讨，对于法治政府的标准、条件、考评提出了建议。（4）在行政法学教育方面，各高校、科研单位行政法专业或方向博士点、硕士点大大增加，培养的行政法专业研究生数量剧增。（5）部分行政法学者开始将行政法学作为公法学体系中一个重要部门，开始走向综合学科的宏观化、泛理论化研究，行政法学界开始进行统一化的"公法学"学科体系的建构。

同时，哲学、经济学、政治学、社会学等相关学科的研究方法也开始被引入行政法学研究领域。

（二）新中国行政法学理论模式及学术流派

（1）宏观行政法学、微观行政法学和中观行政法学。中国的行政法学理论有宏观行政法学、微观行政法学和中观行政法学之分。宏观理论主要从宏观方面探讨行政法问题，如行政法与人民主权关系，行政权的《宪法》依据以及与立法权、司法权的关系等。这种理论基点高，能从《宪法》的层面研讨行政法问题，但对行政与司法实践的指导意义较弱。微观理论是从法规条文出发阐述各种行政法学问题，重在诠释行政法律条文的涵义和具体适用。这种理论对行政执法和行政诉讼指导意义很大，但是容易滑向注释法学。中观理论正好介于两者之间，它以行政立法、行政执法和行政诉讼中的具体问题为出发点，然后上升到理论高度，从创设概念到提炼原则，建立起一套行政法学理论体系。中观行政法学起始于1989年张焕光与胡建淼的合著《行政法学原理》（劳动人事出版社），之后又有一大批行政法学者为中观行政法学的创建作出贡献。

（2）制度行政法学与理论行政法学。制度行政法学是以阐述行政法制度为任务所构成的行政法学体系。它所重点介绍的行政法制度，包括行政组织制度、人事制度、行政许可制度、行政处罚制度、行政诉讼制度等。理论行政法学，是以概念范畴、基本原理为出发点研究行政法的理论体系，包括行政主体理论、行政行为理论、行政程序理论、行政违法理论、行政责任理论和行政救济理论等。在中国，制度行政法学与理论行政法学是并行不悖，需要同步发展，互相补充的两种行政法学理论体系。

（3）单线理论与双线理论。行政法是调整行政关系的法。经行政法调整而形成的行政法律关系，是一方作为管理方的行政主体，另一方作为被管理方的行政相对人之间所构成的权利义务关系。如果行政法学仅以一方主体，即管理方的行政主体为主线，研究和创设的行政法学理论体系，就是行政法学的单线理论。如果以双方主体，既以管理方的行政主体，又以被管理方的相对人为主线，研究和创设的行政法学理论体系，就是行政法学的双线理论。单线理论与双线理论各有优势。单线理论能够突出行政权的中心地位，整个理论围绕行政权展开，能够抓住理论中的主要问题，但对相对人一方的权利与义务、行为与责任，则研究不足。双线理论正好弥补了前者的不足，但是对两方主体各自分别研究，违背了它们之间的有机统一，内容上的重复性较高。

（三）新中国著名行政法学者及主要著作

（1）王名扬（1916—2008），新中国行政法学的启蒙者和奠基人。1946年考取最后一批国民党政府的公派留学生，前往法国巴黎大学法学院攻读博士，1958年学成回国。他参加了我国第一部行政法统编教材《行政法概要》的编写工作。著有《英国行政法》（1987）、《美国行政法》（1989）、《法国行政法》（1995），被学术界称为"外国行政法三部曲"。他在去世前还在写作《比较行政法》。

（2）罗豪才（1934—2018），中国现代行政法学的开拓者、奠基人。当代中国行政法学理论体系的重要创建者，中国行政法制建设的重要参与者，北京大学法学院行政法学科的主要创建者。现代行政法的平衡理论的开创者，中国软法理论、协商民主理论的首倡者。他主编的第二部行政法学统编教材《行政法学》（1989），是第二本全国行政法统编教材，标志着中国行政法学总论自身独立的理论体系已经摆脱行政管理学的色彩，得以革新并基本建立；主编的《中国司法审查制度》（1993），是国内第一部以平衡论为理论基础、以司法审查制度为主线来构建行政法学体系的著作；主编的《现代行政法的平衡理论》（第一、二、三辑），是中国行政法的平衡理论集大成之作；与他人合著的《软法与公共治理》（2006）、《软法与协商民主》（2007），是国内该领域的开创之作。

（3）应松年（1936—），著名法学家，中国政法大学终身教授、行政法学博士生导师，中国法学会行政法学研究会会长。当代中国行政法学理论体系的重要创建者，中国行政法制建设的重要参与者，中国政法大学行政法学科的主要创建者。合著《行政法学总论》（1985）；主编《当代中国行政法》（2005），为中国行政法学研究的集大成之作；总主编《中国行政法二十年丛书》（2005），对中国行政法学20年来的发展进行了系统完整的知识梳理，有较高的资料和文献价值。

（4）姜明安（1951—），法学家。北京大学法学院教授，博士生导师，北京大学宪法与行政法研究中心主任，教育部人文社会科学重点研究基地——北京大学宪法学与行政法学重点研究基地主任。当代中国行政法学理论体系的重要创建者，中国行政法制建设的重要参与者，北京大学法学院行政法学科的主要创建者。独著《行政法学》（1985）、《行政法概论》（1986）、《行政法与行政诉讼》（1990）、《行政诉讼法学》（1993）；主编《外国行政法教程》（1993）、《行政执法研究》（2004）、《行政程序研究》（2006）；主编《行政法与行政诉讼法》

（第一版1999，现在最新版是2015第六版），该书基本建立起了中国行政法学科体系，标志着中国行政法学总论体系已经成熟。

（5）莫于川（1956—），法学家。中国人民大学教授、博士研究生导师、宪政与行政法治研究中心执行主任，国家行政学院法学部兼职教授。独著《行政指导要论——以行政指导法治化为中心》（2002），系国内第一篇专题研究行政指导的博士学位论文；合著《行政法与行政诉讼法学》（撰写第十八章行政主体的行政规划、行政指导、行政事实行为，2005）；合著《法治视野中的行政指导》（2005）。

（6）叶必丰（1963—），法学家。现任上海市第十五届人民代表大会代表，上海社会科学院法学研究所所长。武汉大学、上海交通大学行政法学科的主要创建者。独著《行政处罚概论》（1990）；合著《行政规范研究》（2002）；独著《行政行为的效力研究》（2002）。

（7）马怀德（1965—），法学家。现任中国政法大学副校长，教授、博士生导师。参与《国家赔偿法》《行政处罚法》《立法法》《行政许可法》等国家多部重要法律的起草工作。独著《行政许可》（1994）、《国家赔偿法的理论与实务》（1994）、《行政法制度建构与判例研究》（2000）。

第二章 行政法基础理论

本章导读：本章介绍了行政法的理论基础——管理论、控权论和平衡论三种观点，并认为控权论更为适合现阶段我国行政法治的现状。同时，本章还重点探讨了行政、行政权、行政法三个重要概念。

第一节 基本概念辨析

行政法学的基本概念包括行政、行政权、行政法、行政行为、行政法律关系、行政法主体、行政程序等。本节主要探讨行政、行政权、行政法，对于其他基本概念将在其他章节中专门论述。

一、行政

（一）行政的含义

对于行政，有着不同的解读。马克思说："行政是国家的组织活动。"马克思所说的组织活动，是指执行和管理活动。《中国百科大辞典》解释为："行政指的是一定的社会组织，在其活动过程中所进行的各种组织、控制、协调、监督等特定手段发生作用的活动的总称。"《法学大辞典》解释为："国家行政机关对公共事务的组织管理活动。"《现代汉语词典》解释为："行政是行使国家权力的活动；机关、企业、团体等内部的管理工作。"

可见，与行政相关的关键词有：（1）社会组织。既包括国家机关，也包括企业、团体等其他组织。（2）管理。管理是由计划、组织、指挥、协调及控制等职能为要素组成的以期高效的达到既定组织目标的活动过程。任何一种管理活动都必须由四个基本要素构成，即：管理主体、管理客体、组织目的、组织环境或条件。（3）执行。执行是针对决策而言，是指贯彻施行，实际履行。因此，可以把行政定义为：行政是指一定的社会组织在其活动过程中所进行的管理和执行活动。

（二）行政的分类

依据组织性质和管理对象的不同，行政可以分为公行政和私行政。公行政是行政法上的行政，是指具有行政主体资格的组织对国家事务和社会公共事务的管理，主要是指国家行政机关从事的执行管理活动，即国家行政。但是公行政除国家行政之外，还包括社会公权力组织对社会公共事务的管理活动，即非国家行政。行政法学研究的对象是公行政，主要是国家行政，即国家行政机关进行的管理活动，包括国家行政机关进行的立法、准司法活动和执法活动。所谓私行政，是指企业、社会组织、社会团体主要针对其内部事务的执行、管理活动。每个组织都必须为其生存、发展而具备执行、管理职能，但这类职能大部分是在内部事务上行使的，对社会一般不产生公共管理的效应，故称其为私行政。

公行政的功能主要有提供公共产品、社会管制、宏观调控、维护社会公平正义等。现代公行政要遵循法治原则、效率原则、责任原则和服务原则。

二、行政权

（一）行政权的含义

有学者认为行政权是国家行政机关执行法律、管理国家行政事务的权力，是国家权力的组成部分。[1] 还有人将行政权定义为国家行政机关执行法律规范，实施管理活动的权力。[2] 应松年先生、薛刚凌教授认为："行政权是指由国家或其他行政主体担当的执行法律、对行政事务主动、直接、连续、具体管理的权力，是国家权力的组成部分。"[3]

上述说法各有道理。笔者认为行政权是由国家宪法、法律赋予或认可的，国家行政机关和社会公权力组织执行法律规范，对国家和社会公共事务实施行政管理活动的权力，是公权力的组成部分。

1. 行政权是法律授予的

国家行政机关的行政权来源于《宪法》或者组织法的规定；社会公权力组织的行政权来源于单行法律的授权。我国行政法学理论把行政机关和社会公权力组织（法律、法规、规章授权组织）统称为行政主体，这些行政主体行使权力必须

---

[1] 张树义主编. 行政法学 [M]. 北京：中国政法大学出版社，1995.
[2] 罗豪才主编. 行政法学 [M]. 北京：中国政法大学出版社，1996.
[3] 应松年，薛刚凌. 论行政权 [J]. 政法论坛，2001（4）.

有法律的授权，即法无授权不可为。这也是依法行政的理论基础。

2. 行政权是执行权、管理权

执行权是指执行国家的法律和政策。国家法律是指国家立法机关制定的规范性文件。但是随着行政权的不断扩张，授权立法、委任立法的出现导致行政机关获得立法权，即行政立法。因此，此处法律的外延也包括了行政立法。政策是指国家政权机关、政党组织和其他社会政治集团为了实现自己所代表的阶级、阶层的利益与意志，以权威形式标准化地规定在一定的历史时期内，应该达到的奋斗目标、遵循的行动原则、完成的明确任务、实行的工作方式、采取的一般步骤和具体措施。一般来讲，政策不具有强制性，国家政策和政党政策必须通过立法转化为国家意志——法律，才具有强制执行力。但是在法治不发达的国家，政策往往和法律并行，甚至高于法律而被赋予强制执行力。管理权是指对国家内政、外交事务的管理权。管理权的范畴十分广泛，包括治安、税务、外交、军事、经济、科技、文化教育、卫生、社会福利、环境保护等，几乎涉及社会生活的所有领域。

3. 行政权是公权力

公权力是人类共同体（国家、社团、国际组织等）为生产、分配和供给公共物品和公共服务，促进、维护和实现社会公平正义，而对共同体成员进行组织、指挥、管理，对共同体事务进行决策、立法和执行的权力。从主体上划分，公权力包括社会公权力、国家公权力和国际公权力三种。从性质上划分，公权力可以分为决策权（制定规则权，主要是立法权）、执行规则权（行政权）、解决争议权（司法权）三种。行政权是公权力组织执行规则的权力，是公权力的组成部分。这里的公权力组织既可以是国家行政机关，也可以是社会公权力组织，甚至可以是国际组织。但是在一国之内公权力组织主要是指国家行政机关和社会公权力组织。

另外，行政权不同于行政职权。行政权是对行政权力的抽象和概括，而行政职权通常指行政机关所承担的具体的管理事务和权限。行政权是行政职权的基础，而行政职权则是行政权的具体化。

（二）行政权的特征

与立法权、司法权比较行政权具有以下特征：

（1）从属法律性。行政权与立法权的关系表现在：一方面，行政权受立法权的规范和制约；另一方面，行政权又极大地渗透到立法领域。行政组织的设立需依照法律的规定；行政组织的权力来源于《宪法》、组织法和单行法律的授予；

行政权的行使方式、程序受到法律规制；行政组织和行政公务人员违法行政要依法追究法律责任。因此行政权从属于立法权，具有法定性。随着社会日趋复杂，大量的行政管理无法完全由立法规范，因而委任立法发挥着越来越重要的作用，这在我国主要表现为法律赋予了行政机关一定的立法权。因此，行政权渗透到立法领域，致使行政立法权急速扩张。

（2）主动性和效率性。行政权和司法权都是将法律适用于具体事件的权力。但是二者有着根本的区别。第一，行政权是主动、直接对行政事务的管理，而司法权则被动地解决社会争端。因此，行政权具有主动性。第二，在效率和公正的关系上，行政权的行使追求效率第一，而司法权的行使追求公正第一。行政权与司法权的关系是：一方面，行政权受司法权的监督，法院对行使行政权的行为有权进行司法审查；另一方面，随着社会的发展，行政权也在逐渐地向司法领域渗透。

（3）广泛性。从行政权行使的客体来看，行政权具有范围上的广泛性。传统的行政权行使的范围也许只涉及治安、税务、外交、军事等为数有限的事务，但是现代行政权行使的范围却极为广泛，除上述事项外，还包括经济、科技、文化教育、卫生、社会福利、环境保护等，几乎涉及社会生活的所有领域。

一个人的一生可以不和立法机关打交道，可以不和司法机关打交道，但不可能不和行政机关打交道，现代社会中行政机关的行政权所能管辖的范围几乎涉及了公民从摇篮到坟墓的一生的所有事务。对于其他国家权力来说，其所涉及的客体都或多或少只局限于某一特定领域，唯独行政权涉及的客体遍及全社会，范围最为广泛。

（三）行政权的分类

行政权的分类方法很多，此处介绍两种。

以行政权的内容为标准，可将行政权分为行政事权、财权和组织人事权。行政事权也就是行政权管辖的事务范围。

1. 行政事权

现代国家行政事权主要包括：（1）安全保障权。包括对外和对内两个方面。对外国家应行使国家主权，参与国际政治事务，抵御外来侵略的行为，保护我国侨民等；对内国家应确保国家统一，防止分裂，确保公民的人身安全和财产安全、维护经济秩序和社会生活秩序，保护社会公共利益。（2）发展经济权。任何国家要想民富国强必须发展本国的生产力，使国民经济持续稳定前行，因此发展经济已成为现代国家最主要的行政事权。(3)文化建设权。文化建设涉及范畴极其广泛，我国一般称之为精神文明建设，包括文学、艺术、音乐、人们的思维方式、思想观念、道德意识、法律传统和生活习惯等。(4)社会保障权。社会保障既是对经济发展的支持，也是社会共同发展的需要。国家在社会保障方面的事权主要是环境保护权、失业救助权、福利保障权等。

2. 财权

财权是征收和使用税款，收费和借款等方面的权力。国家对行政事务的管理必须借助于物质手段才能完成，因而国家必须拥有相应的财权。财权具体主要包括三部分：即财政收入权、财政支出权和财产管理权。

3. 组织人事权

组织人事权是行政组织的设置权和对行政组织、公务人员管理的权力。国家对行政事务的管理必须由具体的机关和人员完成，因而行政权必然包含行政组织权和人事管理权。行政组织权是指政府按照行政组织法的规定设置行政组织、行政机关；决定行政机关内部机构主管事项、职能的调整；批准公权力组织的成立、合并和撤销；实施委托管理等。人事管理权包括公务员的考试权、录用权、培训权、晋升权、奖励制裁权、退休退职权等。另外，还包括对人事争议的裁决权。

以行政权的性质为标准，可将行政权分为决策权、执行权、监督权。

1. 决策权

决策权是指行政组织中负有决策职责的人或者组织就一定时期内行政事务管理所要达到的目标、实施方案等作出的选择权。决策权是行政权的核心部分。决策权包括行政计划的作出、重大行政事务的决定等。

2. 执行权

执行权是指执行法律和政策的权力。包含两部分：一是对法律法规的执行，二是对政策的执行。从行政权的运作来看，执行权具有重要地位。在现代社会，政府管理的事务很多，因而执行权的分量很重，尤其是在县、市政府，大量的工作是对法律法规的执行。

3. 监督权

监督权是指对决策权和执行权的运行予以监督的权力。监督权存在的目的是监督决策的实施，纠正违法，以确保法律和政策的制定和正确实施。监督权的表现形式很多，包括一般监督、专门监督和复议监督等。

三、行政法

（一）行政法的含义

对于行政法的含义有各种不同的说法。美国学者伯纳德·施瓦茨认为："行政法是调整政府活动的行政法。它规定行政机关可以行使的权力，确定行使这些权力的原则，对受到行政行为损害的人给予法律救济。"我国第一部行政法全国统编教材《行政法概要》分别从形式、内容和地位三方面界定了行政法。我国行政学者如罗豪才先生、应松年先生等对行政法的含义都有着自己的见解。

笔者赞同姜明安教授的说法，即行政法是调整行政关系，规范和控制行政权的法律规范的总称。

（1）行政法的调整对象是行政关系。行政关系，是指行政主体行使行政职权和接受行政法制监督而与行政相对人、行政法制监督主体发生的各种关系，以及行政主体内部发生的各种关系。行政关系构成了行政法的调整对象。主要包括四类：第一类是行政管理关系；第二类是行政法制监督关系；第三类是行政救济关系；第四类是内部行政关系。

（2）行政法的基本功能是规范和控制行政权。权力具有天然的扩张性和侵益性，比较而言行政权更甚。随着社会经济文化的发展，行政权已经介入到人们生活的各个领域，是个人很难对抗的强大权力，因此必须对行政权进行规范和控制。行政法可以通过行政组织法控制行政权的来源；可以通过行政程序法控制行政权行使的方式和手段；可以通过行政监督法、行政救济法制约行政权的滥用。

（二）行政法的特征

1. 非法典性

行政法尚没有统一完整的实体行政法典，这是因为行政法涉及的社会领域十分广泛，内容纷繁丰富，行政关系复杂多变，因而难以制定一部全面而又完整的统一法典。行政法散见于层次不同、名目繁多、种类不一、数量可观的各类法律、行政法规、地方性法规、规章以及其他规范性文件之中。凡是涉及行政权力的规范性文件，均存在行政法规范。国内外重要的综合性行政法律主要有：行政组织法、国家公务员法、行政处罚法、行政强制法、行政许可法、行政程序法、行政公开法、行政复议法、行政诉讼法、国家赔偿法等。

2. 广泛性

行政法涉及的领域十分广泛，内容十分丰富。由于现代行政权力的急剧膨胀，其活动领域已不限于外交、国防、治安、税收等领域，而是扩展到了社会生活的各个方面。这就决定了各个领域所发生的社会关系均需要行政法调整。现代行政法适用的领域更加广泛，内容也更加丰富。

3. 变动性

与其他部门法相比较，行政法具有很强的变动性。社会生活和行政关系复杂多变，因而作为行政关系调节器的行政法律规范也具有较强的变动性，需要经常进行废、改、立。

4. 强制性

行政主体依法作出的行政行为，是国家意志的表现，具有公定效力，行政相对人和利害关系人不得否认。如有异议，须依法定程序提出。

（三）行政法的分类

1. 行政组织法、行政行为法、行政监督法和行政救济法

这是以行政法的作用为标准进行的分类。（1）行政组织法。这类规范又可分为两部分：一部分是有关行政机关的设置、编制、职权、职责、活动程序和方法的法律规范，其中职权、职责规范是行政组织法规范的核心，如《国务院组织法》；另一部分是有关国家行政机关与国家公务员双方在录用、培训、考核、奖惩、晋升、调动中的权利（职权）、义务（职责）关系的法律规范，如《公务员法》。（2）行政行为法，其中最主要的是行政机关与行政相对人双方权利（职权）、义务（职责）关系的法律规范。这类规范数量最多，涉及面最广，如行政处罚法、行政许可法等。（3）行政监督法。这类是关于监督行政权的法律规范，即监督主体对行政权进行监督的法律规范，最主要的有监察法、审计法、行政复议法等。（4）行政救济法。这类是规定如何对违法、不当、不作为的行政行为造成的后果进行补救的法律规范，如行政诉讼法、行政复议法、国家赔偿法等。

2. 一般行政法与部门行政法

这是以行政法调整对象的范围为标准进行的分类。一般行政法是对一般的行政关系和监督行政关系加以调整的法律规范的总称，如行政组织法、国家公务员法、行政行为法、行政程序法、行政监督法、行政救济法等。一般行政法调整的行政关系和监督行政关系范围广，覆盖面大，具有更多的共性，为所有行政主体所必须遵守。部门行政法是对部门行政关系加以调整的法律规范的总称，如经济行政法、环保行政法、教育行政法、公安行政法、民政行政法、卫生行政法等。

3. 实体法和程序法

这是以行政法的性质为标准进行的分类。实体行政法是规定行政主体、行政相对人和国家监督机关在行政活动中所具有的权利、义务的法律规范。如税务机关与纳税人之间在税收法律关系中，各自的法律地位，双方的权利义务，都由实体性的税收法律、法规进行规定。程序行政法是实施实体法的程序性行政法规范的总称，主要规定行政主体在实施行政行为时所应遵循的方式、步骤、顺序、时限以及监督行政的程序等。我国行政法具有实体、程序统一性，实体法律规范、程序法律规范经常规定在同一部法律中。如行政处罚法中，就既有实体性规范，也有程序性规范。

第二节 基本理论体系

一、行政法的理论基础

1. 各种理论概览

目前关于行政法的理论基础，我国学术界众说纷纭，没有统一的论说。至今有为人民服务论、人民政府论、平衡论、公共权力论、服务论、政府法治论、公共利益本位论等学说。当然，比较有影响的是管理论、控权论和平衡论三种学说。

最早就"行政法理论基础"这一问题公开发表专门论述的，当属应松年、方彦、朱维究等教授的《行政法学理论基础问题初探》一文。[①] 他们的主要观点是：社会主义国家行政权的目的是为人民服务；对行政机关的多渠道监督体系不是为了控制权力，而是为了行政机关能更全面、彻底地为人民服务；社会主义行政法学体系的建立，应当以如何保障和推进行政机关为人民服务为核心等。因此这一学说被称为"为人民服务论"。

管理论的基本要义是行政主体与相对方之间是一种支配与服从的关系，二者法律地位不平等，行政权优先于个人权利，公民处于被管理、被支配的地位，强调通过维护行政特权保证行政管理的秩序和效率。管理论在苏联较为流行，我国受苏联影响，在行政执法领域至今还存在其痕迹。管理论的核心是追求秩序行政。

[①] 应松年，方彦，朱维究著：《行政法学理论基础问题初探》，《中国政法大学学报》1983年第2期，第78—83页。

控权论来源于英美法系，其主要观点是行政权和公民权处于对立的地位，个人权利至上，行政权是必要的"恶"，行政法就是控制行政权的法，要通过立法、司法、程序等手段严格控制行政权，以保障公民权利和自由。

平衡论是我国的本土理论，最早由罗豪才教授提出，而后有大批学者追随并不断更新完善这一理论。平衡论认为行政权力与公民权利应是一种平衡状态，强调从关系的角度研究行政法，运用制约、激励与协商机制，充分发挥行政主体与相对方的积极能动性，维护法律制度、社会价值的结构均衡，促进社会整体利益的最大化。行政法的目标就是平衡，即促使行政主体与相对人的权利义务处于平衡状态，实现公共利益与个人利益的和谐。

除以上论说外，较有影响力的还有叶必丰教授提出的公共利益本位论、杨海坤教授提出的政府法治论等理论。

2. 行政法理论基础内涵

什么是行政法的理论基础，这是首先要澄清的问题。

首先，行政法的理论基础不同于行政法的基础理论，这是两个命题。整个行政法理论体系由若干理论构成，其中处于基础地位的是基础理论或者基本理论。在基础理论中处于最高层次的是理论基础。可以说行政法的理论基础是行政法基础理论的组成部分，而且是最基础的部分，是构建整体行政法理论体系的基石。

其次，行政法的理论基础应当阐明的是什么是行政法、行政法的本质是什么、行政法的价值导向是什么、行政法应当具有哪些内容和功能、以什么样的视角和方法去研究行政法、行政法制度建设和理论体系应当以何种理念作为指导等问题。其中行政法的本质什么，它的价值目标是什么，这是行政法的理论基础必须要解决的问题。

最后，对于行政法理论基础应具备的条件，笔者同意周佑勇教授的观点：从理论深度来看，它必须能够深刻地揭示行政法赖以存在的基础；从理论的广度上看，它必须能够全面阐释各种行政法的现象；从理论高度来看，它必须在一定高度上具有对行政法学研究和行政法制建设进行正确指导的价值。

3. 本书观点

关于行政法的理论基础问题，笔者倾向于"控权论"。关于"控权论"这一提法，是我国学者在行政法学理论研究中，从一些英美行政法学者关于行政法是控制政府权力的法，这一定义和相关理论体系中引申出来的，是对行政法控权观念的理论性概括。

从历史角度观察，权力具有扩张性、侵害性和破坏性，行政权力尤其如此。近代以来的法治和宪政的根本在于对权利的保障与维护。行政法之所以产生和存在，正是在于对行政权力进行控制和规范，以防范其扩张性、侵害性和破坏性，保障与维护公民和社会组织的权益。

从理论角度看，行政权的本质是国家公权力的组成部分，具有国家强制力，是国家上层建筑的组成部分，是国家统治权的组成部分。一切权力属于人民，国家权力是人民权利让渡出的，但是从权力产生开始，它就已经异化了，异化成为统治权。因此，必须对行政权保持足够的警惕，必须限制其范围和行使方式。

从现实角度观察，我国正处于法治政府建设的关键时期。虽然中央出台了很多政策和法律，但是行政机关在行政权的行使方面还面临着很多问题。在行政立法、制定规范性文件方面，还存在与上位法相抵触、缺乏上位法依据、以红头文件代替法律法规现象；在行政执法领域问题尤其严重，选择性执法、暴力执法、行政不作为大量存在。总体来说就是权力专横任性，任意行使权力。任何理论学说都是来源于实践，又指导着实践。行政法理论同样要从我国的实际出发，不能脱离实际，臆想出一个理想化的基础理论。

从行政法的功能和价值目标角度看。我国行政法的基本功能有三项：一是维护社会秩序和公共利益，追求的目标是秩序行政；二是监督行政主体，防止行政权的违法和滥用，这是控权论的基础；三是保护公民、法人或其他组织的合法权益，价值目标是保护相对人的权利。在这三项中，笔者认为我国现阶段行政法的基本价值追求应当是保护公民的权利和自由不受行政权的恣意侵犯。第一，保护公民的人权是我国《宪法》的明确规定。这一价值目标和《宪法》的规定是吻合的，和行政处罚法、行政强制法、行政诉讼法的立法目标也是一致的。第二，行政主体和相对人的在行政法律关系中，权利义务并不对等。行政权具有优益性、强制性，行政行为具有公定力、确定力、执行力和拘束力。虽然行政行为有向民主性、协商性、参与性发展的趋势，但是行政主体的优越地位、行政权的优益性、行政行为效力的先定性始终没有改变。因此，我国行政法的理论基础应当是控制行政权，使之在法治的范围内行使。

二、行政法学理论体系

1. 行政法学理论体系概述

理论体系是指一个学科的知识框架及其内在逻辑关系,因此,这就需要解决调整对象、基本原则、基本范畴、研究方法、法律规范体系等问题。我国行政法学经过法学家们百年的努力,尤其是改革开放四十余年来的不断积累、更新,其理论体系已经逐步成熟,而且还在不断地完善。

(1)基本概念体系确立。我国行政法学涉及的概念很多,但是其中行政权、行政行为、行政法(律)关系、行政主体、行政相对人、行政立法、行政程序、行政处罚、行政强制、行政许可、行政复议、司法审查、行政赔偿等若干基本概念已经明晰。虽然其中既有法学概念,又有法律概念,既有已经达成共识的概念,又有存在争议的概念,既有引进的概念,又有本土概念,但是概念体系已经完成创建。

(2)理论基础的论争。我国关于行政法的理论基础存在管理论、控权论、平衡论、政府法治论、公共利益本位论等论争。为此各个流派在该理论基础上,创建了不同的教材体系。而且这种理论争议还将继续存在,前文对此已有论述,此处不再赘述。

(3)以主体——行为——救济为主线的行政法学理论体系形成。平衡论者一般对行政法学的论述分为三部分。第一部分绪论:重点阐述了行政法的基本概念、基本法律关系和基本原则;第二部分行政主体和行政行为:集中阐述了关于行政权的组织和运行原则,即调整行政关系的原则和规范;第三部分监督行政行为:着重阐述了关于监督行政的原则和规范,即调整监督行政关系的原则和规范。在体系上具有较为严密的逻辑性。控权论者围绕规范行政权这一中心,一般以行政主体——行政行为——监督行政与行政救济的逻辑结构构建其理论体系。公共利益本位论者认为在具体理论上应以公共利益为主线,主要研究行政主体、行政行为和行政救济三大基本内容。因此,虽然各理论流派存在极大差异,但是在理论体系的构建方面大同小异。

2. 本书结构

由于笔者持"控权论",因此对于行政法学的理论体系构建始终是围绕控制和规范行政权这一核心。笔者认为,对于行政权的研究是行政法学的逻辑起点,但是行政行为是行政权行使的具体表现方式,因而必须厘清行政行为的含义,同时,在我国现有法律制度基础上，对各种行政行为进行规范性研究，这样才能对法学理论的发展和法治实践有所助益。所以本书重点研究对象是行政行为。

具体到本书的结构设置，大体分为三部分，第一部分是"基本理论"：重点阐述行政法的基本概念、基本原则、法律渊源、行政主体、行政程序等。第二部分是"行政行为"：重点阐述行政处罚、行政强制、行政许可等行政行为，以及部门行政法涉及的行政行为。第三部分为"行政司法与行政救济"：重点阐述行政仲裁、行政调解、行政裁决、行政复议等行政司法和行政救济制度。

第三章 行政法基本原则

本章导读：本章介绍了行政法基本原则的含义以及外国行政法的基本原则，提出我国行政法三大基本原则：行政合法性原则、行政合理性原则、程序正当性原则。行政法基本原则不是法律制定出来的，而是在行政法治实践中逐步形成并由法律所确认的。

第一节 基本原则概述

一、行政法基本原则的含义与特征

法律由规则、原则和概念三种要素构成。法律规则是具体规定人们的法律权利、法律义务以及相应的法律后果的行为规范。法律原则是指在一定的法律体系中作为法律规则的指导思想，基础或本源的、综合的、稳定的原理和准则。法律原则是法律制度、法律规范中不可缺少的一部分，可以协调法律体系中规则之间的矛盾，弥补法律规则的不足和局限。法律原则和法律规则虽然同为法律规范，但它们在内容明确性、适用范围、适用方式和作用上存在区别，是两种不同的法律规范。

在内容上，法律规则的规定是明确具体的，而法律原则的要求比较笼统、模糊。在来源上，成文法国家法律规则来源于立法，而法律原则的来源则较为广泛，包括立法、政策、学理等。在适用范围上，法律规则只适用于某一类行为，不具有普遍适用性。法律原则对人的行为及其条件有更大的覆盖面和抽象性，原则的适用范围宽于规则。在适用条件上，法律规则与法律原则相比具有优先适用性。法律原则只有在穷尽法律规则时，除非为了实现个案正义否则不得舍弃法律规则而直接适用法律原则，没有更强理由不得优先适用法律原则。

行政法基本原则是指体现行政法的根本价值，贯穿于行政法律规范之中，指导行政法的制定、执行、遵守以及解决行政争议的基本准则。

（1）行政法的基本原则能够体现行政法的基本价值理念。行政法的根本价值在于保护人权,我国的行政法律规范中表述为"保护公民、法人和其他组织的合法权利",其作用方式为控制行政权的恣意行使,即"控权"。因此我国行政法学者无论对行政法基本原则如何争论,但是"依法行政、行政合法性原则"始终是必须坚持的基本原则。行政合法性原则的要义在于行政行为必须有法律依据,行政主体必须依据法律的规定行使权力,即通过法律控制行政权,以保护行政相对人的合法权益。

(2)行政法基本原则具有法律性。行政法的基本原则不是政治原则,不是行政管理原则,它贯穿于法律规范中,属于法律原则,具有法律效力。在行政立法[①]中,有权机关必须坚持行政法的基本原则;在行政执法和解决行政争议的过程中,行政机关和司法机关在存在明确的法律规则时,适用法律规则;没有明确的法律规则就要适用法律原则;违反行政法的基本原则,相关机关就要承担相应的法律责任。

(3)行政法基本原则是行政法领域的基本准则,具有普遍性。行政法基本原则贯穿于全部行政活动之中,它调整行政法的所有领域,是全部行政法律规范所反映出来的共有的原则。基本原则不同于具体原则。具体原则是某一法律规范中,专门规范某一类行为的,比如《行政处罚法》规定了"一事不再罚"原则。根据《行政处罚法》第 29 条的规定,一事不再罚原则仅指对当事人的同一个违法行为,不得给予两次以上罚款的行政处罚。因此本原则是行政处罚中的具体原则。而行政法基本原则在整体行政法律体系中发挥作用,具有全局性的引领功能。如程序正当性原则,在行政立法、执法和行政纠纷解决过程中均应遵循,属于基本原则。

(4)行政法基本原则具有指导功能和补缺功能。指导功能是行政法基本原则的首要功能。我国没有统一的行政法典,行政法律规范是由层次不同的法律、法规、规章构成。这些不同层级法律规范的制定、实施必须依据共同的准则,这些共同的准则就是行政法的基本原则。制定、实施、修改、废止行政法律规范必须以行政法基本原则为指导,遵循行政法基本原则。如我国的《行政处罚法》《行政强制法》《行政许可法》《行政复议法》《政府信息公开条例》等法律法规的制定和实施都遵循了行政合法性、程序正当性等基本原则。由于社会生活的复杂

[①] 行政立法有广义和狭义之分。广义的行政立法是指所有有权机关制定关于行政权方面规范的行为;狭义的行政立法仅指行政机关制定行政法规和规章的行为。此处指广义的行政立法。

性及其不断发展,以及法律自身的局限性,法律不可能规范社会生活的方方面面,必然会出现法律空白。在行政法律规范空白和出现漏洞的时候,行政法基本原则作为共同理念可以弥补法律的不足。在没有明确法律规定时,可以直接适用行政法基本原则;已经有具体法律规定,但法律规定的内容比较抽象或宽泛的,可以根据行政法基本原则进行解释。这就是行政法基本原则的补缺或者补漏功能。

二、国外行政法基本原则简介

由于不同的国家和地区有着不同的历史传统、法律文化,因此对于行政法基本原则的认识和理解也存在差异。普通法系和大陆法系对于行政法基本原则就有着不同的认知。

（一）大陆法系行政法的基本原则

大陆法系以德国、法国为代表,奉行成文法,注重对行政法基本原则的研究与运用。其行政法基本原则主要包括依法行政原则、比例原则等。[①]

1. 依法行政原则

依法行政原则是指行政权的行使必须有法律依据,行政活动不得与法律相抵触,法律是行政机关的行动准则;行政活动违法的,必须追究行政机关的法律责任。依法行政原则由两部分组成,即法律优先和法律保留原则。

基于主权在民的理念,行政权的行使应基于国民的意思,以国民的利益为之,代表人民意志的立法机关所制定的法律,应优越于行政机关所颁布的行政命令,这就是法律优先原则。在行政法领域法律优先就是指法律对于行政权的优越地位,以法律指导行政,行政活动与法律抵触者没有法律效力。法律优先原则旨在防止行政行为违背法律,并不要求一切行政行为都必须有法律之明文依据,只须不消极违背法律规定即可。法律优先实际上就是禁止行政机关违法行政,它是依法行政的消极体现。

法律保留,是指行政机关实施行政行为必须有法律的授权,无法律授权的行政行为无效。其本意是划分议会和行政机关的权限,防止行政机关侵越议会的权力。

2. 比例原则

比例原则源于19世纪警察国家时期,认为警察权力的行使只有在"必要时"

---

① 姬亚平主编.《外国行政法概论》[M].北京:中国政法大学出版社,2003,8:87,117.

才能限制人民的权利,此后该原则被适用于整个行政法领域。该原则的基本涵义是指行政机关在实施行政行为时应兼顾行政目标的实现和保护人民的权利免受侵害。在实施行政权力时,行为的手段与行政目的之间应该有适度的比例关系。广义的比例原则包括妥当性、必要性和均衡性三个子原则。

妥当性原则,又称适应性原则,即行政机关所采取的方法,应有助于达成其目的,对于实现行政目标是妥当的。必要性原则,又称最少侵害原则,指在众多能够达成行政目的的手段中,应当选择对公民权利限制或侵害最少的手段。均衡性原则,又称狭义的比例原则,是指行政机关对公民个人利益的干预不得超过实现行政目的所追求的公共利益,两者须合比例或相称。

(二)普通法系行政法的基本原则

普通法系以英国和美国为代表,在行政法领域其共同特点在于注重依程序控制行政权的行使。因此,普通法系国家行政法基本原则的内容主要是越权无效原则、正当程序原则[①]等。

1. 越权无效原则

"越权无效",就是政府不能超越议会所授予的权限,即政府必须严格按照法律规定的方式和范围进行活动。当政府在行使议会所授予的权力时,如果超越授权范围,违反了法律的规定,法院即可宣告其无效或撤销它。越权无效原则具体包括:违反自然公正原则;程序上越权;实质上越权。实质上越权又包括四种情况:一是超越管辖权的范围;二是不履行法定义务;三是权力滥用;四是记录中所表现的法律错误,是指行政机关作出行政行为时的行政案卷,显示出明显的法律错误和使行政决定或裁决不能成立的事实错误。

2. 正当程序原则

正当程序起源于英国古老的自然公正原则,其思想可溯及的最早根源是1215年制定的英国《自由大宪章》。自然公正原则被看作是英国最基本的公正程序规则,只要成文法没有明确排除或另有特殊情况外,行政机关都要遵守。正当程序原则在美国《宪法》第5条和第14条修正案中以成文法明确规定:"任何人未经正当法律程序不得剥夺其生命、自由或财产。"其被称为"正当法律程序条款"。正当程序原则的基本内涵是指行政机关作出影响行政相对人权益的行政行为,必

---

① 姬亚平主编.《外国行政法概论》[M].北京:中国政法大学出版社,2003,8:33,60.

须遵循正当法律程序，包括事先告知相对人，向相对人说明行为的根据、理由，听取相对人的陈述、申辩，事后为相对人提供相应的救济途径等。

三、我国行政法基本原则概览

对于行政法基本原则的内涵、外延、确立标准，我国行政法学界一直争论不休，至今也没有形成共识。究其原因，一是我国行政法制建设起步较晚，至今也不完备。如我国没有统领全局的行政程序法典，各种行政程序规则散见于多部法律、法规中；二是我国正处于社会转型时期，社会、经济、文化发展日新月异，法学理论的发展必须适应新形势，解决新问题。因而行政法基本原则必须适应我国的发展形势，因时而动，不能抱残守缺、一成不变。尤其是近年来依法治国的深入，司法体制改革的新举措不断推出，行政法学理论必然要不断更新。改革开放以来，我国行政法学界对于行政法基本原则的研究是一个不断深化和拓展的过程。

（一）行政法基本原则的研究历程

20世纪80时代，我国处于改革开放初期，行政法制建设刚刚起步，当时的行政法基本原则与行政管理原则、政治原则、宪法原则混同。如我国改革开放后的第一部行政法学统编教材[①]中提出的七项基本原则：在党的领导下实行党政分工和党企法分工；广泛吸收人民群众参加国家行政管理；贯彻民主集中制；实行精简的原则；坚持各民族一律平等；按照客观规律办事，实行有效的行政管理；维持社会主义法制的统一和尊严，坚持依法办事。从1990年我国正式颁布实施《行政诉讼法》开始，到1996年我国行政法制建设不断完善，随着《国家赔偿法》《行政监察法》《行政处罚法》等法律法规颁布实施，行政法基本原则也从管理转向控权。这一时期，行政合法性原则和行政合理性原则成为人们的共识，同时指出行政权力要在法律规定的范围内行使，要合法合规。1997年党的十五大提出"依法治国"的基本方略，行政法治建设开始逐步深入。行政法学界对于行政法基本原则的研究注重借鉴西方国家行政法中的程序公正原则、法律优先原则、行政公开原则、比例原则等。尤其部分学者对行政法中的"比例原则"进行了深入研究和探讨，指出了比例原则的适用性及它对我们社会发展将产生的效益，对公民权利的保障等。2004年3月，国务院印发《全面推进依法行政实施纲要》（以下简称《纲要》），

---

① 王珉灿主编.行政法概要[M].北京：法律出版社，1983.

提出了依法行政的基本要求。学者们据此总结我国行政法基本原则为合法行政、合理行政、程序正当、高效便民、诚实守信、权责统一六项原则。同时，2004年3月通过的《宪法修正案》第24条规定："宪法第三十三条增加一款，作为第三款：'国家尊重和保障人权。'"行政法基本原则增加了对人权保护的内容。[①]2014年党的十八届四中全会审议通过了《中共中央关于全面推进依法治国若干重大问题的决定》（以下简称四中全会《决定》）。四中全会《决定》提出："各级政府必须坚持在党的领导下、在法治轨道上开展工作，创新执法体制，完善执法程序，推进综合执法，严格执法责任，建立权责统一、权威高效的依法行政体制，加快建设职能科学、权责法定、执法严明、公开公正、廉洁高效、守法诚信的法治政府。"这就为行政法基本原则提出了新的要求。除了强调依法行政之外，还提出了"权威高效""廉洁高效"，这是对行政效率、效能的要求；"守法诚信"这是对诚实信用原则的表述。这就为行政法基本原则的研究开拓了视野，提供了政策依据。

（二）行政法基本原则主要观点

我国行政法学界对于行政法基本原则包含的内容至今没有统一论断。

应松年教授在2004年出版的《行政法学新论》中，认为行政法的基本原则就是依法行政原则，具体包括职权法定、法律优先、法律保留、依据法律四个具体要求。2005年，又融合了国务院在2004年3月发布的《全面推进依法行政实施纲要》中的内容，将依法行政的具体要求概括为合法行政、合理行政、程序正当、诚实守信、高效便民和权责统一六个原则。后来应松年教授又提出行政合法性原则、行政合理性原则、行政应急性原则、正当程序原则、诚实信用原则、行政效率原则和权责统一原则。[②]

姜明安教授认为，行政法的基本原则分为实体性原则和程序性原则两大类。实体性原则包括依法行政原则、尊重和保障人权原则、越权无效原则、信赖保护原则、比例原则五项子原则；程序性原则包括正当法律程序原则、行政公开原则、行政公正原则、行政公平原则四项子原则。[③]

[①] 姜明安主编.行政法与行政诉讼法(第六版)[M].北京：北京大学出版社,高等教育出版社,2015：69.

[②] 应松年主编.行政法与行政诉讼法[M].北京：中国政法大学出版社,2008：37-41.

[③] 同①，61-81.

罗豪才先生把行政法基本原则归纳为行政合法性原则和行政合理性原则。[①]陈新民教授把行政法基本原则总结为依法行政一项原则。[②]

四、确立我国行政法基本原则的要求

行政法学理论是一个开放的系统，是在不断进步、不断完善的，行政法基本原则同样如此。行政法基本原则必须与时俱进，不断适应社会的发展，这样才能始终具有鲜活的生命力。因此，确立行政法基本原则要坚持以下的基本要求：

（一）坚持借鉴性与本土化相结合

当今时代是改革开放的时代，改革开放必须要借鉴国外先进的经验、技术和理论，法学发展同样要借鉴国外先进的理论、观念。自清末变法以来，我们一直在如此为之。行政法基本原则这一行政法学范畴中重要的理论命题，中国的行政法学人一直在介绍、借鉴、推广。比如我们借鉴了德国行政法学中的法律优先原则、法律保留原则，借鉴了英国的越权无效原则。但是历史经验和社会现实也警醒我们，学习和借鉴绝对不能照搬照抄，否则就会"橘生淮南则为橘，生于淮北则为枳"，就会出现"肠胃不适"、不接地气，甚至南辕北辙的情形。因此，借鉴国外的法学先进理论必须面向中国实际，着眼中国问题，创建中国特色，也就是要本土化。

（二）坚持现实性与前瞻性相结合

理论来源于实践，又高于实践，同时服务于实践。行政法基本原则作为行政法学的基础理论同样如此。它不是学者们闭门造车凭空臆想出的，而是经过不断的行政法实践活动，包括行政立法、行政执法和行政纠纷解决等活动，而后再经学者们不断提炼总结出的。因此，行政法基本原则来源于实践，立足于现实。比如"高效便民原则"，就是立足于我国行政效率低下、各机关推诿责任的现状而提出的。但是社会情况千变万化、不断发展，为了适应这一现实，行政法基本原则理论必须具有一定的预见性和前瞻性，而不能画地为牢、固步自封、一成不变。因此，对于行政法基本原则的理论提炼和制度设计必须具有一定的开放性、包容性，以适应新情况，解决新问题。

---

① 罗豪才主编.行政法学[M].北京：中国政法大学出版社，1996：53-65.
② 陈新民.行政法学总论[M].台北：台湾三民书局，1995：53-64.

（三）坚持法律性与政策性相结合

行政法基本原则属于法律原则，具有法律性，应当规定在法律、法规中。比如我国《行政处罚法》第 5 条规定："行政处罚遵循公正、公开的原则。"第 6 条规定："实施行政处罚，纠正违法行为，应当坚持处罚与教育相结合，教育公民、法人或者其他组织自觉守法。"这些就是行政法基本原则在行政处罚中的体现。然而法律相较于社会现实而言，更具稳定性。社会现实总是在变动中，而法律不可能随时修改。同时，我国法律体系尚不完备，很多法律制度都在探索中。因此，政策成为法律必不可少的补充。比如 2004 年 3 月国务院印发的《全面推进依法行政实施纲要》、2014 年党的十八届四中全会审议通过的《中共中央关于全面推进依法治国若干重大问题的决定》、2015 年 12 月中共中央、国务院印发的《法治政府建设实施纲要（2015—2020 年）》都属于政策性文件。三部文件对法治政府提出的基本要求包括："合法行政、合理行政、程序正当、高效便民、诚实守信、权责统一"，"职能科学、权责法定、执法严明、公开公正、廉洁高效、守法诚信"。这些要求实际上就是对行政法基本原则的表述，同时，这些要求也是对我国现行法律、法规缺漏的补充。比如"诚实守信、守法诚信"在我国行政法律、法规中还没有明确的表述。因而，在行政法律制度尚不完善的中国，行政法基本原则的理论设计必须要坚持法律性和政策性相结合的原则。

基于以上三个基本要求，本书把行政法基本原则归纳为行政合法性原则、行政合理性原则和程序正当性原则三项，在每项基本原则中都设置若干子原则。

第二节　行政合法性原则

一、行政合法性原则的含义

行政合法性原则，是指行政权力的设立、取得、行使必须依据法律，符合法律要求，不能与法律相抵触。行政主体必须严格遵守行政法律规范，违法行政行为依法应予以追究，违法行政主体应承担相应的法律责任。

对于行政合法性原则具体内涵，很多学者认为应包含法律优先和法律保留两项子原则。如刘靖华教授在其主编的《行政法原理与实务》[①] 就是如此表述的。法

[①] 刘靖华主编. 行政法原理与实务 [M]. 北京：中国政法大学出版社，2014：22-25.

律优先原则和法律保留原则来源于德国，由德国行政法鼻祖奥托·迈耶首创。他认为，法律为国家意志中法律效力最强者。法律优先在我国，其基本内涵是指在法律与行政立法的关系上，法律优先于行政立法，即强调法律对于行政立法（行政法规和规章）的优越地位，也就是法律高于行政法规和行政规章。法律保留原则是指是指宪法关于人民基本权利限制等专属立法事项，必须由立法机关通过法律规定，行政机关不得代为规定，行政机关实施任何行政行为皆必须有法律授权，否则其合法性将受到质疑。这两原则在我国《宪法》和《立法法》中都有规定。如《立法法》第8条规定："下列事项只能制定法律：（一）国家主权的事项；（二）各级人民代表大会、人民政府、人民法院和人民检察院的产生、组织和职权；（三）民族区域自治制度、特别行政区制度、基层群众自治制度；（四）犯罪和刑罚；（五）对公民政治权利的剥夺、限制人身自由的强制措施和处罚；（六）税种的设立、税率的确定和税收征收管理等税收基本制度；（七）对非国有财产的征收、征用；（八）民事基本制度；（九）基本经济制度以及财政、海关、金融和外贸的基本制度；（十）诉讼和仲裁制度；（十一）必须由全国人民代表大会及其常务委员会制定法律的其他事项。"这是法律保留原则的体现。《立法法》第88条规定："法律的效力高于行政法规、地方性法规、规章。行政法规的效力高于地方性法规、规章。"这是法律优先原则的体现。一则，《立法法》属于宪法性法律，这两项原则涉及到国家的宪制层面；二则，这两项原则主要针对立法问题以及立法权和行政权的界限问题。因此对这两项原则不宜过度解读，也不宜作为我国行政法的基本原则来对待。

本书认为，行政合法性原则应当包括职权法定、依法行政、权责统一三项子原则。

（1）行政合法性原则的"法"，应作广义理解，既包括全国人大及其常委会制定的法律，也包括行政法规、地方性法规、自治条例和单行条例，还应包括行政规章。

（2）行政合法性原则，具体要求包括行政权力的设定符合法律，主要是指行政机关的设立要符合《宪法》和《组织法》的规定；行政主体的行政职权来源于法律，即职权法定；行政主体依照法律规定行使行政职权，包括依照实体法和程序法的规定行使职权；违法行政应当承担法律责任，包括政治责任、行政责任、国家赔偿责任和刑事责任等。

二、职权法定原则

职权法定是指行政主体[①]所行使的职权必须有法律规定，任何机关不得超越法律的授权。职权法定的特点是：行政机关的创设具有法律依据，行政机关的权力来源于法律授权，行政机关在权限范围内行使权力符合法律的规定，越权无效。

（一）机构设置合法

行使权力必须要设立相应的国家机构，我国行使行政权的机构是国务院和地方各级人民政府及其工作部门。因此职权法定原则的第一个要求就是依法设置行政机关。设立行政机关要有《宪法》和《组织法》的依据；进行机构改革增设新的行政机关要有最高权力机关的授权或经其批准。如《宪法》第85条规定："中华人民共和国国务院，即中央人民政府，是最高国家权力机关的执行机关，是最高国家行政机关。"第105条规定："地方各级人民政府是地方各级国家权力机关的执行机关，是地方各级国家行政机关。"这两条就是《宪法》对于国务院和地方各级人民政府的性质、地位的明确规定。个别地方政府根据管理需要，自行设立某某办公室[②]，并对外行使管理权，是没有法律依据的，显然是违法的。

（二）行政权的取得合法

这是狭义的职权法定原则。行政机关要做到依法行政，首先必须有法律明确授予的行政职权。非经法律授权，行政职权就没有其存在的合理性，行政机关就不能作出行政行为。根据我国现有法律，职权的法定渊源有三种：一是行政机关依法成立时即合法取得的权力，这是行政机关固有的权力，如《宪法》第89条就明确规定了国务院的职权职责；二是由法律、法规或者规章特别授予；三是由有权的行政机关依照法律的规定委托的权力。

（三）越权无效

越权无效原则来源于英国，是指政府不能超越议会授予的权限。也就是说，政府必须严格按照法律规定的方式和范围进行活动，如果政府的行为确系越权，法院可依法宣告政府越权行为无效，并责令政府就其越权行为造成的损害进行赔偿。其基本含义是行政机关必须在法定权限范围内行为，一切超越法定权限的行

[①] 我国有权行使行政权的组织较为复杂，既包括行政机关，也包括法律、法规授权的组织等，统称行政主体，本处以行政机关为主要论述对象。

[②] 2001年郑州设立馒头办；咸阳设有推广足疗保健工作领导小组；湖北公安县设有卷烟办，还有地方设有生猪办等。

为无效，不具有公定力、确定力、约束力和执行力。简言之就是，政府行使权力的行为必须有法律依据，否则其行为无效。我国《行政诉讼法》第70条第4项、《行政复议法》第28条第1款第3项第4目都规定了越权无效原则。至于如何认定越权，还没有相关的法律解释。一般认为行政机关越权的表现有下列几种较为典型：一是无权限，即行政机关管理了可以由行政相对人自行解决的，或者可以由市场调节解决的事项；二是越权立法，即行政法规、行政规章侵越了只能由法律规定的事项，或者违反了上位法规定；三是事权越权，即甲机关管辖了本应由乙机关管辖的事项；四是地域越权，如本应属于甲地公安机关处理的事项，乙地公安机关却处置了；五是级别越权，即下级机关侵越了上级机关的事项。

三、依法行政原则

依法行政原则是指行政主体依照法律的规定行使行政权，严格依照法律、法规、规章的规定实施行政管理活动；没有法律、法规、规章的规定，行政机关不得作出影响公民、法人和其他组织合法权益或者增加公民、法人和其他组织义务的决定，即行政行为合法。行政机关的任务，就是主动、持续地执行法律规范，调整各种社会关系，实现立法意图或法律规范的目的。我国《宪法》第85、105条明文规定，我国国家行政机关是国家权力机关的"执行机关"，即执行权力机关所制定的法律、法规和决议，因此，国家行政机关有时被称为执法机关。行政行为作为一种执法行为必须受法律的约束，并且应当在全过程中全面地接受法律的监督和制约，而不能凌驾于法律之上。如果行政主体实施行政行为违法，行政主体就必须承担相应的法律责任，从而实现行政法治。

（一）依法全面积极履行行政职能

行政机关要坚持法定职责必须为、法无授权不可为，勇于负责、敢于担当，坚决纠正不作为、乱作为，坚决克服懒政、怠政，坚决惩处失职、渎职。这是对政府依法行政的积极要求，即政府要积极作为，不能等、靠、要，更不能推诿责任。

（二）严格按照法律规定履行行政职能

行政主体必须是法定主体，即主体合法。行政主体的职权必须有法律的明确授予，即职权合法。行政主体作出行政决定必须有充足的证据支撑，即证据合法有效。行政主体必须依照法定程序作出行政行为，即程序合法。行政主体作出行政行为必须要有明确的法律依据，并正确适用法律法规。这是对政府依法行政的消极要求，即政府不违法。

（三）强化对行政权力的制约和监督

不受制约的权力是专横的，不受监督的权力是任性的。因此，必须加强对行政权的监督和制约，以促进政府依法行政。坚持决策权、执行权、监督权既相互制约又相互协调，完善各方面监督制度，确保行政机关按照法定权限和程序行使权力。加强党内监督、人大监督、民主监督、行政监督、司法监督、审计监督、社会监督、舆论监督制度建设，努力形成科学有效的权力运行制约和监督体系，增强监督合力和实效。

四、权责统一原则

权责统一原则是指行政机关违法或不当行使职权，应当依法承担法律责任，实现权力和责任的统一。政府责任有两层含义：一是职责，或者是政府的义务。即政府应该做什么，如果不主动去做即为不作为，构成不作为的违法；二是法律责任，即政府违法行政应承担的法律负面评价和相应的法律后果。本书的政府责任专指第二种，即政府违法行政要承担的法律责任。政府责任法定体现了权责统一原则。行政机关依法履行经济、社会和文化事务管理职责，要由法律、法规赋予其相应的执法手段。行政机关违法或者不当行使职权，应当依法承担法律责任，实现权力和责任的统一。依法做到执法有保障、有权必有责、用权受监督、违法受追究、侵权须赔偿。

根据我国现行法律和政策文件的规定，政府责任的承担者主要是行政机关的工作人员。因为政府作为一个组织体是由自然人组成的，政府的决策行为、执行行为、监督行为都是由具体的人员完成的，追究责任人的责任理所应当。

政府工作人员的责任主要包括：

（1）政治责任。即罢免、辞职、辞退、引咎辞职、责令辞职和党纪责任。

（2）行政责任。即公务员法规定的警告、记过、记大过、降级、撤职、开除等政务处分。

（3）刑事责任。行政机关工作人员在执行公务时如果严重违法达到犯罪程度，应当受到刑事处罚、承担刑事责任。

（4）经济责任。行政机关在执法中如果侵犯行政相对人合法权益的，应当由国家承当赔偿责任，即行政赔偿。但是在国家赔偿之后，应当责令有故意或者重大过失的工作人员或者受委托的组织或者个人承担部分或者全部赔偿费用。

第三节　行政合理性原则

一、行政合理性原则的含义

行政合理性原则是指行政主体在选择作出何种内容的行政行为时需要权衡各种利益关系以作出最佳的判断，以实现其实体内容的"均衡合理"，体现法的实质正义。它要求行政机关的行政行为不仅要合法而且要合理，也就是行政机关的行政行为要做到合情、合理、恰当和适度。

行政合理性原则主要针对行政裁量行为而言。行政合理性原则要求行政机关的自由裁量行为必须受到必要的法律控制，行政机关始终为了公众的利益和正当的理由而实施活动。其指导思想是行政机关不能专断，行政活动必须具有符合立法目的、公共利益的正当理由，不得滥用权力。

所谓行政裁量，是指法律赋予行政主体可以选择的权力，但这种选择不是任意的，而应当受到一定原则的限制。行政裁量可以分为三类：决定裁量，即是否实施行政行为；选择裁量，即实施何种行政行为；程度裁量，即实施何种程度的行政行为。

为了限制行政机关日益强大的自由裁量权，行政合理性原则应运而生。我国法律、法规和相关政策文件中也有所体现。如 2004 年 3 月国务院印发的《全面推进依法行政实施纲要》明确规定："行政机关实施行政管理，应当遵循公平、公正的原则。要平等对待行政管理相对人，不偏私、不歧视。行使自由裁量权应当符合法律目的，排除不相关因素的干扰；所采取的措施和手段应当必要、适当；行政机关实施行政管理可以采用多种方式实现行政目的的，应当避免采用损害当事人权益的方式。"行政合理性原则包含公平原则、比例原则、诚实信用原则三个子原则。

二、公平原则

公平是指平等对待行政相对人，不得歧视。公平原则要求行政主体在针对不同行政相对人实施行政行为时应根据具体情况平等而合理的适用法律，不得恣意妄为或有失公允。要求行政主体面对同等情况应当同等对待，不同情况应当区别对待，不得恣意地实施差别待遇。公平最重要的价值是保障法律面前人人平等和机会均等，避免歧视对待。我国《行政许可法》第5条第1款规定："设定和实施行政许可，应当遵循公开、公平、公正的原则。"第3款规定："符合法定条件、标准的，申请人有依法取得行政许可的平等权利，行政机关不得歧视。"

公平原则有三个基本要求：一是同等对待，要求行政主体在同时面对不同相对人时应当一视同仁，反对歧视；对于同等情况，应当作出相同的行政决定；二是区别对待，要求行政主体在实施行政行为时应当认真区别各行政相对人的具体情况，要求行政主体应当按不同情况来设定行政相对人的权利义务；三是要考虑相关因素，不能考虑不相关因素。关于这一要求，我国现有法律中尚无明文规定，但是在地方政府规章和规范性文件中有所体现。比如《邯郸市规范行政处罚自由裁量权若干规定》[①]第29条第4项规定："实施行政处罚过程中是否全面考虑和衡量了违法事实、性质、情节及社会危害程度等相关因素"；邯郸市城市管理和综合行政执法局制定的《行政处罚自由裁量权基准制度（试行）》第3条规定的行使行政处罚自由裁量权，应当遵循的原则就包括"考虑相关因素。应当考虑法律明示或者默示地要求行政执法机关考虑的因素，排除不合理因素的干扰，不能考虑不相关因素"。所谓相关因素是指与案件直接有关的因素，如违法情节、危害后果、违法行为人年龄、精神状况等。所谓不相关因素是指行政相对人的背景、身份、地位等与案件处置无关的问题。

三、比例原则

比例原则是指行政主体实施行政行为应兼顾行政目标的实现和行政相对人权益的保护，行政主体采取的措施和手段应当是必要、适当的；应当避免采用损害行政相对人权益的方式，如为实现行政目标可能对相对人权益造成某种不利影响时，应使这种不利影响限制在尽可能小的范围和限度内，保持二者处于适度的比例。我国法律中也有比例原则的规范。如《行政处罚法》第5条规定："设定和实施行政处罚必须以事实为依据，与违法行为的事实、性质、情节以及社会危害程度相当。"《行政强制法》第5条规定："行政强制的设定和实施，应当适当。

[①] 2012年11月7日邯郸市人民政府第66次常务会议审议通过，2013年1月1日施行，属于地方政府规章。

采用非强制手段可以达到行政管理目的的，不得设定和实施行政强制。"比例原则有三个基本要求：

（一）妥当性原则

妥当性原则或适当性原则，是指行政主体实施行政行为必须为了实现行政目的，这是对行政主体实施行政行为的一种目的上的要求。如果行政行为与行政目的相悖，根本无法达到行政目的，则违反了行政比例原则中的妥当性原则。

（二）必要性原则

必要性原则，又称最少侵害原则、不可替代原则。这是对行政主体实施行政行为的一种手段上的要求，即行政主体实施行政行为不能超越实现行政目的的必要程度，也就是说，行政主体在实施行政行为时，有多种可供选择的手段可以达到行政目的，行政主体应该尽可能采取对相对人损害最小的手段。

（三）均衡性原则

均衡性原则，又称狭义的比例原则，是指行政主体对相对人合法权益的干预不得超过所追求的行政目标的价值。这是对行政主体实施行政行为的一种利益衡平上的要求，即行政主体实施行政行为时，必须将行政行为所能够达成的利益与对相对人合法权益的侵害进行衡平，只有证明前者重于后者，才可以实施该行政行为，否则不能采取。狭义的比例原则至少有三项重要的因素需要考虑：人性尊严不可侵犯的基本准则；公益的重要性；手段的适合性程度。

综上所述，适当性原则要求手段有助于目的实现，必要性原则要求实现目的的手段是最小侵害的，而均衡性原则是通过对手段负面影响的考量，要求目的本身的适当、不过分。总之，比例原则的这三项分原则分别从目的取向、法律后果、价值取向上规范行政权力与其行使之间的比例关系。三者相互联系、不可或缺，构成了比例原则的完整而丰富的内涵。

四、诚实信用原则

诚实信用原则起源于罗马法，属于民法的基本原则，简称诚信原则，学者谓之"帝王条款"。诚实信用原则要求人们在民事活动中应当诚实、守信用，正当行使权利和履行义务。诚实信用原则是市场经济活动的一项基本道德准则，是现代法治社会的一项基本法律规则，诚实信用原则是一种具有道德内涵的法律规范。

随着法治政府建设的不断推进，诚实信用原则逐步进入我国行政法领域。

2004年国务院印发的《纲要》在论及依法行政的目标时规定："政府提供的信息全面、准确、及时，制定的政策、发布的决定相对稳定，行政管理做到公开、公平、公正、便民、高效、诚信。"其在论及依法行政的基本原则和基本要求时规定："诚实守信。行政机关公布的信息应当全面、准确、真实。非因法定事由并经法定程序，行政机关不得撤销、变更已经生效的行政决定；因国家利益、公共利益或者其他法定事由需要撤回或者变更行政决定的，应当依照法定权限和程序进行，并对行政管理相对人因此而受到的财产损失依法予以补偿。"党的十八届四中全会发布的《决定》在论及法治政府建设时规定："加快建设职能科学、权责法定、执法严明、公开公正、廉洁高效、守法诚信的法治政府。"我国《行政许可法》也有相关规定。《行政许可法》第8条规定："公民、法人或者其他组织依法取得的行政许可受法律保护，行政机关不得擅自改变已经生效的行政许可。行政许可所依据的法律、法规、规章修改或者废止，或者准予行政许可所依据的客观情况发生重大变化的，为了公共利益的需要，行政机关可以依法变更或者撤回已经生效的行政许可。由此给公民、法人或者其他组织造成财产损失的，行政机关应当依法给予补偿。"

在行政法领域，诚实信用原则是指行政主体在行使行政权，进行行政管理的过程中，要诚实不欺，信守承诺。

（一）诚实守信原则

诚实守信在行政法律关系中，应当是行政主体和行政相对人都应遵循的基本要求。但是在行政法律关系中双方主体地位不对等，行政权具有优益性。因此，诚实守信主要针对行政主体的要求。

（1）政府在制定法律、政策、决定和作出承诺前，必须充分考虑各种复杂的情形，听取多方意见，在慎重考虑的基础上作出决定。

（2）行政活动应具有真实性与确定性。行政主体的行政活动，应出于真实的目的和意图，意思表示真实、准确，真实性不只适用于行政法律行为，也应包括行政事实行为，如咨询、信息提供等。虚假、错误的行政行为造成公民合法权益损害的，行政主体负有赔偿义务。

（3）行政信息真实。指行政机关公布的信息应当真实、准确、可信，不能提供虚假信息和材料。

（二）信赖保护原则

信赖保护原则是指行政主体对自己作出的行为或者承诺应守信用，不得随意变更，反复无常。行政相对人基于对政府的信任而作出一定的行为，此种行为所产生的正当利益应当予以保护。

信赖保护原则的成立条件是：一是必须有信赖基础，即人民对政府和公权力是信任的；二是行政主体作出一定的行政行为并生效；三是行政相对人基于行政主体的先前行为和对政府的信任而实施一定的行为，二者之间有因果关系；四是相对人享有信赖利益，政府对于相对人正当的信赖利益应当予以保护。

信赖保护原则的具体要求包括：一是行政行为一经作出，非有法定事由并经法定程序不得随意撤销、废止或改变，以保护行政相对人的既得利益和合理期待。二是行政机关对行政相对人作出授益行政行为后，即使发现有违法情形，只要这种违法情形不是行政相对人的过错造成的，行政机关也不得撤销或改变，除非不撤销或改变此种违法行政行为会严重损害国家、社会公共利益。三是行政行为作出后，如事后据以作出该行政行为的法律、法规、规章修改或废止，或者据以作出该行政行为的客观情况发生重大变化，为了公共利益的需要，行政机关可以撤销、废止或者改变已作出的行政行为。但只有通过利益衡量，认定撤销、废止或改变已作出的行政行为所获得的利益确实大于行政相对人将因此损失的利益时，才能撤销、废止或者改变相应行政行为。四是行政机关撤销或改变违法作出的行政行为，如这种情形不是因行政相对人的过错造成的，要对行政相对人因此受到的损失予以赔偿。行政机关因公共利益需要撤销、废止或者改变其合法作出的行政行为，如这种撤销、废止或改变导致行政相对人的损失，要对行政相对人的损失予以补偿。

第四节　程序正当性原则

一、程序正当性原则概述

程序正义是实质正义的重要保障。行政法中的正当法律程序对于防止公权力滥用、遏制腐败，保障人权，保护公民、法人和其他组织的合法权益不受公权力恣意侵犯具有重要意义。

正当法律程序原则起源于英国古老的自然正义原则，该原则主要包含两条基本规则：（1）任何人不应成为自己案件的法官。（2）任何人在受到惩罚或其他不利之前，应为之提供公正的听证或其他听取其意见的机会。我国行政法律法规中也对行政程序的正当性作出了明确规范。如《行政强制法》第8条规定："公民、法人或者其他组织对行政机关实施行政强制，享有陈述权、申辩权；有权依法申请行政复议或者提起行政诉讼；因行政机关违法实施行政强制受到损害的，有权依法要求赔偿。"第18条第5项和第6项规定行政机关实施行政强制措施应当"当场告知当事人采取行政强制措施的理由、依据以及当事人依法享有的权利、救济途径；听取当事人的陈述和申辩"。

程序正当性原则是指行政权力的行使必须依照法定程序进行，而且必须符合最低限度的程序公正标准，以程序正义来促成实体公正。程序正当性原则有四个子原则，公开原则、参与原则、回避原则、高效便民原则。

二、公开原则

行政程序中的公开是指政府行为除依法应当保密的以外，应一律公开。其目的是增加行政的透明度，加强公众对行政的监督，防止行政腐败，保护公民的合法权益。公开原则的基本要求是：

（1）行政法规、规章、规范性文件和行政政策公开。制定行政法规、规章、政策的活动应当公开；法规、规章、政策制定之前应广泛征求和充分听取行政相对人的意见。行政法规、规章应一律在政府公报或其他公开刊物上公布，并允许新闻媒介对有关政策法规予以公开发布。

（2）重大行政决策公开，尤其是影响行政相对人权利、义务的决策，其标准、条件、程序应当依法公布，允许相对人依法查阅、复制。在作出决策前应当听取公众意见。听取意见的形式包括听证会、论证会、公开收集意见、建议等。

（3）行政执法行为公开。执法行为的标准、条件公开。执法行为的程序、手续公开。某些涉及相对人重大权益的行政执法行为，应采取公开形式（如举行听证会）举行，允许一般公众旁听，甚至允许新闻记者采访、报道。

（4）行政裁决和行政复议行为公开。行政机关无论是实施行政裁决行为还是行政复议行为，其裁决、复议的依据、标准、程序应予以公开，让当事人事先知晓。

三、参与原则

行政参与是指公民、法人或其他组织根据法律规定，依照法定程序，通过直接或间接方式参与行政活动以表达自身意愿和保护自身权利的活动。参与原则是指导和规范公民参与行政过程的基础性法则，它贯穿于公民参与行政的具体规范之中，同时又高于公民参与行政的具体规范，是公民参与行政的基本准则。参与原则与民主法治精神和行政法的价值理念紧密相连，贯彻这一原则对于促进政府科学立法、民主决策，公正执法具有重要意义。同时，参与原则可以加强对行政权力的制约和监督，对于全面提高政府工作人员法治思维和依法行政能力，建设法治政府、服务政府、廉洁政府意义重大。

行政参与的类型主要有三种：参与行政立法；参与行政决策；参与同自己有利害关系的具体行政行为的行政程序。

（一）参与行政立法

法律是社会规则，法律规范对公民的权利和义务具有直接的影响。因此，必须保障公民有效参与立法活动。我国《立法法》对此有明确规定。《立法法》第5条规定："立法应当体现人民的意志，发扬社会主义民主，坚持立法公开，保障人民通过多种途径参与立法活动。"这是公民参与立法的原则性规定。第37条规定："列入常务委员会会议议程的法律案，应当在常务委员会会议后将法律草案及其起草、修改的说明等向社会公布，征求意见，但是经委员长会议决定不公布的除外。向社会公布征求意见的时间一般不少于三十日。征求意见的情况应当向社会通报。"第67条规定："行政法规在起草过程中，应当广泛听取有关机关、组织、人民代表大会代表和社会公众的意见。听取意见可以采取座谈会、论证会、听证会等多种形式。行政法规草案应当向社会公布，征求意见，但是经国务院决定不公布的除外。"这是关于公民参与立法的具体规定。党的十八届四中全会发布的《决定》也明确规定："加强和改进政府立法制度建设，完善行政法规、规章制定程序，完善公众参与政府立法机制。重要行政管理法律法规由政府法制机构组织起草。"

可见，公民参与立法已经成为社会共识。现在公众参与立法的主要形式包括：一是在立法前相关机关公布立法草案，征求公众意见；二是召开论证会、座谈会、听证会，公开听取专家、学者和利害关系人的意见。

（二）参与行政决策

关于公众参与行政决策，我国尚无法律规定，但是在有关政策文件中有表述。《全面推进依法行政实施纲要》专门论述了建立健全科学民主决策机制，规定"科学、合理界定各级政府、政府各部门的行政决策权，完善政府内部决策规则。建立健全公众参与、专家论证和政府决定相结合的行政决策机制。实行依法决策、科学决策、民主决策"。《法治政府建设实施纲要（2015—2020年）》在论述推进行政决策科学化、民主化、法治化时规定："增强公众参与实效。事关经济社会发展全局和涉及群众切身利益的重大行政决策事项，应当广泛听取意见，与利害关系人进行充分沟通，并注重听取有关人大代表、政协委员、人民团体、基层组织、社会组织的意见。各级行政机关特别是市县两级政府要加强公众参与平台建设，对社会关注度高的决策事项，应当公开信息、解释说明，及时反馈意见采纳情况和理由。推行文化教育、医疗卫生、资源开发、环境保护、公用事业等重大民生决策事项民意调查制度。"

可见，公众参与行政决策已经势在必行，但是我国还没有专门的《行政决策法》。公众参与行政决策还停留在政策层面，难以形成有效的参与机制和体制。

（三）参与具体行政行为

具体行政行为是行政主体针对特定行政相对人实施的行政行为，对行政相对人直接产生影响。行政相对人为了维护自身合法权益，必然要积极参与其中，行政主体应该为相对人提供参与的机会。

我国行政法律法规为此设立了专门的参与制度。我国《行政处罚法》第44条规定："行政机关在作出行政处罚决定之前，应当告知当事人拟作出的行政处罚内容及事实、理由、依据，并告知当事人依法享有的陈述、申辩、要求听证等权利。"第45条规定："当事人有权进行陈述和申辩。行政机关必须充分听取当事人的意见，对当事人提出的事实、理由和证据，应当进行复核；当事人提出的事实、理由或者证据成立的，行政机关应当采纳。"第63、64、65条专门规定了听证程序，为当事人为自己辩解申辩设置了正式的制度保障。我国《行政强制法》第18条、第36条也作出了类似规定。我国《行政许可法》第7条规定："公民、法人或者其他组织对行政机关实施行政许可，享有陈述权、申辩权；有权依法申请行政复议或者提起行政诉讼；其合法权益因行政机关违法实施行政许可受到损害的，有权依法要求赔偿。"第36条规定："行政机关对行政许可申请进行审查时，发现行政许可事项直接关系他人重大利益的，应当告知该利害关系人。申请人、利害关系人有权进行陈述和申辩。行政机关应当听取申请人、利害关系人的意见。"第46、47、48条专门规定了行政许可听证制度。

通过以上法律的规定可以看出，行政相对人参与具体行政行为的制度机制主要包括：（1）行政主体在作出行政决定前应当告知当事人事实、理由和依据，并告知当事人享有的权利。（2）当事人享有陈述权、申辩权。（3）对当事人有重大影响的行政决定，当事人享有听证权。（4）当事人对于行政决定不服享有法律救济权，即享有提起行政复议和行政诉讼的权利。

四、回避原则

行政回避是行政程序法中的一项重要制度，同时也是行政程序中必须坚持的一项重要原则。行政回避对于保障行政案件的公正处理，保护行政相对人的合法权利具有重要意义。行政回避是指行政机关工作人员在行使职权过程中，因其与所处理的事务有利害关系，为保证实体处理结果和程序进展的公正性，根据当事人的申请或行政机关工作人员的请求，有权机关依法终止其职务行使的法律制度。我国《公务员法》对于公务员的回避制度有专门规定。《公务员法》第76条规定："公务员执行公务时，有下列情形之一的，应当回避：（一）涉及本人利害关系的；（二）涉及与本人有本法第七十四条第一款所列亲属关系人员的利害关系的；（三）其他可能影响公正执行公务的。"第77条规定："公务员有应当回避情形的，本人应当申请回避；利害关系人有权申请公务员回避。其他人员可以向机关提供公务员需要回避的情况。机关根据公务员本人或者利害关系人的申请，经审查后作出是否回避的决定，也可以不经申请直接作出回避决定。"《行政处罚法》第43条规定："执法人员与案件有直接利害关系或者有其他关系可能影响公正执法的，应当回避。"《行政许可法》第48条第1款第3项规定："行政机关应当指定审查该行政许可申请的工作人员以外的人员为听证主持人，申请人、利害关系人认为主持人与该行政许可事项有直接利害关系的，有权申请回避。"

通过以上法律规定可以看出，我国行政回避制度有如下特点：

（1）回避的理由是"利害关系"，可能影响公正执行公务。与案件有利害关系可能是公务员本人，也可能是其近亲属；甚至可能是其他关系，比如同学、战友、仇恨关系等。

（2）回避的形式包括当事人、利害关系人申请回避，公务员自行回避和行政主体指令公务员回避三种。

（3）公务员回避的决定权在于其所属机关。当事人、利害关系人只有申请回避的权利，最后决定是否回避的权力属于行政机关。

五、高效便民原则

高效便民是行政管理的基本要求，是服务型政府的具体体现。高效便民原则要求行政主体要积极行使职权、履行职责，不得不作为、慢作为、不完全作为；同时要便利当事人原则，在行政活动中不增加行政相对人程序负担，处处替行政相对人着想，方便行政相对人办理相关事宜。

我国相关政策文件和法律中对于高效便民原则都有规定。国务院发布的《全面推进依法行政实施纲要》在论述依法行政的基本要求时规定："高效便民。行政机关实施行政管理，应当遵守法定时限，积极履行法定职责，提高办事效率，提供优质服务，方便公民、法人和其他组织。"我国《行政许可法》第6条规定："实施行政许可，应当遵循便民的原则，提高办事效率，提供优质服务。"同时，为了提高行政效率、方便相对人，《行政许可法》还规定了时限制度，统一受理、统一送达制度，一次性告知制度，电子政务制度，统一办理、联合办理、集中办理制度等。

我国在全国各地已经推行政务大厅制度，但是各地效果不一，在实践中政务大厅工作人员官僚主义、形式主义尚大量存在。

第四章　行政法的渊源

本章导读：本章介绍了行政法渊源的基本理论，探讨了我国行政法渊源的构成。重点分析了宪法、行政规章、行政规范性文件、司法解释、指导性案例、法律原则的法源地位问题。

第一节　行政法渊源概述

一、行政法渊源含义

法的渊源简称法源，其内涵极为丰富。它可以指法的实质渊源，即法是根源于社会物质生活条件还是神的意志、君主意志或人民意志；可以指法的形式渊源，即法的各种具体表现形式，如宪法、法律、法规；可以指法的效力渊源，即法产生于立法机关还是其他主体，产生于什么样的立法机关；可以指法的材料渊源，即形成法的材料来源于成文法还是来源于政策、习惯、宗教、礼仪、道德、典章或理论、学说。对法的渊源的解说，主要指法的效力渊源，即根据法的效力来源不同对法所作的基本分类。在我国通说认为，法的渊源是指由不同国家机关制定、认可的，具有不同法的效力或地位的各种法的形式。

根据不同标准，法律渊源分为不同类别。（1）根据法的渊源的载体形式分为成文法渊源和不成文法渊源。（2）从法的渊源与法律规范关系的角度分为直接渊源和间接渊源。直接渊源是指制定法等与法规范、法条文直接相关的渊源。间接渊源是指学说等与法规范、法条文间接相关的渊源。（3）根据是否为国家所正式确认为标准，分为正式渊源和非正式渊源。法的正式渊源，是指国家以一定方式正式确定的法律规范的表现形式。如宪法、法律、条约以及英美法系国家的判例等。法的非正式渊源是指未经国家正式确定，但在法律实践中经常能够作为法律规范而起作用的某些行为规则的表现形式。如司法审判中援用的普遍公认的道德信条、正义标准、得到官方支持的法理学说以及政策、习惯等。

法的渊源是区分法与其他社会规范的一个重要标志。不是所有的社会规范都是法，只有由一定国家机关通过一定程序制定或认可、成为法的渊源的社会规范，才是法。只有成为法的渊源的社会规范，才能成为司法机关办案的依据。

行政法的渊源就是行政法的表现形式。行政法与刑法、民法不同，由于行政法没有统一的法典，因此行政法的渊源是一个复杂的理论问题。我国通说认为行政法的渊源包括宪法、法律、行政法规、规章、地方性法规等成文性法律规范。但是实践中行政规章和大量的行政规范性文件被行政执法部门作为执法依据而运用；司法解释在法院审判中大行其道；行政法的基本原则有时也作为裁判理由被引用。而行政规章在行政诉讼中只是被赋予了"准法"的身份；行政规范性文件没有法的身份；司法解释到底是不是行政法的正式渊源也尚存争议；行政法的基本原则作为法的渊源没有官方的认可。这些问题都值得我们去思考和研究。

二、国外行政法渊源简介

当今两大法系交叉和融合的趋势日益明显，以判例法为特点的英美法系和以成文法为特点的大陆法系正不断走向融合，各国无论是在法律的内容上还是在法律的形式上都在相互借鉴。无论英美法系代表国的英美，还是大陆法系代表国的法德，这些国家都承认行政法存在成文法和不成文法源。

（一）法国

法国属于大陆法系国家，奉行成文法。法国是行政法的发源地，但是法国行政法的生成却有其独特的历史背景。法国大革命时期，普通法院属于保守派势力，站在革命的对立面。为了保卫革命果实，法国革命派建立了行政法院。然而，由于当时没有成文的行政法律，因而判例法在法国应运而生。对于行政法上的行政赔偿责任的条件、公产制度、行政行为无效的理由、行政合同制度、公务员的法律地位、行政强制执行理论等几乎全由行政法院的判例产生。法国行政法学家弗得尔曾言："如果我们设想立法者大笔一挥取消全部民法条文，法国将无民法存在；如果他们取消全部刑法条文，法国将无刑法存在；但是如果他们取消全部行政法条文，法国的行政法仍然存在，因为行政法的重要原则不存在成文法中，而存在于判例之中。"[①] 从这句话可以看出，在没有具体明确的法律条文时，需要

---

① 王名扬.法国行政法[M].北京：中国政法大学出版社，1988：22.

判例发挥其作用；当有具体明确的法律条文规定时，判例仍然发挥其作用和效力。直到今天，判例在法国行政法中仍然占据着成文法都无法撼动的地位，即使有行政成文法的规定，成文法的适用也由判例法决定。

（二）德国

德国也是奉行成文法主义的大陆法系国家，其行政法法源主要是成文法。德国行政法的法源包括：

（1）德国《基本法》和联邦法律。1949年制定的《波恩基本法》具有宪法性质，为德国最高法律，其他法律不得与其相抵触。联邦法律是德国联邦议会制定的法律，它是德国法律体系的核心部分。

（2）行政法规和自治规章。行政法规是行政机关基于议会法律的授权而实施的立法，属于授权立法。自治规章是指自治组织根据议会法律的授权而实施的立法，是委任立法的一种。

（3）州的法律法规。德国共有16个州，每个州都设有州议会，是各州的立法机关。由于联邦议会立法权较为广泛，因此各州的议会立法项目并不多。但是各州议会在执行联邦法律时也可以制定相关的行政法规。

（4）欧盟法律。德国作为欧盟成员国，必然要遵守欧盟的法律。德国《基本法》规定，国际组织的法律、条约等高于德国国内法的效力。因此欧盟法律优于德国国内法。

（5）判例。德国在行政法中承认行政法院的判决作为非成文法律渊源，法官在行政审判中创造的相当一部分司法原则和行政裁判的效力已经突破了个案的约束，扩大到对行政主体行为的规范上去。判例法在德国被称作"法官法"。德国宪法法院、高级法院对正式法律或国际法规范的无效性审查裁判不但是行政法的主要渊源，也是其他部门法的渊源，在整个德国行政法律体系中占有重要地位。德国行政法院对法律之下的州法律的无效性审查裁判则是行政法的渊源。当然，《法官法》在德国属于行政法的非正式渊源而存在。

（三）英国和美国

英国和美国虽然同属于普通法系，但是两国的行政法渊源不甚相同。

英国行政法主要由普通法和制定法构成。英国普通法最大的特点是是以判例法为其表现形式，一个判例就是一项法律规则。遵循先例是普通法的重要原则。制定法是指英国议会和政府部门依据议会授权所制定的法律文件。原则上制定法的效力高于判例法,但是大量的成文法规则来源于判例法,制定法实际上是判例法规则成文化而已,因此判例法是英国行政法的主要法源。

美国行政法的法源包括制定法和判例法。其中制定法是其主要法律渊源。制定法包括联邦宪法、法律、条约、总统的行政命令、委任立法,州宪法、州法律等。判例法在美国行政法中居于次要地位,其效力低于制定法,是制定法的补充。另外,法学家的著作是美国行政法的非正式渊源,可以帮助法官理解立法和判例。

第二节 我国行政法的渊源

一、我国行政法渊源概述

我国是社会主义法治国家,既不属于大陆法系也不属于普通法系,具有独特的法治特色。但是我国奉行成文法主义,与大陆法系比较接近。通说认为,我国行政法的法源包括宪法、法律、行政法规、地方性法规、自治条例和单行条例、行政规章、法律解释和条约等,不承认不成文法的法律地位和作用。然而根据现行法律的规定以及执法、司法实践,以上通说却存在大量问题需要探讨。

(一)行政法渊源的独特之处

行政法的法源不同于民法和刑法,不仅因为它们属于不同的部门法,更是因为行政法的适用具有自身特点。首先,刑法、民法都有统一的法典作为法源存在,而行政法没有统一的法典,行政法规范散见于各类法律法规中。其次,行政法的适用具有二重性。在执法阶段,行政主体要依据法律、法规、规章,对于行政相对人的行为作出判断和处置;在司法阶段人民法院要适用法律、法规审查行政行为的合法性和适当性。根据我国现行法律规定和法律实践,执法阶段行政主体的依据包括法律、法规、规章,甚至规范性文件也可以作为执法依据。在司法阶段,法院对行政行为合法性审查的依据主要是法律、法规,行政规章属于参照依据,规范性文件被排除在外,同时,司法解释在司法阶段被人民法院广泛适用。这种二重性导致我国执法实践与司法实践出现了法律适用不一致,法律审查依据不一致的矛盾现象。

(二)行政法渊源的争议

对于行政法的渊源,我国现行法律规定中没有争议的是法律和法规。法律在此处是指全国人大及其常委会制定的规范性文件。法规包括行政法规和地方性法规、自治条例和单行条例。存在争议之处包括：宪法如何作为法源存在；为何行政规章只能作为参照依据；规范性文件的法律地位问题；条约在我国如何适用；法律解释，尤其是司法解释的法源地位问题；非正式法源，如法的原则、判例能否给予其法源地位等。

二、宪法的法源地位问题

一般认为，宪法是国家的根本法，一切法律、法规的制定都要依据宪法，不得违背宪法。从这个意义上讲，宪法是行政法的渊源。但是宪法在行政执法和司法中能否直接适用呢？如果不能直接适用，那么宪法是不是行政法的渊源吗？

我国《宪法》和法律中都没有关于宪法可以作为直接执法依据和司法裁判依据的规定，实践中也不存在这种现象。也就说我国宪法不能执法适用和司法适用，更不存在宪法司法化问题。那么为什么多说学者都把宪法作为行政法的渊源呢？

（1）《宪法》是国家的根本法，具有最高法律地位，任何单位、组织和个人都必须遵守。我国《宪法》第5条第4款、第5款规定："一切国家机关和武装力量、各政党和各社会团体、各企业事业组织都必须遵守《宪法》和法律。一切违反《宪法》和法律的行为，必须予以追究。任何组织或者个人都不得有超越《宪法》和法律的特权。"

（2）《宪法》是制定法律、法规的依据，包括行政法在内的任何法律法规都不得与宪法相抵触。我国《宪法》第5条第2款、第3款规定："国家维护社会主义法制的统一和尊严。一切法律、行政法规和地方性法规都不得同宪法相抵触。"

（3）《宪法》规定行政机关的活动原则。《宪法》第3条规定："中华人民共和国的国家机构实行民主集中制的原则。"第27条规定："一切国家机关实行精简的原则，实行工作责任制，实行工作人员的培训和考核制度，不断提高工作质量和工作效率，反对官僚主义。"

（4）《宪法》规定行政机关的组成和职权职责。《宪法》第三章第三节规定了国务院的组成和职权职责。第89条专门规定国务院的职权。《宪法》第105—110条规定了地方各级人民政府的组成和职权职责。

结论：基于上述分析，虽然我国《宪法》不能直接作为执法依据和司法裁判依据，但是《宪法》作为我国的根本大法，包括行政机关在内的任何机关组织团体和公民必须遵守；《宪法》是立法依据；《宪法》规定了行政机关的活动原则、组成和职权。因此,《宪法》是我国行政法的法源。

三、行政规章的法源地位问题

行政规章作为行政法的法源争议之处,在于行政执法领域的法律与行政诉讼法对它的规定不一致。

根据我国《立法法》的规定,行政规章分为两类,即部门规章和地方政府规章。部门规章是指国务院各部、委员会、中国人民银行、审计署和具有行政管理职能的直属机构,根据法律和国务院的行政法规、决定、命令,在本部门的权限范围内,制定的规范性文件。部门规章规定的事项应当属于执行法律或者国务院的行政法规、决定、命令的事项。部门规章在全国范围有效。地方政府规章是指省、自治区、直辖市和设区的市、自治州的人民政府,根据法律、行政法规和本省、自治区、直辖市的地方性法规,制定的规范性文件。地方政府规章在本辖区内有效。

行政规章作为行政执法的法源在我国很多法律法规中都有体现。《行政处罚法》第4条规定:"公民、法人或者其他组织违反行政管理秩序的行为,应当给予行政处罚的,依照本法由法律、法规或者规章规定,并由行政机关依照本法规定的程序实施。"《行政许可法》第8条第2款规定:"行政许可所依据的法律、法规、规章修改或者废止,或者准予行政许可所依据的客观情况发生重大变化的,为了公共利益的需要,行政机关可以依法变更或者撤回已经生效的行政许可。由此给公民、法人或者其他组织造成财产损失的,行政机关应当依法给予补偿。"《行政复议法》第15条第1款第2项规定:"对政府工作部门依法设立的派出机构依照法律、法规或者规章规定,以自己的名义作出的具体行政行为不服的,向设立该派出机构的部门或者该部门的本级地方人民政府申请行政复议。"《行政复议法实施条例》第49条第1款规定:"行政复议机关依照行政复议法第二十八条的规定责令被申请人重新作出具体行政行为的,被申请人应当在法律、法规、规章规定的期限内重新作出具体行政行为;法律、法规、规章未规定期限的,重新作出具体行政行为的期限为60日。"从以上法律法规中看出,行政规章是行政执法的直接依据,属于行政法的渊源。

《行政诉讼法》第63条规定:"人民法院审理行政案件,以法律和行政法规、地方性法规为依据。地方性法规适用于本行政区域内发生的行政案件。人民法院审理民族自治地方的行政案件,并以该民族自治地方的自治条例和单行条例为依据。人民法院审理行政案件，参照规章。"可见，行政规章在行政司法领域只处于参照地位。参照有两层含义：一是人民法院可以选择适用行政规章，对符合法律、行政法规规定的规章，法院要参照审理；对不符合或不完全符合法律、行政法规原则精神的规章，法院可以不予适用；二是人民法院对于规章具有一定的审查权，即对其合法性可以进行审查。但是根据立法法规定，法院并不具备改变或者撤销规章的权限。因此，从立法初衷和司法实践来看，参照适用、灵活处理，实质上是赋予了人民法院对规章的选择适用权。人民法院对规章的审查以适用选择为目的，是一种应用性质的合法性审查。

从《行政处罚法》《行政许可法》《行政复议法》等法律的规定看，行政规章在行政执法领域具有法源的地位；从《行政诉讼法》的规定看，行政规章只具备"准法"的地位。因此，行政规章在行政法的渊源中是一个矛盾的存在。《行政诉讼法》之所以作出如此规定，主要考虑行政规章的制定主体级别较低，规章本身的效力级别也比较低，因而容易出现规章本身违法或者与上位法相抵触的情形。行政规章违法可能对公民权利和义务造成不利影响，所以法律才作出了参照适用的处理方式。这其实是对行政权，尤其是对行政立法权的一种戒备和防范心理。

对于行政规章的矛盾地位，有两种处理方式可供选择：一是收回行政机关的行政规章制定权，把行政规章完全排除在行政法的法源之外；二是给予行政规章完整的法源地位，行政规章既在行政执法阶段适用，在司法裁判阶段也完全适用，而不再参照适用。笔者赞同第二种意见。因为第一种方式不符合现实，如果完全废除行政规章，那么必然造成行政法领域大面积法律空白，使行政机关在执法时无法可依。如果给予行政规章完整的法源地位，一旦出现规章违反上位法的情形，如何处置，值得思考。

实际上这是一个制度设计问题。我国立法法规定了备案审查制度，同时规定国务院有权改变或者撤销不适当的部门规章和地方政府规章；地方人民代表大会常务委员会有权撤销本级人民政府制定的不适当的规章；省、自治区的人民政府有权改变或者撤销下一级人民政府制定的不适当的规章。也就说人民法院无权审查、撤销或改变规章。这种制度设计好看不好用。如果在备案审查阶段，接受备案的机关没有发现问题，而在规章具体适用中发现问题，尤其是在法院审判阶段发现规章违反上位法等不适当的情形，人民法院将无所适从。因此必须重新进行制度设计。最好的方案是保留立法法的规定，同时规定人民法院在发现行政规章不适当时,应当中止审理并向该规章的备案机关提出司法建议,建议其改变和撤销该规章。

结论:行政规章具有完整的法源地位,行政规章既在行政执法阶段适用,在司法裁判阶段也完全适用;如果人民法院在行政诉讼阶段发现规章出现违反上位法等不适当的情形,应当中止审理,向备案机关提出审查的司法建议。

四、法律解释的法源地位问题

法律解释,是指一定的解释主体根据法定权限和程序,按照一定的标准和原则,对法律的含义以及法律所使用的概念、术语等进行进一步说明的活动。法律解释由于解释主体和解释的效力不同可以分为正式解释与非正式解释两种。正式解释是指由特定的国家机关、官员或其他有解释权的人对法律作出的具有法律上约束力的解释。正式解释也称有权解释。非正式解释一般是指由学者或其他个人及组织对法律规定所作的不具有法律约束力的解释。正式解释,依据解释所具有的法律效力范围分为规范性解释和个别性解释。规范性解释,是指由特定的国家机关、官员或者其他有解释权的人对法律规定所作的具有普遍法律效力的解释,这种解释一般表现为规范性的解释文件,不针对个别案件。个别性解释是规范性解释的对称,是指国家专门机关在适用法律的过程中,针对具体案件的处理而作出的法律解释,将法律规范的一般规定具体化的重要手段,是法律适用过程的必经环节。个别性解释只对具体案件有效。

根据我国法律规定,只有正式解释才能成为法律渊源。我国的正式法律解释分为立法解释、行政解释和司法解释。

1981年6月10日,第五届全国人民代表大会常务委员会第十九次会议通过的《关于加强法律解释工作的决议》明确规定:"一、凡关于法律、法令条文本身需要进一步明确界限或作补充规定的,由全国人民代表大会常务委员会进行解释或用法令加以规定。二、凡属于法院审判工作中具体应用法律、法令的问题,由最高人民法院进行解释。凡属于检察院检察工作中具体应用法律、法令的问题,由最高人民检察院进行解释。最高人民法院和最高人民检察院的解释如果有原则性的分歧,报请全国人民代表大会常务委员会解释或决定。三、不属于审判和检察工作中的其他法律、法令如何具体应用的问题,由国务院及主管部门进行解释。四、凡属于地方性法规条文本身需要进一步明确界限或作补充规定的,由制定法规的省、自治区、直辖市人民代表大会常务委员会进行解释或作出规定。凡属于地方性法规如何具体应用的问题，由省、自治区、直辖市人民政府主管部门进行解释。"这是至今为止对于我国法律解释问题由最高权力机关所作的最为全面的规定，但是这个决议中并没有明确立法解释、司法解释和行政解释的效力问题。

关于立法解释，我国《立法法》有明确规定。《立法法》第45条规定："法律解释权属于全国人民代表大会常务委员会。"这里的法律解释是指立法解释。同时，《立法法》第50条规定："全国人民代表大会常务委员会的法律解释同法律具有同等效力。"《立法法》的规定解决了立法解释的效力问题。

关于行政解释，我国《立法法》没有作出规定，但是实践中行政机关一般对于法律、地方性法规都以"实施细则""实施条例"或者"实施办法"的方式作出解释。实际上这些实施条例或细则就是行政法规或者规章，就具有了法源的地位。另外，2001年11月国务院颁布的《行政法规制定程序条例》第31条规定："行政法规有下列情形之一的，由国务院解释：（一）行政法规的规定需要进一步明确具体含义的；（二）行政法规制定后出现新的情况，需要明确适用行政法规依据的。国务院法制机构研究拟订行政法规解释草案，报国务院同意后，由国务院公布或者由国务院授权国务院有关部门公布。行政法规的解释与行政法规具有同等效力。" 2001年11月国务院颁布的《规章制定程序条例》第33条规定："规章解释权属于规章制定机关""规章的解释同规章具有同等效力"。这两部国务院的行政法规解决了行政解释的效力问题。

关于司法解释，有几个问题要澄清：一是司法解释的权力来源问题；二是解释主体和解释方式；三是司法解释的对象问题；四是司法解释的效力问题。

（一）司法解释的权力来源

所谓权力来源就是谁授权司法机关法律解释权。一般来说，在我国授权方式包括《宪法》授权、《组织法》授权、单行法律授权和最高权力机关授权几种。我国《宪法》中并没有授予司法机关法律解释权，而在《人民法院组织法》《人民检察院组织法》和全国人民代表大会常务委员会《关于加强法律解释工作的决议》进行了授权。《人民法院组织法》第18条规定："最高人民法院可以对属于审判工作中具体应用法律的问题进行解释。"《人民检察院组织法》第23条规定："最高人民检察院可以对属于检察工作中具体应用法律的问题进行解释。"这两条是组织法的授权。《全国人民代表大会常务委员会关于加强法律解释工作的决议》

规定:"凡属于法院审判工作中具体应用法律、法令的问题,由最高人民法院进行解释。凡属于检察院检察工作中具体应用法律、法令的问题,由最高人民检察院进行解释。最高人民法院和最高人民检察院的解释如果有原则性的分歧,报请全国人民代表大会常务委员会解释或决定。"这一规定是最高权力机关的授权。

(二)司法解释的主体、对象和方式

《根据全国人民代表大会常务委员会关于加强法律解释工作的决议》《人民法院组织法》和《人民检察院组织法》的规定,司法解释的主体是最高人民法院和最高人民检察院。可见,我国的司法解释权属于最高司法机关,地方各级人民法院和人民检察院都不具有司法解释权。最高人民法院的解释称作审判解释,最高人民检察院的解释称作检察解释,二者合称司法解释。

司法解释的对象是法律,这里的法律是狭义的,仅指全国人大及其常委会制定的规范性法律文件,不包含法规。解释的范围仅限于"属于审判工作中具体应用法律的问题"和"属于检察工作中具体应用法律的问题"。

司法解释的方式两高的规定不尽一致。根据《最高人民法院关于司法解释工作的规定》第6条规定:"司法解释的形式分为'解释''规定''批复'和'决定'四种。"对在审判工作中如何具体应用某一法律或者对某一类案件、某一类问题如何应用法律制定的司法解释,采用"解释"的形式。根据立法精神对审判工作中需要制定的规范、意见等司法解释,采用"规定"的形式。对高级人民法院、解放军军事法院就审判工作中具体应用法律问题的请示制定的司法解释,采用"批复"的形式。修改或者废止司法解释,采用"决定"的形式。

根据《最高人民检察院司法解释工作规定》第6条规定:"司法解释采用'解释''规则''规定''批复''决定'等形式,统一编排最高人民检察院司法解释文号。对检察工作中如何具体应用某一法律或者对某一类案件、某一类问题如何应用法律制定的司法解释,采用'解释''规则'的形式。对检察工作中需要制定的办案规范、意见等司法解释,采用'规定'的形式。对省级人民检察院(包括解放军军事检察院、新疆生产建设兵团人民检察院)就检察工作中具体应用法律问题的请示制定的司法解释,采用'批复'的形式。修改或者废止司法解释,采用'决定'的形式。"

按照学理划分,司法解释分为规范性解释和个别性解释。根据"两高"的规定,只有针对个案的"批复"属于个别性解释。而"解释""规定"和"规则"都是规范性解释。

（三）司法解释的效力

需要澄清的有三个问题：一是司法解释是否具有法律效力；二是司法解释的效力等级；三是司法解释的效力范围。

司法解释是否具有法律效力，我国《宪法》《立法法》和《人民法院组织法》《人民检察院组织法》都没有明确规定。关于司法解释的效力问题，在"两高"的解释中作出了规定。《最高人民法院关于司法解释工作的规定》第5条规定："最高人民法院发布的司法解释，具有法律效力。"《最高人民检察院司法解释工作规定》第5条规定："最高人民检察院制定并发布的司法解释具有法律效力。"显然，最高人民法院和最高人民检察院在没有全国人大及其常委会和法律的规定下，在自己的解释中为司法解释赋予法律效力，这显然是越权了。然而，这两个司法解释文件按照《立法法》和《各级人民代表大会常务委员会监督法》的规定向全国人大常委会进行了备案，而全国人大常委会对这两个司法解释没有提出异议。因此可以推断出，司法解释的法律效力已经获得了全国人大常委会的默认。同时，司法实践中，司法解释的效力也为我国各机关、单位和公民所认可。因此司法解释是具有法律效力的。

关于司法解释的效力等级，我国《立法法》没有规定。这一问题可以从两个方面考查：第一，根据我国的政治体制，我国《宪法》规定全国人民代表大会是国家的权力机关，处于最高地位。在全国人大之下设置国务院、最高人民法院、最高人民检察和国家监察委员会，即实施"一府、两院、一委"的政治架构。两院和一府处于平等地位。第二，按照《立法法》和《各级人民代表大会常务委员会监督法》的规定，行政法规和司法解释都要向全国人大常委会备案。因此，司法解释应当处于和行政法规同等地位。也就是说司法解释的效力等级与行政法规相当。

关于司法解释的效力范围问题，按照《人民法院组织法》《人民检察院组织法》的规定，司法解释仅限于审判和检察工作中具体应用法律的问题。按照《最高人民法院关于司法解释工作的规定》的规定，司法解释施行后，人民法院作为裁判依据的，应当在司法文书中援引。最高人民检察的司法解释中也有类似规定。从以上法律和司法解释中可以看出，司法解释只能在司法文书中作为法律依据被援引，即司法解释的效力范围应当仅限于司法工作。然而这样规定和现实不符。无论是律师在民事代理、刑事辩护中，还是政府在复议工作中不仅仅要寻找法律根据，往往还要查找法律解释的规定。尤其是行政法领域，由于行政法的法源具有二重性的特征，在执法阶段和复议阶段如果政府工作人员不考虑司法解释的规定，那么在司法阶段，人民法院完全可能依据司法解释对行政行为作出不合法的裁判。因此，司法解释的效力范围应当进行拓展，最起码其效力应当及于行政执法和行政复议阶段。

结论：司法解释具有法律效力，其效力等级与行政法规相当，并且在行政执法和行政诉讼领域都发生法律效力。

五、条约的适用问题

条约是指国际法主体间缔结的规定相互权利义务关系的书面协议。条约除以"条约"为名的协议外，还包括公约、宪章、盟约、规约、协定、议定书、换文、最后决定书、联合宣言、联合公报等。条约的各缔约方在主权平等、充分表达自己意愿基础上缔结的条约，必须按照条约的规定，善意地解释条约，忠实地履行条约义务。任何当事方都不得以任何借口违反条约的规定，不得从事违反条约目的和宗旨的任何活动，除情势发生变迁等特殊情况外，不得废弃条约规定的义务，这就是条约必须遵守原则。我国作为负责任的大国，一直坚持本项原则。条约依照法定程序批准后即发生法律效力，在我国就取得法源地位。

关于条约的法源地位，在我国不存在争议。但是有三个问题没有明确：一是条约法律位阶问题；二是条约与国内法发生冲突如何解决的问题；三是条约在国内的适用方式问题。关于这三个问题，我国《宪法》《立法法》《缔结条约程序法》都没有作出规定。《宪法》规定全国人大常委会有权决定同外国缔结的条约和重要协定的批准和废除，国务院有权同外国缔结条约和协定，国家主席有权根据全国人民代表大会常务委员会的决定，批准和废除同外国缔结的条约和重要协定。《立法法》只规定了国内法的法律位阶问题，对于国际条约没有任何表述。《缔结条约程序法》只规定了缔结条约的程序规则，对于以上三个问题也没有规定。

（一）条约的法律位阶

关于条约的法律位阶问题最好的处理办法是在立法法中加以规范。2014年，在十二届全国人大常委会第十次会议上，就有委员提出修改《立法法》时对条约的法律位阶和适用方式进行规定，遗憾的是没有被采纳。根据我国的法律制度设计，

《宪法》是国家的根本大法，处于最高的法律地位，具有最高的法律效力。条约也必须符合我国《宪法》的规定，不得同《宪法》相违背。因此条约的法律位阶必然在《宪法》之下，这也是国家主权原则的体现。至于条约是否与全国人大及其常委会制定的法律文件位阶一致有待商榷。笔者认为，条约的法律位阶应当以两个标准来衡量：即根据缔约机关和批准机关的位阶所决定。

（1）根据《缔结条约程序法》的规定，我国可以以中华人民共和国、中华人民共和国政府、中华人民共和国政府部门的名义同外国缔结条约和协定。凡是以中华人民共和国、中华人民共和国政府名义对外缔结的条约和协定应当与法律具有同等位阶。

（2）根据《缔结条约程序法》的规定，条约和重要协定的批准由全国人民代表大会常务委员会决定。条约和重要协定签署后，由外交部或者国务院有关部门会同外交部，报请国务院审核；由国务院提请全国人民代表大会常务委员会决定批准；中华人民共和国主席根据全国人民代表大会常务委员会的决定予以批准。因此，条约和重要协定应当与法律具有同等位阶。

以中华人民共和国政府部门的名义并且不需要全国人大常委会决定批准的其他协定，其法律位阶应当低于法律，相当于行政法规。

（二）条约与国内法冲突问题

条约与国内法如果规定不一致，到底优先使用条约还是国内法，我国在《宪法》和《立法法》中没有原则性的规定，只是散见于其他部门法中。如我国《民法通则》第142条规定："中华人民共和国缔结或者参加的国际条约同中华人民共和国的民事法律有不同规定的，适用国际条约的规定，但中华人民共和国声明保留的条款除外。"我国《民事诉讼法》第260条规定："中华人民共和国缔结或者参加的国际条约同本法有不同规定的，适用该国际条约的规定，但中华人民共和国声明保留的条款除外。"我国《继承法》《商标法》《海商法》等法律中也有类似规定。可见在民商法领域，当条约与国内法发生冲突时，一般而言优先适用条约。

1989年制定的《行政诉讼法》第72条规定："中华人民共和国缔结或者参加的国际条约同本法有不同规定的，适用该国际条约的规定。中华人民共和国声明保留的条款除外。"然而在2014年修订该法时，删除了本条的规定。至于为何要删除这一规定，全国人大常委会的相关文件中没有阐明。我国《宪法》明确规定："在中国境内的外国人必须遵守中华人民共和国的法律。在国家主权原则支配下，外国人在我国同样要受到我国法律约束,由我国行政机关进行管理。"因此,多数情况下我国行政机关对于外国人适用我国行政法。一旦发生了国际条约与国内法相冲突的情况,应当把条约作为特别法对待,优先适用。

(三)条约的适用方式问题

根据国际实践,条约在国内适用的方式有两种:纳入和转化。"纳入"的适用方式是条约一经签署、批准或加入后即具有国内法效力,国际条约自动成为国内法体系的一部分。"转换"是指国际条约在国内发生效力的前提是国际条约在本质上是不能直接在国内适用的,必须由国家通过个别立法来实施国际条约,即把国际条约转化为国内法才能适用。我国对于如何适用条约,《宪法》《立法法》没有具体规定,实践中既有纳入也有转化。具体而言:

(1)纳入。即在国内法中规定直接适用国际条约,除声明保留外,如《民法通则》《民事诉讼法》《商标法》等法律有相关规定。

(2)转化。即对所缔结或参加的条约作补充性立法和转化性立法。根据《维也纳外交关系公约》和《维也纳领事关系公约》,我国相应地制定了《中华人民共和国外交特权与豁免条例》《中华人民共和国领事特权与豁免条例》。根据1982年《联合国海洋法公约》,我国于1998年6月制定通过了《中华人民共和国专属经济区和大陆架法》。

(3)以司法解释和外交声明方式就某些条约的直接适用作了规定。如1987年,最高人民法院、最高人民检察院、外交部、公安部、国家安全部、司法部联合发布的《关于处理涉外案件若干问题的规定》指出:"当国内法以及某些内部规定同我国所承担的条约义务发生冲突时,应适用国际条约的有关规定。我国不能以国内法规定为由,拒绝履行所承担的国际条约规定的义务。"最高人民法院1986年《关于执行中外司法协助协定的通知》,1987年《关于执行我国加入的〈承认及执行外国仲裁裁决公约〉的通知》,要求各级法院切实依照执行。

结论:条约在我国具有法源地位,其适用方式没有法律的统一规定,实践中既有纳入方式也有转化方式。

六、行政规范性文件的法源地位问题

规范性文件是为人们的行为提供标准、指明方向,以书面形式所表现的,具有一定普遍约束力的文件。规范性文件分为规范性法律文件和其他规范性文件两种。规范性法律文件包括《宪法》、法律、法律解释、法规、规章和国际条约，除此以外的规范性文件称为其他规范性文件。其他规范性文件按照制定机关的不同分为国家权力机关制定的规范性文件和行政主体制定的规范性文件两类。如《宪法》第 99 条规定，地方各级人民代表大会依照法律规定的权限，通过和发布决议。地方组织法规定县级以上人大及其常委会有权通过和发布决议，乡镇人大有权通过和发布决议。这些决议中就包含立法类的其他规范性文件。

行政规范性文件是指行政机关和法律、法规授权管理公共事务职能的组织依据法定权限和程序制定的，涉及公民、法人或者其他组织权利义务，具有普遍约束力，除规章以外的在一定时期内反复适用并公开发布的各类文件的总称。行政规范性文件在我国《宪法》和《组织法》中也有规定。如《宪法》第 89 条第 1 项规定，国务院根据宪法和法律，规定行政措施，制定行政法规，发布决定和命令。第 90 条第 2 款规定，各部、各委员会根据法律和国务院的行政法规、决定、命令，在本部门的权限内，发布命令、指示和规章。第 107 条规定，县级以上地方各级政府依照法律规定的权限，发布决定和命令。《地方各级人民代表大会和地方各级人民政府组织法》第 73 条第 1 项规定，县级以上的地方各级政府执行本级人大及其常委会的决议，以及上级行政机关的决定和命令，规定行政措施，发布决定和命令。第 76 条第 1 项规定，乡、民族乡、镇的人民政府执行本级人民代表大会的决议和上级国家行政机关的决定和命令，发布决定和命令。以上规定中的"行政措施""决定""命令""指示"，如果包含抽象性的内容，就属于行政规范性文件。

通说认为行政规范性文件不属于行政法的渊源，然而这种认识与实践是不相符的。实践中各级政府和政府部门都大量制定规范性文件，而且在行政执法中规范性文件发挥着巨大的作用。如在行政处罚自由裁量领域，河北省人民政府在 2010 年发布了《关于建立行政裁量权基准制度的指导意见》，邯郸市人民政府 2012 年发布了《邯郸市规范行政处罚自由裁量权若干规定》，邯郸市城市管理和综合行政执法局在 2018 年发布了《行政处罚自由裁量权基准制度（试行）》。以上三个文件都是行政规范性文件，而且在行政执法中这些文件直接被引用于行政处罚决定书中。公安、工商、税务等部门也制定了相应的自由裁量基准制度，并在行政处罚中直接运用。可见，行政规范性文件在实践中是具有法源作用的。

行政规范性文件的法源地位在立法中也有体现。《行政复议法》第 7 条规定：

"公民、法人或者其他组织认为行政机关的具体行政行为所依据的下列规定不合法，在对具体行政行为申请行政复议时，可以一并向行政复议机关提出对该规定的审查申请：（一）国务院部门的规定；（二）县级以上地方各级人民政府及其工作部门的规定；（三）乡、镇人民政府的规定。前款所列规定不含国务院部、委员会规章和地方人民政府规章。规章的审查依照法律、行政法规办理。"第23条规定："行政复议机关负责法制工作的机构应当自行政复议申请受理之日起七日内，将行政复议申请书副本或者行政复议申请笔录复印件发送被申请人。被申请人应当自收到申请书副本或者申请笔录复印件之日起十日内，提出书面答复，并提交当初作出具体行政行为的证据、依据和其他有关材料。"结合这两条看，行政复议被申请人提交的作出具体行政行为的依据是指法律依据，其中就包括国务院部门的规定、县级以上地方各级人民政府及其工作部门的规定和乡、镇人民政府的规定。而这些规定其实就是除行政规章之外的行政规范性文件。《行政诉讼法》第34条规定："被告对作出的行政行为负有举证责任，应当提供作出该行政行为的证据和所依据的规范性文件。"第53条规定："公民、法人或者其他组织认为行政行为所依据的国务院部门和地方人民政府及其部门制定的规范性文件不合法，在对行政行为提起诉讼时，可以一并请求对该规范性文件进行审查。前款规定的规范性文件不含规章。"《行政诉讼法》第53条所说的"国务院部门和地方人民政府及其部门制定的规范性文件"，就是行政规范性文件。而第34条所说的"所依据的规范性文件"应当包含行政规范性文件。《最高人民法院关于适用〈中华人民共和国行政诉讼法〉的解释》第145条规定："公民、法人或者其他组织在对行政行为提起诉讼时一并请求对所依据的规范性文件审查的，由行政行为案件管辖法院一并审查。"从以上法律和司法解释的规定可以看出，行政规范性文件是行政执法的依据，并且已经得到人民法院所认可。

结论：行政规范性文件是行政法的法源，只不过其位阶较低，可能会受到复议机关或者人民法院的审查。

七、我国行政法的非正式渊源

（一）指导性案例

指导性案例是指由最高人民法院和最高人民检察院制作发布的具有典型性和一定指导作用的案例。

（1）指导性案例的法律依据。我国《人民法院组织法》第18条第2款规定："最高人民法院可以发布指导性案例。"第37条第2款规定："最高人民法院对属于审判工作中具体应用法律的问题进行解释，应当由审判委员会全体会议讨论通过；发布指导性案例，可以由审判委员会专业委员会会议讨论通过。"我国《人民检察院组织法》第23条第2款规定："最高人民检察院可以发布指导性案例。"第31条第2款规定："最高人民检察院对属于检察工作中具体应用法律的问题进行解释、发布指导性案例，应当由检察委员会讨论通过。"另外，最高人民法院在2010年发布了《最高人民法院关于案例指导工作的规定》，在2015年发布了《最高人民法院关于案例指导工作的规定实施细则》，这两个文件明确了指导性案例的制作要求、制作程序、制作方式和法律效力等具体内容。

（2）指导性案例的制作要求。指导性案例是指裁判已经发生法律效力，并符合以下条件的案例：社会广泛关注的；法律规定比较原则的；具有典型性的；疑难复杂或者新类型的；其他具有指导作用的案例。指导性案例应当是裁判已经发生法律效力，认定事实清楚，适用法律正确，裁判说理充分，法律效果和社会效果良好，对审理类似案件具有普遍指导意义的案例。

指导性案例由最高人民法院各审判业务单位、地方各级人民法院或者由人大代表、政协委员、专家学者、律师，以及其他关心人民法院审判、执行工作的社会各界人士推荐，由最高人民法院审判委员会讨论决定。

指导性案例由标题、关键词、裁判要点、相关法条、基本案情、裁判结果、裁判理由以及包括生效裁判审判人员姓名的附注等组成。经最高人民法院审判委员会讨论通过的指导性案例，印发各高级人民法院，并在《最高人民法院公报》《人民法院报》和最高人民法院网站上公布。

（3）指导性案例的法律效力。指导性案例是否具有法律效力，如何发生效力，我国法律中没有明确规定，但是在以上最高人民法院的两个文件中有明确规定。《最高人民法院关于案例指导工作的规定》第7条规定："最高人民法院发布的指导性案例，各级人民法院审判类似案例时应当参照。"《最高人民法院关于案例指导工作的规定实施细则》第9条规定："各级人民法院正在审理的案件，在基本案情和法律适用方面，与最高人民法院发布的指导性案例相类似的，应当参照相关指导性案例的裁判要点作出裁判。"第10条规定："各级人民法院审理类似案件参照指导性案例的，应当将指导性案例作为裁判理由引述，但不作为裁判依据引用。"第 11 条规定："在办理案件过程中，案件承办人员应当查询相关指导性案例。在裁判文书中引述相关指导性案例的，应在裁判理由部分引述指导性案例的编号和裁判要点。公诉机关、案件当事人及其辩护人、诉讼代理人引述指导性案例作为控（诉）辩理由的，案件承办人员应当在裁判理由中回应是否参照了该指导性案例并说明理由。"可见，指导性案例具有指导性和参照性。前提条件是"基本案情和法律适用方面，与最高人民法院发布的指导性案例相类似"。参照方式是作为裁判理由引述，而不作为裁判依据引用。参照的要求是刚性的，即在办理案件过程中，案件承办人员应当查询相关指导性案例。在裁判文书中引述相关指导性案例的，应在裁判理由部分引述指导性案例的编号和裁判要点。

结论：指导性案例具有一定的法律效力，是我国行政法的非正式渊源。各级人民法院在审理案件中发现与指导性案例属于同类案件的，应当参照指导性案例作出裁判。

（二）法律原则

法律原则分为具体原则和基本原则。具体原则应当是行政法的渊源，如《行政处罚法》规定的一事不再罚原则当然是行政处罚的法律依据。而法的基本原则能否作为法律渊源要具体分析。

如果基本原则在我国现行法律中有明确的规定，同时对于某一行政行为没有明确法律规定时，可以直接适用该基本原则。如公平、公正、公开原则在我国《行政处罚法》《行政许可法》《行政强制法》中都属于法律明文规定的基本原则，在行政执法和行政诉讼中都可以作为法律依据直接应用。

基本原则如果没有法律的明确规定，只是学者们的论述，即使这些原则已经形成共识，在执法实践和司法实践中，现阶段也很难作为法律依据直接适用。

综上所述，我国行政法的正式渊源包括《宪法》、法律、行政法规、地方性法规、自治条例和单行条例、行政规章、法律解释、条约和行政规范性文件；非正式渊源包括指导性案例和法律原则。

第五章　行政法主体

本章导读：本章介绍了行政法律关系的基本理论，重点分析了行政主体、行政相对人的范畴及其权利（职权）和义务（职责），并且提出了行政第三人的概念。

第一节　行政法律关系

一、行政法律关系的概念和特征

法律是社会关系的调整器，法律关系是指在法律规范调整社会关系的过程中所形成人们之间的权利和义务关系。受行政法调整的社会关系就是行政法律关系。具体而言，行政法律关系是指为行政法所调整的，具有行政法上的权利与义务的各种社会关系。简言之，行政法律关系就是受行政法调整的行政关系。但是行政法律关系不同于行政关系。行政关系是指行政主体行使行政职能和接受行政法制监督而与行政相对人、行政法制监督主体发生的各种关系，以及行政主体内部发生的各种关系。行政关系是行政法的调整对象，而行政法律关系则是行政法的调整结果。行政关系的范围要大于行政法律关系，行政法律关系必然是行政关系，但行政关系并不必然就是行政法律关系。

行政法律关系概念可以从以下几方面理解：（1）行政法律关系是受法律调整或约束的一种社会关系；（2）行政法律关系是因行政活动产生或引发的社会关系；（3）行政法律关系是一种行政法上的权利义务关系。行政法律关系具有以下特征：

（一）主体的恒定性

行政法律关系双方中必有一方主体是行政主体，不以行政主体为一方当事人的法律关系不可能是行政法律关系。在行政法律关系中行政主体不能由另一方当事人代替，各自的地位和法律角色是确定的。

（二）内容的法定性

行政法律关系的内容一般是法定的。行政法律关系当事人之间通常不能相互约定权利义务，不能自由选择权利和义务，必须依据法律享有权利和承担相应的义务。在行政法律关系中，主体的相当一部分是国家行政机关，其拥有并行使的都是国家行政权力。行政权力是法律赋予的，是有限的，是受到《宪法》和法律法规限制的。同时，行政权力属于公权力，不同于个人的私权利，不能由掌握权力的国家机关随意处分。由于在行政法律关系中，行政权力不能自由处分，就使得行政法律关系双方当事人通常对权利义务的许多问题不能超越法律相互自由约定，只能根据法律规定严格行使权利或履行义务。

但是随着合作行政、行政合同和政府特许协议的出现，行政法律关系双方当事人之间的权利义务在某些领域可以约定。

（三）主体地位的平等性

在我国的行政法学界，对于行政法律关系中主体的地位问题一直存在各种不同的看法。一种观点认为："在行政法律关系中行政主体处于支配的、主导的地位，行政主体与行政相对人在法关系中始终处于不平等的地位。"[1] 另一种观点是，我国多数行政法学者认为行政法律关系双方的地位不能用"不平等"来解释和理解，而是用"不对等"来理解。[2] 但是在法治国家、法治政府、法治社会一体化建设的大背景下，随着行政实践的不断发展，行政体制改革的不断深入，新型行政形式不断出现，行政法律关系主体地位不对等或不平等的观点受到越来越多的挑战。

笔者认为，行政法律关系的双方当事人法律地位是平等的。首先，法律面前人人平等是我国《宪法》和法律的基本精神和理念，在任何法律中都不得出现当事人地位不平等的规定。其次，在行政管理关系中，行政主体一方享有管理职权，这是行政主体的专属权，行政相对人没有这项权力，表面上看起来这是不对等的；相应地，行政相对人一方享有行政复议权和行政诉讼权，这是行政主体所没有的权利。行政复议权和行政诉讼权正是对于行政管理权的一种抵御，是行政相对人的专属权。法律规定了行政主体的一项权力，必然会规定行政相对人的一项抵抗权，以抵消行政权可能的侵害和平衡双方当事人的法律权利。最后，在内部行政法律关系中，比如公务员和所在单位的关系中，单位有权对违法违纪公务员进行行政处分，同时赋予公务员申诉权、检举权和举报权，以抵抗所属单位、上级机关或

---

[1] 杨海坤主编.行政法与行政诉讼法[M].北京：法律出版社，1998：17.

[2] 许崇德，皮纯协主编.新中国行政法学研究综述 1949—1990[M].北京：法律出版社，1991：59 页.

领导的专横、打压甚至迫害。因此，行政法律关系双方当事人之间法律地位是平等的。

（四）类型的丰富性

由于行政关系的复杂性，导致行政法律关系的类型具有丰富性。根据不同的标准，可以将行政法律关系分为以下几种类型：

1. 内部行政法律关系与外部行政法律关系

这是根据行政权力的作用范围不同作出的分类，也是行政法律关系的最基本最重要的分类。在此分类基础上，行政法体系被划分为内部行政法与外部行政法两大部分。（1）内部行政法律关系，即指行政权力作用于行政系统之内而在行政主体与内部行政相对人之间形成的行政法律关系，如行政机关对公务员的处分。内部行政法律关系规定在《宪法》《组织法》和《公务员法》中。上下级行政机关之间，属于领导关系，属于命令——服从模式。上级机关对下级机关具有领导权和监督权。同级行政机关之间属于协作关系。行政机关对于所属公务员是管理关系，享有对公务员的管理权。（2）外部行政法律关系，即指行政权力作用于行政系统之外而在行政主体与外部相对人之间形成的行政法律关系，如行政处罚、行政奖励等。

内部行政法律关系与外部行政法律关系的区别在于：

其一，属性不同。前者属于内部行政管理，各方主体具有行政隶属关系；后者属于国家对社会的管理，主体之间不具有行政隶属关系。

其二，争议解决途径不同。前者一般由行政系统内部解决（如申诉、复核）而不诉诸司法机关，后者则可以接受包括司法救济在内的完整的纠纷解决机制的调整。

2. 原生行政法律关系与派生行政法律关系

这是根据行政法律关系形成的原因不同所作的分类。（1）原生行政法律关系，是指因行政权力行使而直接形成的行政法律关系。是最常见的一种行政法律关系，如行政处罚、行政许可。（2）派生行政法律关系，是指因行政权力行使而引发的行政法律关系。其实际上是由原生行政法律关系派生出来的一种事后救济或保障性法律关系，如行政强制执行，行政复议，行政信访等。

3. 单一行政法律关系与复合行政法律关系

这是以行政法律关系结构的状态不同所作的分类。单一行政法律关系结构简单，通常为关系双方各为一个，权利义务仅为一对，如作为征税机关的行政主体行使征税权力，作为纳税人的行政相对人履行纳税的义务等。复合行政法律关系则结构相对复杂，需要对行政法案件进行更为细致的解析。复合行政法律关系主要存在主体复合的情形、内容复合的情形、主体与内容的交叉复合的情形。

4. 特别权力关系

特别权力关系理论来源于德国，是指在行政法上相对于一般权力关系而言，基于公法上的特别原因、特定的目的，在必要的限度内，以一方支配相对方，相对方应该服从为内容的关系。一般认为，特别权力关系主要适用于以下几种情形：公法上的勤务关系（国家机关与公职人员之间）、公法上的营造物利用关系（医院和患者）、公法上的特别监督关系（学校和学生之间）等。

特别权力关系与一般权力关系的区别在于：其一，主体地位的严重不平等性（命令与服从）；其二，义务范围的不确定性；其三，管理主体规则自定性；其四，特殊的惩罚措施；其五，救济手段的受限制性（不接受司法审查）。

不过，随着当代民主宪政制度的不断发展，这种与权力至上、行政权优先的绝对主义专制统治相适应的"特别权力关系"，由于其与司法权、行政权相互制衡趋势极不相符，从而受到目前的各国司法和学理界普遍质疑，甚至有德国学者认为"特别权力关系已经失去了用场，因此自告终结"。由此产生了对特别权力关系学说的修正理论——特别法律关系学说。

现代行政法学界的学者普遍认为，基本权利、法律保留和法律保护也同样适用于被视为传统特别权力关系的国家与公民之间的关系。如果特别权力关系中管理者的行为严重侵犯了被管理者的基本权利，则被管理者将可以不受到特别权力关系的限制从而有权寻求司法救济。在我国，特别权力关系仍然普遍存在，但随着法治进程的不断发展和人权保护体制的不断完善，特别权力关系将逐步消失。

二、行政法律关系的要素

同其他部门法的法律关系一样，行政法律关系也是由主体、客体和内容三个方面的要素所构成。

（一）行政法律关系的主体

行政法律关系的主体即行政法律关系的当事人，简称为行政法主体，是指行政权利的享受者和行政义务的承担者，即以行政主体为一方当事人，以行政相对人为另一方当事人，同时包括行政公务员以及行政监督主体。行政主体，是指享有国家行政权力，能以自己的名义实施行政行为，并能独立承担由此产生的法律效果的社会组织，包括国家行政机关和法律、法规授权的组织以及其他社会公权力组织。行政相对人则是指在行政法律关系中处于被管理地位的一方当事人，包括公民、法人、其他组织和外国人、无国籍人。

（二）行政法律关系的客体

行政法律关系的客体，是指行政法律关系主体的权利义务所指向的标的或对象，包括物质利益或精神利益。具体来说，行政法律关系的客体有：

1. 物

物是现实存在的，有价值的，能够为人们所控制支配的物质资源。根据不同的标准，物可以分为动产与不动产、流通物、限制流通物、禁止流通物，特定物与种类物，主物与从物，可分物与不可分物，原物与孳息物等。物是行政法律关系的重要客体，如行政处罚中的罚款、罚没物，行政征收征用中的被征收征用物，税收款，行政确认中的房产、滩涂等。

2. 人身

人身能成为法律关系的客体。许多行政法律关系是以相对人人身为客体的，如行政处罚、行政强制、行政奖励等。人身权是公民、法人的一项基本权利，必须由法律来调整和保护。人身所包含的两个方面：身体或肉体以及由此产生的人的人格与身份。这两个方面都能成为行政法律关系的客体。

（1）人的身体或肉体能成为行政法律关系的客体。

人的身体和肉体有时也能成为行政法律关系客体。人体器官是人的身体的一部分，虽可以以物来区分它能成为行政法律关系客体，但人体器官也是人身。行政处罚中的拘留，它直接指向就是人的身体，让人身禁锢在一地不能自由。所以说，人的身体和肉体能够成为行政法律关系客体。

（2）身份能够成为行政法律关系客体。

身份是能够成为行政法律关系客体的。如在一起交通事故中，甲死亡，而又无身份证明，则由行政主体发布公告让人认领，甲的亲属来认领；由行政主体确认死者的身份，则以死者的身份为行政法律关系的客体。所以，身份也能成为行政法律关系客体。

综上所述，人身是能够也应该作为行政法律关系客体存在的。只有将人身作为法律关系的客体在法律规范中加以明确规定，才能通过行政、刑事和民事等手段对任何非法侵犯公民人身权的行为进行法律制裁。

3. 行为

在行政法律关系中，作为行政法律关系客体的行为分类主要有：

（1）作为与不作为。作为的法律行为表现为在行为方式和内容上积极地做出一定的动作。不作为的法律行为表现为在行为方式上不做出一定的动作的行为。

（2）合法行为与违法行为。合法行为是行为主体依照法律规范要求的范围和内容，按法定的方式和程序实施的受法律保护的行为。违法行为则是指行为主体违反法律规范的要求所实施的危害社会的行为。

（3）行政主体的行为和行政相对人的行为。行政主体的行为是指具有行政主体资格的组织行使行政职权而作出的行政行为。行政相对人的行为是指在行政法律关系中相对人作出的具有行政法意义上的行为。只有具有法律意义的行为或受行政法规范的行为，才能成为行政法律关系的客体。

4. 智力成果

即行政法律关系主体从事智力活动所取得的成果，如学术著作、专利、发明等。

（三）行政法律关系的内容

行政法律关系的内容，是指行政法律关系主体所享有的权利和承担的义务，即行政主体的权利义务和行政相对方的权利义务，以及行政法制监督主体的权利义务和被监督的行政主体及其工作人员的权利义务。

行政主体的权利和义务，通常又被称为"职权"和"职责"，主要包括正确适用法律、依法行使职权、遵守法定程序等。

行政相对人的权利与义务，与其他部门法相比则大不相同。总体来看，行政相对人的权利与行政权相对应，而其义务默认为"遵守法律"。具体而言，行政相对人享有的权利有：（1）行政救济权——对抗权力侵害（如申诉权、投诉权、诉讼权、复议权、赔偿权等）；（2）行政保护权——对抗权利侵害（如举报权、保护权、协助权等）；（3）行政受益权——主张权力授益（如给付权、帮助权、救助权、质询权等）；（4）行政参与权——主张权力参与（如知情权、监督权、申辩权、听证权、回避权等）。

第二节 行政主体

一、行政主体的概念

行政主体是指享有行政权力、能以自己的名义行使行政职权并能独立承担由此产生的相应法律责任的社会组织。从这一定义可以看出，要取得行政主体资格必须具备如下条件：

（一）行政主体是社会组织

社会组织是与自然人相对应的概念，组织在一定条件下可以成为行政主体。自然人不能够成为行政主体，因为国家在行政权的分配上是以组织而不是以自然人为媒介的。只有组织才有能力管理行政事务，实现国家行政职能，才能被法律赋予行政权，代表国家实施行政行为而成为行政主体。

（二）享有行政权力

行政主体必须享有行政权，否则不是行政主体。公司、企业、社会团体等社会组织，虽然对本组织具有管理权，但是只要没被法律、法规授予行政权，就不具有行政主体资格。

（三）能以自己的名义行使行政权

这是指行为主体能够独立自主地表达自己的意志，按照自己的意志实施特定行为，即具有独立的法律人格。

（四）能够独立承担法律责任

行政主体要对其所实施的行政行为承担法律责任，而且能够独立承担法律责任，这是一个组织成为行政主体的必备条件。

二、行政主体与相关概念辨析

行政主体与一些相关概念既有联系，又有区别，因此，在明确了行政主体的内涵之后，还必须了解行政主体和这些概念的区别，以进一步明确行政主体的外延。

（一）行政主体与行政法主体

行政主体不同于行政法主体。行政法主体是指享有行政法上的权利、义务的主体，指行政法律关系的双方当事人。行政法主体范围要大于行政主体范围，不仅仅包括行政主体，还包括行政相对人、第三人和行政法制监督主体等。行政主体只是行政法主体的一种，即行政法律关系中的一方当事人。行政主体必定是行政法主体，但行政法主体不一定是行政主体。

（二）行政主体和行政机关

行政机关是最重要的行政主体，但行政主体与行政机关不能简单地等同。行政主体不仅仅包括行政机关，还包括被授权的组织。行政机关并不一定是行政主体，还可能作为行政相对人或民事主体。

（三）行政主体和行政公务员

国家的行政管理活动虽然是通过各个公务员的公务行为得以实现的，但公务员并不是行政主体。行政公务员是代表行政主体执行公务的内部工作人员，公务员不能以自己的名义行使行政权力，公务员不承担行政权行使后的法律效果，公务员是内部行政法律关系的相对人。

三、行政主体的职权和职责

（一）行政职权

行政职权是国家行政权的表现形式，是行政主体实施国家行政管理活动的权能。其可以归纳为：制定行政规范权、行政调查权、行政决策权、行政决定权、行政命令权、行政检查权、行政强制权、行政处罚权、行政许可权、行政确认权、行政奖励权、行政物质帮助权、行政复议权、行政指导权、行政裁决权等。

（二）行政职责

行政职责是指行政主体在行使职权过程中，必须承担的法定义务。其具体内容包括：积极行使行政权力、合法行使行政权力、合理行使行政权力、依照法定程序行使行政权力。

四、行政主体的范围

按照我国现行法律规定，行政主体包括行政机关和法律、法规授权的组织两类。

（一）法律规定

1.《行政处罚法》的规定

《行政处罚法》第4条规定："公民、法人或者其他组织违反行政管理秩序的行为，应当给予行政处罚的，依照本法由法律、法规或者规章规定，并由行政机关依照本法规定的程序实施。"第17条规定："行政处罚由具有行政处罚权的行政机关在法定职权范围内实施。"第18条规定："国务院或者省、自治区、直辖市人民政府可以决定一个行政机关行使有关行政机关的行政处罚权。限制人身自由的行政处罚权只能由公安机关和法律规定的其他机关行使。"第19条规定："法律、法规授权的具有管理公共事务职能的组织可以在法定授权范围内实施行政处罚。"

2.《行政许可法》的规定

《行政许可法》第22条规定："行政许可由具有行政许可权的行政机关在其法定职权范围内实施。"第23条规定："法律、法规授权的具有管理公共事务职能的组织，在法定授权范围内，以自己的名义实施行政许可。被授权的组织适用本法有关行政机关的规定。"

3.《行政强制法》的规定

《行政强制法》第16条第1款规定："行政机关履行行政管理职责，依照法律、法规的规定，实施行政强制措施。"第17条规定："行政强制措施由法律、法规规定的行政机关在法定职权范围内实施。行政强制措施权不得委托。依据《中华人民共和国行政处罚法》的规定行使相对集中行政处罚权的行政机关，可以实施法律、法规规定的与行政处罚权有关的行政强制措施。行政强制措施应当由行政机关具备资格的行政执法人员实施，其他人员不得实施。"第34条规定："行政机关依法作出行政决定后，当事人在行政机关决定的期限内不履行义务的，具有行政强制执行权的行政机关依照本章规定强制执行。"第70条规定："法律、行政法规授权的具有管理公共事务职能的组织在法定授权范围内，以自己的名义实施行政强制，适用本法有关行政机关的规定。"

4.《行政复议法》的规定

《行政复议法》第2条规定："公民、法人或者其他组织认为具体行政行为侵犯其合法权益，向行政机关提出行政复议申请，行政机关受理行政复议申请、作出行政复议决定，适用本法。"第6条规定："有下列情形之一的，公民、法人或者其他组织可以依照本法申请行政复议：（一）对行政机关作出的警告、罚款、没收违法所得、没收非法财物、责令停产停业、暂扣或者吊销许可证、暂扣或者吊销执照、行政拘留等行政处罚决定不服的；（二）对行政机关作出的限制人身自由或者查封、扣押、冻结财产等行政强制措施决定不服的；……"第12条规定："对县级以上地方各级人民政府工作部门的具体行政行为不服的，由申请人选择，可以向该部门的本级人民政府申请行政复议，也可以向上一级主管部门申请行政复议。对海关、金融、国税、外汇管理等实行垂直领导的行政机关和国家安全机关的具体行政行为不服的，向上一级主管部门申请行政复议。"第13条规定："对地方各级人民政府的具体行政行为不服的，向上一级地方人民政府申请行政复议。对省、自治区人民政府依法设立的派出机关所属的县级地方人民政府的具体行政行为不服的，向该派出机关申请行政复议。"第14条规定："对国务院部门或者省、自治区、直辖市人民政府的具体行政行为不服的，向作出该具体行政行为的国务院部门或者省、自治区、直辖市人民政府申请行政复议。对行政复议决定不服的，可以向人民法院提起行政诉讼；也可以向国务院申请裁决，国务院依照本法的规定作出最终裁决。"第15条规定："对本法第十二条、第十三条、第十四条规定以外的其他行政机关、组织的具体行政行为不服的，按照下列规定申请行政复议：（一）对县级以上地方人民政府依法设立的派出机关的具体行政行为不服的，向设立该派出机关的人民政府申请行政复议；（二）对政府工作部门依法设立的派出机构依照法律、法规或者规章规定，以自己的名义作出的具体行政行为不服的，向设立该派出机构的部门或者该部门的本级地方人民政府申请行政复议；（三）对法律、法规授权的组织的具体行政行为不服的，分别向直接管理该组织的地方人民政府、地方人民政府工作部门或者国务院部门申请行政复议；……"

5.《行政诉讼法》及相关司法解释的规定

《行政诉讼法》第2条规定："公民、法人或者其他组织认为行政机关和行政机关工作人员的行政行为侵犯其合法权益，有权依照本法向人民法院提起诉讼。前款所称行政行为，包括法律、法规、规章授权的组织作出的行政行为。"《最高人民法院关于适用〈中华人民共和国行政诉讼法〉的解释》第19条规定："当事人不服经上级行政机关批准的行政行为，向人民法院提起诉讼的，以在对外发生法律效力的文书上署名的机关为被告。"第20条规定："行政机关组建并赋予行政管理职能但不具有独立承担法律责任能力的机构，以自己的名义作出行政行为，当事人不服提起诉讼的，应当以组建该机构的行政机关为被告。法律、法规或者规章授权行使行政职权的行政机关内设机构、派出机构或者其他组织，超出法定授权范围实施行政行为，当事人不服提起诉讼的，应当以实施该行为的机构或者组织为被告。没有法律、法规或者规章规定，行政机关授权其内设机构、派出机构或者其他组织行使行政职权的，属于行政诉讼法第二十六条规定的委托。当事人不服提起诉讼的，应当以该行政机关为被告。"第21条规定："当事人对由国务院、省级人民政府批准设立的开发区管理机构作出的行政行为不服提起诉讼的，以该开发区管理机构为被告；对由国务院、省级人民政府批准设立的开发区管理机构所属职能部门作出的行政行为不服提起诉讼的，以其职能部门为被告；对其他开发区管理机构所属职能部门作出的行政行为不服提起诉讼的，以开发区管理机构为被告；开发区管理机构没有行政主体资格的，以设立该机构的地方人民政府为被告。"

6.《国家赔偿法》的规定

《国家赔偿法》第7条规定："行政机关及其工作人员行使行政职权侵犯公民、法人和其他组织的合法权益造成损害的，该行政机关为赔偿义务机关。两个以上行政机关共同行使行政职权时侵犯公民、法人和其他组织的合法权益造成损害的，共同行使行政职权的行政机关为共同赔偿义务机关。法律、法规授权的组织在行使授予的行政权力时侵犯公民、法人和其他组织的合法权益造成损害的，被授权的组织为赔偿义务机关。"

（二）行政主体资格确认

从以上法律规定可以看出，我国行政主体包括行政机关和法律、法规授权的组织，但是有三个问题需要澄清。

1. 行政主体与行政诉讼被告问题

行政主体和行政诉讼被告是否一致，这个问题值得研究。首先，法律规定是一致的，无论是《行政诉讼法》还是《行政处罚法》等其他法律，对于行政主体的规定均是行政机关和法律、法规授权的组织。其次，行政主体的特征之一是能够独立承担法律责任，这个法律责任应当包括诉讼责任。最后，按照《行政诉讼法》第2条的规定，能够成为行政诉讼被告的条件是能够独立作出行政行为，而能作出行政行为的只能是行政主体。因此，行政主体和行政诉讼被告是统一的、一致的，即行政诉讼被告必然是行政主体，只有行政主体才能成为行政诉讼被告。

2. 被授权组织的授权问题

有三个问题需要探讨。第一，《行政诉讼法》的表述是法律、法规、规章授权的组织，其他法律的表述是法律、法规授权的组织，如何理解？很明显，《行政诉讼法》扩大了授权范围，即规章也可以授权。首先，扩大授权范围等于拓展了被告范围，方便原告和人民法院确认被告资格，有利于保护公民、法人和其他组织的合法权益。其次，《行政诉讼法》修订的时间是2014年，晚于其他法律的制定和修改时间，因此可以相信《行政许可法》等法律在修订时也应当作出相应的修改，以保持法律的统一。

第二，如何授权问题，被授权组织的授权是原则性授权，还是具体授权？比如《村民委员会组织法》第2条规定："村民委员会是村民自我管理、自我教育、自我服务的基层群众性自治组织，实行民主选举、民主决策、民主管理、民主监督。村民委员会办理本村的公共事务和公益事业，调解民间纠纷，协助维护社会治安，向人民政府反映村民的意见、要求和提出建议。村民委员会向村民会议、村民代表会议负责并报告工作。"这一条的规定是原则性授权，即规定村民委员会的权力是自我管理、自我教育、自我服务，办理本村的公共事务和公益事业，调解民间纠纷，协助维护社会治安，向人民政府反映村民的意见、要求和提出建议。第7—10条规定，村委会具有人民调解、治安保卫、公共卫生与计划生育、经济管理、集体土地管理、法制宣传教育等职权，这些条款属于具体授权。《最高人民法院关于适用〈中华人民共和国行政诉讼法〉的解释》第24条规定："当事人对村民委员会或者居民委员会依据法律、法规、规章的授权履行行政管理职责的行为不服提起诉讼的，以村民委员会或者居民委员会为被告。当事人对村民委员会、居民委员会受行政机关委托作出的行为不服提起诉讼的，以委托的行政机关为被告。"根据这一条的规定，可以理解为对于村委会的授权仅限于法律、法规、规章的具体授权，而不是原则性授权。实践中做法也是如此。这样的规定和做法，对于精准确定被告资格和法律责任承担具有积极意义，但是对于原告而言却不公平的。因为《行政诉讼法》第49条规定："提起诉讼应当符合下列条件：（一）原告是符合本法第二十五条规定的公民、法人或者其他组织；（二）有明确的被告；（三）有具体的诉讼请求和事实根据；（四）属于人民法院受案范围和受诉人民法院管辖。"按照本条规定，在原告起诉时必须由明确的被告。这个要求对于普通公民来讲过高，因为普通公民很难确定到底谁是被告，谁具有被告资格。所以具体授权的方式不利于公民行使诉权，不利于保护公民、法人和其他组织的合法权益。因此，建议被授权组织最好以原则性授权的方式来处置。

第三，概念和名称问题。被授权组织习惯上称之为"法律、法规授权组织"。这个叫法是法律概念，后来逐步被各种教材、专著所引用，成为法学概念。然而《行政诉讼法》运用了法律、法规、规章授权组织的概念，这不仅是授权范围的拓展，也是概念的变化。由此，也引发了一个称谓问题，即概念的选择问题。另外，还有教材称之为"法定授权的组织"[①];也有教材称之为"被授权组织"[②]。从概念的精准度和明确性来讲,"法律、法规、规章授权的组织"更为精确;从概念的简易性来讲,"被授权组织"更为简单明了。但是"法律、法规授权的组织"这一称谓已经被人们所广泛接受,因此建议现阶段还是称之为法律、法规授权的组织较为恰当。

3. 个人能否成为行政主体问题

按照我国行政法理论,行政主体是社会组织,公民个人不能成为行政主体。我国《行政处罚法》《行政强制法》《行政许可法》等法律也明确规定,行政机关和法律、法规授权的组织是行政主体。然而我国《行政诉讼法》第2条第1款规定:"公民、法人或者其他组织认为行政机关和行政机关工作人员的行政行为侵犯其合法权益,有权依照本法向人民法院提起诉讼。"根据本条规定,行政机关和行政机关工作人员处于并列关系,都能作出行政行为,都是行政主体。笔者认为,这一条款属于问题条款。行政机关工作人员是所属机关的代表,二者之间是委托代理关系。行政机关工作人员在行使职权作出行政行为时代表的是机关意志,而非个人意志;其行为造成的法律后果也由机关承当,而非个人承担。因此,个人是不能成为行政主体的。建议修改《行政诉讼法》时,删除本条"和行政机关工作人员"的表述。

(三)行政机关

行政机关是按照国家《宪法》和有关组织法的规定而设立的,代表国家依法行使行政权,组织和管理国家行政事务的国家机关,既是国家权力机关的执行机关,也是国家机构的重要组成部分。它执行代议机关制定的法律和决定,管理国家内政、外交、军事等方面的行政事务。

行政机关不同于行政机构。行政机构是行政机关的内部组成部分,一般表现为内设机构,派出机构,办公机构和办事机构。行政机构一般不具有独立的行政主体资格,除非获得了法律、法规和规章的特别授权,才具有行政主体资格,除此之外只能以其所在行政机关名义实施行政行为。而行政机关是一定行政机构的整体,具有行政主体资格,能独立以自己的名义进行行政活动并独立承担由此产

---

① 应松年主编. 行政法与行政诉讼法 [M]. 北京:中国政法大学出版社,2007:58页.
② 刘靖华主编. 行政法原理与实务 [M]. 北京:中国政法大学出版社,2014:45页.

生的法律后果。

1. 中央国家行政机关

国务院是最高国家权力机关的执行机关，也是最高国家行政机关，统一领导全国各级行政机关的工作。国务院由总理、副总理、国务委员、各部部长、各委员主任、审计长、秘书长组成。国务院实行总理负责制。国务院的决策机制是国务院会议，分为全体会议、常务会议、总理办公会议。国务院工作中的重大问题，必须经全体会议或常务会议讨论决定。国务院的主要职权共18项，由《宪法》规定。依据行政主体的构成要件，国务院、国务院各部（委员会）、国务院的直属机构、国务院各部（委员会）管理的国家局具有行政主体资格，而国务院的办公室和办事机构在通常情况下不具有行政主体资格，因为这些机构不能以自己的名义行使行政权，不能独立承担法律责任。

2. 地方行政机关

（1）地方各级人民政府。地方各级人民政府是地方各级人民代表大会的执行机关，是地方各级国家行政机关。它们负责组织和管理本行政区域内的一切行政事务，它们实行的是双重从属制：一方面，地方各级人民政府都是同级权力机关的执行机关，对同级权力机关负责并报告工作；另一方面，它们还要对其上一级国家行政机关负责并报告工作，都是国务院统一领导下的国家行政机关，服从国务院领导。依照地方组织法的规定，地方各级人民政府分为：省、自治区、直辖市人民政府；市、直辖市的区、自治州人民政府；县、自治县、市辖区及不设区的市人民政府；乡（镇）人民政府四级。地方各级人民政府是行政主体。

（2）地方各级人民政府的职能部门。根据《宪法》和有关组织法的规定，地方各级人民政府根据工作需要和优化协同高效以及精干的原则，设立必要的工作部门。县级以上的地方各级人民政府设立审计机关。地方各级审计机关依照法律规定独立行使审计监督权，对本级人民政府和上一级审计机关负责。省、自治区、直辖市的人民政府的厅、局、委员会等工作部门和自治州、县、自治县、市、市辖区的人民政府的局、科等工作部门的设立、增加、减少或者合并，按照规定程序报请批准，并报本级人民代表大会常务委员会备案。省、自治区、直辖市的人民政府的各工作部门受人民政府统一领导，并且依照法律或者行政法规的规定受国务院主管部门的业务指导或者领导。自治州、县、自治县、市、市辖区的人民政府的各工作部门受人民政府统一领导，并且依照法律或者行政法规的规定受上级人民政府主管部门的业务指导或者领导。职能部门独立行使行政职权,以自己的名义作出决定,并能承担相应的法律后果。

(3)派出机关。根据地方组织法的规定,省、自治区的人民政府在必要的时候,经国务院批准,可以设立若干派出机关。县、自治县的人民政府在必要的时候,经省、自治区、直辖市的人民政府批准,可以设立若干区公所,作为它的派出机关。市辖区、不设区的市的人民政府,经上一级人民政府批准,可以设立若干街道办事处,作为它的派出机关。

另外,根据现实做法,设区的市的公安机关可以在市属各区设立派出机关,即公安分局。根据《最高人民法院关于适用〈中华人民共和国行政诉讼法〉的解释》第21条规定,由国务院、省级人民政府批准设立的开发区管理机构及其职能部门具有行政主体资格,一般作为派出机关对待。

地方人民政府、地方人民政府的职能部门、派出机关享有行政权力、能以自己的名义行使行政权、能够独立承担法律责任,都属于行政主体。

(四)法律、法规授权组织

法律、法规授权的组织是指依法律、法规、规章授权而行使特定行政职能的非国家机关组织。

(1)法律、法规授权组织指非国家机关的组织。国家机关的权力来源于《宪法》或者《组织法》的规定,不需要其他法律法规的授权,因而法律法规授权的组织,授权对象只能是非国家机关。

(2)法律、法规授权的组织行使的特定行政职权而非一般行政职权。行政机关根据《宪法》《组织法》和其他法律的规定对国家和社会公共事务实施全面管理,属于一般行政职权的行使;而法律、法规授权组织根据单行法律或者法规、规章的授权对某一方面公共事务实施管理,属于特定行政职权的行使。

(3)法律、法规授权的组织行使的职能为具体法律、法规、规章所授,而非行政组织法所授。

法律、法规授权的组织包括事业组织、社会团体、企业、群众自治性组织和行政机构等。

五、受委托组织

行政委托是行政机关在其职权职责范围内依法将其行政职权或行政事项委托

给社会组织或者个人，受委托者以委托机关的名义行使职权，实施管理行为，并由委托机关承担法律责任。受委托组织是指受行政机关委托行使特定行政管理权的组织。

（一）法律规定

1.《行政处罚法》的规定

《行政处罚法》第20条规定："行政机关依照法律、法规、规章的规定，可以在其法定权限内书面委托符合本法第二十一条规定条件的组织实施行政处罚。行政机关不得委托其他组织或者个人实施行政处罚。委托书应当载明委托的具体事项、权限、期限等内容。委托行政机关和受委托组织应当将委托书向社会公布。委托行政机关对受委托组织实施行政处罚的行为应当负责监督，并对该行为的后果承担法律责任。受委托组织在委托范围内，以委托行政机关名义实施行政处罚；不得再委托其他组织或者个人实施行政处罚。"第21条规定："受委托组织必须符合以下条件：（一）依法成立并具有管理公共事务职能；（二）有熟悉有关法律、法规、规章和业务并取得行政执法资格的工作人员；（三）需要进行技术检查或者技术鉴定的，应当有条件组织进行相应的技术检查或者技术鉴定。"

2.《行政许可法》的规定

《行政许可法》第24条规定："行政机关在其法定职权范围内，依照法律、法规、规章的规定，可以委托其他行政机关实施行政许可。委托机关应当将受委托行政机关和受委托实施行政许可的内容予以公告。委托行政机关对受委托行政机关实施行政许可的行为应当负责监督，并对该行为的后果承担法律责任。受委托行政机关在委托范围内，以委托机关名义实施行政许可；不得再委托其他组织或者个人实施行政许可。"

3.《行政强制法》的规定

《行政强制法》第17条第1款规定："行政强制措施由法律、法规规定的行政机关在法定职权范围内实施。行政强制措施权不得委托。"第26条第2款规定："对查封的场所、设施或者财物，行政机关可以委托第三人保管，第三人不得损毁或者擅自转移、处置。因第三人的原因造成的损失，行政机关先行赔付后，有权向第三人追偿。"第48条规定："依法拍卖财物，由行政机关委托拍卖机构依照《中华人民共和国拍卖法》的规定办理。"第50条规定："行政机关依法作出要求当事人履行排除妨碍、恢复原状等义务的行政决定，当事人逾期不履行，经催告仍不履行，其后果已经或者将危害交通安全、造成环境污染或者破坏自然资源的，行政机关可以代履行，或者委托没有利害关系的第三人代履行。"

4.《行政诉讼法》的规定

《行政诉讼法》第 26 条第 5 款规定："行政机关委托的组织所作的行政行为，委托的行政机关是被告。"

5.《国家赔偿法》的规定

《国家赔偿法》第 7 条第 4 款规定："受行政机关委托的组织或者个人在行使受委托的行政权力时侵犯公民、法人和其他组织的合法权益造成损害的，委托的行政机关为赔偿义务机关。"

（二）受委托组织的法律地位

从以上法律规定可以看出，受委托组织不具有行政主体资格，不能承担因行使受委托的行政权而造成法律后果的法律责任。

（1）受委托组织必须在委托的职权范围内，行使行政职权，履行行政职责。受委托组织必须以委托行政机关的名义实施行政管理活动，其后果由委托行政机关承担。

（2）受委托组织应接受委托行政机关的监督和指导。如果受委托组织在行使行政权力、办理行政事务的过程中，有故意或重大过失，给相对人造成损害，委托行政机关可以按照法律规定先负责赔偿，然后行使追偿权，责令有故意或重大过失的受委托组织承担部分或全部赔偿费用。

（3）受委托组织不具有行政主体资格。受委托组织不能独立对外承担法律责任，如果受委托组织的具体行政行为引起纠纷或者争议，行政管理相对方向人民法院起诉时，委托的机关是被告。

（三）行政委托的规则和受委托组织的条件

从以上法律规定可以看出，行政委托必须依法进行，受委托的组织也必须符合一定的条件。

（1）行政委托必须依法委托，即行政机关必须依照法律、法规、规章的规定进行行政委托。

（2）不得转委托，即受委托组织必须自己实施受委托的权限和事项，不得再委托其他组织或者个人实施。

（3）根据《行政处罚法》的规定，受委托实施行政处罚的组织必须是依法成立并具有管理公共事务职能的组织，而且还应具备一定的人员条件和技术条件。根据《行政许可法》的规定，受委托实施行政许可的组织是其他行政机关。《行政诉讼法》和《国家赔偿法》对于受委托组织的条件没有规定，但是在《最高人民法院关于适用〈中华人民共和国行政诉讼法〉的解释》有规定。该解释第20条第3款规定："没有法律、法规或者规章规定，行政机关授权其内设机构、派出机构或者其他组织行使行政职权的，属于行政诉讼法第二十六条规定的委托。当事人不服提起诉讼的，应当以该行政机关为被告。"第24条第2款规定："当事人对村民委员会、居民委员会受行政机关委托作出的行为不服提起诉讼的，以委托的行政机关为被告。"该条第4款规定："当事人对高等学校等事业单位以及律师协会、注册会计师协会等行业协会受行政机关委托作出的行为不服提起诉讼的，以委托的行政机关为被告。"第25条规定："市、县级人民政府确定的房屋征收部门组织实施房屋征收与补偿工作过程中作出行政行为，被征收人不服提起诉讼的，以房屋征收部门为被告。征收实施单位受房屋征收部门委托，在委托范围内从事的行为，被征收人不服提起诉讼的，应当以房屋征收部门为被告。"根据以上司法解释的规定，可以认为受委托组织可以是事业组织、行政机关、社会团体、群众自治性组织，但是决不能是以营利为目的的组织。

第三节　行政相对人

一、行政相对人的含义

行政相对人是行政法学中一个重要和常用的概念，其基本含义就是指行政主体的行为所指向的、与行政主体相对应的一方，即行政法律关系中与行政主体相对应的另一方当事人。行政相对人属于法学概念，而非法律概念。我国现行法律中一般称之为公民、法人或其他组织。行政相对人具有如下特征：

第一，在行政法律关系中处于被管理地位。行政相对人尽管与行政主体同样属于行政法律关系的主体，但前者处于被管理者地位而后者具有管理身份，管理者握有行政管理职权而被管理者没有。当然，不能就此而推论行政相对人在行政法律关系中仅是义务人而不是权利人。行政相对人在行政管理权之外有很多行政法权利。例如，申请权、申诉权、批评建议权、提起行政复议权、诉讼权、要求行政赔偿权等。

第二，行政相对人的身份具有相对性。所谓行政相对人只表明它在某一具体的行政法律关系中的地位，一旦脱离这一具体的行政法律关系，行政相对人的身份就可能发生变化。在某一行政法律关系中是行政相对人，在另一行政法律关系中则可能成为行政主体。例如，税务机关在接受卫生机关的卫生检查时成为行政相对人，而在征税时则是行政主体。

第三，范围广泛。任何机关、组织、个人，只要属于行政管理的对象，受到行政权的影响和约束，都可成为行政相对人。

二、行政相对人的范围

依照法律法规的规定，公民、法人和其他组织能够成为行政相对人。在特殊情况下，在我国的外国人、无国籍人、外国组织也可成为行政相对人。

（一）公民

公民是最主要、最常见的行政相对人。行政主体实施行政管理的绝大多数领域，都将公民纳入行政管理的对象。因此，公民是行政法律关系中最常见的主体之一。

（二）法人

法人是与自然人（公民）相对称的一个法律概念。它是具有民事权利能力与民事行为能力，依法独立享有民事权利和承担民事义务的组织。法人也是行政法律关系中的主体，可以成为行政相对人，而且是重要的行政相对人。

（三）其他组织

其他组织是由主管机关批准成立或认可，能够从事一定的经营、生产或其他活动但不具备法人资格的社会组织或经济组织。随着经济的发展，许多国家都出现了一些介于公民个人和法人之间的组织形态，被称为"非法人组织""非法人单位""其他经济组织"等，我国行政法律制度将其称为"其他组织"。其他组织在行政管理活动中，既是行政法上的权利义务主体，也是行政法律关系中的行政相对人。

其他组织的类型主要有：（1）经国家主管部门批准或认可的从事一定生产或经营活动的经济实体。主要有个人合伙组织、合伙型联营组织、企业法人的分支机构等。（2）经主管机关批准或认可的正处于筹备阶段的企业、事业单位和社会团体。

（四）外国人、无国籍人和外国组织

在某些特殊情况下，在我国境内依照我国法律规定享有行政法权利、承担行政法义务、参加行政诉讼时具有行政相对人同等诉讼权利与义务的外国人、无国籍人和外国组织，也可成为我国行政法的主体，也即成为行政相对人。

但是，将外国人、无国籍人和外国组织作为我国的行政相对人对待，使其具有行政相对人的权利和义务，即实行同等原则的同时，也依法实行对等原则。其大意是，如果我国公民在某国受到某方面权利限制，则该国公民在我国也要受到相应的权利限制。

三、行政相对人的法律地位

行政相对人作为行政法律关系中的一方当事人，享有一定的权利，同时也承担一定的义务。

（一）行政相对人的权利

1. 行政参与权

行政相对人享有通过合法途径参加国家行政管理活动以及参与行政程序的权利，如公民经考试程序可进入公务员队伍参与行政管理，公民有听证的权利。

2. 行政知情权

行政相对人有权通过行政公示、告知、询问等渠道了解行政机关管理活动的依据和程序等。

3. 行政监督权

行政相对人有权通过一定组织形式对行政机关和行政首长的工作进行评议，享有对行政工作的批评建议权，对不法工作人员的控告揭发权，不服具体行政行为有权申请复议或提起行政诉讼。

4. 隐私保密权

行政主体在行政活动中，非经法定程序，不得公开相对人的隐私。相对人享有对自己的隐私保密的权利，行政主体有为其保密的义务。

5. 获得保护权

行政相对人的人身和财产有权获得国家行政机关的合法、正当、平等的保护。例如，公民财物失窃报告公安机关，公安机关有义务侦查、破案。

6. 行政获益权

行政相对人可以依据法律从行政主体中获得利益。如公民因科技发明,有权依《中华人民共和国发明奖励条例》获得奖励。

7. 行政求偿权

行政相对人的合法权益受到行政主体合法公务行为的影响时,有权获得行政补偿;受到行政主体的不法侵害时,有权获得行政赔偿。

8. 程序抵抗权

抵抗权是指当行政机关作出严重违法的无效行政行为时,行政相对人可以拒绝服从,行使抵抗权。

行政相对人在行政救济程序中享有的程序权利主要包括:(1)被行政主体告知救济途径和方法的权利;(2)提出申诉、复议和诉讼的权利;(3)委托代理人的权利;(4)申请回避的权利;(5)陈述和申辩的权利;(6)上诉的权利;(7)申请执行的权利等。

(二)行政相对人的义务

1. 协助公务执行的义务

行政相对人有义务协助行政主体及公务人员执行公务。比如,配合行政主体的调查、为执行公务提供便利条件和设施等。

2. 提供真实信息的义务

尤其是在依申请的行政行为中,申请人有义务提供真实的信息。由于许多行政许可或行政登记只进行形式审查,行政主体不可能对申请人提交的材料的真实性进行审查,因此如果申请人提交材料虚假,则行政许可或登记必须予以撤销,且申请人不得主张行政赔偿。

3. 遵守行政程序的义务

法定的行政程序不仅行政主体应当遵守,行政相对人亦应遵守,包括法律法规规定的程序、手续、期限等。如果不遵守法定的行政程序,比如不按时纳税,不在法定期限内申请商标权的续展,不提供法定的申请材料等,还可能承担一定的法律责任。

4. 接受监督和调查的义务

行政主体为了对案件进行调查,可能会进行询问、讯问、勘验、鉴定以及抽样调查等,行政相对人对合法的调查行为应当予以配合。

第四节　行政第三人

一、行政第三人的概念和特征

很多行政法学教科书中并没有提及行政第三人，原因在于行政第三人的理论不成熟和法律规制的欠缺。但是行政第三人在行政法实践中是客观存在的，因此有必要对其进行简要的阐述。

关于行政第三人有三种观点。第一种观点认为，"行政第三人是指与己作出的行政行为有间接利害关系的、受行政权间接作用或约束的、在行政法律关系中潜在的或暗示的公民、法人或者其他组织。"[1] 第二种观点认为，"行政第三人是指除行政相对人之外与行政行为、行政合同、行政指导等行政活动可能或已经具有利害关系的公民、法人或其它组织。"[2] 第三种观点认为，"行政第三人是指行政主体做出的行政行为，主观上并未指向，但客观上侵犯其合法权益，与具体行政行为有法律上的利害关系，法律规定对其合法权益保护的公民、法人或其他组织。"[3]

第一种观点强调行政第三人与行政行为的间接利害关系稍显不妥，因为行政第三人的合法权益可能受到行政行为的直接影响；第二种观点把行政行为、行政合同、行政指导作为并列关系不妥当，笔者认为，行政合同、行政指导均属于行政行为范畴[4]；第三种观点强调法律上的利害关系和法律规定，实际上缩减了行政第三人的范围，不可取。

综上，行政第三人是指行政主体做出的行政行为明确指示的行政相对人以外的、其合法权益受该行政行为影响的第三方行政法律关系主体。

（一）行政第三人具有独立的主体地位

传统行政法学理论认为行政法律关系的基本模式是行政主体和行政相对人的二维模式。然而行政法关系是复杂多样的，法律关系的主体也是多元的。有些行政行为指向的是行政相对人，但是可能对其他公民、法人和社会组织产生影响。那么这里的"其他公民、法人和社会组织"就是行政第三人。行政第三人是行政

---

[1] 周佑勇，何渊. 论行政第三人 [J]. 湘潭工学院学报，2001（6）：43.
[2] 周兰领. 行政第三人研究 [J]. 行政与法，2003（4）：88.
[3] 赵肖药，沈国琴. 论行政法律关系第三人 [J]. 理论与探索，2001（2）：61.
[4] 关于行政行为的范畴问题将在其他章节论述。

法律关系中除行政主体和行政相对人之外的第三方当事人，享有一定的权利承担一定义务，具有独立的主体地位。

（二）行政第三人的合法权益受到行政行为的影响

首先，强调的是合法权益受到影响。合法权益是指符合法律规定的权利和利益。要注意两点，一是合法权益并不是都有法律的规定，尤其是在我国法治建设不完善的阶段，很多权益法律上没有规定，或者虽然有规定但是缺乏救济措施；二是合法权益不是都在行政法中体现，如相邻权就属于民法规定。其次，行政第三人的合法权益受到行政行为的影响可能是不利的，也可能是有利的，但是多数情况是不利的影响。因为只有行政第三人受到行政行为不利影响时才可能涉及到法律救济问题。

（三）行政第三人在行政法律关系中并不是必然出现的

在一个行政法律关系中，肯定存在行政主体和行政相对人两方主体，却未必存在行政第三人，也就是说，行政第三人并非构成行政法律关系的必要主体。

（四）行政第三人受到具体行政行为的影响

按照行政行为理论，行政行为可以分为具体行政行为和抽象行政行为。抽象行政行为是行政机关制定规范性文件的行为，其指向的对象通常是不特定的多数人，具有反复适用性。其既然没有特定的指向对象，也就无所谓行政第三人问题，所以研究行政第三人一般应把范围限定在具体行政行为的法律关系中。

二、行政第三人与相关概念比较

（一）行政第三人与行政相对人

行政第三人与行政相对人都受行政权作用或行政行为约束，而且两者都与行政主体形成了行政法上的权利义务关系，但两者存在着明显的区别。其一，行政相对人是行政行为明确指向的对象，而行政第三人在行政决定中往往体现不出来。其二，行政相对人与行政行为直接发生关联，而行政第三人一般只与行政行为的结果有关。

（二）行政第三人与其他第三人

这里的其他第三人是指行政复议第三人和行政诉讼第三人。

1. 行政第三人与行政复议第三人

行政复议第三人是指同申请的具体行政行为有利害关系，为维护自己的合法权益依申请或经复议机关通知参加复议的公民、法人或其他组织。行政复议第三人是行政复议法中明确规定的，属于行政复议阶段的当事人之一。行政第三人是法学概念，目前我国法律中尚无规定，他可能存在于行政行为的作出阶段，也可能出现在复议阶段或者诉讼阶段。在行政行为作出阶段的第三人的身份只能是行政第三人，在复议阶段可能是行政复议第三人，也可能是复议申请人。

2. 行政第三人与行政诉讼第三人

行政诉讼第三人，是指与被诉行政行为或同案件处理结果有利害关系、申请参加或者由人民法院通知其参加到行政诉讼中来的公民、法人或者其他组织。行政诉讼第三人是行政诉讼法明确规定的法律概念，属于诉讼阶段的当事人之一，行政第三人是法学概念。在行政诉讼阶段行政第三人可能是行政诉讼的第三人，也可能是行政诉讼原告。

另外，行政第三人的法定权利只在《行政许可法》中有所体现，而行政复议第三人、行政诉讼第三人的权利义务在《行政复议法》《行政诉讼法》及司法解释中均有明确的规定。

三、行政第三人的主要类型

（一）相邻权人

相邻权是一个民法概念，是指不动产的所有人或使用人在处理相邻关系时所享有的权利。具体来说，在相互毗邻的不动产的所有人或者使用人之间，任何一方为了合理行使其所有权或使用权，享有要求其他相邻方提供便利或是接受一定限制的权利。具体包括土地的相邻权、水流的相邻权、建筑物的相邻权等。相邻权引起的相邻关系属于民事关系。但是，民事主体侵犯他人相邻权的行为，在很多时候与行政机关的行政行为特别是行政许可行为有密切的关系。如果行政机关对于相邻各方中的一方进行许可，拥有相邻权的另一方则成为行政第三人。

（二）公平竞争人

公平竞争是市场经济的基本法则，保护公平竞争权是维护社会主义市场经济健康稳定运行的前提。对公平竞争权的侵害主要来自其他竞争者违反公平竞争原则的行为，但行政机关的行为破坏了公平竞争的环境或者规则，也可能构成对公平竞争权的侵犯。在我国，一种情况是行政机关运用行政权力干预招标、拍卖活动，或者不依法举行招标、拍卖或者不依据招标、拍卖结果择优作出行政许可决定，破坏了公平竞争的秩序。在这种情况下，被行政主体侵犯了公平竞争权的个人或组织是行政第三人。另一种情况是，行政机关直接以行政命令的方式来侵犯他人的公平竞争权。

（三）受害人

受害人是指在行政法律关系中受到加害人违法行为侵害的个人或者组织。行政主体有保护公民、法人或者其他组织合法权益的法定职责。当受害人受到他人违法侵害后，行政主体应依法对加害人进行处理。此时，受处理的加害人是行政相对人，而受害人则是行政第三人。如治安处罚关系中的被处罚人是行政相对人，受到被处罚人行为侵害的受害人是行政第三人。但需要注意的是，受害人不仅仅局限于治安管理处罚领域的被他人侵犯的受害人。

（四）所有权人或使用权人

现实生活中财产的所有权与使用权相分离是一个常见的现象。财产的所有权人将财产出租、出借或承包给他人使用后，就发生了所有权与使用权相分离的现象。行政主体在进行行政处罚时可能对财产采取没收的处罚方式，在进行行政强制时可能对财产采取查封、扣押、冻结等强制措施或者实施拍卖、拆除等强制执行方式。在这种情况下，如果行政行为针对的是使用权人，则所有权人为行政第三人；如果行政行为针对的是所有权人，则使用权人为行政第三人。

（五）对象错误产生的行政第三人

这种行政第三人一般在授益性行政行为中产生。授益行政行为，是指行政主体为行政相对人设定权益或免除义务的行政行为，如行政奖励、行政给付等。比如政府对于为社会作出特殊贡献的人进行行政奖励，把本应奖励给甲的荣誉和奖金发放给了乙，那么就属于对象错误。乙是行政受益人，是行政相对人；甲就是行政第三人。

四、行政第三人的权利保护

行政第三人作为行政法律关系的一方主体必然要享有一定的权利，承担一定的义务。

（一）行政第三人应当享有的权利

1. 行政参与权

参与权是指公民有依照法律的规定参与国家公共生活的管理和决策的权利。

行政参与权是指公民、法人和其他组织参与行政活动的权利，具体包括知情权、申辩权、回避权、听证权等。行政第三人对于与自己有利害关系的行政活动应当具有参与权。

2. *法律救济权*

"无救济，无权利。"当行政第三人的合法权益受到侵害，必须赋予其法律救济权。包括行政复议权、行政诉讼权、申请国家赔偿权和补偿权。

（二）行政第三人权利保障

对于行政第三人的权利保障关键在于法律保障和制度保障。

1. *法律保障*

现阶段我国关于行政第三人的法律保障主要体现在《行政许可法》《行政复议法》《行政诉讼法》和司法解释中。

《行政许可法》第36条规定："行政机关对行政许可申请进行审查时，发现行政许可事项直接关系他人重大利益的，应当告知该利害关系人。申请人、利害关系人有权进行陈述和申辩。行政机关应当听取申请人、利害关系人的意见。"这是关于保障行政第三人知情权和申辩权的规定。第46条规定："法律、法规、规章规定实施行政许可应当听证的事项，或者行政机关认为需要听证的其他涉及公共利益的重大行政许可事项，行政机关应当向社会公告，并举行听证。"第47条规定："行政许可直接涉及申请人与他人之间重大利益关系的，行政机关在作出行政许可决定前，应当告知申请人、利害关系人享有要求听证的权利；申请人、利害关系人在被告知听证权利之日起五日内提出听证申请的，行政机关应当在二十日内组织听证。"这两条是关于行政相对人和行政第三人听证权的规定。第7条规定："公民、法人或者其他组织对行政机关实施行政许可，享有陈述权、申辩权；有权依法申请行政复议或者提起行政诉讼；其合法权益因行政机关违法实施行政许可受到损害的，有权依法要求赔偿。"对于本条的"公民、法人或者其他组织"应作广义的理解，应当包括行政相对人和行政第三人。

《行政复议法》第2条规定："公民、法人或者其他组织认为具体行政行为侵犯其合法权益，向行政机关提出行政复议申请，行政机关受理行政复议申请、作出行政复议决定，适用本法。"本条也因该作广义理解，"公民、法人或者其他组织"应当包括行政相对人和行政第三人。

《行政诉讼法》第2条规定："公民、法人或者其他组织认为行政机关和行政机关工作人员的行政行为侵犯其合法权益,有权依照本法向人民法院提起诉讼。"第25条第1款规定:"行政行为的相对人以及其他与行政行为有利害关系的公民、法人或者其他组织,有权提起诉讼。"《最高人民法院关于适用〈中华人民共和国行政诉讼法〉的解释》第12条规定:"有下列情形之一的,属于行政诉讼法第二十五条第一款规定的'与行政行为有利害关系':(一)被诉的行政行为涉及其相邻权或者公平竞争权的;(二)在行政复议等行政程序中被追加为第三人的;(三)要求行政机关依法追究加害人法律责任的;(四)撤销或者变更行政行为涉及其合法权益的;(五)为维护自身合法权益向行政机关投诉,具有处理投诉职责的行政机关作出或者未作出处理的;(六)其他与行政行为有利害关系的情形。"这三条是行政第三人诉讼权的法律依据。

关于行政第三人申请国家赔偿的权利,我国《国家赔偿法》有一定的规定,但是还不具体。关于行政第三人申请国家补偿的权利,我国还没有专门的法律规范。

2. 制度保障

为了保障行政第三人的合法权利,不仅要完善法律法规,还要建立完备的制度。(1)通知制度。行政第三人行使参与权的前提是知道行政行为的发生,而知道行政活动开始的主要途径是行政主体的通知。因此行政主体有义务通知行政第三人参加到行政程序中来。(2)听证制度。听证是行政主体在作出影响当事人合法权益的决定之前,由当事人表达意见、提供证据以及行政主体听取其意见、接受证据的程序所构成的法律制度。听证制度是行政行为各方当事人公开表达意见,以求得公开公正解决问题的重要方式。听证制度对行政相对人适用,对行政第三人同样也适用。(3)回避制度。在行政程序中,如果行政公务人员与所处理的行政事务有利害关系,应该主动回避或依行政相对人、行政第三人的申请而回避,以保证行政行为的公正性。(4)说明理由制度。行政主体在做出对行政相对人或行政第三人权益产生不利影响的行政行为时,必须在决定书、裁决书中说明事实根据、法律依据以及进行自由裁量时所考虑的各种因素。

第六章 行政程序

本章导读：本章介绍了行政程序的基本理论和我国行政程序的基本制度，重点分析了我国政府信息公开制度。

第一节 行政程序概述

一、行政程序的含义和特征

程序在一般意义上是指"事情进行的步骤，次序"，法律学意义上的程序，是指按照一定的方式、步骤、时间和顺序作出法律决定的过程。程序可以分很多种，如司法的程序、立法的程序、行政的程序等。行政程序是行政主体在行使行政职权、实施行政管理活动过程中应当遵循的方式、步骤、次序及时限的总和。本质上，行政程序是行政行为空间和时间表现形式的有机结合。

（一）法定性

行政程序的法定性是指用于规范行政行为的行政程序一般体现为法律的明确规定。行政程序的法定性使行政程序成为控制行政行为合法、正当运作的强制力量。行政程序的法定性意味着无论是行政主体还是行政相对人，在进行行政活动时都需要遵守预定的程序，其行为的步骤和方式受法定程序的制约，违反法定程序将会导致不利的法律后果。对于行政主体来说，依法行政要求它在实施行政行为时不仅要遵循实体法，而且要遵循程序法，二者不可偏废。

（二）行政性

行政程序是行政主体运用行政权力作出行政行为的程序。与立法程序、司法程序相比，其行政性特征显著。同时，行政程序和行政诉讼程序不可混淆，行政程序是行政机关作决定的程序，而行政诉讼程序则是法院审查行政行为合法性所适用的程序。

(三)多样性

现代社会,行政权已经深入社会生活的各个角落,行政机关享有各种不同的行政职权,不同行政职权产生不同的行政行为,而行政行为的多样性决定了行政程序的多样性。虽然不同的行政程序受到一些共同原则和规律的潜在指引,不同的行政程序之间存在基本相同的内容,但行政程序的多样性依然显著。

(四)分散性

由于行政法的调整对象——行政关系过于广泛复杂,行政法成为难以制定统一法典的部门法,这也导致行政程序分散于众多的、具有不同效力的法律文件之中。

二、行政程序的分类

(一)行政立法程序、行政执法程序和行政司法程序

以行政程序所适用的行政职能不同为标准,行政程序可以分为行政立法程序、行政执法程序和行政司法程序。行政程序的这种分类源于国家行政机关具有的行政立法、行政执法和行政司法的职能,这些不同类型的行政行为必然要有与其相应的行政程序。行政立法程序,是指行政机关制定行政法律规范所适用的程序。行政执法程序,是指行政机关及其工作人员依法行使行政职权,实施具体行政行为所适用的程序,如行政决定程序、行政强制程序、行政处罚程序等。从适用的频度来讲,行政执法程序是行政程序的主要构成部分。行政司法程序,是指行政机关以公断人的身份裁决行政主体与行政相对方的行政争议以及平等主体间民事争议所适用的程序,此种程序类似于人民法院处理争议案件的程序,因此也被称为"准司法程序"。

(二)内部行政程序与外部行政程序

以行政程序的适用范围为标准,行政程序可以分为内部行政程序与外部行政程序。所谓内部行政程序,是指行政主体在实施内部行政行为时所遵循的程序,即行政机关在内部管理中所采用的程序。凡是基于上下级行政机关的领导监督关系或对等行政机关的协调关系而实施有关行为所遵循的程序都属于内部行政程序,如行政机构的设置、工作人员的调配程序、行政机关内部的监督、上下级的信息沟通及反馈程序等。所谓外部行政程序,是指行政主体在实施外部行政行为时所遵循的程序,即行政机关在对外管理中所适用的程序。行政机关与行政相对方基于行政管理关系而实施有关行为所遵循的程序,如行政强制程序、行政处罚程序

等均表现为外部行政程序。外部行政程序一般与行政相对方的权利与义务密切相关。内部行政程序与外部行政程序的区分不是绝对的，它们常常紧密联系，相互交织，有时还可以互相转换。

（三）法定程序和裁量程序

以法律是否明确规定为标准，行政程序可分为法定程序和裁量程序。所谓法定程序，是指法律已明确规定，行政机关在实施行政活动时必须严格遵守的程序。行政机关实施行政行为时，违反法定程序将导致该行为被撤销。所谓裁量程序，是指法律只是规定了行政机关实施行政管理行为应遵循的种类、方式、范围、幅度，行政机关在实施行政行为时可以在法定范围内具体选择适用的程序。裁量程序的存在是由行政管理的多样性、客观情况的复杂性所决定的。

三、行政程序的基本原则

行政程序的基本原则是指贯穿于所有行政程序法规范的基本准则和内在精神。行政程序的基本原则是行政法学研究的热点问题。一般来讲，行政程序的基本原则应包括下列内容：

（一）法治原则

行政程序的法治原则是指行政程序必须贯彻法治精神，实行依法行政。依法行政是行政管理活动中必须遵守的原则，是整个行政法的原则，也是行政程序法应当遵守的基本原则。程序法治必然要求程序法定，即具体行政程序要有明确的法律依据，行政法律关系主体在作出有关行政行为或参与有关行政行为时所遵循的步骤、方式、方法、顺序、时效等程序必须由法律明文加以规定。只有行政程序法定，行政相对人才可以根据行政程序法规定的行政程序作出法律的预测，从而保证连续性、一致性和稳定性的行政秩序的建立，只有行政程序法定才能将行政程序法内含的公正价值转化为行政行为现实。总之，行政程序法治的要求，催生了行政程序法的产生。由于现代意义上的行政法在我国起步较晚，我国尚无专门的行政程序法，但大量的行政程序制度广泛分布于各种行政法律、法规、规章等规范性文件中。

（二）公开原则

公开原则是指用以规范行政权的行政程序，除涉及国家机密、商业秘密或个人隐私外，应当一律向行政相对人和社会公开。行政程序公开原则要求行政程序以公开为原则，不公开为例外。行政相对人可以通过知晓行政行为的全过程来监督行政主体依法行政并维护自己的合法权益，行政相对人也只有通过知晓行政行为的全过程才能参与整个过程。整个社会通过公开的行政程序才能监督行政主体依法行使行政权力，防止行政权被滥用。公开是现代民主政治的要求。在行政程序法中确立公开原则，是现代民主政治发展的必然要求。公开原则在具体制度上通常要求行政主体的职权公开、权力依据公开、行政信息公开、行政决定公开及设立听证制度等。

（三）参与原则

行政参与是指公民、法人或其他组织根据《宪法》和法律规定，依照一定的法律程序，通过直接或间接方式参与行政活动以表达自身意愿和保护自身权利的活动。具体包括：在行政立法中表达自己的愿望；在行政决策中施加影响力；对行政权力的行使进行监督；对违法行政予以纠正等。行政参与权是行政相对人的一项重要程序性权利。行政参与必须是自主和自愿的，而不是被迫、非自愿或由他人以各种方式控制着的。行政参与是一种利益化行为。公民通过各种合法途径参与行政管理过程，并进而影响行政决定的做出，其主要目的是表达自己的利益愿望，并力图实现自身的利益需求，或者也可能是出于维护公共利益的需要。参与原则要求行政相对人在行政程序上依法享有获得通知权、陈述权、申辩权、听证权等。

（四）公正、公平原则

程序公正、公平，是指行政主体行使行政权应当公正、公平，尤其是要公正、公平地行使行政自由裁量权。公正、公平原则在行政程序中可以称为程序公平原则或正当程序原则。英国提出自己不能做自己案件的法官，这是保障公正的最根本要求，所以，凡是跟自己有利害关系的决策，行政机关都应当主动回避，而不能直接介入。很多国家行政程序法设置专门制度来保障这项原则，比如审执分离、审裁分离、合议、回避等制度。我国《行政处罚法》规定行政机关作出处罚决定之前应当由两名执法人员进行调查，在调查笔录做出后必须向被调查人公开，并要求被调查人在笔录上签字以确保程序上的公正。

（五）效率原则

效率原则是指行政程序中的各种行为方式、步骤、时限、顺序的设置都必须有助于确保基本的行政效率，在不损害行政相对人合法权益的前提下，适当提高行政效率。为了保证行政活动的高效率，行政程序的各个环节应当有时间上的约束和限制。行政效率低下不仅侵害相对人利益，也损害国家利益，所以效率是很多国家程序法的一个追求，也是我们在程序立法时要重视的一个基本原则。行政效率原则在具体制度上主要包括时效制度、简易程序和紧急处置程序、代理制度等。

四、行政程序的价值和意义

行政程序体现了对国家行政权的保障与控制之间的平衡，体现了行政权与公民权之间的平衡，体现了对民主和效率的双重保护。行政程序作为规范行政权、体现法治形式合理性的行为过程，是实现行政法治的重要前提。行政程序的完善程度是衡量一国行政法治程度的重要标志。

（一）保障和监督行政主体依法行使职权

职权法定是行政主体行政管理权的基本要求。法定的程序使行政主体的整个活动过程都有了法律依据，因此它可以保障行政主体依法行使职权。公平、公正的程序制度，可以保障和监督行政机关实体上作出公平、合法的结论。例如，行政程序公开原则要求所有的行政活动除了法律规定需要保密的事项外，都必须公开进行。这对防治腐败尤为重要，因为缺乏制约必然导致"暗箱操作"，阳光照不到的地方最易腐败。行政程序要求行政机关按照法律规定的方式、步骤、时限和顺序行使行政权力，同时赋予了当行政机关违法行使权力时，行政相对人申请救济的权利，实际上就使行政程序本身具有了控制行政权力的功能。

（二）保障相对人的合法权益和民主权利

行政程序法主要约束行政机关的行为，从而保障相对人的合法权益和民主权利。例如，行政程序公开原则可以保障行政相对人的知情权。又如，说明理由制度要求行政主体对结论作出的理由进行陈述、解释、说明，这就保障行政相对人有要求行政主体做出说明的权利。很多国家行政程序法中都规定了行政相对人参与行政程序的权利，如听证制度。这是公平参政权的具体表现，公民可以参与行政行为的作出，直接监督行政机关，行使民主权利。

（三）提高工作效率

公平公正的程序，可以极大地提高行政效率。在程序法不健全的情况下，行政机关有很多自由裁量的余地。如果没有对行政程序的控制约束，行政机关肆意作为，将对行政相对人造成极大的伤害，同时也会强化和固化行政机关的官僚主义。

如果没有法定程序的严格约束，行政机关在行使权力的时候，往往倾向于给自己行使权力设置若干前置的条件。这样，程序环节就不断自我繁殖，行政权力也相对地不断繁殖，导致权力的叠加和烦琐。行政程序通过严格规定行政行为的时限，非因法定事由，行政机关延期作出决定，是违法的行为，是可以被法院撤销的，这就督促行政机关按时做出行为，从而提高了工作效率。另外，由于行政程序保障了行政相对人在行政行为过程中的参与权利，这有利于相对人积极接受行政行为，从而有利于提高行政效率。

（四）彰显公平正义

除了具有前述价值和意义外，科学、合理的行政程序自身还具有强烈的象征意义。公平、公正的程序制度往往意味着行政机关作出的实体上的结论也是公平、合法的。行政程序通过安排一种伴随时间而经过的活动过程和活动方式，使法律程序外在化，这就是程序所具有的仪式性、象征性。法律程序所具有的象征性特点从现代国家治理的角度来看，具有特别重要的功能。在一定程度上，形式上的合法性可以通过程序具有的象征性与仪式性特点化解一定的利益冲突，增强实体活动的可信性，整合社会力量，增进政府与民众、社会之间的和谐。总之，程序的象征性特点是其独特价值所在。

第二节　行政程序的基本制度

一、表明身份制度

行政行为具有公定力、拘束力和执行力，其前提条件就是实施行政行为的主体是行政主体。换言之，行政权的行使主体必须具有法定的权限，因此，行政执法人员在代表行政主体实施行政行为时，要通过一定方式向行政相对人表明自己的身份，包括配有明显标志或者出示证件，以便行政相对人判断其是否拥有相应的权限，是否有必要予以服从。表明身份制度是行政告知的一种，其理论渊源为行政公开。我国现行的表明身份制度，多作为行政执法活动的前置性程序，因此主要表现为向相对人出示执法证件。这种制度是程序公开原则的重要组成部分，更是相对人行使参与权的一个先决条件。

二、告知制度

行政告知是指行政主体在行使行政权的过程中，必须将行政相对人应该知晓的事项通过法定的途径和方式告诉相对人的程序制度。告知的内容主要有：（1）告知决定。如告知受理或不受理、告知许可或不许可、告知处罚轻重或不予处罚等。（2）告知权利。如告知相对人申辩的权利、聘请律师的权利、申诉的权利、查阅材料的权利等。（3）告知其他事项。如告知听证会的时间和地点、告知复议的期限和有关机关等。告知制度是行政相对人知情权的体现，告知是行政主体的义务，获得告知是行政相对人的权利。

告知制度在我国的多部法律中均有明确规定。例如，《行政强制法》第21条规定："违法行为涉嫌犯罪应当移送司法机关的，行政机关应当将查封、扣押、冻结的财物一并移送，并书面告知当事人。"《行政许可法》第32条规定："行政机关对申请人提出的行政许可申请，应当根据下列情况分别作出处理：（1）申请事项依法不需要取得行政许可的，应当及时告知申请人不受理；（2）申请事项依法不属于本行政机关职权范围的应当及时作出不予受理的决定，并告知申请人向有关行政机关申请；（3）申请材料存在可以当场更正的错误的，应当允许申请人当场更正；（4）申请材料不齐全或不符合法定形式的，应当当场或者在5日内一次告知申请人需要补正的全部内容，逾期不告知的，自收到申请材料之日起即为受理。"《行政复议法》第17条规定："行政复议机关收到行政复议申请后，应当在5日内进行审查，对不符合本法规定的行政复议申请，决定不予受理，并书面告知申请人；对符合本法规定，但是不属于本机关受理的行政复议申请，应当告知申请人向有关行政复议机关提出。"

三、说明理由制度

说明理由制度是指行政主体在作出对行政相对人合法权益产生不利影响的行政行为时，除法律有特别规定外，必须向行政相对人说明该行政行为的事实依据、法律依据以及进行自由裁量时所考虑的相关因素。说明理由制度的意义主要是防止行政专横和权力滥用，便于司法审查和法制监督。

行政行为说明理由的内容是：一是行政行为的合法性理由，包括行政行为合法性的事实根据和法律依据，特别是要说明作出行政行为的法律依据；二是行政行为的正当性理由，包括行政行为自由裁量的事实依据和法律依据。

说明理由制度在我国的多部法律中均有明确规定。如《行政处罚法》第 44 条规定，行政机关在作出行政处罚决定之前，应当告知当事人拟作出的行政处罚内容及事实、理由、依据，并告知当事人依法享有的陈述、申辩、要求听证等权利。第 62 条规定，行政机关及其执法人员在作出行政处罚决定之前，不依法向当事人告知给予行政处罚事实、理由和依据，不得作出行政处罚决定。《行政强制法》第 18 条第 5 项规定，当场告知当事人采取行政强制措施的理由、依据以及当事人依法享有的权利、救济途径。

说明理由制度和告知制度都是行政参与原则的重要制度设计，是行政相对人和利害关系人知情权的必然要求。对于行政相对人而言获得告知和行政决定的理由是一项权利，对于行政主体而言告知和说明理由是一项义务。但是这两种制度的侧重点不同。告知制度强调的的是作出行政行为时候要将法律规定应当告诉相对人的内容必须都进行告知。说明理由制度强调的是作出行政行为时，行政主体必须将作出该行为的理由和依据告诉相对人。告知制度强调的是告知，说明理由制度侧重的是必须对行政行为给出依据。

四、陈述申辩制度

陈述申辩制度是指行政主体在行使行政职权过程中应当充分听取行政相对人、利害关系人意见的法律制度。行政主体进行行政立法活动，或者作出行政处理决定前，必须进行全面、客观、公正的调查，这就要求广泛听取各方面、各阶层的意见，尤其是充分听取和尊重行政相对人的意见。行政行为影响到行政相对人的权益时，应该确保其有机会进行陈述和申辩。行政机关必须充分听取当事人的陈述和申辩，对当事人提出的事实、理由和证据，应当进行复核，且采用与否都应说明理由。陈述权、申辩权是行政相对人的一项重要的程序性权利，听取行政相对人的陈述和申辩是行政主体的法定义务。

我国《行政处罚法》和《行政许可法》均确立了申辩制度。《行政处罚法》第 7 条规定："公民、法人或者其他组织对行政机关所给予的行政处罚，享有陈述权、申辩权；对行政处罚不服的，有权依法申请行政复议或者提起行政诉讼。"第 45 条规定："当事人有权进行陈述和申辩。行政机关必须充分听取当事人的意见，对当事人提出的事实、理由和证据，应当进行复核；当事人提出的事实、理由或者证据成立的，行政机关应当采纳。行政机关不得因当事人陈述、申辩而给予更重的处罚。"《行政许可法》第 7 条规定:"公民、法人或者其他组织对行政机关实施行政许可,享有陈述权、申辩权;有权依法申请行政复议或者提起行政诉讼;其合法权益因行政机关违法实施行政许可受到损害的,有权依法要求赔偿。"第 36 条规定:"行政机关对行政许可申请进行审查时,发现行政许可事项直接关系他人重大利益的,应当告知该利害关系人。申请人、利害关系人有权进行陈述和申辩。行政机关应当听取申请人、利害关系人的意见。"

五、听证制度

行政听证是指行政机关作出涉及公民、法人或者其他组织利益的重大事项或者重大决定之前,充分听取公民、法人或者其他组织意见的活动。听证制度是促进行政机关依法决策、依法行政,维护公民、法人或者其他组织合法权益的一项重要制度。听证制度是现代民主政治和现代行政程序的重要支柱性制度,是国家治理体系和治理能力现代化的集中表现。

行政听证程序是指行政机关在作出重大的、影响相对人权利义务关系的决定之前,听取当事人陈述、申辩和质证,然后根据双方质证、核实的材料作出行政决定的一种程序。行政听证程序是行政程序的核心和灵魂。其目的在于弄清事实、发现真相,给予当事人表达意见的机会,以达到公开公正的处理行政案件,解决行政纠纷的目标。通过实行行政听证制度,使得行政过程的公开性、透明度得以提升,在有效保障行政相对人合法权益的同时,也能提高公民与行政执法人员的法治意识。

听证不是行政法上的独特制度,作为一种听取利害关系人意见的制度,它起源于司法领域,最早可以追溯到英国普通法上自然公正原则,即"听取另一方证词"。

听证要有一定的范围,并非所有的行政行为在作出之前都需要以听证形式听取行政相对人的意见。界定听证的范围既要考量公平公正的实现,又要考量行政效率。所以,听证范围既不能过宽,也不能过窄。范围太宽会降低效率、加大行政成本;范围过窄,则无法起到监督行政行为的作用。因此,法律确定听证的范围应该适度。从各国法律规定和实际来看,行政听证的范围主要包括行政立法和重大行政决定。目前,我国行政行为中听证的范围主要包括行政立法听证、行政决策听证、重大行政决定听证。

听证应当按照法定方式和程序组织。主要内容包括:(1)听证的代表要有广泛的代表性。(2)听证的主持人要保证相对的中立，要和进行调查的行政机构及人员相分离。目前法律中规定，听证主持人一般都是行政机关中法制部门的人员，这种制度安排可以保证听证的相对中立。(3)听证要公开举行。(4)正式行政听证的过程主要包括通知(告知)、质辩和决定三个环节。(5)听证应当制作笔录。(6)行政机关应当根据听证笔录作出行政行为。

六、信息公开制度

行政信息是行政主体在行使职权过程中所产生、获取、利用和保存的各种信息记录。信息公开制度是行政主体根据职权或者行政相对人的请求，将行政信息向行政相对人或者社会公开，并允许查阅、摘抄和复制的制度。

行政相对人通过预设程序从行政主体那里获取相关信息资料，有助于其参与行政程序、维护自身合法权益和公共利益。对于行政主体掌握的信息，除非法律有明确禁止，如涉及国家秘密、个人隐私或者商业秘密等，行政主体需要无条件提供。信息公开制度是公民参与国家和社会事务管理、监督行政主体依法行政的前提和条件，是公民行使《宪法》和法律赋予的各项民主权利的前提和条件。信息公开制度的具体内容详见本章第三节。

七、时限、时效制度

时效是指一定的事实状态在经过一定的时间之后，便会依法发生一定法律效果的制度。任何行政行为的做出必然要经过一定的时间，但时间应有一定的限制，并且与行政活动的特点相一致。行政法律关系一般比较强调尽快安定，以利于各种利益尤其是公共利益的实现。因此，行政法上有必要设置各种时限、时效制度。行政法上的时限、时效制度，对于切实保障行政相对人的合法权益，促进行政效率的提高，及早稳定社会关系，具有重要作用。

不同的法律部门在时效的种类上存在差异。例如，民法上的时效，分为取得时效和消灭时效；刑法上的时效，分为追诉时效和行刑时效。行政法上的时效，可以分为追究时效和执行时效。所谓行政法上的追究时效，是指行政主体对违法行为人依法追究法律责任应当遵循一定的期限，如果超出这一期限，则不能再行追究。如《行政处罚法》第36条规定："违法行为在二年内未被发现的，不再给予行政处罚；涉及公民生命健康安全、金融安全且有危害后果的，上述期限延长至五年。法律另有规定的除外。"《治安管理处罚法》第22条规定："违反治安管理行为在六个月内没有被公安机关发现的，不再处罚。"所谓行政法上的执行时效，是指行政处理决定作出后，如经过一定期间仍未执行，则可免予执行。如《行政强制法》第39条规定第2款："中止执行的情形消失后，行政机关应当恢复执行。对没有明显社会危害，当事人确无能力履行，中止执行满三年未恢复执行的，行政机关不再执行。"行政主体在实施行政行为，特别是直接涉及相对人合法权益的行为时，应遵循法定的时限，如行政许可的审查期限、决定期限、送达时限、作出处罚决定的时限、执行的时限等，不得因自己的推诿塞责或过分迟延而造成相对人在时间、财产及预期利益上的损失。

八、回避制度

回避是指与行政行为有利害关系的行政人员必须避免参与有关行政行为，以确保行政行为形式公正性的制度。回避制度是程序法上公平正义原则的必然要求。公平正义原则来源于英国普通法上的自然公正原理，这一原理要求"任何人都不得在与自己有关的案件中担任法官"。当程序活动的主持者和裁判者受到或看起来受到某种直接或间接利益的影响，或者对程序活动中的法律、事实和当事人存在偏见时，这样的裁判者对该具体程序活动来说就是不适当的，他们应当主动回避，当事人也有权提出要求他们回避的申请。

利害关系人必须回避，这已是各国普遍采用的一项法律原则。在行政程序中，同行政相对人或者行政事项有利害关系的公务员应当避免参与有关行政行为，以确保行政行为形式上的公正性。回避制度有助于消除人们对行政主体方面"官官相护"的顾虑，有助于消除对相关行政人员能否秉公执法的疑虑，改善行政主体和行政相对人的关系，有助于避免将不相关的因素带入行政决定之中，或者将重要的因素排除在行政决定之外，为行政主体公正、合理地作出行政决定提供制度保障。我国的《行政处罚法》《行政许可法》《公务员法》等多部法律法规中都规定有回避制度。

九、行政案卷制度

行政案卷制度是指行政行为的全过程应当有记录材料，行政决定只能以行政案卷体现的事实作为依据的行政程序制度。行政案卷是有关行政主体的行政行为所依据的事实和证据、调查或者听证记录、法律文书等案件材料的总和。行政案卷是行政行为作出过程和支持行政行为合法性的重要依据。正式的行政程序必须有案卷，这是依法行政原则的基本要求之一。案卷是整个行政行为过程的客观载体，行政决定只能以行政案卷体现的事实为根据，不得以行政案卷以外的、没有经过法定程序认定的事实为根据。行政案卷制度的意义在于，使行政决定建立在按照法定程序形成的客观事实之上，规范认定程序和认定结果的权威性，排除外界对行政决定的不当影响和干预，便于司法审查和法制监督。

"案卷"作为法律用语只出现于我国少数规范性文件中，多数文件中使用的是"笔录"一词。如我国《行政处罚法》第64条第8项规定："听证应当制作笔录。笔录应当交当事人或者其代理人核对无误后签字或者盖章。当事人或者其代理人拒绝签字或者盖章的，由听证主持人在笔录中注明。"第55条第2款规定："……询问或者检查应当制作笔录。"《行政许可法》第48条第2款规定："行政机关应当根据听证笔录，作出行政许可决定。"需要注意的是，笔录是案卷的重要组成部分，但案卷不限于笔录。

十、行政执法三项制度

行政执法三项制度是指行政执法公示制度、行政执法全过程记录制度、重大执法决定法制审核制度。2017年1月19日，国务院办公厅发布《关于印发推行行政执法公示制度执法全过程记录制度重大执法决定法制审核制度试点工作方案的通知》，确定在天津市、河北省、国土资源部以及呼和浩特市等32个地方和部门开展试点。2019年1月3日，国务院办公厅发布《关于全面推行行政执法公示制度执法全过程记录制度重大执法决定法制审核制度的指导意见》，要求各地区、各部门要于2019年3月底前制定本地区、本部门全面推行"三项制度"的实施方案，并报司法部备案。

（一）行政执法公示制度

行政执法公示是指通过一定载体和方式，将本地本部门的执法主体、人员、职责、权限、依据、程序、结果、监督方式、救济途径等行政执法信息，主动向社会公开，保障行政相对人和社会公众的知情权、参与权、救济权、监督权，自觉接受社会监督。行政执法公示应当坚持公平、公正、合法、及时、准确、便民的原则。行政执法公示公开包括事前公开、事中公开和事后公开。行政执法部门按照"谁执法、谁公开"的原则,以网络平台为主要载体,以政府文件、新闻媒体、办公场所等为补充,不断拓展公开渠道方式,全面、准确、及时公开有关行政执法信息。网络平台主要包括政府和部门门户网站、行政执法信息公示平台、信用信息系统、微信、短信、智能手机应用程序等现代化信息传播手段。政府文件主要包括政府公报、信息简报、法规文件汇编等。新闻媒体主要包括新闻发布会、听证会、座谈会、报刊、广播、电视等。办公场所主要包括办事大厅、服务窗口的电子显示屏、触摸屏、信息公开栏、公共查阅室、资料索取点、咨询台等。

(二)行政执法全过程记录制度

全过程记录是指行政执法机关及其执法人员通过文字、音像等记录方式,对执法程序启动、调查取证、审查决定、送达执行、归档管理等行政执法整个过程进行跟踪记录的活动。文字记录方式包括向当事人出具的行政执法文书、调查取证相关文书、鉴定意见、专家论证报告、听证报告、内部程序审批表、送达回证等书面记录。音像记录方式包括采用照相、录音、录像、视频监控等方式进行的记录。文字与音像记录方式可同时使用,也可分别使用。行政执法全过程记录应坚持合法、客观、公正的原则。行政执法机关及执法人员应根据行政执法行为的性质、种类、现场、阶段不同,采取合法、适当、有效的方式和手段对执法全过程实施记录。

(三)重大执法决定法制审核制度

重大行政执法决定法制审核是指行政机关、法律法规授权的组织在作出重大行政执法决定之前,由该行政执法机关负责法制工作的机构对其合法性、适当性进行审核的活动。重大执法决定一般包括:(1)可能造成重大社会影响或引发社会风险的;(2)直接关系行政相对人或他人重大权益的;(3)需经听证程序作出行政执法决定的;(4)案件情况疑难复杂,涉及多个法律关系的;(5)法律、法规、规章规定应当进行法制审核的。重大行政执法决定进行法制审核是作出决定前的必经程序,未经审核或者审核未通过的,行政执法机关不得作出。

第三节　政府信息公开制度

一、政府信息公开的含义

(一)政府信息

界定政府信息的含义,首先要明确政府的范围。从目前世界各国的立法情况看,对政府的理解有广义和狭义之分。广义的政府既包括行政机关，也包括立法机关、军事机关、司法机关等。为了扩大政府信息公开的实施机关的范围，欧美国家多采用广义政府概念。例如，美国《信息自由法》规定的信息公开机关为联邦行政机关、军事机关、还包括联邦政府法人、独立委员会等机关；瑞典的《出版自由法》规定的信息公开实施机关既包括国家行政机关，也包括国会、法院、地方公共团体等。狭义的政府仅指行政机关。我国政府信息公开立法采用的是狭义的政府概念，仅指行政机关。我国的《政府信息公开条例》第2条规定：本条例所称政府信息，是指行政机关在履行行政管理职能过程中制作或者获取的，以一定形式记录、保存的信息。具体来讲，政府信息是指政府机关在依法履行行政管理职责或者提供公共服务过程中制作或者获得的，以纸质、胶卷、磁带、磁盘以及其他电子存储材料等载体记录和保存的内容。

（二）政府信息公开

在我国，政府信息公开是指政府机关（含行政机关和法律、法规授权的具有管理公共事务职能的组织）将其在履行行政管理职能或者提供公共服务过程中制作或者获取的信息，通过法定形式和程序，主动向社会公众公开或依申请而向特定的个人、组织公开的法律制度。

二、国外的政府信息公开制度

政府信息公开制度最早在瑞典建立。瑞典是世界上第一个建立政府信息公开法律制度的国家。早在1766年它就制定了《出版自由法》，这是世界上最早的一部新闻出版自由法。其中规定，市民有接近公文文书的权利，以此作为防止公务员违反法律、滥用职权的手段。另外，瑞典的《宪法》是由《政府宪章》《王位继承法》《出版自由法》以及《表达自由法》四部宪法性文件构成，其中三个法律文件专门对言论自由和信息自由作出了规定。在公开程序上，《出版自由法》明确规定任何人经申请都有权免费查阅依法应当公开的官方文件，并且有关机关在审查、批准查阅官方文件的申请时不得对申请人的身份及动机进行调查，除非这种调查是必需的。在公开范围上，瑞典于1980年制定了《保密法》，该法具体列举了各种需要保密可以不向公众公开的政府文件的范围，并明确规定除此之外公众均有权要求查阅。

第二次世界大战之后，政府信息公开制度在西方各国开始普遍建立。当时的背景是，在经济危机和第二次世界大战的刺激下，西方各国政府规模不断扩大，全能型政府出现，行政权力极度膨胀，行政机关职权不断扩张，自由裁量权也随之扩大，人民对控制政府权力的呼声开始高涨。政府信息公开作为保障公民制约行政权力滥用的一项制度开始风靡全球。

美国是最早建立政府信息公开制度体系的国家，对世界上其他国家产生了深刻的影响，起到了一定的示范作用。美国最早关于信息公开的法律是1966年的《信息自由法》，其主要内容是规定民众在获得行政信息方面的权利和义务，在法定范围内，任何公民无论其目的如何，都享有获知政府信息的权利，行政机关拒绝提供文件必须说明理由，并负有举证责任。1974年的《隐私权法》是解决政府信息公开与保护私人秘密两种制度矛盾问题的法律。1976年制定的《阳光下的政府法》，规定政府会议向公众公开。上述三部法律共同成为政府信息公开的法律基础。另外，美国还分别于1972年制定了《联邦咨询委员会法》，1996年通过了《电子信息自由法》。

1992年的西班牙《行政程序法》，对该国信息自由制度作了非常明确的规定。1999年，日本国会审议通过了《信息公开法》，正式建立了政府信息公开制度。此外，奥地利、德国等国也先后通过了《行政程序法》《政府信息条例》。目前，西方发达国家的信息公开制度已经非常成熟和完善。

三、我国政府信息公开制度的建设

在我国，受传统意识的影响，在某些现行的法律法规中，特别是政府部门的工作实践中，更多强调的是政府信息的保密而非公开，行政活动缺乏透明度，政府信息公开制度极不完善，公民难以获得政府信息。随着改革开放和法治国家建设的推进，政府信息公开的立法从地方到中央开始逐步展开。

2003年，广州市政府正式施行了《广州市政府信息公开规定》，这是我国第一部由地方政府制定的规范政府信息公开的政府规章，被法学界称为国内首部"阳光政府"法案。2004年，上海市人民政府颁布实施了《上海市政府信息公开规定》。上海也因此成为中国第一个制定政府信息公开规章的省级政府。2004年3月，国务院制定了《全面推进依法行政实施纲要》，把科学民主决策、行政管理体制改革和信息的公开作为推进依法行政的重要内容。2005年1月，中共中央印发《建立健全教育、制度、监督并重的惩治和预防腐败体系实施纲要》，明确提出"健全政务公开、厂务公开、村务公开制度",将信息公开与反腐倡廉工作结合起来。2005年3月,中共中央办公厅、国务院办公厅制定了《关于进一步推行政务公开的意见》,明确阐述了推行政务公开的必要性,并对政务公开的指导思想、基本原则、工作目标、主要任务、重点内容和形式作了较为具体的界定和说明,同时对建立健全政务公开的工作作了要求和部署。

随着政务公开规定的不断增加,我国政府信息公开的法制化建设条件逐步成熟。2008年5月1日,国务院制定的《中华人民共和国政府信息公开条例》开始施行,这标志着我国政府信息公开制度走上了法制化的轨道。作为行政法规,《政府信息公开条例》在我国政府信息公开领域具有最高的法律位阶。该条例的出台标志着我国的政府迈向了"信息公开时代"。2019年4月,国务院对《政府信息公开条例》进行了修订,并且于2019年5月15日正式实施。本次条例修订主要包括三个方面内容:一是坚持公开为常态,不公开为例外,明确政府信息公开的范围,不断扩大主动公开的范围;二是完善依申请公开程序,切实保障申请人及相关各方的合法权益,同时对少数申请人不当行使申请权,影响政府信息公开工作正常开展的行为作出必要规范;三是强化便民服务要求,通过加强信息化手段的运用提高政府信息公开实效,切实发挥政府信息对人民群众生产、生活和经济社会活动的服务作用。

另外,众多的部门法也体现了政府信息公开方面的内容。例如,《行政处罚法》第5条第3款规定:"对违法行为给予行政处罚的规定必须公布;未经公布的,不得作为行政处罚的依据。"《立法法》规定了行政法规、部门规章、地方政府规章在签署公布后,应及时在相应级别的政府公报和相应区域范围内发行的报纸上刊登,否则不产生对外的法律效力。《中华人民共和国统计法》第26条规定,县级以上人民政府统计机构和有关部门统计调查取得的统计资料,除依法应当保密的外,应当及时公开,供社会公众查询。

四、政府信息公开制度的主要内容

(一)政府信息公开的原则

1. 公开为常态,不公开为例外的原则

这一原则要求除了下列三种情形外,政府信息必须公开:(1)依法确定为国家秘密的政府信息,法律、行政法规禁止公开的政府信息,以及公开后可能危及国家安全、公共安全、经济安全、社会稳定的政府信息，不予公开。（2）涉及商业秘密、个人隐私等公开会对第三方合法权益造成损害的政府信息，行政机关不得公开。但是，第三方同意公开或者行政机关认为不公开会对公共利益造成重大影响的，予以公开。（3）行政机关的内部事务信息，包括人事管理、后勤管理、内部工作流程等方面的信息，可以不予公开。行政机关在履行行政管理职能过程中形成的讨论记录、过程稿、磋商信函、请示报告等过程性信息以及行政执法案卷信息，可以不予公开。法律、法规、规章规定上述信息应当公开的，从其规定。

2. 公正、公平、合法、便民的原则

公正、公平原则要求行政机关对于所有公民、法人和其他组织在政府信息公开工作中要平等对待，不得歧视、不能偏私。合法原则要求行政机关要依法开展政府信息公开工作，既要依照《政府信息公开条例》的规定进行政府信息公开工作，也要依照其他法律、法规和规章的规定开展政府信息公开工作。便民原则就是在政府信息公开工作中，要求行政机关要采取便捷有效的措施，方便人民群众及时获取相关信息。

3. 准确及时原则

准确是指政府信息要正确、完整，不能是零散的、模糊的信息。及时主要是一个效率问题，要求政府信息的供给要符合法律、法规、规章规定的公开时效规定，要符合人们的合理预期。因为提供过时的信息没有任何意义。行政机关发现影响或者可能影响社会稳定、扰乱社会和经济管理秩序的虚假或者不完整信息的，应当发布准确的政府信息予以澄清。

（二）公开的主体和要求

（1）行政机关制作的政府信息，由制作该政府信息的行政机关负责公开。行政机关从公民、法人和其他组织获取的政府信息，由保存该政府信息的行政机关负责公开；行政机关获取的其他行政机关的政府信息，由制作或者最初获取该政府信息的行政机关负责公开。法律、法规对政府信息公开的权限另有规定的，从其规定。

行政机关设立的派出机构、内设机构依照法律、法规对外以自己名义履行行政管理职能的，可以由该派出机构、内设机构负责与所履行政管理职能有关的政府信息公开工作。两个以上行政机关共同制作的政府信息，由牵头制作的行政机关负责公开。

（2）行政机关应当建立健全政府信息公开协调机制。行政机关公开政府信息涉及其他机关的，应当与有关机关协商、确认，保证行政机关公开的政府信息准确一致。行政机关公开政府信息依照法律、行政法规和国家有关规定需要批准的，经批准予以公开。

（3）行政机关编制、公布的政府信息公开指南和政府信息公开目录应当及时更新。政府信息公开指南包括政府信息的分类、编排体系、获取方式和政府信息公开工作机构的名称、办公地址、办公时间、联系电话、传真号码、互联网联系方式等内容。政府信息公开目录包括政府信息的索引、名称、内容概述、生成日期等内容。

（4）行政机关应当建立健全政府信息公开审查机制，明确审查的程序和责任。行政机关应当依照《中华人民共和国保守国家秘密法》以及其他法律、法规和国家有关规定对拟公开的政府信息进行审查。行政机关不能确定政府信息是否可以公开的，应当依照法律、法规和国家有关规定报有关主管部门或者保密行政管理部门确定。

（三）公开的范围

1. 总体范围

对涉及公众利益调整、需要公众广泛知晓或者需要公众参与决策的政府信息，行政机关应当主动公开。

2. 具体范围

行政机关应当主动公开本行政机关的下列政府信息：（1）行政法规、规章和规范性文件；（2）机关职能、机构设置、办公地址、办公时间、联系方式、负责人姓名；（3）国民经济和社会发展规划、专项规划、区域规划及相关政策；（4）国民经济和社会发展统计信息；（5）办理行政许可和其他对外管理服务事项的依据、条件、程序以及办理结果；（6）实施行政处罚、行政强制的依据、条件、程序以及本行政机关认为具有一定社会影响的行政处罚决定；（7）财政预算、决算信息；（8）行政事业性收费项目及其依据、标准；（9）政府集中采购项目的目录、标准及实施情况；（10）重大建设项目的批准和实施情况；（11）扶贫、教育、医疗、社会保障、促进就业等方面的政策、措施及其实施情况；（12）突发公共事件的应急预案、预警信息及应对情况；（13）环境保护、公共卫生、安全生产、食品药品、产品质量的监督检查情况；（14）公务员招考的职位、名额、报考条件等事项以及录用结果；（15）法律、法规、规章和国家有关规定规定应当主动公开的其他政府信息。

设区的市级、县级人民政府及其部门还应当根据本地方的具体情况，主动公开涉及市政建设、公共服务、公益事业、土地征收、房屋征收、治安管理、社会救助等方面的政府信息；乡（镇）人民政府还应当根据本地方的具体情况，主动公开贯彻落实农业农村政策、农田水利工程建设运营、农村土地承包经营权流转、宅基地使用情况审核、土地征收、房屋征收、筹资筹劳、社会救助等方面的政府信息。

3. 特别要求

行政机关应当确定主动公开政府信息的具体内容，并按照上级行政机关的部署，不断增加主动公开的内容。除行政机关主动公开的政府信息外，公民、法人或者其他组织可以向地方各级人民政府、对外以自己名义履行行政管理职能的县级以上人民政府部门申请获取相关政府信息。

（四）公开的载体

（1）行政机关应当建立健全政府信息发布机制，将主动公开的政府信息通过政府公报、政府网站或者其他互联网政务媒体、新闻发布会以及报刊、广播、电视等途径予以公开。

（2）各级人民政府应当加强依托政府门户网站公开政府信息的工作，利用统一的政府信息公开平台集中发布主动公开的政府信息。政府信息公开平台应当具备信息检索、查阅、下载等功能。

（3）各级人民政府应当在国家档案馆、公共图书馆、政务服务场所设置政府信息查阅场所，并配备相应的设施、设备，为公民、法人和其他组织获取政府信息提供便利。行政机关可以根据需要设立公共查阅室、资料索取点、信息公告栏、电子信息屏等场所、设施，公开政府信息。行政机关应当及时向国家档案馆、公共图书馆提供主动公开的政府信息。

（五）公开的方式和要求

1. 主动公开

属于主动公开范围的政府信息，应当自该政府信息形成或者变更之日起20个工作日内及时公开。法律、法规对政府信息公开的期限另有规定的，从其规定。

2. 依申请公开

（1）公民、法人或者其他组织申请获取政府信息的，应当向行政机关的政府信息公开工作机构提出，并采用包括信件、数据电文在内的书面形式；采用书面形式确有困难的，申请人可以口头提出，由受理该申请的政府信息公开工作机构代为填写政府信息公开申请。政府信息公开申请内容不明确的，行政机关应当给予指导和释明，并自收到申请之日起7个工作日内一次性告知申请人作出补正，说明需要补正的事项和合理的补正期限。答复期限自行政机关收到补正的申请之日起计算。申请人无正当理由逾期不补正的，视为放弃申请，行政机关不再处理该政府信息公开申请。（2）依申请公开的政府信息公开会损害第三方合法权益的，行政机关应当书面征求第三方的意见。第三方应当自收到征求意见书之日起15个工作日内提出意见。第三方逾期未提出意见的，由行政机关依照本条例的规定决定是否公开。第三方不同意公开且有合理理由的，行政机关不予公开。行政机关认为不公开可能对公共利益造成重大影响的，可以决定予以公开，并将决定公开的政府信息内容和理由书面告知第三方。（3）行政机关收到政府信息公开申请，能够当场答复的，应当当场予以答复。行政机关不能当场答复的，应当自收到申请之日起20个工作日内予以答复；需要延长答复期限的，应当经政府信息公开工作机构负责人同意并告知申请人，延长的期限最长不得超过20个工作日。（4）对政府信息公开申请，行政机关根据下列情况分别作出答复：所申请公开信息已经主动公开的，告知申请人获取该政府信息的方式、途径；所申请公开信息可以公开的，向申请人提供该政府信息，或者告知申请人获取该政府信息的方式、途径和时间；行政机关依据本条例的规定决定不予公开的，告知申请人不予公开并说明理由；经检索没有所申请公开信息的，告知申请人该政府信息不存在；所申请公开信息不属于本行政机关负责公开的，告知申请人并说明理由；能够确定负责公开该政府信息的行政机关的，告知申请人该行政机关的名称、联系方式；行政机关已就申请人提出的政府信息公开申请作出答复、申请人重复申请公开相同政府信息的，告知申请人不予重复处理；所申请公开信息属于工商、不动产登记资料等信息，有关法律、行政法规对信息的获取有特别规定的，告知申请人依照有关法律、行政法规的规定办理。（5）申请人以政府信息公开申请的形式进行信访、投诉、举报等活动，行政机关应当告知申请人不作为政府信息公开申请处理并可以告知通过相应渠道提出。（6）行政机关依申请提供政府信息，不收取费用。但是，申请人申请公开政府信息的数量、频次明显超过合理范围的，行政机关可以收取信息处理费。

（六）监督和责任

（1）公民、法人或者其他组织认为行政机关未按照要求主动公开政府信息或者对政府信息公开申请不依法答复处理的，可以向政府信息公开工作主管部门提出。政府信息公开工作主管部门查证属实的，应当予以督促整改或者通报批评。

（2）公民、法人或者其他组织认为行政机关在政府信息公开工作中侵犯其合法权益的，可以向上一级行政机关或者政府信息公开工作主管部门投诉、举报，也可以依法申请行政复议或者提起行政诉讼。

（3）行政机关未建立健全政府信息公开有关制度、机制的，由上一级行政机关责令改正；情节严重的，对负有责任的领导人员和直接责任人员依法给予处分。

（4）行政机关违反《政府信息公开条例》的规定，有下列情形之一的，由上一级行政机关责令改正；情节严重的，对负有责任的领导人员和直接责任人员依法给予处分；构成犯罪的，依法追究刑事责任。①不依法履行政府信息公开职能；②不及时更新公开的政府信息内容、政府信息公开指南和政府信息公开目录；③违反本条例规定的其他情形。

五、政府信息公开的现实意义

（一）有利于建设服务型政府

政府信息公开是构建服务型政府的一个关键环节。一般地讲，民主政治环境中政府行为应当是公开透明的，政府公开一切可以公开的信息是一种政治和法律义务。政府体制改革要求保障公民的知情权，要求政府信息公开，要求构建公开透明服务型政府。政府信息公开是建设服务型政府的基础，它能有效地保障公民的知情权，拉近政府与公众之间的距离，让公众及时地了解政府，理解行政行为的合法性和合理性，进而支持政府的工作。总之，政府信息公开制度的建立是构建公开、透明、服务型政府的有效途径之一。

（二）有利于提高行政效率

行政效率通常是指行政主体在实施行政行为时，以较小的行政资源投入来实现最佳的行政工作目标，达到资源配置的最优状态。"民可使由之，不可使知之"的传统观念之所以排斥政府信息公开，主要是考虑政府决策过程的便利。通常认为，信息公开会增加行政负担，同时增加影响决策的因素。但是，信息的封闭也许会使决策的效率提高，但它会使执行的效率大大降低。因为，一方面，秘密决策会导致决策不科学、不合理，这种决策往往会成为社会的负担；另一方面，会导致公民对政府的决定产生抵触情绪，消极履行义务，带来行政复议或行政诉讼。这两种情况都会最终降低了行政效率。反之，公民享有了知情权，事先对政府信息有充分的了解，就会理解和支持政府的决定，从而提高了行政效率。

（三）有利于充分利用社会资源

政府是最大的信息拥有者和传播者，政府信息公开有利于政府信息资源的充分开发和利用。基于纳税人的税收形成的政府信息任由行政机关封存、废弃或者随意处置是社会资源的巨大浪费，同时，还会影响经济的发展和社会的进步。因为公民知晓政府信息后才能更好地安排工作和生活，只有充分发挥政府信息对人民群众生产、生活和经济社会活动的服务作用，才能使大量行政管理信息、市场信息、服务信息等资讯得到最大限度的开发应用，实现行政服务于公共利益的宗旨。比如，明白国家的经济政策，公民和企业才能选择正确的投资方向；知道城市的规划方案，才能对自己的生活做出更好的安排，等等。

（四）有利于建设廉洁政府

在一定意义上讲，政府是最大的信息制造者和管理者，这使掌握信息的行政人员利用信息进行"权力寻租"成为可能。路灯是最好的警察，公开是最好的"防腐剂"。腐败的最大的特点在于其行为的秘密性，要使腐败能到有效遏制，就必须加大政府信息公开的程度，使权力运行在阳光之下，让信息公开成为政府权力的铁笼子和紧箍咒，让监督变得更加有效和及时。信息公开制度使行政机关公开信息成为一种义务，公众就可以及时了解行政机关的活动情况，对其工作人员行使职权的行为进行监督，及时发现行政机关存在的问题，这有助于建设廉洁政府。同时，推行政府信息公开也会强化政府机关工作人员依法行政的意识，督促他们严格依法办事，自觉做到廉洁从政。

第二编

行政行为

本编是本书的重点部分,共计七章内容。首先分析了行政行为的基本理论,其次介绍我国行政强制、行政处罚、行政许可、行政征收等十余种较为典型的行政行为。

第七章 行政行为概论

本章导读： 本章理论性较强。第一节重点对行政行为的内涵进行了重新界定，认为行政行为是指行政主体行使行政职权、履行行政职责并对相对人或者社会产生影响的公务行为。由于具体行政行为和抽象行政行为是我国行政行为接受司法审查和行政复议的重要分野，因此本章第二节、第三节对于具体行政行为和抽象行政行为进行了分析和研究。

第一节 基本概念分析

一、行政行为的内涵

（一）理论的纷争

理论来源于实践，而又高于实践，最终服务于实践。行政行为是行政法中的核心概念，无论是行政司法领域，还是行政执法领域，其论争都围绕着行政行为这一概念展开，因此理论上必须厘清行政行为的内涵。

作为法学概念，行政行为最早产生于法国，在德国经过法学家奥托·迈耶提炼成为一个重要的行政法学概念。行政行为既是一个法学概念，也是一个法律概念。作为学理概念，行政行为在我国学术界可谓见仁见智。通过梳理，大致有以下几种流派：（1）主体说。行政行为是指行政机关的一切行为，包括行政机关运用行政权所作的事实行为和非运用行政权所作的私法行为。（2）合法行为说。行政行为在本质上应是行政主体所作的合法行为。只有合法的行为才能发生预期的行政法效果。（3）行政权说。行政行为是指行使行政权的行为，其实也即行政机关进行行政管理活动的总称。（4）公法行为说。行政行为是指行政机关在行政管理活动中所为的一切具有公法意义的行为，既包括抽象行政行为，也包括具体行政行为。（5）行政立法行为除外说。行政行为包括除行政立法行为以外的全部有行政法意义的行为，即包括具体行政行为和除行政立法行为外的抽象行政行为。

（6）具体行为说。行政行为是指行政主体依法行使国家行政权，针对具体事项或事实，对外部采取的能产生直接法律效果的行为。（7）通说，也就是多数学者和著作、教材中认可和采纳的学说。认为行政行为是行政主体实施行政管理活动、行使行政职权过程中作出的具有法律意义的行为。此外，还有行政服务说、外部行为说等。

（二）各种学说的评析

第一种学说，把行政机关的私法行为作为行政行为显然不当，因为私法行为属于民法调整范畴。第二种学说，把行政机关的违法行为排除在外，实际上借鉴了民法中的民事法律行为概念，这一说法也不准确。行政机关的行为不可能全部是合法的，否则就没有行政复议、行政诉讼和行政赔偿存在的必要。第三种说法是王珉灿主编的《行政法概要》提出的，应松年教授也持同样观点。这一学说强调管理，不符合现代服务行政的理念。第四种学说把事实行为排除在外，显然与行政诉讼实践不吻合。姜明安教授曾持第五种学说，认为行政立法行为不属于行政行为。行政立法与行政机关制定其他规范性文件的行为是有区别的，一是制定主体不尽相同，行政立法的制定主体是级别比较高的行政机关，法律、法规授权的组织无此项职权；二是法律效力不同，行政法规和规章效力高于行政规范性文件；三是制定程序不同，行政立法的程序更为严格。然而，行政立法与行政规范性文件没有本质区别，二者都具有法的一般特征，即规范性、普适性、强制性等。因而把制定行政规范性文件作为行政行为，而把行政立法排除在外显然不妥。第六种学说把内部行为、行政合同行为、抽象行政行为排除在外，这一学说与行政执法与行政司法实践存在较大差异，不敢苟同。

至于通说，强调了行政行为的三个要素：（1）主体要素。行政行为是行政主体所实施的行为。（2）权力要素。行政行为必须是行使行政权力所作的行为。（3）法律要素。行政行为必须是产生法律效果的行为，即能形成行政法上的权利义务关系。这一学说最大的缺陷是把行政事实行为、行政指导行为排除在行政行为的范畴之外。因为这两类行为属于与行使行政权有关的行为，而不必然产生行政法上的法律效果。

（三）概念界定

准确界定法律概念，其功能主要有两个：一是构建完善的法学理论体系；二是为立法、执法和司法工作提供理论支持，也就是为法律实践服务。基于这两项功能，可以把行政行为定义为，行政行为是指行政主体行使行政职权、履行行政职责并对相对人或者社会产生影响的公务行为。

这一概念强调了两个因素，即主体因素和权力因素。某一行为之所以成为行政行为，必须是行政主体的行为，即行政机关和法律、法规授权组织的行为。这一行为是行使行政权的公务行为，行政主体的私法行为不属于行政行为。至于法律效果，则不是行政行为的构成要素，因为很多行政行为不一定具有法律效果。如行政立法行为如果没有直接作用于行政相对人，对于行政相对人而言根本就没有效果，只能说是有潜在的作用力。再如行政指导行为，如果行政相对人没有接受指导，那么对于行政相对人也没有法律效果，只能产生间接的影响。

这一概念，首先为行政行为的理论构筑了坚实基础。第一，在此概念下，行政行为的效力、分类不会再出现自相矛盾的问题。比如在通说概念下，很多著作对行政行为的分类与概念不相吻合。如将行政行为分为单方行政行为和双方行政行为，在原有行政行为的外延基础之上追加了双方行政行为。双方行政行为的代表是行政合同（协议）行为，强调行政主体和行政相对人的双方合意，这与行政行为的单方意志属性相互冲突。第二，将行政行为分为行政法律行为和行政事实行为，在原有行政行为的外延之上追加了行政事实行为。而行政事实行为是行政主体实施的具有行政职权因素的对外旨在产生事实上的结果，不发生法律效果的行为。因而行政行为的新界定，具有包容性，只要是行政主体作出的与行政权力行使相关的行为都属于行政行为。它既包括单方行为，也包括双方行为；既包括外部行为，也包括内部行为；既包括行政法律行为，也包括行政事实行为。

其次，本概念与法治实践相吻合。随着我国政治体制、经济体制改革的不断深化，新的行政管理手段不断涌现，如服务行政、行政合同、行政指导、给付行政等，原行政行为理论不能解决新问题、新矛盾。本概念包容上述新型行政管理手段，而且为将来可能出现的行政行为打开了一道缺口。另外，司法实践中，最高人民法院在已经废止的《最高人民法院关于贯彻执行中华人民共和国行政诉讼法若干问题的意见（试行）》（以下称《意见》）中曾把具体行政行为界定为："是指国家行政机关和行政机关工作人员、法律法规授权的组织、行政机关委托的组织或者个人在行政管理活动中行使行政职权，针对特定的公民、法人或者其他组织，就特定的具体事项，作出的有关该公民、法人或者其他组织权利义务的单方行为。"定义一出，即遭学界的强烈反对。有的学者甚至认为，这个定义不仅没有使行政诉讼受案范围更加明确，反而在很大程度上限制了行政诉讼的受案范围。由于《意见》对具体行政行为解释的诸多缺陷和行政实践中不断丰富的具体行政行为类型，作为一种司法回应，最高人民法院在 2000 年 3 月 8 日发布的《关于执行中华人民共和国行政诉讼法若干问题的解释》（以下称《解释》）中又对此重新作出了全面的解释。《解释》第 1 条放弃了界定具体行政行为概念的努力，而是笼统地使用"行政行为"的概念，其意图显然是在于扩大其内涵，进而拓展行政诉讼的受案范围以满足司法实践的需要。最高人民法院的司法解释虽然没有对行政行为的具体内涵给出结论，但是依据江必新先生的理解，该解释中的行政行为指"具有国家行政职权的机关、组织及其工作人员，与行使国家职权有关的，对公民、法人或者其他组织的权益产生实际影响的行为以及相应的不作为"。可见，本概念呼应了司法实践中不断扩大受案范围的要求，适应社会经济发展的需求。

二、行政行为的分类

（一）抽象行政行为和具体行政行为

依据行政行为实施的对方是否具有特定性，可以将行政行为分为抽象行政行为和具体行政行为。

抽象行政行为是指行政主体制定和发布普遍性行为规范的行政行为。抽象行政行为具有下列特征：（1）对象的不特定性。抽象行政行为以抽象的、非特定的人或事为行为对象，即它针对的是一类人或事，而非特定的人或事。（2）效力的普遍性和持续性。抽象行政行为对调整范围内的人或事具有普遍、持久、反复适用的法律效力。

具体行政行为是指行政主体针对特定的行政管理对象实施的行政行为。具体行政行为具有如下特征：（1）对象的特定性。具体行政行为以特定的人、特定事项为对象，即它针对的是具体的人、确定的人（一人或者多人）、具体的、确定的事（一事或多事）。（2）时间效力的已然性。具体行政行为不具有向后的效力，它针对行为时的人或事有效，对以后将要发生的同类行为或事态没有拘束力。（3）法律效果的直接性。具体行政行为往往直接产生有关权利义务的法律效果。抽象行政行为和具体行政行为的分类是行政法学上对行政行为的一种基本分类，也是我国行政复议法、行政诉讼法采用的作为确定行政诉讼受案范围的标准。

（二）行政立法行为、行政执法行为和行政司法行为

依据实施行政行为时所形成的法律关系的不同，行政行为可以分为行政立法

行为、行政执法行为和行政司法行为三类。

行政立法行为是指国家行政机关依照法定的权限和程序，制定规范性文件的活动。行政立法行为所形成的法律关系是以行政机关为一方，以不特定的行政相对人为另一方的普遍性的法律关系。其内容主要包括对行政法律规范的制定、修改和废除。

行政执法行为是指国家行政机关或法律法规授权的组织执行或适用法律、法规和规章，使法律、法规和规章得以实现的活动。它所形成的法律关系以行政主体为一方，以特定行政相对人为另一方。行政执法行为的内容涉及行政法律规范的执行和行政措施的运用。就数量和发生频度来讲，行政执法行为是行政行为的主要构成部分。

行政司法行为是指行政裁决等以行政机关作为第三方来裁决行政争议的活动。行政司法中的法律关系是三方法律关系，以行政机关为一方，以发生纠纷的双方当事人各为一方。

（三）内部行政行为和外部行政行为

依据行政行为的效力范围不同，行政行为可以分为内部行政行为和外部行政行为。

内部行政行为是行政主体基于行政隶属关系对隶属于自身的组织、人员和财物的各种管理行为。例如，上级公务员对下级公务员发布的命令、指示；上级行政机关对下级行政机关申请报告的审批；行政机关对公务员的奖惩、任免、提升等人事决定。

外部行政行为亦称公共行政行为，它是行政主体基于行政管辖关系对社会行政事务的一种法律管理。内部行为体现了国家的自我组织、管理，外部行政行为体现了国家对社会的公共管理。从形式上讲，内部行政行为发生在行政主体之间、行政主体与公务员之间，外部行政行为发生在行政主体与外部的行政相对人之间。辨别一个行为是内部行政行为还是外部行政行为，除了上述形式要件外，还要分析其实质内容。例如，公安机关对内部工作人员的奖惩、岗位调整是内部行政行为，但其对内部工作人员违法行为而实施的治安处罚就属于外部行政行为。

综观世界各国，内部行政行为原则上不受司法审查，发生违法或不当等问题，主要依赖行政系统内部渠道进行救济。我国《行政复议法》和《行政诉讼法》均明确规定行政相对人不服从内部行政行为不能提起行政复议和行政诉讼。

（四）依职权行政行为和依申请行政行为

以是否可以由行政主体主动实施为标准，行政行为可分为依职权行政行为和依申请行政行为。

依职权行政行为是指行政主体依据自己的职权而无须行政相对人的申请就能主动实施的行政行为，大量的行政行为属于此类，如行政立法、行政征收、行政处罚、行政指导等。依申请行政行为，是指行政主体只有在行政相对人提出申请后才能实施而不能主动实施的行政行为。如行政复议以外部行政相对人申请为前提，行政给付以当事人申请为前提，商标注册、专利许可等均属此类。

行政行为的这一分类，有利于分析行政行为的实施条件。依职权行政行为不需要相对人的申请这一条件就能实施；依申请的行政行为只有具备相对人的申请才能启动，行政主体在未经申请的情况下不能主动为之。

（五）要式行政行为和不要式行政行为

依据行政行为是否必须具备法定形式为标准，行政行为可分为要式行政行为和不要式行政行为。

要式行政行为是指行政主体的意思表示必须具备法定形式才产生法律效果的行为。这里所说的法定形式是指法律、法规和规章明确的书面文字和特定意义的形式等方式。例如，《治安管理处罚法》中规定了实施治安行政处罚这种具体行政行为的方式。法定形式有利于准确地载明行政主体的意思表示，体现公共行政管理的严肃性、权威性，分清责任，促进依法行政。不要式行政行为是指行政法规范没有规定必须具备一定形式就能生效的行政行为。例如，口头（含电话）、书面（含电报）、姿势、形态等方式，只要能够表示行为意思的方式皆可。不要式行政行为在交通管理、铁路管理、航船管理、民航等行政管理方面以及紧急、危机情况下经常采用，但不得采取违法形式。不要式行政行为对于提高工作效率有重要意义。不要式行政行为，由行政主体依自身职权自主决定行为方式。

行政行为的这一分类，有利于促使行政主体严格依法行政，并保证行政行为的责任明确。公共行政中行政行为以要式为原则，不要式为例外。

（六）授益行政行为和不利行政行为

依据行政相对人的权益受行政行为影响的状况，可以将行政行为划分为授益行政行为与不利行政行为。

授益行政行为，又称有利行政行为，是指行政主体为行政相对人设定权益或免除义务的行政行为，如行政许可、行政奖励、行政给付等。不利行政行为，又称负担行政行为，是指行政主体为行政相对人设定义务或剥夺、限制其权益的行政行为，如行政处罚、行政征收、行政强制等。需要强调的是，实践总是比理论更丰富和复杂。当一个行政行为既设定了行政相对人的权利又设定了义务时，该行政行为既是授益行政行为又是不利行政行为；当一个行政行为有两个或两个以上行政相对人时（如行政确认），对一个（或一部分）行政相对人构成授益行政行为，对另一个（或另一部分）行政相对人则构成不利行政行为。

区分授益行政行为和不利行政行为，有利于分析行政行为的内容，有利于确定对行政行为变更、撤销权的限制和信赖保护原则的适用，如衡量哪些行政行为的作出需要有直接的法律依据、哪些行政行为在超越权限时依然有效而非绝对无效。有的国家行政法规定，行政主体作出授益性行政行为无须有直接的法律依据，而作出不利行政行为时则需要有明确、直接的法律依据；授益行政行为超越权限时依然有效，而不利行政行为超越权限时则当然无效。

（七）羁束行政行为与裁量行政行为

依据法律是否允许行政主体结合自己的主观判断在法定范围内作出相应行政行为为标准，可以将行政行为分为羁束行政行为和裁量行政行为。

羁束行政行为是指法律对行为条件有明确而具体的规定，行政主体只能依照法律的明确规定实施的行政行为。这种行为的特点在于行政主体对行政法规范的适用没有或少有自主选择的权力，行政主体无法掺杂主观意志，没有自由裁量余地。裁量行政行为，也称为自由裁量行政行为，是指法律对行为条件没有明确的规定，而只是规定了实施该行为的原则、目的、幅度、精神等，行政主体依据这些原则、目的、幅度、精神等自由裁量而实施的行政行为。裁量行政行为的存在源于法律自身的局限性，即立法者明白不可能预知所有的情形，不可能对所有的行为都作出明确、详细的规定，故有时只能规定一定的行为原则、目的、幅度和精神等，或规定一定行为的裁量幅度，从而"授权"行政主体在行为方式、范围、种类、幅度等方面的自主选择权。例如，行政处罚中赋予执法机关一定的自由裁量权，其目的是行政处罚轻重程度应当根据违法行为的事实、背景、情节、性质、社会危害性大小等予以合理判断，以确保过罚相当。

需要注意的是，上述分类是以行政行为受法律的拘束程度而言的，行政主体对事实的认定不可以自由选择。无论羁束行政行为还是裁量行政行为，行政主体均需全面调查取证然后依法做出适当的行为。

羁束行政行为与裁量行政行为的分类，对分析和评价行政行为的合法性和公正性具有一定的意义。自由裁量权不是任意裁量权，自由裁量权的行使应符合法律授予该权力的目的。行政机关在执法中对事实既要定量分析，也要定性分析，既要合法行政，也要合理行政。在法律适用上，羁束行政行为一般只存在合法性问题，要么合法要么违法，不发生适当与否的问题，而裁量行政行为不仅存在合法性问题，而且存在公正性、合理性问题。从法律救济上说，羁束行政行为接受行政复议审查和司法审查，其范围基本上不受限制，而自由裁量行政行为则相反，受较大的限制。裁量行政行为对行政主体及执法人员的业务素质、执法水平要求较高。由于行政机关自由裁量权易于引发在执法过程中随意性较大，出现公正性、合理性问题，甚至导致"权力寻租"腐败现象等弊端。近年来，许多地方将自由裁量权按一定的标准进行"量化""细化"，以求减少行政执法的随意性，增强公正性。

（八）强制行政行为与非强制行政行为

依据行政行为是否带有命令性与强制性为标准，行政行为可分为强制行政行为和非强制行政行为。

强制行政行为是行政机关通过实施惩罚或惩罚的威胁形成一定的强制态势和氛围，使行政相对人基于这种外在强制力量的压迫按照行政主体的意志和指令行事。强制行政行为，如行政处罚、行政征收、行政强制执行等，往往具有直接的强制力，行政相对人没有自主选择的自由，只能被动地服从，否则就会受到不利后果的影响或被处罚。行政主体与行政相对人在强制行政行为中的关系是命令与服从、强制与被强制的关系。非强制行政行为中行政相对方享有基于自身利益判断而作出是否服从的选择自由。区别于强制行政行为，非强制行政行为具有非强制性，亦不产生直接的法律效力，如行政指导、行政合同、行政奖励等行为。非强制行政行为的实现主要是以相对方心理与意识的认同为前提，通过利益诱导、道理说服以及依靠政府的威信赢得服从。在此类行政行为中，行政相对人不服从，行政主体亦不能因此给予行政处罚或其他形式的制裁。

非强制行政行为有利于政府改变传统行政中"国家至上""权力本位""权威主义"意识，有利于政府转变职能，改进行为方式，有利于构建廉洁、高效、服务型政府，有利于市场经济的发展和公民社会的建设。

（九）其他分类

1. 行政法律行为和行政事实行为

在行政法学领域对行政行为还存在一种分类方法，即以是否具有法律效果为标准，行政行为可以分为行政法律行为和行政事实行为。

通说认为，行政法律行为是指行政主体运用行政权设定、变更、消灭行政相对人行政法上权利、义务的行为，包括抽象行政行为、具体行政行为、双方行政行为。行政事实行为是指行政主体具有行政职权因素的对外旨在产生事实上的结果，不发生法律效果的行为。这种分类方法借鉴了国外行政法理论和民法理论。但是如何界定行政事实行为的内涵和外延，无论在理论上，还是在实践中都存在争议。

笔者认为，行政事实行为是指行政主体依职权而实施的不以设定、变更、消灭行政法律关系为目的，对行政相对人具有一定影响的行为。第一，行政事实行为也属于行政行为。原因在于行政事实行为是行政主体依职权作出的公务行为。第二，行政事实行为不以设定、变更、消灭行政法律关系为目的，也就是不给行政相对人设定新的行政法上的权利和义务。第三，行政事实行为可能对行政相对人产生一定影响，这种影响可能是有利的，也可能是不利的。第四，如果行政事实行为对行政相对人产生不利影响，应当有法律救济途径，如行政复议、行政诉讼和行政赔偿等。

2. 单方行政行为和双方行政行为

行政行为以单方意志还是双方意志为标准，分为单方行政行为和双方行政行为。单方行政行为是指行政主体单方运用行政权作出的行政行为，即仅依单方意志，不需要征得对方同意而为的行为，包括抽象行政行为、具体行政行为、行政事实行为。双方行政行为是指行政主体和行政相对人双方协商一致而达成的行政协议或行政合同。

第二节 具体行政行为

一、具体行政行为的特征

具体行政行为是指行政主体针对特定的行政管理对象实施的行政行为。具体行政行为最显著的特征是行为指向的对象是特定的，即针对具体的行政相对人和特定事项。具体行政行为模式多样化，包括行政处罚、行政强制、行政许可、行政确认、行政给付、行政征收等。其基本特征是从属法律性、强制性、服务性、非营利性等。

(一)从属法律性

与立法行为相比,具体行政行为的显著特点是它的从属法律性。

任何具体行政行为均需有法律依据,没有法律的明确规定或授权,行政主体不得做出任何具体行政行为。行政主体的职权由法律、法规明确规定或授权,行政主体不得自设职权,不得超越职权,也不可滥用职权。这一点与对公民的要求是不同的,公民只要不做法律禁止的事情即为合法,即"法不禁止即自由"。行政机关的任务,就是主动、持续地执行法律规范,调整各种社会关系,实现立法意图或法律规范的目的。我国《宪法》第85、105条明文规定,我国国家行政机关是国家权力机关的"执行机关",即执行权力机关所制定的法律、法规和决议,因此,国家行政机关有时被称为执法机关。具体行政行为作为一种执法行为必须受法律的约束,并且应当在全过程中全面地接受法律的监督和制约,而不能凌驾于法律之上。如果行政主体实施的具体行政行为违法,行政主体就必须承担相应的法律责任,从而实现行政法治。我国《宪法》充分体现了这一现代行政法理念,规定行政权来源于《宪法》和法律,行政机关的执法行为必须服从《宪法》和法律,受《宪法》和法律的监督和约束。

(二)强制性

具体行政行为以国家强制力为保障,带有强制性。具体行政行为是行政主体代表国家,以国家名义执行、贯彻法律的行为,以国家强制力作为实现的保障。根据行政管理规律,行政主体行使职权、履行行政职责,必须享有相应的管理权力和管理手段。行政权的行使具有不可抗拒的法律效力,行政相对人必须服从,不能否认或抵制,即使认为行政主体行为违法,也只能在事后通过申诉或起诉等方式进行救济。行政主体行使行政权的过程中如遇到障碍,可以直接运用行政强制手段来保障具体行政行为的实现。当然,强制性也有例外,如行政奖励、行政给付这些授益性行政行为就不具有强制性。因此强制性是原则,非强制性是例外。

(三)服务性

行政机关不仅是管理者,还是公共利益的服务机关,是公众的服务者。我国《宪法》中明文规定了行政机关的服务性。《宪法》第27条第2款规定:"一切国家机关和国家工作人员必须依靠人民的支持,经常保持同人民的密切联系,倾听人民的意见和建议，接受人民的监督，努力为人民服务。"第 22 条规定："国家发展为人民服务、为社会主义服务的文学艺术事业、新闻广播电视事业、出版发行事业、图书博物馆文化和其他文化事业，开展群众性的文化活动。"类似的实体法规范还很多。这些规定总的精神就是"人民委托行政机关管理国家行政事务，目的就是要行政机关为自己服务"，而不是为了发号施令。当代社会，随着服务型政府、服务性行政的出现，人民群众对政府服务的要求更为迫切，具体行政行为的服务性更为凸显。同时，具体行政行为的服务性也和执政党全心全意为人民服务的宗旨相一致。

（四）非营利性

民事法律关系主体之间的平等关系决定了民事法律行为以等价交易、有偿服务为原则。具体行政行为尽管具有服务性，却是一种通过实施法律来实现的公共服务，不同于私人服务，它是无偿的，具有非营利性。这是因为行政法上行政主体的职权职责具有统一性，行政主体的职责是一种必须履行的职责或义务，其职责的履行是无偿的，不能以等价、有偿为原则。行政主体实施法律，所需的经费只能由国家财政负担。行政主体对良好社会秩序的提供，对社会成员从事相应职业的许可，对普通教育和环境等公共设施的营建和维护等，都是给公众提供的普遍服务，公民大众接受行政主体的服务不需要支付对价。

具体行政行为的无偿性是有例外的。行政主体为特定社会成员提供的特殊服务就是一种例外情形。例如，行政主体对矿产资源的分配，对污染物排放的许可，对娱乐性公共设施的提供，对高等教育的服务等情况，服务对象往往只是个别或部分社会成员。这部分行政相对人分享了比其他行政相对人更多的公共利益，就应当是有偿的。总之，具体行政行为以无偿为原则，有偿为例外。

二、具体行政行为的内容

具体行政行为的内容，是指某个具体行政行为对行政相对人的权利、义务等产生的具体影响。归纳起来，主要有以下几个方面：

（一）赋予权益或剥夺权益

赋予权益是指赋予行政相对人法律上的权能、权利或利益。所谓权能，是指从事某种活动或行为的资格，如赋予律师资格使其获得执业的资格、颁发营业执照使其获得经营的资格等。所谓权利，是指行政相对人以相对自由的作为或不作为的方式实施某种行为，或要求他人不为某种行为以获得某种利益。如获得行政机关颁发的驾驶执照后，驾照持有人便获得了按规定驾车的自由，其他任何人非经法律规定不得干预等。所谓利益，是指基于某种权利所得到的好处或便利，如依法领取社会保障金、获得行政奖励等。

剥夺权益是指剥夺行政相对人已有的法律上的权能、权利或利益，如吊销营业执照、收回律师资格、收回社会保障金等。剥夺权益一般是以行政相对人有违法行为为前提，是对违法行为的制裁。

（二）科以义务或免除义务

科以义务是指行政主体使行政相对人承担某种作为或不作为义务，如税务机关的征税行为使行政相对人承担纳税义务，城市规划部门要求行政相对人停止违章建筑的施工并拆除违章建筑的决定使行政相对人承担停止施工和拆除违章建筑的义务。

免除义务是指行政主体免除行政相对人原有的义务，如税务机关免除行政相对人的纳税义务。

（三）确定法律事实与法律地位

确定法律事实是指行政主体依法确认对某个法律关系有重大影响的事实是否存在，如交通事故或医疗事故的鉴定意见就属于对交通事故或医疗事故的事实予以确认，确认结果将会对法律责任的分担起重要作用。

确认法律地位是指行政主体依法对某个法律关系中的当事人的权利义务是否存在以及存在的范围加以确认，如房屋管理部门对房屋产权的确认、土地管理部门对土地所有权或使用权的确认等。

一般来说，确认法律事实是确认法律地位的基础，确认了法律事实的性质，才能明确当事人双方的权利和义务。

三、具体行政行为的效力内容

具体行政行为的效力即具体行政行为所发生的法律效果，是指建立与行政主体预期一致的行政法律关系，表现为一种特定的法律约束力和强制力，达到了行政权行使的目标。我国学界通说认为，具体行政行为具有公定力、确定力、拘束力、执行力四项内容。

（一）公定力

一般认为，公定力是指具体行政行为一经作出，不论其是否合法或者适当，即被推定为合法有效，并要求所有国家机关、社会组织和个人予以尊重的一种法律效力。公定力是法的安定性原则[①]的要求。公定力存在的目的是为了通过稳定具体行政行为引起的法律关系，从而实现法律秩序的稳定，因此具体行政行为必须具有公定力，否则法秩序的稳定将无法实现。所以，按照法安性原则说，具体行政行为一经作出即应被推定有效。

公定力理论要表达的理念是，具体行政行为作出后即推定有效，在未经有权机关依法撤销以前，人们均应遵守该行为。这说明公定力是一种经推定或假定的法律效力，正如刑法上的无罪推定一样。

公定力作为一种对世的法律效力，它并不仅针对具体行政行为双方当事人而言。即使具体行政行为存在瑕疵、存在争议，也不能否定其公定力的存在。公定力本身并不能保证具体行政行为的真正合法有效，相反却要求受拘束的对象承担三项基本义务。第一，针对行政相对人而言的先行服从义务，这意味着相对人在对具体行政行为提出异议寻求救济前，只能对其表示认同与服从，否则行政机关可以采取法律强制措施使相对方履行义务。第二，针对行政主体自身而言，作出具体行政行为的行政主体不得随意撤销、撤回或者变更该具体行政行为。第三，当行政主体依法作出具体行政行为时，要求其他国家机关及公民表示尊重，这主要是从国家机关之间权力配置的角度考虑。

在行政法上，为了稳定行政法律关系从而实现行政目标，社会应对行政主体能够发挥的作用给予充分的信任，并对其地位予以尊重，因此推定具体行政行为作出时即符合有效要件。但是公定力所蕴含的有效性推定仅停留在形式层面，并未涉及具体行政行为的实质内容的判断。至于其最终能否取得实质效力，还应当充分考虑其他要件。

以上就是公定力的基本理论。但是本书对公定力有质疑。具体包括：（1）对于无效具体行政行为，即"重大且明显的"违法的具体行政行为人们还要尊重它吗？这样的具体行政行为还具有公定力吗？（2）什么是"一经作出"，是指具体行政

[①] 法的安定性是指法的安全与稳定，即法律内容和法律秩序的稳定以及行为与法律后果结合的确定性。行政法领域法的安定性原则指向的目标是行政法律秩序的稳定。

行为的成立还是生效？（3）如果具体行政行为没有向社会公布或者送达到行政相对人，怎么能产生公定力？

这里，对以上三点疑问逐一分析。首先，对于重大且明显违法的具体行政行为是无效具体行政行为，这一点学理上无争议，而且在我国《行政诉讼法》上已经确认。[①] 同时，无效具体行政行为应当是当然无效、绝对无效、自始至终无效。因此无效具体行政行为不具有公定力，人们不必尊重其效力，行政相对人可以拒绝执行。

对于第二点和第三点疑问，实质上是涉及到一个问题，即具体行政行为的成立与生效问题（关于这一问题，下文中将会详细论述）。我国立法中没有关于此问题的的明确规定，理论界对此问题也存在争议，很多专著和教材中对此问题往往作模糊处理，或者把具体行政行为的成立与生效不予区分。实际上所谓具体行政行为"一经作出"应当理解为具体行政行为的成立。即具体行政行为已经成熟、完成，是一个成品，而不是处于阶段性的半成品。但是，具体行政行为成立不等于生效。我国行政法学理论中，具体行政行为有告知生效、附款生效、受领生效等论述，同时，我国《行政诉讼法》中也有"知道或者应当知道"[②] 等规定，可见具体行政行为的成立并不意味着生效。如果行政决定书没有向社会公示公开，其他单位或者公民怎么尊重其效力？如果行政决定书没有送达当事人（包括行政相对人和第三人），那么当事人又如何尊重其效力？所以说，公定力学说存在问题。本书认为，具体行政行为如果成立后即时生效，那么它就存在公定力；如果具体行政行为成立后还没有立即生效，那么它的公定力是有限的，仅仅针对行政主体自身和知悉人（包括单位和个人）具有公定力，在这种情况下，公定力是有限的。

（二）确定力

确定力是指已经生效的具体行政行为对行政主体和行政相对人具有的不受任意改变的法律效力，即非经法定程序不得任意变更或撤销。具体行政行为是行政主体代表国家对行政相对人实施公务管理而作的设定、变更或消灭权利义务的一种执法行为。从某种意义上讲，具体行政行为也是一种承诺。行政主体有义务信

---

① 《行政诉讼法》第75条规定："行政行为有实施主体不具有行政主体资格或者没有依据等重大且明显违法情形，原告申请确认行政行为无效的，人民法院判决确认无效。"

② 《行政诉讼法》第46条规定："公民、法人或者其他组织直接向人民法院提起诉讼的，应当自知道或者应当知道作出行政行为之日起六个月内提出。法律另有规定的除外。"

守并兑现自己的承诺，否则就是损害了行政相对人对这种承诺的信任，而且损害国家公务管理活动的威信。就行政主体而言，非依法定程序和理由，不得随意改变自己所作的具体行政行为的内容，或就同一事项重新做出行为。这有利于个人利益免受反复无常的行政专横或行政随意性的损害。就行政相对人而言，非依法定程序和理由，不得随意否认具体行政行为的内容或改变其内容，也不得请求改变具体行政行为。这有利于行政意志的实现和权利义务的稳定。确定力分为形式确定力和实质确定力。

第一，形式确定力。对行政相对人产生的约束力称之为形式确定力或不可争力，指具体行政行为所具有的否定行政相对人在法定期限届满之后对其提起争讼的作用力。形式确定力的存在，是为了保障具体行政行为的内容得以及时实现，保障行政法秩序的稳定。行政相对人对已生效的具体行政行为必须及时作出接受与否的表示，在法定复议期限或者诉讼期限届满时还未做表示的，具体行政行为即产生形式确定力。形式确定力——不可争力想要表达的基本思想是具体行政行为在法定期限届满时即告确定，行政相对人应予承认其行为客观存在。如果行政相对人对该行为不知情或是持有异议，也必须在法律规定的期限内向法定机关提出相应的救济请求，一旦超过法定时限再向法院提起诉讼或是向有权机关提出复议请求，则法定机关有权不予受理。

第二，实质确定力。对行政主体产生的约束力称之为实质确定力或不可变更力，即要求行政主体必须遵守自己作出的具体行政行为，并不得随意改变，否则应承担相应的法律责任。之所以对行政主体提出这样的要求，原因在于诚实信用原则的要求。具体行政行为作为行政主体公共管理过程中向行政相对人设定、变更或消灭权利义务的一种承诺，行政主体有义务遵守并履行自己的承诺，否则将会消减公众对行政主体的信赖。首先，不可变更力的适用对象既包括作出该行为的原行政主体，也包括其上级机关。因为原行政机关是最了解实际情况，因而其自身当然要受到约束。上级行政机关具有对下级机关的监督权，具有对下级机关所作具体行政行为的撤销权，因此上级行政机关对原具体行政行为予以改变的权力同样应受到限制。其次，从时间上看，不可变更力在具体行政行为成立之初，即产生要求行政主体不得随意改变之约束力。

确定力是相对的。一方面如果行政主体发现自己的具体行政行为确实存在违法情形的，可依照法律的规定予以改变，但需向合法权益受损的当事人承担相应的法律责任。另一方面，对于行政相对人而言，虽然其丧失了行政复议和行政诉讼的机会，但是根据《宪法》第 41 条规定，行政相对人还可以通过其他途径获得救济，如申诉、控告、检举、信访等。确定力的相对性，有利于对真正具有违法情形的具体行政行为予以规制，同时又有利于行政目标的实现和权利义务的稳定，使相对人的合法权益免于遭受反复无常的损害。

（三）拘束力

具体行政行为的拘束力，也称约束力。广义的拘束力可以与法律效力等同，而狭义的拘束力是与确定力、执行力并列的一种法律效力内容，是指已生效的具体行政行为所具有的约束和限制行政主体和行政相对人行为的法律效力，否则应承担相应的法律后果。

拘束力的适用对象是行政法律关系的当事人，既包括行政主体一方，也包括行政相对人，还包括行政第三人。拘束力的指向目标是双方当事人的行为。拘束力要求当事人的行为必须符合具体行政行为的要求，不得与具体行政行为所设定的权利义务相抵触。如果当事人的行为消减、抗拒具体行政行为的要求，那么具体行政行为的执行力将会发挥作用。

拘束力不同于确定力。确定力意在保护具体行政行为本身不受任意改变，而拘束力意在保障行政行为的有效实现，即要求双方当事人予以遵守的法律效力。拘束力依据具体行政行为设定的权利义务关系发挥作用，而非通过事实的认定、法律的适用等。

（四）执行力

执行力是指生效的具体行政行为，具有使其内容得以完全实现的法律效力。它主要表现为权利主体有权要求义务主体履行义务的法律效力，包括要求义务主体自行履行所负义务的法律效力。行政行为的执行力与其他效力密切相关，是最终保障性效力。

执行力是已生效的具体行政行为要求行政主体和行政相对人对其内容予以实现的法律效力。因而，同其他法律效力一样，具体行政行为的执行力亦是一种存在于具体行政行为内部的法律效力，而并非表现于具体行政行为外部的，根据执行力所采取的执行行为或强制措施。

执行力对于行政法律关系的双方当事人都是有效的。执行力包括自觉履行的效力，也包括强制执行的效力。只有在当事人不自觉履行具体行政行为所设定的义务时，强制执行力才发生作用。

四、具体行政行为的成立与生效

具体行政行为的成立、生效、有效、无效、失效既是一个重要的行政法理论问题，同时对于司法实践也具有重要意义。不仅我国现行法律中对以上问题没有具体而明确的规定，而且学界对此也是见仁见智。

（一）成立与生效的关系

具体行政行为存在着三维判断：事实判断回答的是具体行政行为是否存在的问题；效力判断回答的是具体行政行为是否生效及是否有效的问题；法律判断回答的是具体行政行为是否合法的问题。

从这个角度看，具体行政行为的成立是指具体行政行为已经存在、完成、成熟，是一个完整的具体行政行为。相对而言，具体行政行为未成立，表明具体行政行为尚不存在，是指尚未构成一个具体行政行为，不成立的具体行政行为绝非具体行政行为。具体行政行为成立的要件包括：

（1）主体要件。实施主体必须是行政主体，否则该行为就不是行政行为。这类"具体行政行为"是"假行政行为"，属于无效的行政行为。

（2）权力要件。具体行政行为必须是行政主体行使行政权的公务行为，不包含私法行为。

（3）形式要件。具体行政行为必须以法定形式作出，才能成立。如需要书面形式的，必须以书面形式作出，并且该行政决定书已经由行政机关签章；需要审批的，已经经过审批手续等。

具体行政行为生效是指具体行政行为在成立之后发生法律效力。前文已有分析，具体行政行为的成立不等同于具体行政行为生效。具体行政行为成立是其生效的前提。对于行政主体而言，具体行政行为的成立与生效在时间上是完全重合的。对于行政相对人而言，一个成立的具体行政行为欲发生法律效力，还需要具备其他条件。具体行政行为的生效规则包括：

（1）即时生效。即具体行政行为一经作出立即对相对人产生效力。这是一种较为特殊的情形，它意味着具体行政行为的作出将同时对行政主体和行政相对人双方生效，因而学理上又通常称之为"即时生效"。它的适用范围相对来说比较狭窄，主要是针对情况紧急或事实清楚、法律适用简单而需要当场作出具体行政行为的情况而言的，如按照简易程序作出的行政处罚即属此种情形。

（2）受领生效。这是指行政主体依法将行政决定书送达给相对人，并为其接受、领会时起才能生效。这是具体行政行为生效最为常见的情形，它一般适用于具体行政行为的对象明确、特定时。

（3）公示生效。即行政主体通过公告、通告等法定形式使行政相对人、行政第三人知悉具体行政行为的内容之后才能对其产生效力。它主要适用于具体行政行为的对象难以具体确定时，包括相对人的数量众多不便送达或因住所不明无法送达等情形，如政府发布的拆迁公告就是这种情形的典型事例。传统上这种生效方式称之为"告知生效"。但是告知生效很容易与送达生效发生误会歧义，因为送达方式中就存在公告送达这种方式。因此本书把这种生效方式定义为"公示生效"。

（4）附款生效。具体行政行为所附条件成就而生效，即其所附的期限届满或条件存在时才能对行政对相对人生效。附款行政行为就是指附条件的行政行为，具体而言就是指行政法规范明确规定外，行政主体根据实际需要附加生效条件的行政行为。行政行为的附款包括条件、期限、负担、废止权保留以及负担保留等五种。

以上规范只是学界的总结，让人感觉烦琐难以操作。最好的方式就是法律作出明确具体的规定：具体行政行为从送达相对人、利害关系人时起，或从以其他适当方式通知相对人或使其正式知悉该行为时起生效。

（二）具体行政行为的有效、无效

具体行政行为的生效与有效不同，生效与有效是相互独立的基本范畴。就它们之间的联系而言，生效是有效的前提，有效则是生效的延展；符合生效条件的具体行政行为具有形式效力，而符合有效条件的具体行政行为则具有实质效力，它们都是对具体行政行为效力相应的评价方式。二者的区别在于：一是存在顺序不同，具体行政行为的生效在前而有效在后；二是条件不同，具体行政行为的生效条件仅表现为简单的程序要求，而具体行政行为的有效条件则包括实体、程序等诸多方面的要求。

具体行政行为的有效可以分为全部有效和部分有效。全部有效是指该行为符合法律的全部规定，不存在任何违法和不当。部分有效是指具体行政行为存在瑕疵或违法情形，比如存在合法但不适当等可以变更的情形。

与有效相对立的不是无效，而是失效。因为无效是自始无效，也就是说从未生效过，而失效是生效之后又失去效力。具体行政行为生效之后失效的情形主要有三种：一种是因发生特定情形而被废止；一种是因违法而被撤销、被宣布违法；一种是具体行政行为的终止。

具体行政行为不成立与无效也有不同。不成立，是指行政行为在事实上并未作出或形成，而无效则指成立后的行政行为不产生任何法律效力。（见下表）

具体行政行为的成立与生效关系

成立							
生效					不生效		
有效		失效			无效	附款不成熟	
全部有效	部分有效	撤销	废止	终止	自始无效	期限未到	条件未成就

五、具体行政行为的合法要件

具体行政行为的合法要件，即具体行政行为全部有效的条件，它是指具体行政行为合法成立，发生公定力、确定力、拘束力和执行力所应具备的条件。行政行为的合法要件，包括行为主体及权限合法、内容合法适当、程序及形式合法等。

（一）主体、权限要件

主体、权限要件，即行为主体和权限合法。只有主体合法的具体行政行为才是合法的行政行为。主体合法要求为：第一，具体行政行为主体应具备行政主体资格；第二，实施行为的公职人员应具有合法的身份。同时，只有在行政主体法定权限范围之内的行为才是合法、有效的行政行为。权限要件要求行政主体必须在自己的事务管辖权、地域管辖权和级别管辖权的范围内作出行政行为，职权法定、越权无效是行政法上的实体法原则。

（二）内容要件

内容要件，即具体行政行为内容合法适当。具体行政行为的内容必须合法、适当，也就是说，具体行政行为必须具有事实依据，意思表示真实、完整、准确，行为具有法律依据且适用法律、法规正确。在存在自由裁量时，行政机关及其工作人员不仅要依据规范性文件规定的条件、标准、幅度和措施进行管理，而且具体行政行为应当满足公平、正义的要求。行政行为的目的应当符合立法本意，不得曲解立法意图或违背法律的宗旨和原则。

（三）程序、形式要件

程序、形式要件，即行为程序合法。现代程序法治原则要求行政行为应当符合法定程序，具体行政行为既要符合行政程序规则制度，又要符合行政程序的基本原则。作出具体行政行为应当具备法定的形式，尤其是要式行政行为，行政主体应严格按照法律要求的形式进行，否则就是违法、无效的行政行为。违反法定程序是行政复议和行政诉讼撤销行政行为的理由之一。

总之，只有同时具备上述要件的行政行为才是合法、有效的具体行政行为，才能产生稳定的法律效力。

六、具体行政行为效力消灭

具体行政行为效力消灭是指由于发生法定事由致使已经生效的具体行政行为归于无效，即失去其法律效力。

（一）无效

无效的具体行政行为前文已有论述，由于其自始无效，因此无效不是具体行政行为生效之后的效力消灭方式。但是在此有必要对无效的具体行政行为专门阐述。

1. 无效的原因

根据我国《行政诉讼法》和最高人民法院《关于适用〈中华人民共和国行政诉讼法〉的解释》[①]的规定，结合学界总结，无效的具体行政行为是指存在"重大且明显违法情形"的行政行为。具体包括：（1）行为实施主体不具有行政主体资格，如所谓的"国家牙防组"进行的认证行为；（2）减损权利或者增加义务的行政行为没有法律规范依据；（3）行政行为的内容客观上不可能实施；（4）行政主体受胁迫所为的行政行为；（5）行政行为的实施将导致犯罪；（6）违背公序良俗的；（7）超越专属管辖并对当事人权益有重大影响的行为，如公安局工作人员扣押饭店营业执照的行为。

2. 判断主体及法律后果

因为无效具体行政行为具有明显违法性和重大违法性两个显著特征，因此这

[①] 法释〔2018〕1号，于2017年11月13日由最高人民法院审判委员会第1726次会议通过，自2018年2月8日起施行。

类行为属于正常的理性自然人通过生活常识、而不必通过法律学识就能判断出其效力的存在与否，所以不需要专门机关进行判断。至于复议机关和人民法院对其宣告无效只不过是法律上的一种确认。具体行政行为被确认无效后即自始不发生法律效力；行政相对人可不受该行为约束，可以拒绝履行该行为所规定的义务，而不承担法律责任；无效的具体行政行为没有时效的限制，有权的国家机关可在任何时候宣布其无效；行政行为被宣布无效后，行政主体因此所得到的一切利益应返还给对方，而对行政相对人因此所受到的损失应予以赔偿。

（二）撤销

具体行政行为因违法而被撤销，那么就失去法律效力。撤销是指对已经发生法律效力的行政行为，如发现其违法或不当，由有权的国家机关予以撤销，使其失去法律效力。

具体行政行为撤销的原因包括：（1）主要证据不足的；（2）适用法律、法规错误的；（3）违反法定程序的；（4）超越职权的；（5）滥用职权的；（6）明显不当的。

具体行政行为撤销的后果是其自撤销之日起失去法律效力。具体行政行为因行政主体或行政相对人的不同过错而有不同的责任后果。若具体行政行为是因行政主体的过错而被撤销的，行政主体应予以赔偿；若具体行政行为是因行政相对人的过错而被撤销的，行政相对人因此所受到的损失自行负责，行政相对人因此所获得的利益应当予以收回。

（三）废止

废止是指已经发生法律效力的具体行政行为，因具有法定情形而被依法宣布废止，使其失去法律效力。废止的理由和条件是由于客观条件的变化，具体行政行为没有继续保持其效力的必要。废止的条件中没有违法或者明显不适当的因素，是废止区别于无效和撤销制度的主要方面。具体行政行为废止的理由包括：

（1）具体行政行为所依据的法律、法规、规章、政策，已经被有权机关依法修改、废止或撤销。具体行政行为如果继续维持效力，将与法律、法规、规章、政策抵触，所以必须废止原具体行政行为。

（2）具体行政行为所根据的客观事实已经发生重大变化或者已经不复存在，具体行政行为的继续存在已经没有事实根据，需要废止原来的具体行政行为。

（3）因公共利益的需要而废止。

具体行政行为废止的后果主要有：自废止之日起具体行政行为失去法律效力；因具体行政行为废止给相对人带来损失的，行政主体予以适当的补偿。我国《行政许可法》第8条[①]规定的行政许可撤回就是行政行为废止的一种表述。

（四）终止

具体行政行为终止又称具体行政行为的消灭，是指具体行政行为自然失去法律效力。终止的情形包括：（1）内容已经实现，这是指具体行政行为设定的权利义务已经实现；（2）期限届满，如附期限的行政许可，在期限届满时当事人没有申请续展，那么该项许可自然失效；（3）标的物灭失，即具体行政行为的处理对象消灭，行政处理决定无法执行导致具体行政行为的效力自然终止；（4）行政相对人的因素。具体行政行为为其设定专属权益或者义务的自然人死亡，自然人放弃具体行政行为赋予的权益；具体行政行为为其设定专属义务的法人或者其他组织的不复存在。

七、行政瑕疵

瑕疵有两种含义：一是本指玉的疵病，喻微小的缺点，后泛指一切缺点；二是指毛病，比喻人的过失或事物的缺点。具体行政行为的瑕疵或称有瑕疵的具体行政行为，可以简称为行政瑕疵。行政瑕疵在我国尚无法律规定，对于行政瑕疵司法认定也没有法律规定。因而它不是一个法律概念，仅是一个学理概念。对于行政瑕疵有不同的理解：一是指轻微的违法行政行为；二是泛指所有的违法行政行为，只不过瑕疵程度不同而已。[②]

本书认同第一种理解，认为行政瑕疵是指存在轻微违法的具体行政行为。原因在于根据我国语言习惯和人们的普遍认知，一般认为瑕疵往往是指微小的或者细微的缺点、缺陷或毛病，因此把行政瑕疵作为轻微的违法行政行为更为恰当。

[①] 《行政许可法》第8条第2款规定："行政许可所依据的法律、法规、规章修改或者废止，或者准予行政许可所依据的客观情况发生重大变化的，为了公共利益的需要，行政机关可以依法变更或者撤回已经生效的行政许可。由此给公民、法人或者其他组织造成财产损失的，行政机关应当依法给予补偿。"

[②] 姜明安主编.行政法与行政诉讼法(第六版)[M].北京:北京大学出版社,高等教育出版社,2015：196.

具体而言，行政瑕疵是指行政程序和形式上存在轻微违法，而且这种违法并没有损害当事人的实体权利。比如行政文书名称与内容不符、送达方式不合法、未告知回避权、机关负责人讨论笔录未签字、文书制作不规范、超出法定办理期限等。对于行政瑕疵最好的治愈方式是补正。补正就是指具体行政行为有程序与形式瑕疵，通过事后的补正手续，使瑕疵得到修复，实现其效力。但是我国《行政诉讼法》没有"责令补正"这一判决形式。只是在第74条第1款第2项规定："行政行为有下列情形之一的，人民法院判决确认违法，但不撤销行政行为：（一）……；（二）行政行为程序轻微违法，但对原告权利不产生实际影响的。"

行政瑕疵不同于行政错误。行政错误也被称作具体行政行为的公开错误，是指具体行政行为被外界所理解的意思表示与其所要表达的真实意思不相符合。这种错误是由于行政主体及其工作人员的失误造成。最常见是的行政错误包括书写错误或打印错误，比如错字、漏字等；计算错误，比如合计错误；表达不清，如概念不明确、用语不当等。这些错误不属于违法行政，可以通过行政主体自我更正就能治愈。

第三节　抽象行政行为

抽象行政行为是指行政主体制定和发布普遍性行为规范的行政行为。其具体包括行政立法行为和制定行政规范性文件的行为。

一、行政立法的概念

"行政立法"在法学上被赋予了不同的含义。有的学者从所制定的法律规范的性质来界定，认为凡是制定行政规范的行为，不论制定主体的性质如何，都属于行政立法。

有的学者认为，行政立法既应当从机关性质，又应当从所制定法律规范的性质来界定，即只有行政机关制定行政规范的活动才是行政立法。这也是自20世纪80年代末以来我国行政法学的通说。本书赞同通说，认为行政立法是指有权的行政机关根据法定权限，依照法定程序制定和发布行政法规和行政规章的活动。行政立法具有如下特征：

（一）行政立法的主体是行政机关

和一般意义的立法不同，行政立法的主体是国家行政机关，而不是国家权力机关、国家司法机关或其他组织。需要指出的是，行政立法的主体仅限于行政机关而不包括法律、法规授权的组织，法律、法规授权的组织不能进行行政立法。

（二）行政立法是依职权的行政行为

行政立法具有行政行为的一般特征，必须在行政机关的职权范围或者授权范围内进行，遵循越权无效原则，不得超出法定职权范围。

（三）行政立法须依法定程序作出

依法行政是行政法的一项重要原则，行政立法必须遵循法定程序。只有按照相关法定程序进行的立法才是有效的行政立法。

（四）行政立法针对的对象具有不特定性

行政立法主要表现为制定规范性文件，针对的对象是不特定的。其所调整的事项一般不对行政相对人的权利义务产生直接的影响，往往只是设定在某种情况下会出现某种后果，具体是否必然产生某种后果，则需要行政机关的其他具体行政行为来决定。而且，行政立法可以反复适用，其行为的效力具有持续性。

二、行政立法的分类

（一）职权性立法和授权性立法

根据行政立法权的来源或取得方式不同，可以将行政立法划分为职权性立法和授权性立法。

职权性立法是指行政机关依据《宪法》《立法法》和《组织法》所赋予的行政立法权所进行的立法活动。根据《宪法》《立法法》和《组织法》的规定，国务院及其各组成部门、省、自治区、直辖市和设区的人民政府在职权范围内可以制定行政法规或规章，这些属于依职权的行政立法活动。职权性立法不得超出《宪法》《立法法》和《组织法》规定的职权范围，否则即为超越职权的行为；不得与《宪法》、法律相抵触，同时一般也不能变通法律或法规的规定。

授权性立法是指依据《宪法》《立法法》和《组织法》以外的单行法律、法规或者最高权力机关的授权而进行的行政立法活动。根据单行法律、法规所进行的授权立法一般称为普通授权立法，根据最高国家权力机关专门的授权决议所进行的授权立法称为特别授权立法。

（二）执行性立法和创设性立法

根据行政立法的功能，可以将行政立法划分为执行性立法和创设性立法。

执行性立法是指行政机关为了执行或实现法律、法规的规定而进行的立法活动。执行性立法可以依职权也可以依授权而进行，但不得任意增加或减少所要执行的法律、法规的内容，不得创设新的权利义务。

创设性立法是指行政机关为了填补法律和法规的空白而进行的立法活动。创设性立法往往会产生新的权利义务规范，因此必须要有权力机关的特别授权。创设性立法的授权界限、效力范围、效力等级等必须有特别授权法的严格规定，相应机关也必须在此限度内活动。

（三）中央行政立法和地方行政立法

根据行政立法的主体不同，可以将行政立法分为中央行政立法和地方行政立法。

中央行政立法是指中央国家行政机关依据职权或授权，制定和发布行政法规和规章的立法活动，包括国务院制定行政法规和国务院各部门制定部门规章。地方行政立法是指地方国家行政机关依据职权或授权所进行的立法活动。只有一定级别的地方国家行政机关，才有权进行地方行政立法。

三、行政立法的权限

（一）行政法规

国务院根据宪法和法律，制定行政法规。行政法规可以就下列事项作出规定：

（1）为执行法律的规定需要制定行政法规的事项；

（2）《宪法》第89条规定的国务院行政管理职权的事项；

（3）应当由全国人民代表大会及其常务委员会制定法律的事项，国务院根据全国人民代表大会及其常务委员会的授权决定先制定的行政法规，经过实践检验，制定法律的条件成熟时，国务院应当及时提请全国人民代表大会及其常务委员会制定法律。

（二）部门规章

（1）国务院各部、委员会、中国人民银行、审计署和具有行政管理职能的直属机构，可以根据法律和国务院的行政法规、决定、命令，在本部门的权限范围内，制定规章。

（2）部门规章规定的事项应当属于执行法律或者国务院的行政法规、决定、命令的事项。没有法律或者国务院的行政法规、决定、命令的依据，部门规章不得设定减损公民、法人和其他组织权利或者增加其义务的规范，不得增加本部门的权力或者减少本部门的法定职责。

（3）涉及两个以上国务院部门职权范围的事项，应当提请国务院制定行政法规或者由国务院有关部门联合制定规章。

（三）地方政府规章

省、自治区、直辖市和设区的市、自治州的人民政府，可以根据法律、行政法规和本省、自治区、直辖市的地方性法规，制定规章。地方政府规章可以就下列事项作出规定：

（1）为执行法律、行政法规、地方性法规的规定需要制定规章的事项。

（2）属于本行政区域的具体行政管理事项。

（3）设区的市、自治州的人民政府制定地方政府规章，限于城乡建设与管理、环境保护、历史文化保护等方面的事项。

（4）应当制定地方性法规但条件尚不成熟的，因行政管理迫切需要，可以先制定地方政府规章。规章实施满2年需要继续实施规章所规定的行政措施的，应当提请本级人民代表大会或者其常务委员会制定地方性法规。

（5）没有法律、行政法规、地方性法规的依据，地方政府规章不得设定减损公民、法人和其他组织权利或者增加其义务的规范。

四、行政立法的程序

根据《立法法》《行政法规制定程序条例》《规章制定程序条例》的规定，行政立法程序主要是指行政法规和规章的立项、起草、审查、决定与公布、解释与备案等活动。

（一）立项

1. 行政法规的立项

国务院于每年年初编制本年度的立法工作计划。国务院有关部门认为需要制定行政法规的，应当于国务院编制年度立法工作计划前，向国务院报请立项。

国务院有关部门报送的行政法规立项申请，应当说明立法项目所要解决的主要问题、依据的党的路线方针政策和决策部署，以及拟确立的主要制度。国务院法制机构应当向社会公开征集行政法规制定项目建议。国务院法制机构应当根据国家总体工作部署，对行政法规立项申请和公开征集的行政法规制定项目建议进行评估论证，突出重点，统筹兼顾，拟订国务院年度立法工作计划，报党中央、国务院批准后向社会公布。对列入国务院年度立法工作计划的行政法规项目，承担起草任务的部门应当抓紧工作，按照要求上报国务院；上报国务院前，应当与国务院法制机构沟通。

国务院法制机构应当及时跟踪了解国务院各部门落实国务院年度立法工作计划的情况，加强组织协调和督促指导。国务院年度立法工作计划在执行中可以根据实际情况予以调整。

列入国务院年度立法工作计划的行政法规项目应当符合下列要求：（1）贯彻落实党的路线方针政策和决策部署，适应改革、发展、稳定的需要；（2）有关的改革实践经验基本成熟；（3）所要解决的问题属于国务院职权范围并需要国务院制定行政法规的事项。

2. 行政规章的立项

国务院部门内设机构或者其他机构认为需要制定部门规章的，应当向该部门报请立项。省、自治区、直辖市和设区的市、自治州的人民政府所属工作部门或者下级人民政府认为需要制定地方政府规章的，应当向该省、自治区、直辖市或者设区的市、自治州的人民政府报请立项。国务院部门，省、自治区、直辖市和设区的市、自治州的人民政府，可以向社会公开征集规章制定项目建议。

报送制定规章的立项申请，应当对制定规章的必要性、所要解决的主要问题、拟确立的主要制度等作出说明。国务院部门法制机构，省、自治区、直辖市和设区的市、自治州的人民政府法制机构（以下简称法制机构），应当对制定规章的立项申请和公开征集的规章制定项目建议进行评估论证，拟订本部门、本级人民政府年度规章制定工作计划，报本部门、本级人民政府批准后向社会公布。年度规章制定工作计划应当明确规章的名称、起草单位、完成时间等。

国务院部门，省、自治区、直辖市和设区的市、自治州的人民政府，应当加强对执行年度规章制定工作计划的领导。对列入年度规章制定工作计划的项目，承担起草工作的单位应当抓紧工作，按照要求上报本部门或者本级人民政府决定。

法制机构应当及时跟踪了解本部门、本级人民政府年度规章制定工作计划执行情况，加强组织协调和督促指导。

年度规章制定工作计划在执行中，可以根据实际情况予以调整，对拟增加的规章项目应当进行补充论证。

（二）起草

1. 行政法规的起草

行政法规由国务院组织起草。国务院年度立法工作计划确定行政法规由国务院的一个部门或者几个部门具体负责起草工作，也可以确定由国务院法制机构起草或者组织起草。起草行政法规，起草部门应当深入调查研究，总结实践经验，广泛听取有关机关、组织和公民的意见。涉及社会公众普遍关注的热点难点问题和经济社会发展遇到的突出矛盾，减损公民、法人和其他组织权利或者增加其义务，对社会公众有重要影响等重大利益调整事项的，应当进行论证咨询。听取意见可以采取召开座谈会、论证会、听证会等多种形式。

起草行政法规，起草部门应当将行政法规草案及其说明等向社会公布，征求意见，但是经国务院决定不公布的除外。向社会公布征求意见的期限一般不少于30日。起草专业性较强的行政法规，起草部门可以吸收相关领域的专家参与起草工作，或者委托有关专家、教学科研单位、社会组织起草。

起草行政法规，起草部门应当对涉及有关管理体制、方针政策等需要国务院决策的重大问题提出解决方案，报国务院决定。

起草部门向国务院报送的行政法规草案送审稿（以下简称"行政法规送审稿"），应当由起草部门主要负责人签署。

起草行政法规，涉及几个部门共同职责需要共同起草的，应当共同起草，达成一致意见后联合报送行政法规送审稿。几个部门共同起草的行政法规送审稿，应当由该几个部门主要负责人共同签署。

2. 行政规章的起草

部门规章由国务院部门组织起草，地方政府规章由省、自治区、直辖市和设区的市、自治州的人民政府组织起草。

国务院部门可以确定规章由其一个或者几个内设机构或者其他机构具体负责起草工作，也可以确定由其法制机构起草或者组织起草。

省、自治区、直辖市和设区的市、自治州的人民政府可以确定规章由其一个部门或者几个部门具体负责起草工作，也可以确定由其法制机构起草或者组织起草。

起草规章，应当深入调查研究，总结实践经验，广泛听取有关机关、组织和公民的意见。听取意见可以采取书面征求意见、座谈会、论证会、听证会等多种形式。

起草规章，除依法需要保密的外，应当将规章草案及其说明等向社会公布，征求意见。向社会公布征求意见的期限一般不少于 30 日。

起草专业性较强的规章，可以吸收相关领域的专家参与起草工作，或者委托有关专家、教学科研单位、社会组织起草。

起草规章，涉及社会公众普遍关注的热点难点问题和经济社会发展遇到的突出矛盾，减损公民、法人和其他组织权利或者增加其义务，对社会公众有重要影响等重大利益调整事项的，起草单位应当进行论证咨询，广泛听取有关方面的意见。

起草的规章涉及重大利益调整或者存在重大意见分歧，对公民、法人或者其他组织的权利义务有较大影响，人民群众普遍关注，需要进行听证的，起草单位应当举行听证会听取意见。起草部门规章，涉及国务院其他部门的职责或者与国务院其他部门关系紧密的，起草单位应当充分征求国务院其他部门的意见。起草地方政府规章，涉及本级人民政府其他部门的职责或者与其他部门关系紧密的，起草单位应当充分征求其他部门的意见。起草单位与其他部门有不同意见的，应当充分协商；经过充分协商不能取得一致意见的，起草单位应当在上报规章草案送审稿（以下简称规章送审稿）时说明情况和理由。

（三）审查

1. 行政法规的审查

报送国务院的行政法规送审稿，由国务院法制机构负责审查。国务院法制机构应当将行政法规送审稿或者行政法规送审稿涉及的主要问题发送国务院有关部门、地方人民政府、有关组织和专家等各方面征求意见。国务院有关部门、地方人民政府应当在规定期限内反馈书面意见，并加盖本单位或者本单位办公厅（室）印章。国务院法制机构可以将行政法规送审稿或者修改稿及其说明等向社会公布，征求意见。向社会公布征求意见的期限一般不少于 30 日。国务院法制机构应当就行政法规送审稿涉及的主要问题，深入基层进行实地调查研究，听取基层有关机关、组织和公民的意见。行政法规送审稿涉及重大利益调整的，国务院法制机构应当进行论证咨询，广泛听取有关方面的意见。论证咨询可以采取座谈会、论证会、听证会、委托研究等多种形式。

行政法规送审稿涉及重大利益调整或者存在重大意见分歧，对公民、法人或者其他组织的权利义务有较大影响，人民群众普遍关注的，国务院法制机构可以举行听证会，听取有关机关、组织和公民的意见。

国务院法制机构应当认真研究各方面的意见，与起草部门协商后，对行政法规送审稿进行修改，形成行政法规草案和对草案的说明。

2. 行政规章的审查

规章送审稿由法制机构负责统一审查。法制机构应当将规章送审稿或者规章送审稿涉及的主要问题发送有关机关、组织和专家征求意见。法制机构可以将规章送审稿或者修改稿及其说明等向社会公布，征求意见。向社会公布征求意见的期限一般不少于 30 日。

法制机构应当就规章送审稿涉及的主要问题，深入基层进行实地调查研究，听取基层有关机关、组织和公民的意见。

规章送审稿涉及重大利益调整的，法制机构应当进行论证咨询，广泛听取有关方面的意见。论证咨询可以采取座谈会、论证会、听证会、委托研究等多种形式。

规章送审稿涉及重大利益调整或者存在重大意见分歧，对公民、法人或者其他组织的权利义务有较大影响，人民群众普遍关注，起草单位在起草过程中未举行听证会的，法制机构经本部门或者本级人民政府批准，可以举行听证会。法制机构应当认真研究各方面的意见，与起草单位协商后，对规章送审稿进行修改，形成规章草案和对草案的说明。说明应当包括制定规章拟解决的主要问题、确立的主要措施以及与有关部门的协调情况等。

（四）决定与公布

1. 行政法规的决定与公布

行政法规草案由国务院常务会议审议，或者由国务院审批。

国务院常务会议审议行政法规草案时，由国务院法制机构或者起草部门作说明。国务院法制机构应当根据国务院对行政法规草案的审议意见，对行政法规草案进行修改，形成草案修改稿，报请总理签署国务院令公布施行。

签署公布行政法规的国务院令载明该行政法规的施行日期。行政法规签署公布后，及时在国务院公报和中国政府法制信息网以及在全国范围内发行的报纸上刊载。国务院法制机构应当及时汇编出版行政法规的国家正式版本。在国务院公报上刊登的行政法规文本为标准文本。

行政法规应当自公布之日起 30 日后施行。但是，涉及国家安全、外汇汇率、货币政策的确定以及公布后不立即施行将有碍行政法规施行的，可以自公布之日起施行。

2. 行政规章的决定与公布

部门规章应当经部务会议或者委员会会议决定。地方政府规章应当经政府常务会议或者全体会议决定。

法制机构应当根据有关会议审议意见对规章草案进行修改，形成草案修改稿，报请本部门首长或者省长、自治区主席、市长、自治州州长签署命令予以公布。

公布规章的命令应当载明该规章的制定机关、序号、规章名称、通过日期、施行日期、部门首长或者省长、自治区主席、市长、自治州州长署名以及公布日期。

部门联合规章由联合制定的部门首长共同署名公布，使用主办机关的命令序号。

部门规章签署公布后，及时在国务院公报或者部门公报和中国政府法制信息网以及在全国范围内发行的报纸上刊载。

地方政府规章签署公布后，及时在本级人民政府公报和中国政府法制信息网以及在本行政区域范围内发行的报纸上刊载。

在国务院公报或者部门公报和地方人民政府公报上刊登的规章文本为标准文本。

规章应当自公布之日起30日后施行。但是，涉及国家安全、外汇汇率、货币政策的确定以及公布后不立即施行将有碍规章施行的，可以自公布之日起施行。

（五）备案与解释

1. 行政法规的备案与解释

行政法规在公布后的30日内由国务院办公厅报全国人民代表大会常务委员会备案。

行政法规有下列情形之一的，由国务院解释：（1）行政法规的规定需要进一步明确具体含义的；（2）行政法规制定后出现新的情况，需要明确适用行政法规依据的。

国务院法制机构研究拟订行政法规解释草案，报国务院同意后，由国务院公布或者由国务院授权国务院有关部门公布。行政法规的解释与行政法规具有同等效力。

2. 行政规章的备案与解释

规章应当自公布之日起 30 日内，由法制机构依照《立法法》和《法规规章备案条例》的规定向有关机关备案。

规章解释权属于规章制定机关。规章有下列情形之一的，由制定机关解释：（1）规章的规定需要进一步明确具体含义的；（2）规章制定后出现新的情况，需要明确适用规章依据的。

规章解释由规章制定机关的法制机构参照规章送审稿审查程序提出意见，报请制定机关批准后公布。规章的解释同规章具有同等效力。

五、行政立法的监督

对行政立法的监督包括事前监督和事后监督。事前监督一般通过行政立法的原则和程序来实现，事后监督一般通过对行政立法进行备案与审查、改变或撤销来实现。

（一）行政立法的备案与审查

备案的目的是加强对行政立法的审查。为了加强并明确对行政立法的监督，《立法法》对行政法规、规章的备案和审查裁决作了专门的规定。

1. 备案机关

备案与审查是加强对行政立法监督的重要环节。根据《立法法》的规定，行政法规、规章应当在公布后的 30 日内依照下列规定报有关机关备案：行政法规报全国人民代表大会常务委员会备案；部门规章和地方政府规章报国务院备案；地方政府规章应当同时报本级人民代表大会常务委员会备案；设区的市、自治州的人民政府制定的规章应当同时报省、自治区的人民代表大会常务委员会和人民政府备案。

2. 提出审查的主体

国务院、中央军委、最高人民法院、最高人民检察院和各省、自治区、直辖市人民代表大会常务委员会认为行政法规、规章同《宪法》、法律相抵触时，可以向全国人大常委会书面提出进行审查的要求，由常委会工作机构分送有关的专门委员会进行审查、提出意见。上述国家机关以外的国家机关、社会团体、企事业单位以及公民个人认为行政法规、规章同《宪法》、法律相抵触时，可以向全国人大常委会书面提出进行审查的建议，由常委会工作机构进行研究，必要时送有关的专门委员会进行审查、提出意见。有关的专门委员会和常务委员会工作机构可以对报送备案的规范性文件进行主动审查。

3.审查程序

全国人民代表大会专门委员会、常务委员会工作机构在审查、研究中认为行政法规、地方性法规、自治条例和单行条例同《宪法》或者法律相抵触的，可以向制定机关提出书面审查意见、研究意见；也可以由法律委员会与有关的专门委员会、常务委员会工作机构召开联合审查会议，要求制定机关到会说明情况，再向制定机关提出书面审查意见。制定机关应当在两个月内研究提出是否修改的意见，并向全国人民代表大会法律委员会和有关的专门委员会或者常务委员会工作机构反馈。全国人民代表大会法律委员会、有关的专门委员会、常务委员会工作机构根据前款规定，向制定机关提出审查意见、研究意见，制定机关按照所提意见对行政法规、地方性法规、自治条例和单行条例进行修改或者废止的，审查终止。全国人民代表大会法律委员会、有关的专门委员会、常务委员会工作机构经审查、研究认为行政法规、地方性法规、自治条例和单行条例同《宪法》或者法律相抵触而制定机关不予修改的，应当向委员长会议提出予以撤销的议案、建议，由委员长会议决定提请常务委员会会议审议决定。

全国人民代表大会有关的专门委员会和常务委员会工作机构应当按照规定要求，将审查、研究情况向提出审查建议的国家机关、社会团体、企业事业组织以及公民反馈，并可以向社会公开。

（二）行政立法的改变与撤销

1.改变或撤销的原因

行政法规与规章不一定都是正确与适当的，对不正确或不适当的行政法规与规章，需要按法律程序予以改变或撤销。按照《立法法》的规定，行政法规与规章有下列情形之一的，由有权机关予以改变或撤销：一是超越职权的；二是下位法的规定违反上位法的规定的；三是规章之间就同一事项的规定不一致，经裁决应当改变或撤销一方的规定的；四是规章的规定被认为是不适当的，应当予以改变或撤销的；五是违反法定程序的。

2.改变或撤销的机关

根据《立法法》的规定，改变或撤销行政法规和规章的权限分别是：行政法规不符合合法性要件的，由全国人大常委会撤销。部门规章不符合合法性要件的，由国务院予以改变或撤销。地方政府规章不符合合法性要件的，国务院有权予以改变或撤销，本级地方人民代表大会常务委员会也有权撤销。省、自治区的人民政府有权改变或撤销下一级人民政府制定的不适当的规章。授权机关有权撤销被授权机关制定的超越授权范围或违背授权目的的法规，必要时可以撤销授权。

3. 改变或撤销的程序

全国人大专门委员会在审查中认为行政法规同《宪法》或法律相抵触的，可以向制定机关提出书面审查意见；也可以由法律委员会与有关的专门委员会召开联合审查会议，要求制定机关到会说明情况，再向制定机关提出书面审查意见。全国人大法律委员会和有关的专门委员会审查认为行政法规同《宪法》或法律相抵触而国务院不予修改的，可以向委员长会议提出书面审查意见和予以撤销的议案，由委员长会议决定是否提请常务委员会会议审议决定。

根据《规章制定程序条例》第35条以及有关地方性法规的规定，国家机关、社会团体、企业事业组织、公民认为规章同法律、行政法规相抵触的，可以向国务院书面提出审查的建议，由国务院法制机构研究并提出处理意见，按照规定程序处理。国家机关、社会团体、企业事业组织、公民认为设区的市、自治州的人民政府规章同法律、行政法规相抵触或者违反其他上位法的规定的，也可以向本省、自治区人民政府书面提出审查的建议，由省、自治区人民政府法制机构研究并提出处理意见，按照规定程序处理。

六、行政规范性文件的含义

行政规范性文件是指除政府规章以外，行政机关和法律、法规授权的组织依据法定权限和程序制定的，涉及公民、法人或者其他组织权利义务，具有普遍约束力，在一定时期内反复适用并公开发布的各类文件的总称。行政规范性文件是行政机关发布的具有法定效力的规范性文件，是行政管理活动必不可少的重要工具。一般以"通知""决定""命令""答复""纪要""报告""说明"和"函"等形式发布。

行政规范性文件和行政立法一样，原则上必须依据一定的程序来制定。不过，行政规范性文件的制定与行政立法程序存在着较大的差别。而且，行政规范性文件存在的形式多种多样，尽管有《国家行政机关公文处理办法》等加以规定，但由于行政机关会面对各种复杂和意外的情况，需要及时处理，以致部分规范性文件在制定时出现了随意性,产生了形形色色的"红头文件"。

目前,我国行政法学上行政领域中的"红头文件"被称为"行政规定"。行政规定不具有法的外观。但尽管如此,在国家治理实践中却时常起着法的作用,即起着法律制度之外的"法律作用",甚至还会起到架空或排除法律的作用。

七、行政规范性文件的权限限制

制发行政规范性文件是行政机关依法履行职能的重要方式,直接关系群众切身利益,事关政府形象。为推进依法行政、法治政府建设,切实保障群众合法权益,维护政府公信力,必须对行政规范性文件进行有效管控。目前,我国尚没有法律、法规对行政规范性文件的制定、备案、审查、修改、清理等进行统一的规定,只有国务院办公厅出台了两个文件,即国务院办公厅《关于加强行政规范性文件制定和监督管理工作的通知》和《关于全面推行行政规范性文件合法性审核机制的指导意见》。部分省份也出台了一些地方规定对行政规范性文件进行规制,如河北省人民政府于 2016 年 11 月 28 日制定了《河北省规范性文件管理办法》。根据以上文件精神和原则,对行政规范性文件的规制主要有以下几个方面:

(一)严禁越权发文

(1)坚持法定职责必须为、法无授权不可为,严格按照法定权限履行职责,严禁以部门内设机构名义制发行政规范性文件。

(2)要严格落实权责清单制度,行政规范性文件不得增加法律、法规规定之外的行政权力事项或者减少法定职责;不得设定行政许可、行政处罚、行政强制等事项,增加办理行政许可事项的条件,规定出具循环证明、重复证明、无谓证明的内容。

(3)不得违法减损公民、法人和其他组织的合法权益或者增加其义务,侵犯公民人身权、财产权、人格权、劳动权、休息权等基本权利;不得超越职权规定应由市场调节、企业和社会自律、公民自我管理的事项;不得违法制定含有排除或者限制公平竞争内容的措施,违法干预或者影响市场主体正常生产经营活动,违法设置市场准入和退出条件等。

(二)严控发文数量

(1)凡法律、法规、规章和上级文件已经作出明确规定的,现行文件已有部署且仍然适用的,不得重复发文。

（2）对内容相近、能归并的尽量归并，可发可不发、没有实质性内容的一律不发，严禁照抄照搬照转上级文件、以文件"落实"文件。确需制定行政规范性文件的，要讲求实效，注重针对性和可操作性，并严格文字把关，确保政策措施表述严谨、文字精练、准确无误。

八、行政规范性文件的制定程序要求

（一）严格制发程序

行政规范性文件必须严格依照法定程序制发，重要的行政规范性文件要严格执行评估论证、公开征求意见、合法性审核、集体审议决定、向社会公开发布等程序。要加强制发程序管理，健全工作机制，完善工作流程，确保制发工作规范有序。

（二）认真评估论证

全面论证行政规范性文件制发的必要性、可行性和合理性，是确保行政规范性文件合法有效的重要前提。起草行政规范性文件，要对有关行政措施的预期效果和可能产生的影响进行评估，对该文件是否符合法律法规和国家政策、是否符合社会主义核心价值观、是否符合公平竞争审查要求等进行把关。对专业性、技术性较强的行政规范性文件，要组织相关领域专家进行论证。评估论证结论要在文件起草说明中写明，作为制发文件的重要依据。

（三）广泛征求意见

除依法需要保密的外，对涉及群众切身利益或者对公民、法人和其他组织权利义务有重大影响的行政规范性文件，要向社会公开征求意见。起草部门可以通过政府网站、新闻发布会以及报刊、广播、电视等便于群众知晓的方式，公布文件草案及其说明等材料，并明确提出意见的方式和期限。对涉及群众重大利益调整的，起草部门要深入调查研究，采取座谈会、论证会、实地走访等形式充分听取各方面意见，特别是利益相关方的意见。建立意见沟通协商反馈机制，对相对集中的意见建议不予采纳的，公布时要说明理由。

（四）严格审核把关

建立程序完备、权责一致、相互衔接、运行高效的行政规范性文件合法性审核机制，是做好合法性审核工作的重要保证。起草部门要及时将送审稿及有关材料报送制定机关的办公机构和负责合法性审核的部门，并保证材料的完备性和规范性。制定机关的办公机构要对起草部门是否严格依照规定的程序起草、是否进

行评估论证、是否广泛征求意见等进行审核。制定机关负责合法性审核的部门要对文件的制定主体、程序、有关内容等是否符合法律、法规和规章的规定，及时进行合法性审核。未经合法性审核或者经审核不合法的，不得提交集体审议。

（五）坚持集体审议

制定行政规范性文件要实行集体研究讨论制度，防止违法决策、专断决策、"拍脑袋"决策。地方各级人民政府制定的行政规范性文件要经本级政府常务会议或者全体会议审议决定，政府部门制定的行政规范性文件要经本部门办公会议审议决定。集体审议要充分发扬民主，确保参会人员充分发表意见，集体讨论情况和决定要如实记录，不同意见要如实载明。

（六）及时公开发布

行政规范性文件经审议通过或批准后，由制定机关统一登记、统一编号、统一印发，并及时通过政府公报、政府网站、政务新媒体、报刊、广播、电视、公示栏等公开向社会发布，不得以内部文件形式印发执行，未经公布的行政规范性文件不得作为行政管理依据。对涉及群众切身利益、社会关注度高、可能影响政府形象的行政规范性文件，起草部门要做好出台时机评估工作，在文件公布后加强舆情收集，及时研判处置，主动回应关切，通过新闻发布会、媒体访谈、专家解读等方式进行解释说明，充分利用政府网站、社交媒体等加强与公众的交流和互动。县级以上各级人民政府要逐步构建权威发布、信息共享、动态更新的行政规范性文件信息平台，以大数据等技术手段实现对文件的标准化、精细化、动态化管理。

九、对行政规范性文件的监督

法律并没有直接规定规范性文件的效力，但是，正如规章的效力和行政法规、法律的效力相同一样，行政规范性文件在实践中发挥着与行政法规和法律同样的作用。由于对行政规范性文件缺乏法律上的规制，行政规范性文件由此延伸到整个行政立法，就容易呈现出一种不受控制的状态，因而必须加强对行政规范性文件的监督管理。就对规范性法律文件进行监督的机制而言，常表现为三种方式：

（一）备案监督

2018年5月，国务院办公厅发布《关于加强行政规范性文件制定和监督管理工作的通知》（以下简称《通知》），对行政规范性文件制作发布、监督检查、责任追究作出专门规定。《通知》规定：健全行政规范性文件备案监督制度，做到有件必备、有备必审、有错必纠。制定机关要及时按照规定程序和时限报送备案，主动接受监督。

（1）省级以下地方各级人民政府制定的行政规范性文件要报上一级人民政府和本级人民代表大会常务委员会备案，地方人民政府部门制定的行政规范性文件要报本级人民政府备案，地方人民政府两个或两个以上部门联合制定的行政规范性文件由牵头部门负责报送备案。实行垂直管理的部门，下级部门制定的行政规范性文件要报上一级主管部门备案，同时抄送文件制定机关所在地的本级人民政府。

（2）地方人民政府负责备案审查的部门要加大备案监督力度，及时处理违法文件，对审查发现的问题可以采取适当方式予以通报。健全行政规范性文件动态清理工作机制，根据全面深化改革、全面依法治国要求和经济社会发展需要，以及上位法和上级文件制定、修改、废止情况，及时对本地区、本部门行政规范性文件进行清理。

（3）充分利用社会监督力量，健全公民、法人和其他组织对行政规范性文件建议审查制度。加强党委、人大、政府等系统备案工作机构的协作配合，建立备案审查衔接联动机制。探索与人民法院、人民检察院建立工作衔接机制，推动行政监督与司法监督形成合力，及时发现并纠正违法文件。

（4）健全责任机制。地方各级人民政府对所属部门、上级人民政府对下级人民政府、各部门对本部门制发的行政规范性文件要加强监督检查，发现存在侵犯公民、法人和其他组织合法权益，损害政府形象和公信力的，要加大查处力度，对负有责任的领导干部和直接责任人员，依纪依法追究责任。对问题频发、造成严重后果的地方和部门，要通过约谈或者专门督导等方式督促整改，必要时向社会曝光。

（二）复议监督

我国《行政复议法》第7条规定："公民、法人或者其他组织认为行政机关的具体行政行为所依据的下列规定不合法，在对具体行政行为申请行政复议时，可以一并向行政复议机关提出对该规定的审查申请：（1）国务院部门的规定；（2）县级以上地方各级人民政府及其工作部门的规定；（3）乡、镇人民政府的规定。前款所列规定不含国务院部、委员会规章和地方人民政府规章。规章的审查依照法律、行政法规办理。"第 26 条规定："申请人在申请行政复议时,一并提出对本法第 7 条所列有关规定的审查申请的,行政复议机关对该规定有权处理的,应当在 30 日内依法处理;无权处理的,应当在 7 日内按照法定程序转送有权处理的行政机关依法处理,有权处理的行政机关应当在 60 日内依法处理。处理期间,中止对具体行政行为的审查。"《行政复议法》上述条款中的"规定"就是指行政规范性文件。

(三) 司法监督

我国《行政诉讼法》第 53 条规定："公民、法人或者其他组织认为行政行为所依据的国务院部门和地方人民政府及其部门制定的规范性文件不合法,在对行政行为提起诉讼时,可以一并请求对该规范性文件进行审查。前款规定的规范性文件不含规章。"第 64 条规定："人民法院在审理行政案件中,经审查认为本法第 53 条规定的规范性文件不合法的,不作为认定行政行为合法的依据,并向制定机关提出处理建议。"这是行政诉讼法关于行政规范性文件进行司法审查的明确规定。

第八章　行政处罚

本章导读：本章主要介绍了我国《行政处罚法》的内容，重点阐释了我国行政处罚的概念、特征、处罚类别、基本原则和基本程序制度等。

第一节　行政处罚概述

一、行政处罚的概念

行政处罚是指行政机关依法对违反行政管理秩序的公民、法人或者其他组织，以减损权益或者增加义务的方式予以惩戒的行为。行政处罚是行政主体进行行政管理的一项重要权力和有效手段，是作为行政相对人的公民、法人或其他组织因实施了行政违法行为而应承担的一种行政法律责任。行政处罚具有如下特征：

（1）行政处罚是依职权的要式行政行为。行政处罚是行政主体依照法定职权主动实施的行政行为。如果有权的行政主体发现违法行为必须要进行查处，否则就构成行政不作为。行政处罚必须以法定方式作出，要以"行政处罚决定书"的书面形式作出，是要式行政行为。

（2）行政处罚主体的特定性。行政处罚是行政主体实施的一种具体行政行为，但并非所有的行政主体都是行政处罚的主体，只有依法享有行政处罚权的行政主体才能进行行政处罚，才是行政处罚的主体。

（3）行政处罚的对象具有违法性。行政处罚的对象是违反行政管理秩序的公民、法人或其他组织。首先，行政处罚的对象是在外部行政管理中的行政相对人；其次，行政处罚的对象实施了违反行政管理秩序的行为且没有构成犯罪，依照行政法律规范应受处罚的行为。

（4）行政处罚内容的制裁性。行政处罚是一种惩戒行为，是行政主体对违反行政法规范的相对人的一种惩罚，属于行政制裁。行政处罚的制裁性表现为以减损权益或者增加义务的方式，对行政相对人的人身权和财产权进行限制、剥夺或科以金钱给付义务等，因此行政处罚属于不利行政行为。通过对行政违法相对人的制裁，达到预防、警戒和制止行政违法的目的。

二、行政处罚的基本原则

行政处罚的基本原则，是指由法律规定的，特定国家机关设定行政处罚、行政主体实施行政处罚时必须遵守的基本准则。它贯穿于行政处罚的整个过程，对设定、实施行政处罚提出了原则性的要求，具有普遍的指导意义。

（一）处罚法定原则

处罚法定原则是行政合法性原则在行政处罚中的具体体现。它要求行政处罚的设定、实施都必须符合法律规定，处罚必须有法律依据，必须按照法定的程序进行。具体包括处罚依据法定、处罚种类法定、处罚主体法定、处罚程序法定、处罚形式法定、处罚职权职责法定。《行政处罚法》第3条规定："行政处罚的设定和实施，适用本法。"第4条规定："公民、法人或者其他组织违反行政管理秩序的行为，应当给予行政处罚的，依照本法由法律、法规、规章规定，并由行政机关依照本法规定的程序实施。"

1. 处罚设定权法定

处罚设定权法定是指哪些法律规范可以设定行政处罚及其设定哪些种类的行政处罚必须按照法律的规定进行。

2. 行政处罚依据法定

即法无明文规定不处罚，受处罚行为是法定的。凡法律、法规、规章没有规定予以处罚的行为，均不受处罚。处罚必须有法律、法规或者规章依据，否则，行政处罚是违法的。行政主体对于应予行政处罚的行为，应当依法定处罚种类和内容进行处罚，即要求处罚实体合法。

3. 处罚主体及其职权法定

行政处罚的实施主要由行政机关实施，但法律、法规授权的组织也可以行使某些行政处罚权。并不是所有的行政机关都有行政处罚权，只有法律、法规或者规章规定具有行政处罚权的行政机关，才可以依照法律、法规或者规章确定的违法行为和程序给予的行政处罚，实施行政处罚。

4. 处罚程序法定

这既包括《行政处罚法》规定的程序，也包括其他行政法律关于程序的规定。

行政处罚法是对行政机关实施行政处罚进行规范的法，在保障行政机关有效实施行政管理同时，更要在程序上进行必要的规范，防止滥施处罚。只有程序合法，才能保障实体合法。

（二）处罚公正、公开原则

《行政处罚法》第5条规定："行政处罚遵循公正、公开的原则。设定和实施行政处罚必须以事实为依据，与违法行为的事实、性质、情节以及社会危害程度相当。对违法行为给予行政处罚的规定必须公布；未经公布的，不得作为行政处罚的依据。"

1. 公正原则

公正意味着在行政处罚时，必须查明事实，以事实为根据，以法律为准绳。行政机关在处罚中对受罚者用同一尺度平等对待。公正原则要求：一是要防止偏听偏信，要使当事人了解其违法行为的性质并给予其申辩的机会；二是要平等对待，同等情况同等对待，不同情况，区别对待，不得偏私偏袒；三是在实施处罚时，要考虑与案件相关的因素，不考虑无关因素。

2. 公开原则

公开意味着在行政处罚时，既要使被处罚人知道，也要使广大人民群众知道，使行政处罚处于人民群众的监督之下，从而保障当事人的合法权益，保障行政机关依法行政。行政机关在实施具体的行政处罚时，必须公开进行。无论是适用简易程序还是普通程序，均应做到违法事实公开、证据公开、法律依据公开、具体处罚决定公开。一切均应依法进行，允许被处罚人申辩和质证，也允许广大人民群众监督。

3. 过罚相当原则

过罚相当，要求立法所设定的违法行为与行政处罚相适应，作出行政处罚必须以事实为根据，与违法行为的事实、性质、情节以及社会危害程度相当，处罚轻重适度。即重过重罚、轻过轻罚，准确适用依法从轻、减轻处罚规定，作出的处罚符合设定该处罚的目的；处罚应采用最必要的方式，处罚符合比例原则、合乎情理且有可行性、符合客观规律。

（三）处罚与教育相结合原则

《行政处罚法》第6条规定："实施行政处罚，纠正违法行为，应当坚持处罚与教育相结合，教育公民、法人或者其他组织自觉守法。"处罚与教育相结合原则，要求行政主体在实施处罚的同时，要加强对受处罚人的法制教育，使其真正了解自己行为的违法性和应受惩罚性，促使其今后自觉守法，以达到处罚的真正目的。行政处罚的制裁性主要是通过限制和剥夺受处罚人的权利或增设行政法上的义务来实现的，但行政处罚只是一种手段，而不是目的，不能为罚而罚，一罚了之。行政主体在行政处罚的适用过程中，要教育受处罚人真正认识行为的违法性、危害性，以达到教育其自觉守法的目的。

（四）权利保障原则

权利保障原则是指在行政处罚过程中，要依法保障行政相对人的各项程序性权利，包括知情权、参与权、拒绝权、救济权等。《行政处罚法》第7条规定："公民、法人或者其他组织对行政机关所给予的行政处罚，享有陈述权、申辩权；对行政处罚不服的，有权依法申请行政复议或者提起行政诉讼。公民、法人或者其他组织因行政机关违法给予行政处罚受到损害的，有权依法提出赔偿要求。"

三、行政处罚的种类

根据《行政处罚法》和现行法律、法规的规定，我国目前对行政处罚的种类有以下几种：

（一）警告、通报批评

警告和通报批评同属于精神罚、声誉罚、申诫罚，是行政处罚中最轻的两种处罚方式。警告是指行政主体对违反法律规范的公民、法人或者其他组织所实施的仅仅影响其声誉的处罚。警告只具有精神惩戒作用，一般对实施轻微行政违法行为的相对人实施这种处罚。警告必须以书面形式作出，指明行为人的违法错误，并具有令其改正、纠正其违法行为，具有国家强制性。通报批评是指行政机关在一定范围内对违法行为人的违法事实予以公布，以导致其声誉和信誉造成损害，既制裁和教育违法者，又广泛教育他人的一种处罚方式。

（二）罚款、没收违法所得、没收非法财物

罚款、没收违法所得、没收非法财物都属于财产罚，是我国行政处罚实践中最常用、最有效的处罚方式。罚款是行政主体实施的要求违反行政法律规范的公民、法人或者其他组织在一定期限内缴纳一定数量货币的处罚。罚款是一种财产罚，通过减少当事人财产的方式，以达到处罚的目的。通常由法律、法规和规章规定一定的数额或者幅度。没收是将生产、保管、加工、运输、销售违禁物品或者实施其他营利性违法行为的相对人的与违法行为相关的财物收归国有的制裁。没收范围包括违法所得和非法财物。违法所得是指公民、法人及其他组织通过违法行为所获得的收益。非法财物是指违法行为人所占有的违禁品和实施违法行为的工具、物品等。

（三）暂扣许可证件、降低资质等级、吊销许可证件

暂扣许可证件、降低资质等级、吊销许可证件都属于资格罚。吊销许可证是对违法者从事某种活动的权利或享有的某种资格的取消；而暂扣许可证，则是中止行为人从事某项活动的资格，待行为人改正以后或经过一定期限以后，再发还许可证、有关证书或执照。所谓降低资质等级，是对行政相对人（违法行为人）已有的资格进行的处罚，从而达到一种限制行政相对人实施某种行为的目的。一般是指是指行政机关经过对公司、企业的检查，发现该公司、企业不再符合原定等级，而降低其资质等级的处罚方式。这种处罚方式不仅对企业的声誉有较大影响，而且会直接影响其营业活动和经济效益。

（四）限制开展生产经营活动、责令停产停业、责令关闭、限制从业

限制开展生产经营活动、责令停产停业、责令关闭、限制从业都属于行为罚，是行政机关禁止或限制违法行为人从事某种行业、职业；或者责令其在一定期限内停止营业；或者责令其永久关闭，不再允许其存在的处罚。

限制开展生产经营活动主要针对公司企业，限制一般附有期限，也有永久性的。限制从业一般针对个人，比如对于严重违法的医生可以禁止其从事与医药有关的职业。责令关闭是一种很重的行政处罚，比如人民政府对于严重污染环境的企事业单位，依法作出决定，命令其关闭。

责令停产停业是指在停产停业期间，受处罚的当事人不得进行生产、作业或者工作，但法律资格并没有剥夺，在其符合法律、法规和规章规定的标准和要求以后，无须重新申请许可证或者营业执照就可以继续进行生产、作业或者工作。责令停产停业实际上是限制当事人已经具有的权能，这是责令停产停业与吊销许可证或者营业执照之间的本质区别。

（五）行政拘留

行政拘留是公安机关对违反治安管理的人在短期内剥夺其人身自由的一种强制性惩罚措施。由于行政拘留是行政处罚中最严厉的一种，因而法律对其适用作了严格的规定：

第一，在适用机关上，原则上只能由公安机关决定和执行。

第二，在适用对象上，如果行为人有下列情形之一，依法应当给予行政拘留处罚的，不执行行政拘留处罚：（1）已满14周岁不满16周岁的；（2）已满16周岁不满18周岁，初次违反治安管理的；（3）70周岁以上的；（4）怀孕或者哺乳自己不满1周岁婴儿的。

第三，在适用时间上，为1日以上，15日以下；有两种以上违反治安管理行为的，分别决定，合并执行。行政拘留处罚合并执行的，最长不超过20日。

第四，在适用程序上，必须经过传唤、讯问、取证、裁决、执行等程序。

（六）法律、行政法规规定的其他行政处罚

《行政处罚法》除以列举方式规定了上述五种行政处罚外，考虑到这五种行政处罚可能不足以处罚行政违法行为，又授权法律和行政法规这两种全国性的法律文件可以创设以上五种行政处罚以外的其他行政处罚。目前，由法律和行政法规新创设的行政处罚包括驱逐出境、撤销注册商标、暂停报关执业、撤销海关注册登、停产整治等。

四、行政处罚的设定

行政处罚设定是指有关国家机关依法在法律、法规、行政规章中创设行政处罚的活动。行政处罚设定权属于立法权，是一种创设行政处罚的权力，是国家机关依据法定权限和法定程序，认定违法行为性质、创设行政处罚种类、确定行政处罚幅度之权力。根据《行政处罚法》的规定，法律、行政法规、地方性法规、行政规章可以设定行政处罚，其他规范性文件不得设定行政处罚。具体法律规范的设定权限如下：

（一）法律的设定权

法律有权根据需要设定任何一种行政处罚，并且限制人身自由的行政处罚只能由法律设定。

（二）行政法规的设定权

行政法规可以设定除限制人身自由以外的行政处罚。

法律对违法行为已经作出行政处罚规定，行政法规需要作出具体规定的，必须在法律规定的给予行政处罚的行为、种类和幅度的范围内规定。

法律对违法行为未作出行政处罚规定，行政法规为实施法律，可以补充设定行政处罚。拟补充设定行政处罚的,应当通过听证会、论证会等形式广泛听取意见,并向制定机关作出书面说明。行政法规报送备案时,应当说明补充设定行政处罚的情况。

(三)地方性法规的设定权

地方性法规可以设定除限制人身自由、吊销营业执照以外的行政处罚。

法律、行政法规对违法行为已经作出行政处罚规定,地方性法规需要作出具体规定的,必须在法律、行政法规规定的给予行政处罚的行为、种类和幅度的范围内规定。

法律、行政法规对违法行为未作出行政处罚规定,地方性法规为实施法律、行政法规,可以补充设定行政处罚。拟补充设定行政处罚的,应当通过听证会、论证会等形式广泛听取意见,并向制定机关作出书面说明。地方性法规报送备案时,应当说明补充设定行政处罚的情况。

(四)行政规章的设定权

国务院部门规章可以在法律、行政法规规定的给予行政处罚的行为、种类和幅度的范围内作出具体规定。尚未制定法律、行政法规的,国务院部门规章对违反行政管理秩序的行为,可以设定警告、通报批评或者一定数额罚款的行政处罚。罚款的限额由国务院规定。

地方政府规章可以在法律、法规规定的给予行政处罚的行为、种类和幅度的范围内作出具体规定。尚未制定法律、法规的,地方政府规章对违反行政管理秩序的行为,可以设定警告、通报批评或者一定数额罚款的行政处罚。罚款的限额由省、自治区、直辖市人民代表大会常务委员会规定。

除法律、行政法规、地方性法规和规章外,其他规范性文件一律不得设定行政处罚。

第二节 行政处罚的管辖与适用

一、行政处罚的实施主体

行政处罚的实施主体是指根据法定职权或行政机关的委托实施行政处罚的组织,包括国家行政机关、法律法规授权的组织以及受委托的组织。需要明确的是,行政处罚实施主体不等同于行政处罚主体,行政处罚主体是依法享有行政处罚权,并能承担相应法律后果的组织,包括国家行政机关和法律法规授权的组织,而受委托的组织是行政处罚的实施主体,但并不是行政处罚主体。据此,行政处罚的实施主体包括:

(一)行政机关

国家行政机关是最主要的行政处罚实施主体,但国家行政机关行使行政处罚权必须符合法律的要求。首先,不是所有的行政机关都有行政处罚权,只有依据法律规定或国务院授权的行政机关才有行政处罚权;其次,具有行政处罚权的行政机关只能在法定职权范围内实施行政处罚,即行政机关只能对自己主管业务内违反行政管理秩序的行为给予行政处罚。行政机关给予违法行为人什么种类、多大幅度的处罚权限,要严格依照法律的规定。

(二)综合执法机关

为了解决现实中行政机关权限不清、职能交叉而出现的多头处罚和滥施处罚的现象,《行政处罚法》第18条规定:"国家在城市管理、市场监管、生态环境、文化市场、交通运输、应急管理、农业等领域推行建立综合行政执法制度,相对集中行政处罚权。国务院或者省、自治区、直辖市人民政府可以决定一个行政机关行使有关行政机关的行政处罚权。限制人身自由的行政处罚权只能由公安机关和法律规定的其他机关行使。"将原来由几个行政机关分别行使管理权的管理领域统一由一个行政机关管理并对违法行为进行处罚,由此设立的机构就是综合执法机关。相对集中行使行政处罚权,其一般隶属县级以上地方人民政府。相对集中行使行政处罚权应遵循下列基本要求:(1)必须发生在综合管理领域,如城市管理、市场管理等领域,这些领域的行政管理权交叉现象比较突出,相对集中行使行政处罚权有利于减少冲突,降低执法成本,提高行政效率;(2)不能违背专属处罚权的权限分工,如限制人身自由的行政处罚只能由公安机关和法律规定的其他机关行使;(3)必须报经特定行政机关审批,有权进行审批的只能是国务院或省级人民政府。

(三)法律、法规授权的组织

作为行政机关行使行政处罚权的例外和补充,某些组织在法定条件下可以成为实施行政处罚的主体。能够被法律、法规授权的组织应具有一定的管理公共事务的职能。被授权组织在法定授权范围内行使行政处罚权,并且独立承担相应的法律责任。

（四）行政机关委托的组织

行政机关依照法律、法规或者规章的规定，可以在其法定权限内委托符合一定条件的组织实施行政处罚。行政机关不得委托其他组织或者个人实施行政处罚。委托行政机关对受委托的组织实施行政处罚的行为应当负责监督，并对该行为的后果承担法律责任。受委托组织在委托范围内，以委托行政机关名义实施行政处罚；不得再委托其他任何组织或者个人实施行政处罚。委托机关必须书面委托受委托组织实施行政处罚。委托书应当载明委托的具体事项、权限、期限等内容。委托行政机关和受委托组织应当将委托书向社会公布。

受委托组织必须符合以下条件：

（1）依法成立并具有管理公共事务职能；

（2）有熟悉有关法律、法规、规章和业务并取得行政执法资格的工作人员；

（3）需要进行技术检查或者技术鉴定的，应当有条件组织进行相应的技术检查或者技术鉴定。

二、行政处罚的管辖

行政处罚的管辖是指行政主体对违法案件实施处罚的权限分工。行政处罚的管辖包括如下几种：

（一）级别管辖

级别管辖是指不同级别的行政主体对违法行为在处罚上的权限和分工。行政处罚由县级以上地方人民政府具有行政处罚权的行政机关管辖。法律、行政法规另有规定的，从其规定。

省、自治区、直辖市根据当地实际情况，可以决定将基层管理迫切需要的县级人民政府部门的行政处罚权交由能够有效承接的乡镇人民政府、街道办事处行使，并定期组织评估。决定应当公布。承接行政处罚权的乡镇人民政府、街道办事处应当加强执法能力建设，按照规定范围、依照法定程序实施行政处罚。有关地方人民政府及其部门应当加强组织协调、业务指导、执法监督，建立健全行政处罚协调配合机制，完善评议、考核制度。

（二）地域管辖

地域管辖是不同地区的行政主体间对违法行为在行政处罚上的权限和分工。我国《行政处罚法》规定了地域管辖的原则，行政处罚由违法行为发生地的行政机关管辖。法律、行政法规、部门规章另有规定的，从其规定。

（三）职权管辖

职权管辖是指具有不同职能的行政主体之间在行政处罚上的权限和分工。行政主体的行政处罚权应与其法定的行政管理事项相一致，不能超出其法定的事务权限范围。《行政处罚法》规定，行政处罚由"有行政处罚权的行政机关管辖"，明确了行政处罚的职能管辖。

（四）指定管辖

指定管辖是指在管辖权发生争议时，上级行政机关以决定的方式将行政处罚案件指定给下级行政机关管辖。管辖权争议包括积极争议和消极争议。我国《行政处罚法》规定，两个以上行政机关都有管辖权的，由最先立案的行政机关管辖。对管辖发生争议的，应当协商解决，协商不成的，报请共同的上一级行政机关指定管辖；也可以直接由共同的上一级行政机关指定管辖。

三、行政处罚的适用

行政处罚的适用是指行政处罚实施主体对行政违法案件通过调查核实，具体运用行政处罚法规范，决定是否给予违法行为人处罚以及如何处罚的活动。

行政处罚实施主体在行政处罚适用过程中，应当在事实与证据的基础上，区别不同情形，依法作出不同的处罚决定。

（一）不予处罚

不予处罚是指因有法律、法规所规定的法定事由存在，行政机关对某些形式上虽违法但实质上不应当承担违法责任的人不适用行政处罚。根据《行政处罚法》规定，如下情形不予处罚：

第一，不具有责任能力的人违法，不予处罚。包括：

（1）不满十四周岁的未成年人有违法行为的，不予行政处罚，责令监护人加以管教；

（2）精神病人、智力残疾人在不能辨认或者不能控制自己行为时有违法行为的，不予行政处罚，但应当责令其监护人严加看管和治疗。

第二、违法行为轻微并及时改正，没有造成危害后果的，不予行政处罚。

第三、初次违法且危害后果轻微并及时改正的，可以不予行政处罚。

第四、当事人有证据足以证明没有主观过错的，不予行政处罚。法律、行政法规另有规定的，从其规定。

第五、违法行为已超过追究时效的。

（二）从轻或减轻处罚

从轻处罚是指行政机关在法定的处罚方式和处罚幅度内，对行政违法行为人在几种可能的处罚方式内选择较低的处罚方式，或者在一种处罚方式下在允许的幅度内选择幅度的较低限进行处罚。当然，从轻处罚也不是绝对要适用最轻的处罚方式，更不是一定要在幅度最低限进行处罚，行政机关要综合考虑其他违法情节，同时针对违法者的具体情况，如是否属于未成年人，是否有受他人胁迫实施违法行为的因素，违法后是否主动消除、减轻违法行为的危害后果或者配合行政机关查处违法行为，是否有立功表现，等等，作出如何从轻处罚的具体决定。减轻处罚是指行政机关在法定的处罚方式和处罚幅度最低限以下，对违法行为人适用行政处罚。在处罚的程度上，它介于从轻处罚和免于处罚之间。具体来说，减轻处罚有两种情况：一种情况是行政机关在法定的处罚方式以下对违法者实施处罚。另一种情况是行政机关在法定的处罚幅度最低限以下实施处罚。

《行政处罚法》规定了当事人在几种情况下行政机关可以依法给予从轻处罚或者减轻处罚：

（1）当事人有下列情形之一，应当从轻或者减轻行政处罚：①主动消除或者减轻违法行为危害后果的；②受他人胁迫或者诱骗实施违法行为的；③主动供述行政机关尚未掌握的违法行为的；④配合行政机关查处违法行为有立功表现的；⑤法律、法规、规章规定其他应当从轻或者减轻行政处罚的。

（2）已满14周岁不满18周岁的未成年人有违法行为的，应当从轻或者减轻行政处罚。

（3）间歇性精神病人在精神正常时有违法行为的，应当给予行政处罚。尚未完全丧失辨认或者控制自己行为能力的精神病人、智力残疾人有违法行为的，可以从轻或者减轻行政处罚。

（三）从重处罚

从重处罚是指行政机关在法定的处罚方式和幅度内，对行政违法行为人在数种处罚方式中选择较严厉的处罚方式或者在某一处罚方式允许的幅度内选择上限或者接近于上限进行的处罚。我国《行政处罚法》只规定了一种从重处罚情形，即发生重大传染病疫情等突发事件，为了控制、减轻和消除突发事件引起的社会危害，行政机关对违反突发事件应对措施的行为，依法快速、从重处罚。

但需要指出的是，对行政违法行为从重处罚，必须是在法律、法规规定的种类和幅度内进行，超过法定范围的从重处罚是不允许的。

四、其他适用制度

（一）责令改正

行政机关实施行政处罚时，应当责令当事人改正或者限期改正违法行为。行政处罚的目的是纠正违法行为、教育警戒违法行为人不再重新违法，以达到维护良好社会秩序的目标。因此，行政机关实施行政处罚时，应当制止当事人的违法行为，并责令其改正违法行为。

（二）一事不再罚原则

对当事人的同一个违法行为，不得给予两次以上罚款的行政处罚。同一个违法行为违反多个法律规范应当给予罚款处罚的，按照罚款数额高的规定处罚。

（三）追究时效

违法行为在2年内未被发现的，不再给予行政处罚；涉及公民生命健康安全、金融安全且有危害后果的，上述期限延长至5年。法律另有规定的除外。以上规定的期限，从违法行为发生之日起计算；违法行为有连续或者继续状态的，从行为终了之日起计算。

（四）行刑折抵

违法行为构成犯罪，人民法院判处拘役或者有期徒刑时，行政机关已经给予当事人行政拘留的，应当依法折抵相应刑期。违法行为构成犯罪，人民法院判处罚金时，行政机关已经给予当事人罚款的，应当折抵相应罚金；行政机关尚未给予当事人罚款的，不再给予罚款。

（五）溯及力问题

我国行政处罚法关于溯及力问题，采取了从旧兼从轻原则。即实施行政处罚，适用违法行为发生时的法律、法规、规章的规定。但是，作出行政处罚决定时，法律、法规、规章已被修改或者废止，且新的规定处罚较轻或者不认为是违法的，适用新的规定。

（六）行政处罚无效

（1）行政处罚没有依据或者实施主体不具有行政主体资格的，行政处罚无效。

（2）违反法定程序构成重大且明显违法的，行政处罚无效。

第三节　行政处罚程序

行政处罚程序，是指行政处罚主体在实施行政处罚过程中要遵循的步骤和方式的总和。

一、一般规定

（一）公示公开制度

行政处罚的实施机关、立案依据、实施程序和救济渠道等信息应当公示。

具有一定社会影响的行政处罚决定应当依法公开。公开的行政处罚决定被依法变更、撤销、确认违法或者确认无效的，行政机关应当在3日内撤回行政处罚决定信息并公开说明理由。

（二）电子监控要求

（1）行政机关依照法律、行政法规规定利用电子技术监控设备收集、固定违法事实的，应当经过法制和技术审核，确保电子技术监控设备符合标准、设置合理、标志明显，设置地点应当向社会公布。

（2）电子技术监控设备记录违法事实应当真实、清晰、完整、准确。行政机关应当审核记录内容是否符合要求；未经审核或者经审核不符合要求的，不得作为行政处罚的证据。

（3）行政机关应当及时告知当事人违法事实，并采取信息化手段或者其他措施，为当事人查询、陈述和申辩提供便利。不得限制或者变相限制当事人享有的陈述权、申辩权。

（三）执法人员要求

行政处罚应当由具有行政执法资格的执法人员实施。执法人员不得少于两人，法律另有规定的除外。执法人员应当文明执法，尊重和保护当事人合法权益。

（四）回避制度

执法人员与案件有直接利害关系或者有其他关系可能影响公正执法的，应当回避。当事人认为执法人员与案件有直接利害关系或者有其他关系可能影响公正执法的，有权申请回避。当事人提出回避申请的，行政机关应当依法审查，由行政机关负责人决定。决定作出之前，不停止调查。

（五）罚前告知与陈述申辩制度

（1）行政机关在作出行政处罚决定之前，应当告知当事人拟作出的行政处罚内容及事实、理由、依据，并告知当事人依法享有的陈述、申辩、要求听证等权利。

（2）当事人有权进行陈述和申辩。行政机关必须充分听取当事人的意见，对当事人提出的事实、理由和证据，应当进行复核；当事人提出的事实、理由或者证据成立的，行政机关应当采纳。行政机关不得因当事人陈述、申辩而给予更重的处罚。

（六）证据要求

行政处罚的证据包括：（1）书证；（2）物证；（3）视听资料；（4）电子数据；（5）证人证言；（6）当事人的陈述；（7）鉴定意见；（8）勘验笔录、现场笔录。

证据必须经查证属实，方可作为认定案件事实的根据。以非法手段取得的证据，不得作为认定案件事实的根据。

（七）全过程记录制度

行政机关应当依法以文字、音像等形式，对行政处罚的启动、调查取证、审核、决定、送达、执行等进行全过程记录，归档保存。

二、简易程序

简易程序，又叫当场处罚程序，是指行政处罚主体针对事实清楚、情节简单、后果轻微的行政违法行为，当场作出行政处罚决定应遵循的程序。根据《行政处罚法》第51条的规定，适用简易程序必须符合下列三个条件：第一，违法事实确凿。这主要是指案情简单、事实清楚、证据确凿，无须进一步调查取证；第二，对该违法行为进行处罚有明确、具体的法定依据；第三，处罚较为轻微，适用于对公民给予200元以下，对法人或者其他组织给予3000元以下罚款或者警告的行政处罚的，才能适用简易程序。对公民、法人或者其他组织给予超出限额罚款或者其他种类的行政处罚，只能按一般程序办理，不能适用简易程序。

根据《行政处罚法》第52条的规定，适用简易程序应遵循以下程序：执法人员当场作出行政处罚决定的，应当向当事人出示执法身份证件；告知作出行政处罚决定的事实、理由和依据，并听取当事人的陈述和申辩；填写预定格式、编有号码的行政处罚决定书。行政处罚决定书应当场交付当事人。行政处罚决定书应当载明当事人的违法行为、行政处罚依据、罚款数额、时间、地点以及行政机关名称，并由执法人员签名或者盖章；执法人员当场作出的行政处罚决定，必须报所属行政机关备案。当事人对当场作出的行政处罚决定不服的，可以依法申请行政复议或提起行政诉讼。

三、普通程序

普通程序是行政处罚主体实施行政处罚的基本程序。除了可以适用简易程序当场作出行政处罚决定外，行政处罚主体都应当按照普通程序作出行政处罚决定。普通程序包括立案、调查取证、处罚决定的作出和处罚决定书的交付、送达等内容。行政处罚普通程序的具体内容如下：

（一）立案

立案是行政处罚主体将所发现的、应当追究法律责任的违法活动予以登记并确立为应受到调查处理的案件的活动。立案标志着行政处罚普通程序的开始。立案的来源有多种渠道，如现场发现违法行为、群众举报、受害人控告揭发、上级机关交办等。立案应在法定期限内，填写专门格式的立案报告表，并由本机关负责人批准。

（二）调查取证

调查和取证是行政机关对于立案处理的案件，为查明案情、收集证据而依法定程序进行的专门活动，是行政处罚的核心程序。调查取证应当遵循全面、客观、公正的原则。执法人员在调查或者进行检查时，应当主动向当事人或者有关人员出示执法证件。当事人或者有关人员有权要求执法人员出示执法证件。执法人员不出示执法证件的，当事人或者有关人员有权拒绝接受调查或者检查。当事人或者有关人员应当如实回答询问，并协助调查或者检查，不得拒绝或者阻挠。询问或者检查应当制作笔录。行政机关在收集证据时，可以采取抽样取证的方法；在证据可能灭失或者以后难以取得的情况下，经行政机关负责人批准，可以先行登记保存，并应当在7日内及时作出处理决定，在此期间，当事人或者有关人员不得销毁或者转移证据。

（三）说明理由并告知权利

作出处罚决定之前，行政处罚主体应当将拟作出的行政处罚决定的事实、理由和依据告知行政相对人，并告知相对人依法享有的权利。

（四）听取当事人的陈述和申辩

行政机关及其执法人员在作出行政处罚决定之前，不依照行政处罚法的规定向当事人告知给予行政处罚的事实、理由和依据，或者拒绝听取当事人的陈述、申辩，不得作出行政处罚决定；当事人放弃陈述或者申辩权利的除外。对当事人的陈述和申辩，行政机关必须认真听取，对当事人陈述和申辩中提出的事实、理由和证据应当进行复核，当事人提出的事实、理由或证据成立的，行政机关应当采纳。

（五）作出处理决定

调查终结，行政机关负责人应当对调查结果进行审查，根据不同情况，分别作出如下决定：

（1）确有应受行政处罚的违法行为的，根据情节轻重及具体情况，作出行政处罚决定；

（2）违法行为轻微，依法可以不予行政处罚的，不予行政处罚；

（3）违法事实不能成立的，不予行政处罚；

（4）违法行为涉嫌犯罪的，移送司法机关。

对情节复杂或者重大违法行为给予行政处罚，行政机关负责人应当集体讨论决定。

（六）法制审核

有下列情形之一，在行政机关负责人作出行政处罚的决定之前，应当由从事行政处罚决定法制审核的人员进行法制审核；未经法制审核或者审核未通过的，不得作出决定：

（1）涉及重大公共利益的；

（2）直接关系当事人或者第三人重大权益，经过听证程序的；

（3）案件情况疑难复杂、涉及多个法律关系的；

（4）法律、法规规定应当进行法制审核的其他情形。

（七）制作行政处罚决定书并送达

行政处罚决定书应当载明下列事项：

（1）当事人的姓名或者名称、地址；

（2）违反法律、法规、规章的事实和证据；

（3）行政处罚的种类和依据；

（4）行政处罚的履行方式和期限；

（5）申请行政复议、提起行政诉讼的途径和期限；

（6）作出行政处罚决定的行政机关名称和作出决定的日期。

行政处罚决定书必须盖有作出行政处罚决定的行政机关的印章。

行政机关应当自行政处罚案件立案之日起 90 日内作出行政处罚决定。法律、法规、规章另有规定的，从其规定。

行政处罚决定书应当在宣告后当场交付当事人；当事人不在场的，行政机关应当在 7 日内依照《民事诉讼法》的有关规定，将行政处罚决定书送达当事人。当事人同意并签订确认书的，行政机关可以采用传真、电子邮件等方式，将行政处罚决定书等送达当事人。

四、听证程序

听证程序是行政处罚程序中的一种特殊程序，是行政主体在作出行政处罚决定前，组织调查人员、案件当事人和利害关系人参加听证会，听取各方面的意见，由各方提供证据并相互质证的活动。其目的是保证行政处罚的公正、合理，能更好地保护相对人的合法权益。听证程序适用于处理案件较复杂或者较重大的违法行为，应处以较重的行政处罚的行政违法案件。

（一）听证范围

根据《行政处罚法》第 63 条规定，行政机关拟作出下列行政处罚决定，应当告知当事人有要求听证的权利，当事人要求听证的，行政机关应当组织听证：

（1）较大数额罚款；

（2）没收较大数额违法所得、没收较大价值非法财物；

（3）降低资质等级、吊销许可证件；

（4）责令停产停业、责令关闭、限制从业；

（5）其他较重的行政处罚；

（6）法律、法规、规章规定的其他情形。

（二）听证步骤和要求

听证依照以下程序组织：

（1）当事人要求听证的，应当在行政机关告知后 5 日内提出；

（2）行政机关应当在举行听证的 7 日前，通知当事人及有关人员听证的时间、地点；

（3）除涉及国家秘密、商业秘密或者个人隐私依法予以保密外，听证公开举行；

（4）听证由行政机关指定的非本案调查人员主持；当事人认为主持人与本案有直接利害关系的，有权申请回避；

（5）当事人可以亲自参加听证，也可以委托1~2人代理；

（6）当事人及其代理人无正当理由拒不出席听证或者未经许可中途退出听证的，视为放弃听证权利，行政机关终止听证；

（7）举行听证时，调查人员提出当事人违法的事实、证据和行政处罚建议，当事人进行申辩和质证；

（8）听证应当制作笔录。笔录应当交当事人或者其代理人核对无误后签字或者盖章。当事人或者其代理人拒绝签字或者盖章的，由听证主持人在笔录中注明。

（三）注意问题

（1）当事人不承担行政机关组织听证的费用。

（2）听证结束后，行政机关应当根据听证笔录，作出决定。

五、行政处罚的执行

行政处罚的执行是指行政处罚决定作出并生效后，通过受处罚相对人的自觉履行或行政主体的强制执行，以实现行政处罚决定内容的活动。

（一）一般规定

（1）行政处罚决定依法作出后，当事人应当在行政处罚决定书载明的期限内，予以履行。当事人确有经济困难，需要延期或者分期缴纳罚款的，经当事人申请和行政机关批准，可以暂缓或者分期缴纳。

（2）当事人应当自收到行政处罚决定书之日起15日内，到指定的银行或者通过电子支付系统缴纳罚款。银行应当收受罚款，并将罚款直接上缴国库。

（3）作出罚款决定的行政机关应当与收缴罚款的机构分离。原则上作出行政处罚决定的行政机关及其执法人员不得自行收缴罚款。

（二）当场收缴罚款

根据罚缴相分离原则，行政执法人员一般不能自行收缴罚款。这一原则也有例外，在存在以下情况时可以当场收缴罚款：

（1）适用简易程序处罚的，有下列情形之一，执法人员可以当场收缴罚款：①依法给予100元以下罚款的；②不当场收缴事后难以执行的。

（2）适用简易程序和普通程序处罚的，在边远、水上、交通不便地区，当事人到指定的银行或者通过电子支付系统缴纳罚款确有困难，经当事人提出，行政机关及其执法人员可以当场收缴罚款。

行政机关及其执法人员当场收缴罚款的，必须向当事人出具国务院财政部门或者省、自治区、直辖市人民政府财政部门统一制发的专用票据；不出具财政部门统一制发的专用票据的，当事人有权拒绝缴纳罚款。执法人员当场收缴的罚款，应当自收缴罚款之日起2日内，交至行政机关；在水上当场收缴的罚款，应当自抵岸之日起2日内交至行政机关；行政机关应当在2日内将罚款缴付指定的银行。

（三）执行保障

行政处罚相对人无正当理由不履行行政处罚决定的，作出行政处罚决定的行政机关可以采取以下措施：（1）到期不缴纳罚款的，每日按罚款数额的3%加处罚款，加处罚款的数额不得超出罚款的数额；（2）根据法律规定，将查封、扣押的财物拍卖、依法处理或者将冻结的存款、汇款划拨抵缴罚款；（3）根据法律规定，采取其他行政强制执行方式；（4）依照《中华人民共和国行政强制法》的规定申请人民法院强制执行。

（四）特别规定

（1）当事人对行政处罚决定不服，申请行政复议或者提起行政诉讼的，行政处罚不停止执行，法律另有规定的除外。

（2）当事人对限制人身自由的行政处罚决定不服，申请行政复议或者提起行政诉讼的，可以向作出决定的机关提出暂缓执行申请。符合法律规定情形的，应当暂缓执行。

（3）当事人申请行政复议或者提起行政诉讼的，加处罚款的数额在行政复议或者行政诉讼期间不予计算。

（4）除依法应当予以销毁的物品外，依法没收的非法财物必须按照国家规定公开拍卖或者按照国家有关规定处理。罚款、没收的违法所得或者没收非法财物拍卖的款项，必须全部上缴国库，任何行政机关或者个人不得以任何形式截留、私分或者变相私分。

（5）罚款、没收的违法所得或者没收非法财物拍卖的款项，不得同作出行政处罚决定的行政机关及其工作人员的考核、考评直接或者变相挂钩。除依法应当退还、退赔的外，财政部门不得以任何形式向作出行政处罚决定的行政机关返还罚款、没收的违法所得或者没收非法财物拍卖的款项。

第九章　行政强制

本章导读：本章主要介绍了我国《行政强制法》的内容，分析了我国行政强制的基本理论和行政强制的基本制度，重点阐释了行政强制措施和行政强制执行制度。

第一节　行政强制概述

一、行政强制的概念与特征

行政强制是指为实现行政管理目标，对于在行政管理过程中行政相对人的违法行为或者义务不履行行为，由行政机关对行政相对人的人身或财产采取的强制行为。

（一）行政强制目的特定化

行政强制的目的是为实现一定的行政目的，保障行政管理的顺利进行，维护公共利益和社会秩序，保护国家、社会和他人的合法权益免受侵害。

（二）实施主体的特殊性

行政行为的主体应当是行政主体，即行政机关和法律、法规授权的组织。但是行政强制的主体却存在特殊性。根据我国《行政强制法》的规定，行政强制措施由行政主体实施。行政强制执行由法定的行政机关实施。如果行政机关没有强制执行权，那么只能申请人民法院执行。因此，行政强制执行的实施主体包括行政机关和人民法院。但是行政强制的主体并不因此变成人民法院，行政强制也不改变其行政的性质。

（三）行政强制的侵益性

行政强制的对象是行政相对人的人身或者财物，是对行政相对人身自由权、财产权的限制或者剥夺，因此具有侵益性。所以，行政强制权必须要依法行使，确实保障公民、法人或者其他组织的合法权益。

（四）实施前提的特定性

实施行政强制行为，必须具有一定的前提条件。行政强制措施的前提条件是行政相对人存在违反义务的行为或者情况紧急，为了制止违法行为、防止证据损毁、避免危害发生、控制危险扩大等情形才得采取。行政强制执行的前提是行政相对人不履行行政决定所确定的义务，为了实现行政决定的内容方得实施。

二、行政强制的种类

行政强制的理论有很多纷争。在我国《行政强制法》出台之前，对于行政强制的概念和种类的讨论更是众说纷纭。有的认为行政强制和行政强制执行属于平行概念，而不是种属概念，并且认为行政强制分为一般行政强制与即时行政强制，行政强制执行分为非诉行政强制执行与经过诉讼的强制执行。行政强制措施与行政强制执行措施分别是行政强制与行政强制执行的方法和手段。有的认为，行政强制分为行政强制措施、即时强制和行政强制执行等。

根据我国《行政强制法》规定，行政强制分为行政强制措施和行政强制执行两种，即时强制包含在以上两种之中。

行政强制措施是指行政机关在行政管理过程中，为制止违法行为、防止证据损毁、避免危害发生、控制危险扩大等情形，依法对公民的人身自由实施暂时性限制，或者对公民、法人或者其他组织的财物实施暂时性控制的行为。行政强制执行是指行政机关或者行政机关申请人民法院，对不履行行政决定的公民、法人或者其他组织，依法强制履行义务的行为。二者的主要区别在于：

（一）实施前提不同

行政强制措施不以行政相对人存在法定义务为前提，注重的是对违法行为的制止。行政强制执行的前提必须是行政决定为行政相对人设定了义务，而行政相对人不履行相关义务。

（二）实施目的不同

行政强制措施的目的明确，是为制止违法行为、防止证据损毁、避免危害发生、控制危险扩大等。行政强制执行的目的是使具体行政行为确定的义务得以实现。

（三）实施主体不同

行政强制措施的实施主体仅限于行政主体。行政强制执行的实施主体既包括行政主体，也包括人民法院。

（四）实施程序不同

行政强制措施在紧急情况下可以实施，在一般情况下的实施程序也不同于行政强制执行的程序。行政强制执行实施程序分为行政主体的实施程序和申请人民法院实施的程序两类。

三、行政强制的基本原则

（一）行政强制法定原则

本原则是行政合法性原则在行政强制中的体现。这一原则要求行政强制的"设定和实施"应当依照法定的"权限、范围、条件和程序"。本原则要求行政强制的设定要符合法律规定；行政强制的实施也要合法。

（二）行政强制适当原则

行政强制的设定和实施应当适当、合理，应当符合比例原则。首先，设定行政强制应当适当。立法机关设定行政强制时，应当保持谨慎的态度，在维护公共秩序和保护公民权利之间掌握平衡。其次，实施行政强制应当适当。能不实施就不实施。查封、扣押、冻结的财物价值应当适当。选择适当的强制手段：当事人不依法履行行政决定时，应当优先使用非强制手段；行政机关应当优先使用间接强制手段（代履行、执行罚），在代履行和执行罚无法实现行政目的时，才适用直接强制执行；多种强制手段都可以实现行政目的，应当选择对当事人损害最小的方式，即符合"比例原则"的要求。

（三）教育与强制相结合原则

这一原则要求经教育能达到行政管理目的的，不再实施强制。在制作行政强制决定前要催告，实施行政强制时要说理；在催告或者实施前，只要当事人愿意自动履行的，应当立即停止强制执行；行政机关申请人民法院强制执行前，应当催告当事人履行义务。

（四）禁止利用行政强制权谋取利益原则

行政机关及其工作人员不得利用行政强制权为单位或者个人谋取利益。不得使用被查封、扣押的财产；不得收取保管费；收支两条线；合理确定代履行费用。

（五）权利保障原则

公民、法人或者其他组织对行政机关实施行政强制，享有陈述权、申辩权；有权依法申请行政复议或者提起行政诉讼；因行政机关违法实施行政强制受到损害的,有权依法要求赔偿。公民、法人或者其他组织因人民法院在强制执行中有违法行为或者扩大强制执行范围受到损害的,有权依法要求赔偿。

第二节 行政强制措施

一、行政强制措施的概念和特征

行政强制措施是指行政机关在行政管理过程中,为制止违法行为、防止证据损毁、避免危害发生、控制危险扩大等情形,依法对公民的人身自由实施暂时性限制,或者对公民、法人或者其他组织的财物实施暂时性控制的行为。行政强制措施有如下特征:

(一)强制性

行政强制措施是对行政相对人身体、财产进行直接的且重大的限制和侵害,当行政机关实施行政强制措施时,相对人负有容忍的义务,因而具有明显的强制性。

(二)主体法定性

《行政强制法》第17条规定:"行政强制措施由法律、法规规定的行政机关在法定职权范围内实施。行政强制措施权不得委托。"依据《行政处罚法》的规定行使相对集中行政处罚权的行政机关,可以实施法律、法规规定的与行政处罚权有关的行政强制措施。行政强制措施应当由行政机关具备资格的行政执法人员实施,其他人员不得实施。

(三)时限性

行政强制措施与其他行政强制行为最大的区别就在于时间上的紧急性,亦即为制止违法行为、防止证据损毁、避免危害发生、控制危险扩大等情形。同时,行政强制措施具有暂时性,不论是对人身自由的限制,还是对财产权的控制都是暂时的,都有时间限制。

(四)侵益性

根据《行政强制法》第2条第2款的规定,行政强制措施处分的是行政相对人的人身自由和财产,是对上述权利暂时性的限制或控制,具有明显的侵益性。

二、行政强制措施的种类

（一）法律规定

《行政强制法》第 9 条规定，行政强制措施的种类包括：

（1）限制公民人身自由。包括留置盘问、人身检查、强制隔离、强行驱散、保护性约束措施、立即拘留、强制搜查、强制治疗、现场管制等。

（2）查封场所、设施或者财物。查封是指在不转移财物控制权的情形下，检查后贴上封条，不准动用。其他法律法规还使用"封存""封闭""关闭使用场所"等词。

（3）扣押财物。扣押是将涉案物品转移至其他的地方封存，并不一定带回执法部门，可以由执法部门选择合适的地方存放，但是执法部门对扣押的物品负责。其他法律法规还使用"暂扣""扣留"等词。

（4）冻结存款、汇款。

（5）其他行政强制措施。这是兜底性规定，除前述四种，还有许多强制措施没有列举，如《专利法》规定的强制许可，《计量法》规定的强制检定，《动物防疫法》规定的"隔离、扑杀、销毁、消毒、紧急免疫接种"，《外汇管理条例》规定的强制收兑，等等。

（二）理论分类

在实践中，行政强制措施手段多种多样，理论上可以分为限制人身自由，处置财物，进入住宅、场所三类。

1. 限制人身自由

根据相关法律的规定，行政机关在特定情形下可以限制行政相对人的人身自由。一是行政相对人处于醉酒、精神病发作等状态，非管制不能避免行政相对人对其本人造成危害或对他人构成威胁；二是行政相对人意欲自杀，非管制不能保护其生命；三是行政相对人存在其他严重危害公共安全或他人人身安全的情形，非管制不足以预防或救护。

我国相关立法规定了多种限制人身自由的方式，如保护性约束措施、立即拘留、强制搜查、强制隔离、强制治疗、现场管制、强行驱散等。

2. 处置财物

行政机关在实施行政强制过程中，可以对相关财物依法进行处置，涉及所有权的四项权能，即行政机关可以对相关财物依法占有、使用、收益、处分。包括查封、扣押、冻结等。

3. 进入住宅、场所

当公民的生命、身体、财产有危险，非进入住宅、场所不能实施救护或不能制止危害行为时，显然有必要允许行政机关工作人员及时进入该住宅、场所采取一定措施。需要注意的是，及时进入公民住宅必须有法律明确的授权。

三、行政强制措施的设定

行政强制措施的设定是指有权主体通过制定法律、法规，规定对哪些行为可以采取何种强制措施。行政强制措施设定权属于立法权的范畴。

（一）法律可以设定各类行政强制措施

行政强制措施由法律设定。根据《行政强制法》的规定，行政强制措施属于法律保留的事项，行政强制权原则上由全国人大或全国人大常委会制定法律设定。通俗地说，法律不禁止公民做的就是公民的自由，法律未明确、具体设定行政强制权的，行政机关就不具有该项行政职权。通过法律直接设定行政强制权，既是实现行政机关其他行政职权的有效保障，也是对公民合法权益的有力保护。

（二）行政法规可以设定部分行政强制措施

在权利义务设定方面，法律的保留并不是绝对的。除了涉及公民基本权利必须由立法机关制定法律予以调整的事项以外，许多国家的立法机关都通过法律授予行政机关制定必要规则的权力。《行政强制法》第10条第2款规定："尚未制定法律，且属于国务院行政管理职权事项的，行政法规可以设定除本法第9条第1项、第4项和应当由法律规定的行政强制措施以外的其他行政强制措施。"即国务院可以通过制定行政法规来设定除限制公民人身自由和冻结存款、汇款之外的行政强制措施。

（三）地方性法规可以设定部分行政强制措施

《行政强制法》第10条第3款规定："尚未制定法律、行政法规，且属于地方性事务的，地方性法规可以设定本法第9条第2项、第3项的行政强制措施。"即地方人大及其常委会可以通过制定地方性法规来设定查封场所、设施或者财物和扣押财物两种行政强制措施。

（四）法律、法规以外的其他规范性文件不得设定行政强制措施

其他规范性文件一般包括两类：行政规章；行政规范性文件，主要是指由国

家机关制定的不属于立法，但又具有普遍约束力、能够反复适用的文件。以上规范性文件均不得设定任何种类的行政强制。

四、行政强制措施的实施程序

行政强制措施的实施程序是指行政机关遵循法定方式、步骤、时限和顺序等要求实施行政强制措施的连续过程。

（一）一般规定

1. 实施条件

行政机关履行行政管理职责，依照法律、法规的规定，实施行政强制措施。违法行为情节显著轻微或者没有明显社会危害的，可以不采取行政强制措施。即行政强制措施必须在行政管理过程中，在必要的情况下依法实施。

2. 实施主体

行政强制措施由法律、法规规定的行政机关在法定职权范围内实施。行政强制措施权不得委托。法律、行政法规授权的具有管理公共事务职能的组织在法定授权范围内，可以以自己的名义实施行政强制。依据《中华人民共和国行政处罚法》的规定行使相对集中行政处罚权的行政机关，可以实施法律、法规规定的与行政处罚权有关的行政强制措施。行政强制措施应当由行政机关具备资格的行政执法人员实施，其他人员不得实施。

（二）行政强制措施的一般程序

行政强制措施的一般程序，是指实施各种行政强制措施都应遵循的程序规定。《行政强制法》第18条规定："行政机关实施行政强制措施应当遵守下列规定：（1）实施前须向行政机关负责人报告并经批准；（2）由两名以上行政执法人员实施；（3）出示执法身份证件；（4）通知当事人到场；（5）当场告知当事人采取行政强制措施的理由、依据以及当事人依法享有的权利、救济途径；（6）听取当事人的陈述和申辩；（7）制作现场笔录；（8）现场笔录由当事人和行政执法人员签名或者盖章，当事人拒绝的，在笔录中予以注明；（9）当事人不到场的，邀请见证人到场，由见证人和行政执法人员在现场笔录上签名或者盖章；（10）法律、法规规定的其他程序。"

（三）行政强制措施的特别程序

1. 当场采取行政强制措施的要求

情况紧急，需要当场实施行政强制措施的，行政执法人员应当在24小时内向行政机关负责人报告，并补办批准手续。行政机关负责人认为不应当采取行政强制措施的，应当立即解除。

2. 限制人身自由的程序要求

依照法律规定实施限制公民人身自由的行政强制措施，除应当履行上述一般程序外，还应当遵守下列规定：（1）当场告知或者实施行政强制措施后立即通知当事人家属实施行政强制措施的行政机关、地点和期限；（2）在紧急情况下当场实施行政强制措施的，在返回行政机关后，立即向行政机关负责人报告并补办批准手续；（3）法律规定的其他程序；（4）实施限制人身自由的行政强制措施不得超过法定期限。实施行政强制措施的目的已经达到或者条件已经消失，应当立即解除。

（四）查封、扣押程序

1. 查封扣押的范围

《行政强制法》规定，查封、扣押限于涉案的场所、设施或者财物，不得查封、扣押与违法行为无关的场所、设施或者财物；不得查封、扣押公民个人及其所扶养家属的生活必需品。当事人的场所、设施或者财物已被其他国家机关依法查封的，不得重复查封。

2. 查封扣押的一般规定

行政机关决定实施查封、扣押的，应当履行《行政强制法》第18条规定的程序，制作并当场交付查封、扣押决定书和清单。

查封、扣押决定书应当载明下列事项：（1）当事人的姓名或者名称、地址；（2）查封、扣押的理由、依据和期限；（3）查封、扣押场所、设施或者财物的名称、数量等；（4）申请行政复议或者提起行政诉讼的途径和期限；（5）行政机关的名称、印章和日期。查封、扣押清单一式二份，由当事人和行政机关分别保存。

3. 查封、扣押的期限

查封、扣押的期限不得超过法定期限30日；情况复杂的，经行政主体负责人批准，可以延长（延长期限不得超过30日）。但是，法律、行政法规对期限另有规定的除外。延长查封、扣押的决定应当告知当事人，并说明理由。对物品需要进行检测、检验、检疫或者技术鉴定的，查封、扣押的期间不包括检测、检验、检疫或者技术鉴定的期间。检测、检验、检疫或者技术鉴定的期间应当明确，并书面告知当事人。检测、检验、检疫或者技术鉴定的费用由行政机关承担。

4. 查封、扣押的解除

有下列情形之一的，行政机关应当及时作出解除查封、扣押决定：（1）当事人没有违法行为；（2）查封、扣押的场所、设施或者财物与违法行为无关；（3）行政机关对违法行为已经作出处理决定，不再需要查封、扣押；（4）查封、扣押期限已经届满；（5）其他不再需要采取查封、扣押措施的情形。

5. 对查封、扣押物品的处置

（1）对查封、扣押的场所、设施或者财物，行政机关应当妥善保管，不得使用或者损毁；造成损失的，应当承担赔偿责任。对查封的场所、设施或者财物，行政机关可以委托第三人保管，第三人不得损毁或者擅自转移、处置。因第三人的原因造成的损失，行政机关先行赔付后，有权向第三人追偿。因查封、扣押发生的保管费用由行政机关承担。（2）行政机关采取查封、扣押措施后，应当及时查清事实，在法定期限内作出处理决定。对违法事实清楚，依法应当没收的非法财物予以没收；法律、行政法规规定应当销毁的，依法销毁；应当解除查封、扣押的，作出解除查封、扣押的决定。（3）解除查封、扣押应当立即退还财物；已将鲜活物品或者其他不易保管的财物拍卖或者变卖的，退还拍卖或者变卖所得款项。变卖价格明显低于市场价格，给当事人造成损失的，应当给予补偿。

（五）冻结程序

1. 冻结主体和范围

冻结存款、汇款应当由法律规定的行政机关实施，不得委托给其他行政机关或者组织；其他任何行政机关或者组织不得冻结存款、汇款。冻结存款、汇款的数额应当与违法行为涉及的金额相当；已被其他国家机关依法冻结的，不得重复冻结。法律规定以外的行政机关或者组织要求冻结当事人存款、汇款的，金融机构应当拒绝。

2. 程序规定

（1）实施前须向行政机关负责人报告并经批准；（2）由两名以上行政执法人员实施；（3）出示执法身份证件；（4）制作现场笔录；（5）向金融机构交付冻结通知书；（6）金融机构接到行政机关依法作出的冻结通知书后，应当立即予以冻结，不得拖延，不得在冻结前向当事人泄露信息；（7）依照法律规定冻结存款、汇款的，作出决定的行政机关应当在 3 日内向当事人交付冻结决定书。

3. 冻结期限

自冻结存款、汇款之日起 30 日内，行政机关应当作出处理决定或者作出解除冻结决定；情况复杂的，经行政机关负责人批准，可以延长，但是延长期限不得超过 30 日。法律另有规定的除外。延长冻结的决定应当及时书面告知当事人，并说明理由。

4. 解除冻结

有下列情形之一的，行政机关应当及时作出解除冻结决定：（1）当事人没有违法行为；（2）冻结的存款、汇款与违法行为无关；（3）行政机关对违法行为已经作出处理决定，不再需要冻结；（4）冻结期限已经届满；（5）其他不再需要采取冻结措施的情形。

行政机关作出解除冻结决定的，应当及时通知金融机构和当事人。金融机构接到通知后，应当立即解除冻结。行政机关逾期未作出处理决定或者解除冻结决定的，金融机构应当自冻结期满之日起解除冻结。

第三节 行政强制执行

一、行政强制执行的概念和特征

行政强制执行是指行政机关或者行政机关申请人民法院，对不履行行政决定的公民、法人或者其他组织，依法强制其履行义务的行为。行政强制执行是行政相对人不履行生效具体行政行为所确定的义务，行政机关或人民法院依职权强迫其履行该义务或达到与履行义务相同状态的行为。行政强制执行具有如下特征：

（一）行政强制执行以行政相对人逾期不履行义务为前提

如果行政相对人已主动履行了义务就不产生强制执行问题。只有在行政相对人逾期不履行具体行政行为确定的义务时，才有采取行政强制执行的可能与必要。不履行义务有两种情况：其一，继续从事已被明令禁止的行为，如已被责令停产停业，但义务人继续从事经营活动；其二，不履行必须以作为的方式积极履行的义务，如不缴纳应缴纳的税款。

（二）行政强制执行的目的是使具体行政行为确定的义务得以实现

行政强制执行实现的义务不限于行政处罚确定的义务，也可能是行政征收的义务或其他有给付义务的行政决定所确定的义务。行政强制执行不为行政相对人设定新的义务，而是使已设定的义务得以实现，为其他已经确定义务的具体行政行为得以实现提供保障。当然，行政强制执行必须以具体行政行为确定的义务为限，如不能超出范围划拨行政相对人所有的存款。

（三）行政强制执行的根据是生效的行政决定或称具体行政行为

有人认为行政强制执行的根据还包括抽象的行政法律规范，但从各国立法的趋势看，倾向于仅以具体行政行为为表现载体的行政决定为依据，不以抽象的法律规定为直接依据，因为将法律规范作为行政强制执行的直接依据，容易导致行政机关滥用权力，不利于保护行政相对人的合法权利。抽象的行政法律规范所确定的义务必须经具体行政行为才能转化为强制执行的依据。在实践中，行政强制执行的依据也均为具体行政行为，在《行政强制法》中称为行政决定。

（四）行政强制执行的实施主体是行政机关或人民法院

根据《行政诉讼法》第97条的规定，我国行政强制执行制度可以理解为以行政机关申请人民法院执行为原则、行政机关自行执行为例外，只有在法律、法规明确规定行政机关享有强制执行权时，行政机关才能自行强制执行。这是因为行政强制执行涉及相对人的人身和财产，为了保护相对人的利益，防止行政机关滥用权力，由人民法院执行更为合适。

二、行政强制执行的种类

（一）法律规定

《行政强制法》第12条规定，行政强制执行的方式包括：

（1）加处罚款或者滞纳金。这是间接强制的执行方式，属于执行罚。比如行政处罚法规定，行政相对人到期不交罚款，每日按罚款数额的3%加处罚款。

（2）划拨存款、汇款。这是直接强制方式，采用这种执行方式的行政机关，需要法律的明确授权。目前，行政机关划拨存款、汇款一般适用于税收、社保费征收等少数领域。

（3）拍卖或者依法处理查封、扣押的场所、设施或者财物。行政处罚法规定，采用此种执行方式，必须由法律规定。目前，《税收征收管理法》《海关法》以及《行政强制法》第46条规定了此执行方式。此外，行政机关拍卖财物必须委托拍卖机构依法拍卖。

（4）排除妨碍、恢复原状。如《道路交通安全法》第104条、《水法》第65条、《气象法》第35条规定了此执行方式。

（5）代履行。这是指行政机关依法作出要求当事人履行排除妨碍、恢复原状等义务的行政决定，当事人逾期不履行，经催告仍不履行，其后果已经或者将危害交通安全、造成环境污染或者破坏自然资源的，行政机关可以代履行，或者委托没有利害关系的第三人代履行，费用除法律另有规定外一般由当事人承担。

（6）其他强制执行方式。这是兜底性规定，除上述以外的其他执行方式，如《兵役法》规定的强制履行兵役。

（二）学理分类

以上行政强制执行方式在学理上可以分为间接强制和直接强制。

1. 间接强制执行

间接强制执行是指行政主体通过间接手段迫使义务人履行其应当履行的法定义务或者达到与履行义务相同状态的行政强制措施。间接强制包括代履行和执行罚。

2. 直接强制执行

直接强制执行是指义务人逾期不履行义务时，由执行机关直接采取强制措施，迫使其履行义务或达到与义务人履行义务相同的状态。直接强制是迫使义务人履行义务或达到与履行义务相同状态的最有效的方法，虽然有利于提高行政效率，但如果滥用则会直接侵害相对人的合法权益。

三、行政强制执行的设定

由于行政强制执行涉及公民的基本权利、义务，往往会剥夺或限制公民的人身权或财产权，所以，对行政强制职权的创设应当有严格的立法控制。《行政强制法》第13条明确规定，行政强制执行由法律设定。因此，有权设定强制执行的只有法律，其他任何规范性法律文件均不得设定行政强制执行。

四、行政机关强制执行程序

行政强制执行程序是执行机关在实施行政强制执行措施时所遵循的具体方式、步骤和过程的总和。严密的程序是行政强制执行合法性的重要保障。由于我国行政强制执行可分为行政机关实施的强制执行和人民法院实施的强制执行，二者在实施程序上存在一定差别。首先介绍行政机关实施强制执行的程序。

（一）一般程序

1. 催告程序

催告是指当事人不履行其义务时，行政机关通过法定形式向其发出通知，告知并催促其自觉履行，并告知其不自觉履行将产生的不利后果。催告应当以书面形式作出，催告书应载明四项内容：（1）履行义务的期限；（2）履行义务的方式；（3）涉及金钱给付的，应当有明确的金额和给付方式；（4）当事人依法享有的陈述权和申辩权。并不是所有强制执行都要经过催告，根据《行政强制法》的规定，无须催告的例外包括两种情形：第一，行政机关依法作出金钱给付义务的行政决定，当事人逾期不履行的，行政机关可以依法加处罚款或者滞纳金。加处罚款或者滞纳金的标准应当告知当事人。第二，需要立即清除道路、河道、航道或者公共场所的遗撒物、障碍物或者污染物，当事人不能清除的，行政机关可以决定立即实施代履行；当事人不在场的，行政机关应当在事后立即通知当事人，并依法作出处理。

2. 听取当事人的陈述和申辩

当事人收到催告书后有权进行陈述和申辩。行政机关应当充分听取当事人的意见，对当事人提出的事实、理由和证据，应当进行记录、复核。当事人提出的事实、理由或者证据成立的，行政机关应当采纳。在行政强制执行决定作出前，法律赋予当事人陈述权和申辩权，既为当事人提供了一次在行政执行程序中的救济机会，也为行政机关提供了发现并更正行政决定中可能存在的错误和瑕疵的机会，有利于防止行政机关单方面作出对当事人不利的决定，以充分保护当事人的合法权益。

3. 作出行政强制执行决定

根据《行政强制法》第37条的规定，行政强制执行决定作出应当具备三个条件：第一，行政机关已经履行了催告程序；第二，催告期限届满，当事人逾期仍不履行行政决定所确定的义务；第三，当事人逾期不履行行政义务且没有正当理由。强制执行决定应当以书面形式作出，并载明五项内容：（1）当事人的姓名或者名称、地址；（2）强制执行的理由和依据；（3）强制执行的方式和时间；（4）申请行政复议或者提起行政诉讼的途径和期限；（5）行政机关的名称、印章和日期。在催告期间，对有证据证明有转移或者隐匿财物迹象的，行政机关可以作出立即强制执行决定，而无须等待催告书中载明的履行义务的期限期满。这样规定是为了防止当事人将可供执行的财产转移或隐匿导致行政机关无法强制执行，从而给国家利益、社会公共利益和他人合法权益造成更大的损害。

4. 依法送达法律文书

催告书、行政强制执行决定书应当直接送达当事人。当事人拒绝接收或者无法直接送达当事人的，应当依照《中华人民共和国民事诉讼法》的有关规定送达。送达是行政机关依照法定的程序和方式将催告书、行政强制执行决定书送交当事人的单方行为。送达虽然只是一种通知行为，却是行政强制执行的必经程序。如果催告书和行政强制执行决定书无法以法定途径送达当事人，行政强制执行将无法展开。

5. 强制执行

如果行政相对人在限定期限内仍不自动履行具体行政行为所确定的义务，则行政机关可以采取强制手段执行，执行费用由被执行人承担。

（二）金钱给付义务的执行

（1）行政机关依法作出金钱给付义务的行政决定，当事人逾期不履行的，行政机关可以依法加处罚款或者滞纳金。加处罚款或者滞纳金的标准应当告知当事人。加处罚款或者滞纳金的数额不得超出金钱给付义务的数额。

（2）行政机关实施加处罚款或者滞纳金超过30日，经催告当事人仍不履行的，具有行政强制执行权的行政机关可以强制执行。

（3）没有行政强制执行权的行政机关应当申请人民法院强制执行。但是，当事人在法定期限内不申请行政复议或者提起行政诉讼，经催告仍不履行的，在实施行政管理过程中已经采取查封、扣押措施的行政机关，可以将查封、扣押的财物依法拍卖抵缴罚款。

（4）划拨存款、汇款应当由法律规定的行政机关决定，并书面通知金融机构。金融机构接到行政机关依法作出划拨存款、汇款的决定后，应当立即划拨。法律规定以外的行政机关或者组织要求划拨当事人存款、汇款的，金融机构应当拒绝。

（5）依法拍卖财物，由行政机关委托拍卖机构依照《中华人民共和国拍卖法》的规定办理。

（6）划拨的存款、汇款以及拍卖和依法处理所得的款项应当上缴国库或者划入财政专户。任何行政机关或者个人不得以任何形式截留、私分或者变相私分。

（三）代履行

1. 代履行的条件

行政机关依法作出要求当事人履行排除妨碍、恢复原状等义务的行政决定，当事人逾期不履行，经催告仍不履行，其后果已经或者将危害交通安全、造成环境污染或者破坏自然资源的，行政机关可以代履行，或者委托没有利害关系的第三人代履行。

2. 代履行程序

（1）代履行前送达决定书，代履行决定书应当载明当事人的姓名或者名称、地址，代履行的理由和依据、方式和时间、标的、费用预算以及代履行人；（2）代履行3日前，催告当事人履行，当事人履行的，停止代履行；（3）代履行时，作出决定的行政机关应当派员到场监督；（4）代履行完毕，行政机关到场监督的工作人员、代履行人和当事人或者见证人应当在执行文书上签名或者盖章；（5）代履行的费用按照成本合理确定，由当事人承担。但是，法律另有规定的除外。代履行不得采用暴力、胁迫以及其他非法方式。

3. 立即代履行

需要立即清除道路、河道、航道或者公共场所的遗洒物、障碍物或者污染物，当事人不能清除的，行政机关可以决定立即实施代履行；当事人不在场的，行政机关应当在事后立即通知当事人，并依法作出处理。

（四）特别规定

1. 中止执行

中止执行是指在程序上的暂行中断，在构成中止理由的事实消灭后，执行程序重新开始。《行政强制法》第39条规定："有下列情形之一的，中止执行：（1）当事人履行行政决定确有困难或者暂无履行能力的；（2）第三人对执行标的主张权利，确有理由的；（3）执行可能造成难以弥补的损失，且中止执行不损害公共利益的；（4）行政机关认为需要中止执行的其他情形。中止执行的情形消失后，行政机关应当恢复执行。对没有明显社会危害，当事人确无能力履行，中止执行满3年未恢复执行的，行政机关不再执行。"

2. 终结执行

终结执行是案件执行的完全结束，当事人权利和义务完全消灭。《行政强制法》第40条规定："有下列情形之一的，终结执行：（1）公民死亡，无遗产可供执行，又无义务承受人的；（2）法人或者其他组织终止，无财产可供执行，又无义务承受人的；（3）执行标的灭失的；（4）据以执行的行政决定被撤销的；（5）行政机关认为需要终结执行的其他情形。"

3. 执行回转

在执行中或者执行完毕后，据以执行的行政决定被撤销、变更，或者执行错误的，应当恢复原状或者退还财物；不能恢复原状或者退还财物的，依法给予赔偿。

4. 执行和解

《行政强制法》第42条规定："实施行政强制执行，行政机关可以在不损害公共利益和他人合法权益的情况下，与当事人达成执行协议。执行协议可以约定分阶段履行；当事人采取补救措施的，可以减免加处的罚款或者滞纳金。"达成执行协议的前提是：不损害公共利益和他人合法权益。达成执行协议后的三种处理方式：分阶段履行；减免加处的罚款或者滞纳金（采取补救措施）；恢复强制执行（不履行协议）。当事人不履行执行协议的，行政机关应当恢复强制执行。

5. 禁止性规定

《行政强制法》第43条规定："行政机关不得在夜间或者法定节假日实施行政强制执行。但是，情况紧急的除外。行政机关不得对居民生活采取停止供水、供电、供热、供燃气等方式迫使当事人履行相关行政决定。"这些针对行政机关的禁止性规定的目的在于确保行政强制执行的实施对于相对人的身心损害达到最小，或实现行政管理的目标不以影响当事人的基本生活为代价，是比例原则的具体体现。

五、申请人民法院行政强制执行程序

（一）申请和受理

1. 申请

当事人在法定期限内不申请行政复议或者提起行政诉讼，又不履行行政决定的，没有行政强制执行权的行政机关可以自期限届满之日起3个月内，依法申请人民法院强制执行。行政机关申请人民法院强制执行前，应当催告当事人履行义务。催告书送达10日后当事人仍未履行义务的，行政机关可以向所在地有管辖权的人民法院申请强制执行；执行对象是不动产的，向不动产所在地有管辖权的人民法院申请强制执行。行政机关的申请是人民法院强制执行的前提和第一个环节，人民法院只有在收到行政机关的执行申请后，才开始决定是否执行。行政机关申请强制执行时，必须向人民法院提交申请执行书、据以执行的行政处罚决定以及其他必须提交的材料。在申请执行书中，应说明要求强制执行的法律根据和事实根据、执行对象和执行标的等，以便接受司法机关的审查。

行政机关向人民法院申请强制执行，应当提供下列材料：（1）强制执行申请书；（2）行政决定书及作出决定的事实、理由和依据；（3）当事人的意见及行政机关催告情况；（4）申请强制执行标的情况；（5）法律、行政法规规定的其他材料。强制执行申请书应当由行政机关负责人签名，加盖行政机关的印章，并注明日期。

2. 受理

人民法院接到行政机关强制执行的申请，应当在 5 日内受理。行政机关对人民法院不予受理的裁定有异议的，可以在 15 日内向上一级人民法院申请复议，上一级人民法院应当自收到复议申请之日起 15 日内作出是否受理的裁定。

（二）审查和裁定

1. 审查

人民法院对行政机关强制执行的申请进行书面审查，对行政机关申请材料齐备合法，且行政决定具备法定执行效力的，除法律规定的情形外，人民法院应当自受理之日起 7 日内作出执行裁定。人民法院在收到行政机关的执行申请书及其他必备材料后，应从法律和事实两个方面进行审查。前者如行政处罚决定的内容是否合法，行政处罚决定是否已经产生执行力；后者如行政处罚决定据以处罚当事人的事实是否清楚等。经审查后，认为行政处罚决定正确，执行申请合法的，人民法院应立案并作出强制执行的裁定，并将裁定通知申请机关。

2. 裁定

人民法院发现有下列情形之一的，在作出裁定前可以听取被执行人和行政机关的意见：（1）明显缺乏事实根据的；（2）明显缺乏法律、法规依据的；（3）其他明显违法并损害被执行人合法权益的。

人民法院应当自受理之日起 30 日内作出是否执行的裁定。裁定不予执行的，应当说明理由，并在 5 日内将不予执行的裁定送达行政机关。

（三）对不予执行裁定的救济

行政机关对人民法院不予执行的裁定有异议的，可以自收到裁定之日起 15 日内向上一级人民法院申请复议，上一级人民法院应当自收到复议申请之日起 30 日内作出是否执行的裁定。

（四）立即执行

因情况紧急，为保障公共安全，行政机关可以申请人民法院立即执行。经人民法院院长批准，人民法院应当自作出执行裁定之日起 5 日内执行。

（五）执行费用

行政机关申请人民法院强制执行，不缴纳申请费。强制执行的费用由被执行人承担。人民法院以划拨、拍卖方式强制执行的，可以在划拨、拍卖后将强制执行的费用扣除。

第十章 行政征收

本章导读：由于我国没有专门的《行政征收法》，因此本章涉及的法律、法规较为庞杂，理论性和实践性也较强。本章主要介绍了我国的税收制度、行政收费制度和对不动产的征收制度，主要涉及法律、法规包括：《宪法》《税收征收管理法》《城市房地产管理法》《民法典》《土地管理法》《国有土地上房屋征收与补偿条例》等。

第一节 行政收费

一、行政征收概述

（一）行政征收的含义

由于我国没有专门的《行政征收法》或者《政府征收法》，因而在理论上对行政征收的含义及范围有一定的争议。传统的行政征收是指收费和征税。随着我国法治建设的不断进步，法律体系逐渐完善，《宪法》《民法典》《土地管理法》《城市房地产管理法》等法律都对征收作出了规定。

《宪法》第10条第3款规定："国家为了公共利益的需要，可以依照法律规定对土地实行征收或者征用并给予补偿。"第13条第3款规定："国家为了公共利益的需要，可以依照法律规定对公民的私有财产实行征收或者征用并给予补偿。"《民法典》第117条规定："为了公共利益的需要，依照法律规定的权限和程序征收、征用不动产或者动产的，应当给予公平、合理的补偿。"第243条规定："为了公共利益的需要，依照法律规定的权限和程序可以征收集体所有的土地和组织、个人的房屋以及其他不动产。"《土地管理法》和《城市房地产管理法》也有相关类似规定。

通过《宪法》和法律法规的规定可以看出，我国法律对于征收动产和不动产没有明显区分，只是对征收土地作出了专门规定。原因在于我国实行土地公有制，土地属于国家所有和集体所有，任何公民对土地只有使用权、经营权，而没有所有权。

笔者认为，行政征收是指行政主体为了国家和社会公共利益的需要，依法向行政相对人强制征收其财产的一种具体行政行为。具体包括行政收费、税收、征收房屋和征收土地。

首先，行政征收的目的是国家和社会公共利益，而不是为了个人利益或者某一阶层利益。其次，行政征收具有强制性。无论是税收、收费，还是征收房屋、土地都具有强制性。最后，行政征收的客体是行政相对人的财产权。其中，税收、行政收费、征收房屋针对的是行政相对人的财产所有权；征收土地针对的是农村集体组织的土地所有权，对于农民个体而言是土地的使用权和经营权。

（二）行政征收的原则

行政征收直接关系到行政相对人的财产利益，属于侵益性行政行为，因此必须坚持行政法的基本原则。

1. 行政征收合法性原则

第一，行政征收的设定要合法。根据立法法的规定，行政征收属于相对法律保留事项，即税种的设立、税率的确定和税收征收管理等税收基本制度，对非国有财产的征收、征用只能制定法律；尚未制定法律的，全国人民代表大会及其常务委员会有权作出决定，授权国务院可以根据实际需要，先制定行政法规。第二，行政征收的主体及其权限要合法。只有法定的征收主体依据法定职权实施征收。第三，行政征收的内容要合法，征收什么，征收多少，如何补偿必须严格遵守法律的规定。第四，行政征收必须依照法定程序进行，做到程序正当。

2. 行政征收合理性原则

首先，行政征收是必要的，是为了国家和公共利益的需要。其次，行政征收是合乎常情常理的，不能超出人们的普遍认知。如行政收费项目应当在人们的合理预期之内。最后，需要补偿的征收项目，如征收土地、征收房屋等必须依法公平、合理的补偿。

3. 权利保障原则

无救济就无权利。行政征收是政府运用行政权强制取得行政相对人财产权的行为，因此必须赋予行政相对人一定权利，以对抗强大的行政权。行政相对人依法具有知情权、参与权、陈述权、申辩权、听证权、申请行政复议权、提起行政诉讼权、请求国家赔偿权和获得补偿权等。

二、行政收费

（一）行政收费现状

行政收费是我国所有行政征收事项中最为复杂的一类，也是法治化程度最低的一类。无论在理论层面，还是在实践层面我国行政收费制度都存在着大量问题。

首先，在理论上还存在争议。第一，什么是行政收费没有厘清。中央和地方文件中统称行政事业性收费，还有涉企收费、政府基金，等等。第二，为什么收费的问题没有从理论上解决。大致有"弥补财政收入的不足"理论；经济学上"准公共产品"价格理论；"特别支出补偿"理论；国有资源产权界定理论；提高使用效率理论；"受益者、原因者、损伤者负担"理论等说法。

其次，在法治化程度上，各个收费项目中有的有法可依，有的没有法律依据。第一，我国没有统一的《行政收费法》，导致收费的设定权极其混乱，严重违反我国《立法法》的规定。根据《全国性及中央部门和单位行政事业性收费目录清单》（2019）公布的49项收费项目中，有一部分是依据部委文件收费的，如防空地下室易地建设费、航空业务权补偿费、外国团体来华登山注册费、银行业监管费、造血干细胞配型费，等等。再如《邯郸市养犬管理条例》第10条规定："经批准养犬的，应当按时缴纳登记费、年度注册费及其他费用。具体收费标准由市物价、财政部门提出意见报市政府批准后执行，并报省物价、财政部门备案。"第19条规定："在重点管理区内养犬应当缴纳养犬管理服务费。具体收费标准由物价、财政部门核准。"这是用地方性法规来设定行政收费，具体如何收付费，收多少都交由本地的物价、财政部门来决定。第二，在收费程序上也没有统一规范。行政主体收费时具体如何操作、开具何种票证，行政相对人如何缴费，行政相对人有没有陈述权、申辩权，如何进行法律救济都没有具体规定。

最后，在实践中也存在收费主体及依据混乱，收费信息公开不充分，行政收费缺乏公众参与，行政收费缺乏监督等问题。

（二）行政收费的含义即类型

根据国家发展改革委、财政部于2018年6月29日印发的《行政事业性收费标准管理办法》的规定，行政事业性收费是指国家机关、事业单位、代行政府职能的社会团体及其他组织根据法律法规等有关规定，依照国务院规定程序批准，在实施社会公共管理,以及在向公民、法人和其他组织提供特定公共服务过程中,向特定对象收取的费用。

根据《河北省收费管理暂行办法》(1989年10月16日由河北省人民政府颁布,现已失效)规定,行政事业性收费是指本省范围内的国家机关、企事业单位(含国务院各部门及外埠驻冀单位)和个人,为加强社会、经济、技术管理而提供特定服务所取得的行政、事业性收费和因提供劳务而收取的经营性收费。

行政事业性收费,是指国家机关、事业单位、代行政府职能的社会团体及其他组织根据法律、行政法规、地方性法规等有关规定,依照国务院规定程序批准,在向公民、法人提供特定服务的过程中,按照成本补偿和非营利原则向特定服务对象收取的费用。[1]

笔者认为行政收费是指行政主体为了特定行政目的,在行政管理过程中向特定行政相对人强制收取一定额度费用的行为。

第一,行政收费的主体是行政主体,包括行政机关和法律、法规授权的组织。因为行政收费属于行政行为,其行为主体必须是行政主体。至于诉讼费被列为行政性收费是恰当的,但是它不属于行政收费。原因在于人民法院依法收取诉讼费一是为了提高诉讼成本防止滥诉、缠诉,二是为了弥补财政不足。收取诉讼费属于人民法院的行政性事务,而不是司法事务,因此是行政性收费;但是人民法院是国家司法机关,因此其收费行为不是行政收费,属于其他国家机关的行政性收费。

第二,行政收费是为了特定的行政目的。行政收费的目的具有多元性。首先,行政收费是为了"受益者负担",即特别支出补偿。国家机关为特定行政相对人提供了超出他人的管理、服务,或者公共资源,该相对人当然要付出相应对价,否则就是对其他相对人的不公平。其次,行政收费是为了弥补财政不足。国家为了提公共产品、服务社会,必然要有大量财政支出。而且在税收不足的情况下,必然要以费补税,这也是国际惯例。但是无论如何,行政收费不得以营利为目的。

第三,行政收费针对特定行政相对人,不具有普遍性。这是税和费的重要区别。行政收费只能针对从政府获得特殊管理、服务和公共资源的对象收取。

第四,行政收费具有强制性。如果行政相对人要获得超出他人的特别服务、公共资源,必须要按照国家现行法律、法规甚至规范性文件的规定足额交费,否

---

[1] 2018年,发展改革委、财政部关于印发《行政事业性收费标准管理办法》的通知。

则就难以达到目的。

根据《行政事业性收费标准管理办法》的规定，我国行政收费大致包含以下几种：

（1）行政管理类收费，即根据法律法规规定，在行使国家管理职能时，向被管理对象收取的费用。

（2）资源补偿类收费，即根据法律法规规定向开采、利用自然和社会公共资源者收取的费用。

（3）鉴定类收费，即根据法律法规规定，行使或者代行政府职能强制实施检验、检测、检定、认证、检疫等收取的费用。

（4）考试类收费，即根据法律法规、国务院或者省级政府文件规定组织考试收取的费用，以及组织经人力资源和社会保障部批准的专业技术资格、执业资格和职业资格考试收取的费用。

（5）培训类收费，即根据法律法规或者国务院规定开展强制性培训收取的费用。

（6）其他类别的收费。这是一种兜底性规定，是指以上五种收费之外的其他收费项目。

（三）行政收费相关制度

1. 行政收费的基本原则

行政收费必须坚持依法收费原则；必要性原则；公平、公正、公开和效率的原则；满足社会公共管理需要，合理补偿管理或者服务成本并与社会承受能力相适应的原则；促进环境保护、资源节约和有效利用，以及经济和社会事业持续发展的原则；符合国际惯例和国际对等的原则。

2. 收费审批制度

收费标准实行中央和省两级审批制度。国务院和省级政府的价格财政部门按照规定权限审批收费标准。未列入行政事业性收费目录清单的收费项目，一律不得审批收费标准。中央有关部门和单位（包括中央驻地方单位，下同），以及全国或者区域（跨省、自治区、直辖市）范围内实施收费的收费标准，由国务院价格、财政部门审批。其中，重要收费项目的收费标准应当由国务院价格、财政部门审核后报请国务院批准。除以上规定的其他收费标准，由省级政府价格、财政部门审批。

地域成本差异较大的全国或者区域（跨省、自治区直辖市）范围内实施的收费标准，国务院价格、财政部门可以授权省级政府价格、财政部门审批。专业性强且类别较多的考试、注册等收费，省级以上政府价格、财政部门可以制定收费标准的上限，由行业主管部门在上限范围内确定具体收费标准。

3. 收费公开制度

价格、财政部门审批收费标准的决定，以公文形式发布。主要内容包括：收费主体、收费对象、收费范围、计量单位和标准、收费频次、执行期限等。除涉及国家秘密外，价格、财政部门应当及时将审批的收费标准告知申请单位，并向社会公布。收费单位应当在收费地点的显著位置公示收费项目、收费标准、收费主体、计费单位、收费依据、收费范围、收费对象、减免规定、监督举报电话等，自觉接受社会监督。

4. 收费监督制度

公民、法人或者其他组织有权对收费的实施和管理进行监督，可以拒绝缴纳和举报违反法律法规规章规定的收费。收费单位应当建立健全内部收费管理制度，严格执行国家各项收费管理规定。行业主管部门应当加强对本行业收费单位的指导，督促收费单位依法依规收费。

第二节　税　收

一、税收概述

税是指国家运用行政权对行政相对人征收的货币或实物。税收是指国家为了向社会提供公共产品、满足社会共同需要，按照法律的规定，参与社会产品的分配，强制、无偿取得财政收入的一种规范形式。税收是国家公共财政最主要的收入形式和来源。税收的本质是国家为满足社会公共需要，凭借公共权力，按照法律所规定的标准和程序，参与国民收入分配，强制取得财政收入所形成的一种特殊分配关系。它体现了一定社会制度下国家与纳税人在征收、纳税的利益分配上的一种特定分配关系。

（一）税收的目的是社会公共利益

税收是国家为实现其职能，凭借政治权力参与社会产品分配的一项活动，是国家参与社会财富分配的一种重要形式，它反映了国家与其他社会主体之间的经济利益分配关系。但是我国税收的基本价值取向是"取之于民,用之于民",即我国税收制度根本上是为了国家和社会公共利益,而不是为了某一利益集团而设置。

(二)税收是行政行为

税收虽然是国家政治权力的运行结果,但是最终还要通过行政权的行使来完成。因此,税收行为是行政行为。首先,税收的实施主体是行政主体,即国家税务机关。其次,税务机关的征税权力属于法律赋予的行政权,而不是立法权或者司法权。最后,税收减损行政相对人的财产利益,直接对其财产权产生影响。

(三)税收具有强制性、无偿性和固定性

税收具有三个基本特征,即强制性、无偿性和固定性。税务机关实施征税行为,实质上是履行国家赋予的行政征收权,这种权力具有强制他人服从的效力。实施行政征收行为,不需要征得相对人的同意,甚至可以在违背相对人意志的情况下进行。征收的对象、数额及具体征收的程序,完全依法确定,无须与相对人协商一致。行政相对人必须服从行政征收命令,否则,应承担一定的法律后果。税收的无偿性,是指在具体的征税过程中,国家取得税款是无偿的,不需要向纳税人支付任何代价。税收的固定性,是指税收的征收标准是相对固定的,在一定时期内,税收只能按固定的标准征收,不能任意改变征税的标准,更不能无限度地征税。

二、税收的基本原则

(一)税收法定原则

根据我国《宪法》《立法法》和《税收征收管理法》的规定,税收必须依法进行,即必须坚持税收法定原则。

1. 税收的设定法定

根据《立法法》第8条、第9条的规定,税收的设定属于相对法律保留项,即税种的设立、税率的确定和税收征收管理等税收基本制度由法律规定,但是尚未制定法律的,全国人民代表大会及其常务委员会有权作出决定,授权国务院可以根据实际需要,对其中的部分事项先制定行政法规。我国《税收征收管理法》第3条也相应规定:"税收的开征、停征以及减税、免税、退税、补税,依照法律的规定执行;法律授权国务院规定的,依照国务院制定的行政法规的规定执行。"

2. 税收要素法定原则

税收要素法定原则要求征税主体、纳税人、征税对象、计税依据、税率、税收优惠等税收要素必须在法律中加以明确规定，并依此确定纳税主体纳税义务的有无及大小。

3. 税收的实施法定

首先征税主体及其职权法定。国务院税务主管部门主管全国税收征收管理工作。各地国家税务局和地方税务局应当按照国务院规定的税收征收管理范围分别进行征收管理。地方各级人民政府应当依法加强对本行政区域内税收征收管理工作的领导或者协调，支持税务机关依法执行职务，依照法定税率计算税额，依法征收税款。各有关部门和单位应当支持、协助税务机关依法执行职务。税务机关依法执行职务，任何单位和个人不得阻挠。除税务机关、税务人员以及经税务机关依照法律、行政法规委托的单位和人员外，任何单位和个人不得进行税款征收活动。其次，征收程序法定。我国《税收征收管理法》其本质是一部税收程序法，专门规定了税务登记、纳税申报、税收征收、税务检查等程序性制度。税务机关必须严格依照该法规定的程序实施征收，否则即构成违法。

（二）税收公平原则

第一，普遍性原则。即任何符合税收征收条件的行政相对人，都要依法纳税，不得出现特权企业、公民。我国《宪法》第56条明确规定："中华人民共和国公民有依照法律纳税的义务。"可见依法纳税是一项宪法性义务，是我国公民的一项普遍性义务，任何公民都应依法履行，而不能逃避。第二，必要性原则。即国家设置新的税种，调整税率是必须的、必要的，必须符合公共利益的目的。而且是唯一的选项，如果能用其他方法调整社会利益分配，就尽量不要采取税收的方法，以达到最少侵害原则的要求。第三，平等性原则。要求凡具有相等经济能力的人，应负担相等的税收；不同经济能力的人，则负担不同的税收。在征收程序上对于任何纳税人要一视同仁，不能人为的设置程序障碍，不能因人而异。

（三）税收效率原则

税收效率原则要求以最小的费用获取最大的税收收入，并利用税收的经济调控作用最大限度地促进经济的发展，或者最大限度地减轻税收对经济发展的妨碍。税收效率包括税收行政效率和税收经济效率两个方面。税收行政效率是指以最小的支出、最快的速度收取税收，即尽量节约人力、物力、财力、时间征税。为了提高税收的行政税率，一方面应当采用先进的征收手段，节约费用，提高效率，堵塞漏洞，严厉打击偷税、骗税行为；另一方面，也应尽可能简化税制，使税法语言准确明白，纳税手续便利透明，尽量减少纳税时间和费用。税收经济效率目的在于如何通过优化税制，尽可能地减少税收对社会经济的不良影响，以及最大程度地促进社会经济良性发展。

（四）权利保障原则

我国《税收征收管理法》第1条明确规定："为了加强税收征收管理，规范税收征收和缴纳行为，保障国家税收收入，保护纳税人的合法权益，促进经济和社会发展，制定本法。"这是关于立法目的的规范。其中明确规定"保护纳税人的合法权益"是本法的立法目的之一。我国纳税人的权利包括：

1. 知情权

纳税人负有纳税义务，因而有权向税务机关了解国家税收法律、行政法规的规定以及与纳税程序有关的情况。纳税人有权知悉自己根据什么样的规定，负有什么样的纳税义务，以及通过什么样的程序来履行这种义务。税务机关应当广泛宣传税收法律、行政法规，普及纳税知识，无偿地为纳税人提供纳税咨询服务。

2. 保密权

纳税人有权要求税务机关为自己提供的情况或者为税务机关所获悉的有关自己利益的情况保密，税务机关应当履行这种保密义务。税务机关在行使税收征收管理职权时，有必要了解纳税人的个人信息等情况，无论是直接从纳税人那里了解的，还是以其他方式间接了解到的，对这些情况只应限于用作税收的目的，除此以外都应为纳税人保密。这样既符合保护税收的要求，又符合纳税人的合理利益。纳税人、扣缴义务人保密的情况，是指纳税人、扣缴义务人的商业秘密及个人隐私。纳税人、扣缴义务人的税收违法行为不属于保密范围。

3. 申请减税、免税、退税权

纳税人依法享有申请减税、免税、退税的权利。纳税人依法负有纳税义务，但在税法中对有的税规定有减税、免税、退税的条款，如果纳税人符合减税、免税、退税条件的，则纳税人有权按照税收法律、行政法规的规定，向主管税务机关书面申请减税、免税、退税，并按照规定附送有关资料。

4. 陈述权、申辩权

税务机关在作出对纳税人不利的行政决定，如行政处罚之前应当告知当事人作出行政处罚决定的事实、理由及依据，并告知当事人依法享有的权利。纳税人、扣缴义务人对税务机关所作出的决定，享有陈述权、申辩权。税务机关应当充分听取纳税人的陈述和申辩，纳税人提出的事实、理由或者证据成立的，税务机关应当采纳。

5. 法律救济权

纳税人、扣缴义务人对税务机关所作出的决定，依法享有申请行政复议、提起行政诉讼、请求国家赔偿等权利。

6. 监督权

纳税人、扣缴义务人有权控告和检举税务机关、税务人员的违法违纪行为。税务机关、税务人员必须秉公执法，忠于职守，清正廉洁，礼貌待人，文明服务，尊重和保护纳税人、扣缴义务人的权利，依法接受监督。

三、税收的基本概念和基本制度

（一）税收征纳关系

税收征纳关系是指基于法律的规定，在税收征收过程中由征税主体与纳税人之间形成的法律关系。

1. 税收征纳关系属于行政法律关系，也包括主体、客体和内容三要素

主体包括征收主体和纳税人；客体是指征收对象；内容是指双方的权利和义务。

2. 税收征收主体

税收征收主体必须依法确定，不依法确定为征收主体的，无权征收税款。国务院税务主管部门主管全国税收征收管理工作；各地国家税务局和地方税务局按照国务院规定的税收征收管理范围分别进行征收管理。

第一，法定的税务机关包括：（1）税务机关，是指各级税务局、税务分局、税所。（2）按照国务院规定设立的并向社会公告的税务机构。按照国务院规定设立的并向社会公告的税务机构，是指省以下税务局的稽查局。稽查局专司偷税、逃避追缴欠税、骗税、抗税案件的查处。

第二，税务机关委托的单位和人员。除了税务机关作为法定征收主体外，其他任何单位和人员必须依照法律、行政法规的规定，受到税务机关的委托才能进行税款征收活动，也就是作为一种特定的税收征收主体，参与税收征收。这种由税务机关依法委托征收税款的单位和人员，是一种特定的征收主体，因为他们只

限于在委托的范围内征收税款，在征收税款过程中按委托事项征收税款产生的法律责任则由税务机关承担，这种受委托征收税款的单位和人员，是依法成为税收征收主体的一个特定部分，对纳税人来说将其视为税务机关的代表，但是受委托的代表，并不能等同于是税务机关的本身。

第三，扣缴义务人。法律、行政法规规定负有代扣代缴、代收代缴税款义务的单位和个人为扣缴义务人；扣缴义务人依照法律、行政法规的规定履行代扣、代收税款的义务；扣缴义务人依法履行代扣、代收税款义务时，纳税人不得拒绝；纳税人拒绝的，扣缴义务人应当及时报告税务机关处理；税务机关按照规定付给扣缴义务人代扣、代收手续费。

3. 纳税人

纳税人是指依照法律、行政法规规定，负有纳税义务的单位和个人。纳税人有三个主要特征：第一，纳税人是由法律、行政法规确定的；第二，纳税人负有依法缴纳税款的义务；第三，纳税人可以是自然人，也可以是法人。

（二）税务登记制度

税务登记，又称纳税登记，是指税务机关为加强税源管理，防止税收流失，依法对纳税人开业、停业、复业及其他生产经营情况变化实行登记管理的一项税务管理制度。通过税务登记，税务机关能够全面了解和掌握本地区纳税户数量和税源分布情况，有利于加强税收征收管理，增强纳税人依法纳税意识，保障国家应收税款及时、足额收缴入库。

（三）纳税申报制度

纳税申报是指纳税人按照税法规定的期限和内容向税务机关提交有关纳税事项书面报告的法律行为，是纳税人履行纳税义务、承担法律责任的主要依据，是税务机关税收管理信息的主要来源和税务管理的一项重要制度。税收征收管理法中规定，纳税人必须依照法律、行政法规规定或者税务机关依法确定的申报期限、申报内容如实办理纳税申报，这里所强调的是申报要合法、及时、真实。纳税申报时报送的为纳税申报表、财务会计报表以及税务机关所要求报送的其他纳税资料，其具体的内容由税务机关规定，如应当包括税种、税目、应纳税项目、适用税率、计税依据、应纳税额等。办理纳税申报，可以直接到税务机关办理，也可以按照规定采取邮寄、数据电文或者其他方式办理。

（四）税务检查制度

税务检查是税务机关依据法律、行政法规的规定对纳税人、扣缴义务人等缴纳或代扣、代收税款及其他有关税务事项进行的审查、稽核、管理监督活动。税务检查是税务征收管理的一个重要环节。税务检查的主体是国家税务机关，其对象是负有纳税义务的纳税人和负有代扣代缴、代收代缴义务的扣缴义务人。税务检查是一种行政执法检查活动，是税务机关依法对行政相对人即纳税人、扣缴义务人是否正确履行纳税义务、扣缴税款义务的事实作单方面强制了解的行政执法行为。它涉及面广，情况复杂，直接影响相对人的权利和利益，因此，需要有直接的法律依据。

（五）复议前置制度

行政复议对于行政相对人而言是一项法律救济制度，对于行政主体而言是一项上下级之间的层级监督制度。按照我国《行政复议法》和《行政诉讼法》的规定，当事人对于行政行为不服的，既可以选择行政复议，对于复议决定不服，再向人民法院提起行政诉讼；也可以直接提起行政诉讼。因此，在行政复议与行政诉讼之间是一种选择关系。然而，我国《税收征收管理法》却作出了不同的规定。该法第88条规定："纳税人、扣缴义务人、纳税担保人同税务机关在纳税上发生争议时，必须先依照税务机关的纳税决定缴纳或者解缴税款及滞纳金或者提供相应的担保，然后可以依法申请行政复议；对行政复议决定不服的，可以依法向人民法院起诉。当事人对税务机关的处罚决定、强制执行措施或者税收保全措施不服的，可以依法申请行政复议，也可以依法向人民法院起诉。"根据本条规定，在纳税人、扣缴义务人、纳税担保人同税务机关在纳税上发生争议时，只能先行行政复议，对行政复议决定不服的才能提起行政诉讼，即复议前置。根据《税务行政复议规则》的规定，"在纳税上发生争议"是指针对征税行为发生争议，包括确认纳税主体、征税对象、征税范围、减税、免税、退税、抵扣税款、适用税率、计税依据、纳税环节、纳税期限、纳税地点和税款征收方式等具体行政行为，征收税款、加收滞纳金，扣缴义务人、受税务机关委托的单位和个人作出的代扣代缴、代收代缴、代征行为等。

四、税收征收程序及相关制度

税收征收程序是指税务机关征缴税款的步骤、方式、时限和次序的总和。我国《税收征收管理法》本身就是一部税收程序法，对于税收征收程序作出了较为详细的规定。

（一）税务登记

税务登记是税收征缴的必要步骤，是纳税人的义务。这里的纳税人仅只从事生产、经营的纳税人，具体包括企业，企业在外地设立的分支机构和从事生产、经营的场所，个体工商户和从事生产、经营的事业单位。税务登记的具体要求是：

（1）从事生产、经营的纳税人自领取营业执照之日起 30 内，持有关证件，向税务机关申报办理税务登记。税务机关应当于收到申报的当日办理登记并发给税务登记证件。

（2）从事生产、经营的纳税人，税务登记内容发生变化的，自工商行政管理机关办理变更登记之日起 30 日内或者在向工商行政管理机关申请办理注销登记之前，持有关证件向税务机关申报办理变更或者注销税务登记。

（3）从事生产、经营的纳税人应当按照国家有关规定，持税务登记证件，在银行或者其他金融机构开立基本存款帐户和其他存款帐户，并将其全部账号向税务机关报告。

（4）纳税人按照国务院税务主管部门的规定使用税务登记证件。税务登记证件不得转借、涂改、损毁、买卖或者伪造。

（二）纳税申报

纳税申报是税收征缴的必经程序，也是纳税人的一项义务。具体要求是：

（1）纳税人必须依照法律、行政法规规定或者税务机关依照法律、行政法规的规定确定的申报期限、申报内容如实办理纳税申报，报送纳税申报表、财务会计报表以及税务机关根据实际需要要求纳税人报送的其他纳税资料。扣缴义务人必须依照法律、行政法规规定或者税务机关依照法律、行政法规的规定确定的申报期限、申报内容如实报送代扣代缴、代收代缴税款报告表以及税务机关根据实际需要要求扣缴义务人报送的其他有关资料。

（2）纳税人、扣缴义务人可以直接到税务机关办理纳税申报或者报送代扣代缴、代收代缴税款报告表，也可以按照规定采取邮寄、数据电文或者其他方式办理上述申报、报送事项。

（3）纳税人、扣缴义务人不能按期办理纳税申报或者报送代扣代缴、代收代缴税款报告表的，经税务机关核准，可以延期申报。经核准延期办理申报、报送事项的，应当在纳税期内按照上期实际缴纳的税额或者税务机关核定的税额预缴税款，并在核准的延期内办理税款结算。

（三）税款征收

税款征收是税收征缴的核心环节，具体要求包括：

1. 按期缴纳税款

纳税人、扣缴义务人按照法律、行政法规规定或者税务机关依照法律、行政法规的规定确定的期限，缴纳或者解缴税款。纳税人因有特殊困难，不能按期缴纳税款的，经省、自治区、直辖市国家税务局、地方税务局批准，可以延期缴纳税款，但是最长不得超过3个月。纳税人未按照规定期限缴纳税款的，扣缴义务人未按照规定期限解缴税款的，税务机关除责令限期缴纳外，从滞纳税款之日起，按日加收滞纳税款万分之五的滞纳金。

2. 减税、免税

纳税人依照法律、行政法规的规定办理减税、免税。地方各级人民政府、各级人民政府主管部门、单位和个人违反法律、行政法规规定，擅自作出的减税、免税决定无效，税务机关不得执行，并向上级税务机关报告。

3. 完税凭证

税务机关征收税款时，必须给纳税人开具完税凭证。扣缴义务人代扣、代收税款时，纳税人要求扣缴义务人开具代扣、代收税款凭证的，扣缴义务人应当开具。

4. 核定征收

纳税人有下列情形之一的，税务机关有权核定其应纳税额：（1）依照法律、行政法规的规定可以不设置账簿的；（2）依照法律、行政法规的规定应当设置账簿但未设置的；（3）擅自销毁账簿或者拒不提供纳税资料的；（4）虽设置账簿，但帐目混乱或者成本资料、收入凭证、费用凭证残缺不全，难以查账的；（5）发生纳税义务，未按照规定的期限办理纳税申报，经税务机关责令限期申报，逾期仍不申报的；（6）纳税人申报的计税依据明显偏低，又无正当理由的；（7）对未按照规定办理税务登记的从事生产、经营的纳税人以及临时从事经营的纳税人，由税务机关核定其应纳税额，责令缴纳。

5. 税收保全制度

税务机关有根据认为从事生产、经营的纳税人有逃避纳税义务行为的，可以在规定的纳税期之前，责令限期缴纳应纳税款；在限期内发现纳税人有明显的转移、隐匿其应纳税的商品、货物以及其他财产或者应纳税的收入的迹象的，税务机关可以责成纳税人提供纳税担保。如果纳税人不能提供纳税担保，经县以上税务局（分局）局长批准，税务机关可以采取下列税收保全措施：（1）书面通知纳税人开户银行或者其他金融机构冻结纳税人的金额相当于应纳税款的存款；（2）扣押、查封纳税人的价值相当于应纳税款的商品、货物或者其他财产。

纳税人在规定的限期内缴纳税款的，税务机关必须立即解除税收保全措施；限期期满仍未缴纳税款的，经县以上税务局（分局）局长批准，税务机关可以书面通知纳税人开户银行或者其他金融机构从其冻结的存款中扣缴税款，或者依法拍卖或者变卖所扣押、查封的商品、货物或者其他财产，以拍卖或者变卖所得抵缴税款。个人及其所扶养家属维持生活必需的住房和用品，不在税收保全措施的范围之内。

6. 强制执行制度

从事生产、经营的纳税人、扣缴义务人未按照规定的期限缴纳或者解缴税款，纳税担保人未按照规定的期限缴纳所担保的税款，由税务机关责令限期缴纳，逾期仍未缴纳的，经县以上税务局（分局）局长批准，税务机关可以采取下列强制执行措施：（1）书面通知其开户银行或者其他金融机构从其存款中扣缴税款；（2）扣押、查封、依法拍卖或者变卖其价值相当于应纳税款的商品、货物或者其他财产，以拍卖或者变卖所得抵缴税款。税务机关采取强制执行措施时，对纳税人、扣缴义务人、纳税担保人未缴纳的滞纳金同时强制执行。个人及其所扶养家属维持生活必需的住房和用品，不在强制执行措施的范围之内。

税务机关采取税收保全措施和强制执行措施必须依照法定权限和法定程序，不得查封、扣押纳税人个人及其所扶养家属维持生活必需的住房和用品。

税务机关滥用职权违法采取税收保全措施、强制执行措施，或者采取税收保全措施、强制执行措施不当，使纳税人、扣缴义务人或者纳税担保人的合法权益遭受损失的，应当依法承担赔偿责任。

税务机关扣押商品、货物或者其他财产时，必须开付收据；查封商品、货物或者其他财产时，必须开付清单。

7. 阻止出境制度

欠缴税款的纳税人或者他的法定代表人需要出境的，应当在出境前向税务机关结清应纳税款、滞纳金或者提供担保。未结清税款、滞纳金，又不提供担保的，税务机关可以通知出境管理机关阻止其出境。

8. 税收优先权制度

所谓税收优先权，是指税务机关征收税款与其他债权的实现发生冲突时，税款的征收原则上优先于其他债权的实现。税务机关征收税款，税收优先于无担保债权，法律另有规定的除外；纳税人欠缴的税款发生在纳税人以其财产设定抵押、质押或者纳税人的财产被留置之前的，税收应当先于抵押权、质权、留置权执行。纳税人欠缴税款，同时又被行政机关决定处以罚款、没收违法所得的，税收优先于罚款、没收违法所得。

9. 代位权、撤销权制度

欠缴税款的纳税人因怠于行使到期债权，或者放弃到期债权，或者无偿转让财产，或者以明显不合理的低价转让财产而受让人知道该情形，对国家税收造成损害的，税务机关可以依照合同法的规定行使代位权、撤销权。税务机关依照规定行使代位权、撤销权的，不免除欠缴税款的纳税人尚未履行的纳税义务和应承担的法律责任。

10. 退税制度

纳税人超过应纳税额缴纳的税款，税务机关发现后应当立即退还；纳税人自结算缴纳税款之日起 3 年内发现的，可以向税务机关要求退还多缴的税款并加算银行同期存款利息，税务机关及时查实后应当立即退还；涉及从国库中退库的，依照法律、行政法规有关国库管理的规定退还。

11. 追缴税款

因税务机关的责任，致使纳税人、扣缴义务人未缴或者少缴税款的，税务机关在 3 年内可以要求纳税人、扣缴义务人补缴税款，但是不得加收滞纳金。因纳税人、扣缴义务人计算错误等失误，未缴或者少缴税款的，税务机关在 3 年内可以追征税款、滞纳金；有特殊情况的，追征期可以延长到 5 年。对偷税、抗税、骗税的，税务机关追征其未缴或者少缴的税款、滞纳金或者所骗取的税款，不受以上期限的限制。

12. 收缴入库

国家税务局和地方税务局应当按照国家规定的税收征收管理范围和税款入库预算级次，将征收的税款缴入国库。对审计机关、财政机关依法查出的税收违法行为，税务机关应当根据有关机关的决定、意见书，依法将应收的税款、滞纳金按照税款入库预算级次缴入国库,并将结果及时回复有关机关。

第三节　征收房屋

本节中的征收房屋,专指对国有土地上单位与个人的房屋进行的征收与补偿的行政行为。征收农村宅基地及其住宅将在下一节探讨。

我国法律、行政法规对房屋征收作出了专门规定。我国《民法典》第243条规定:"为了公共利益的需要,依照法律规定的权限和程序可以征收集体所有的土地和组织、个人的房屋以及其他不动产。……征收组织、个人的房屋以及其他不动产,应当依法给予征收补偿,维护被征收人的合法权益;征收个人住宅的,还应当保障被征收人的居住条件。任何组织或者个人不得贪污、挪用、私分、截留、拖欠征收补偿费等费用。"我国《城市房地产管理法》规定:"为了公共利益的需要,国家可以征收国有土地上单位和个人的房屋,并依法给予拆迁补偿,维护被征收人的合法权益;征收个人住宅的,还应当保障被征收人的居住条件。具体办法由国务院规定。"国务院在2011年出台了《国有土地上房屋征收与补偿条例》,对征收国有土地上房屋的决定程序,补偿程序、范围、标准作出了较为详尽的规定。

一、征收原则

征收房屋必须遵守的基本原则包括:依法征收原则;必要性原则;公平补偿原则;程序正当原则;权利保障原则。

(一)依法征收原则

本原则是指征收房屋必须依据《宪法》、法律和行政法规实施。我国《宪法》第13条第3款规定:"国家为了公共利益的需要,可以依照法律规定对公民的私有财产实行征收或者征用并给予补偿。"这是包括房屋征收在内的所有行政征收的总规则,因此房屋征收必须遵循。房屋征收也要遵守《民法典》和《城市房地产管理法》等法律的相关规定。房屋征收、补偿的具体操作要严格遵守《国有土地上房屋征收与补偿条例》的规定,做到主体合法、职权合法、内容合法、程序合法。

(二)必要性原则

必要性原则是指征收房屋必须是为了公共利益的需要,确需征收房屋。根据《国有土地上房屋征收与补偿条例》第 8 条的规定，公共利益是指：（1）国防和外交的需要；（2）由政府组织实施的能源、交通、水利等基础设施建设的需要；（3）由政府组织实施的科技、教育、文化、卫生、体育、环境和资源保护、防灾减灾、文物保护、社会福利、市政公用等公共事业的需要；（4）由政府组织实施的保障性安居工程建设的需要；（5）由政府依照城乡规划法有关规定组织实施的对危房集中、基础设施落后等地段进行旧城区改建的需要；（6）法律、行政法规规定的其他公共利益的需要。

（三）公平补偿原则

为了公共利益的需要，征收国有土地上单位、个人的房屋，应当对被征收房屋所有权人给予公平补偿。公平补偿原则包含两层含义。第一，是指房屋征收补偿与被征收财产的价值相当。尽管房屋征收体现了政府的强制性，是为了公共利益服务，但是也应当确保被征收人利益不受损。第二，是指在房屋征收补偿中，在无特殊情况时，应当对全体被征收人实施统一的补偿标准，不应有例外，体现出被征收人之间的公平。

（四）程序正当原则

程序正当原则要求征收过程不仅要严格依法进行，不得违反法律的强制性规定，还应遵循行政程序的基本要求，如程序公开、民主参与、回避、高效便民等。

1. 决策民主

作出征收决定和拟定补偿方案必须科学民主。确需征收房屋的各项建设活动，应当符合国民经济和社会发展规划、土地利用总体规划、城乡规划和专项规划。保障性安居工程建设、旧城区改建，应当纳入市、县级国民经济和社会发展年度计划。制定国民经济和社会发展规划、土地利用总体规划、城乡规划和专项规划，应当广泛征求社会公众意见，经过科学论证。市、县级人民政府应当组织有关部门对征收补偿方案进行论证并予以公布，征求公众意见。市、县级人民政府作出房屋征收决定前，应当按照有关规定进行社会稳定风险评估；房屋征收决定涉及被征收人数量较多的，应当经政府常务会议讨论决定。

2. 程序公开

征收和补偿的全过程必须向社会或者在一定范围内公开。公开不仅能够保障公民的知情权和参与权，而且有利于提高政府工作的透明度，能够及时有效地化解社会矛盾。需要公开的信息包括：征收补偿方案征求意见稿；征收补偿方案征求意见情况和修改情况；房屋征收决定；房屋征收范围内房屋的权属、区位、用途、建筑面积等情况的调查结果；补偿决定；分户补偿情况；等等。

3. 强化监督

一是允许公众对征收和补偿进行监督。二是层级监督。上级人民政府应当加强对下级人民政府房屋征收与补偿工作的监督。三是专项监督。监察机关应当加强对参与房屋征收与补偿工作的政府和有关部门或者单位及其工作人员的监察。审计机关应当加强对征收补偿费用管理和使用情况的监督，并公布审计结果。

（五）权利保障原则

为了保障被征收房屋所有权人的合法权益，必须要保障被征收人的各项权利，主要包括：

1. 知情权

知情权是政府信息公开的必然要求，是公民参与行政的前提。根据我国《政府信息公开条例》规定征收房屋属于政府主动公开的事项，因此公开房屋征收相关信息是政府及有关部门的义务。被征收人有权知悉征收补偿方案、房屋征收决定、补偿决定、分户补偿情况等信息。

2. 参与权

参与权是指被征收人有权参与和自己有关的征收补偿过程，有权发表意见，有权参加听证会，有权参与选择房地产价格评估机构，有权订立补偿协议等。

3. 监督权

公民有权监督政府的征收补偿行为，任何组织和个人对于征收补偿中出现的违法犯罪行为，都有权向有关人民政府、房屋征收部门和其他有关部门举报。接到举报的有关人民政府、房屋征收部门和其他有关部门对举报应当及时核实、处理。监督权是公民的宪法权利，任何组织和个人都不得压制或打击报复。

4. 法律救济权

公民对政府的征收房屋补偿行为不服的可以申请行政复议、提起行政诉讼。因征收行为违法造成损失的，有权申请国家赔偿。

二、征收主体

从房屋征收启动就形成了行政征收关系。行政征收关系也包括三要素，即主体、客体和内容。房屋行政征收关系的客体是国有土地上被征收房屋的产权；内容是双方当事人的权利和义务；主体是行政机关一方和被征收人一方。本处要强调的是征收主体的确认问题。

1. 责任主体

根据《国有土地上房屋征收与补偿条例》规定，市、县级人民政府负责本行政区域的房屋征收与补偿工作。为了保障国家安全、促进国民经济和社会发展等公共利益的需要，确需要征收房屋的，由市、县级人民政府作出房屋征收决定。

2. 实施部门

市、县级人民政府确定的房屋征收部门组织实施本行政区域的房屋征收与补偿工作。

3. 实施单位

房屋征收部门可以委托房屋征收实施单位，承担房屋征收与补偿的具体工作。房屋征收部门对房屋征收实施单位在委托范围内实施的房屋征收与补偿行为负责监督，并对其行为后果承担法律责任。

三、征收决定程序

程序公正是实质公正的保障。《国有土地上房屋征收与补偿条例》专章规定了征收决定程序。

（一）征收决定的前提条件

（1）必须符合公共利益的需要，确需征收房屋。

（2）确需征收房屋的各项建设活动，应当符合国民经济和社会发展规划、土地利用总体规划、城乡规划和专项规划。保障性安居工程建设、旧城区改建，应当纳入市、县级国民经济和社会发展年度计划。制定国民经济和社会发展规划、土地利用总体规划、城乡规划和专项规划，应当广泛征求社会公众意见，经过科学论证。

（二）拟定征收补偿方案

（1）房屋征收部门拟定征收补偿方案，报市、县级人民政府。市、县级人民政府应当组织有关部门对征收补偿方案进行论证并予以公布，征求公众意见。征求意见期限不得少于 30 日。

（2）市、县级人民政府应当将征求意见情况和根据公众意见修改的情况及时公布。因旧城区改建需要征收房屋，多数被征收人认为征收补偿方案不符合《国有土地上房屋征收与补偿条例》规定的，市、县级人民政府应当组织由被征收人和公众代表参加的听证会，并根据听证会情况修改方案。

（三）社会稳定风险评估

市、县级人民政府作出房屋征收决定前，应当按照有关规定进行社会稳定风险评估；房屋征收决定涉及被征收人数量较多的，应当经政府常务会议讨论决定。

（四）公告与宣传

市、县级人民政府作出房屋征收决定后应当及时公告。公告应当载明征收补偿方案和行政复议、行政诉讼权利等事项。市、县级人民政府及房屋征收部门应当做好房屋征收与补偿的宣传、解释工作。

（五）调查登记与禁止性规定

房屋征收部门应当对房屋征收范围内房屋的权属、区位、用途、建筑面积等情况组织调查登记，被征收人应当予以配合。调查结果应当在房屋征收范围内向被征收人公布。

房屋征收范围确定后，不得在房屋征收范围内实施新建、扩建、改建房屋和改变房屋用途等不当增加补偿费用的行为；违反规定实施的，不予补偿。

房屋征收部门应当将上述所列事项书面通知有关部门暂停办理相关手续。暂停办理相关手续的书面通知应当载明暂停期限。暂停期限最长不得超过 1 年。

四、征收补偿制度

（一）补偿范围

作出房屋征收决定的市、县级人民政府对被征收人给予的补偿包括：

（1）被征收房屋价值的补偿；

（2）因征收房屋造成的搬迁、临时安置的补偿；

（3）因征收房屋造成的停产停业损失的补偿。

（二）补偿标准

对被征收房屋价值的补偿，不得低于房屋征收决定公告之日被征收房屋类似房地产的市场价格。被征收房屋的价值，由具有相应资质的房地产价格评估机构按照房屋征收评估办法评估确定。

（三）补偿方式

被征收人可以选择货币补偿，也可以选择房屋产权调换。

被征收人选择房屋产权调换的,市、县级人民政府应当提供用于产权调换的房屋,并与被征收人计算、结清被征收房屋价值与用于产权调换房屋价值的差价。

因旧城区改建征收个人住宅,被征收人选择在改建地段进行房屋产权调换的,作出房屋征收决定的市、县级人民政府应当提供改建地段或者就近地段的房屋。

(四)补偿协议

房屋征收部门与被征收人依照《国有土地上房屋征收与补偿条例》的规定,就补偿方式、补偿金额和支付期限、用于产权调换房屋的地点和面积、搬迁费、临时安置费或者周转用房、停产停业损失、搬迁期限、过渡方式和过渡期限等事项,订立补偿协议。

房屋征收部门与被征收人在征收补偿方案确定的签约期限内达不成补偿协议,或者被征收房屋所有权人不明确的,由房屋征收部门报请作出房屋征收决定的市、县级人民政府依照规定,按照征收补偿方案作出补偿决定,并在房屋征收范围内予以公告。补偿决定应当公平。

(五)补偿原则

实施房屋征收应当坚持先补偿、后搬迁的原则。

作出房屋征收决定的市、县级人民政府对被征收人给予补偿后,被征收人应当在补偿协议约定或者补偿决定确定的搬迁期限内完成搬迁。

(六)强制执行

被征收人在法定期限内不申请行政复议或者不提起行政诉讼,在补偿决定规定的期限内又不搬迁的,由作出房屋征收决定的市、县级人民政府依法申请人民法院强制执行。

强制执行申请书应当附具补偿金额和专户存储账号、产权调换房屋和周转用房的地点和面积等材料。

(七)禁止性规定

任何单位和个人不得采取暴力、威胁或者违反规定中断供水、供热、供气、供电和道路通行等非法方式迫使被征收人搬迁。禁止建设单位参与搬迁活动。采取暴力、威胁或者违反规定中断供水、供热、供气、供电和道路通行等非法方式迫使被征收人搬迁,造成损失的,依法承担赔偿责任;对直接负责的主管人员和其他直接责任人员,构成犯罪的,依法追究刑事责任;尚不构成犯罪的,依法给予处分;构成违反治安管理行为的,依法给予治安管理处罚。

（八）档案管理

房屋征收部门应当依法建立房屋征收补偿档案，并将分户补偿情况在房屋征收范围内向被征收人公布。

第四节　征收土地

一、征收土地的含义

征收土地是指国家为了公共利益需要，依照法律规定的程序和权限将农民集体所有的土地转化为国有土地，并依法给予被征地的农村集体经济组织和被征地农民公平补偿和妥善安置的行政行为。建设项目需要使用国有土地的，应当以出让、划拨方式取得。

征收土地和征用土地不同。征收的法律后果是土地所有权的改变，土地所有权由农民集体所有变为国家所有；征用的法律后果只是使用权的改变，土地所有权仍然属于农民集体，征用条件结束需将土地交还给农民集体。

从征收土地的含义可见其特征：首先，征收土地具有法定性，根据行政合法性原则，必须符合法律和行政法规的规定，遵循一定的法律程序；其次，征收土地具有强制性，征收土地是国家强制取得他人土地所有权的行为，并不以取得征得被征地人的同意为必要条件；再次，征收土地具有公益性，即土地征收必须符合公共利益；最后，征收土地是侵益性行政行为，因此必须给予被征地集体和农民公平合理的补偿和安置。

二、征收土地的基本原则

征收土地的基本原则包括合法性原则、必要性要则、公平补偿和合理安置原则。

（一）合法性原则

征收土地必须符合我国《宪法》《土地管理法》的规定。要求征地实施主体合法、征地批准主体合法；征地补偿程序合法；征地补偿内容合法。

（二）必要性原则

必要性原则包括以下内容：

1. 征收土地必须是为了公共利益的需要

根据《土地管理法规定》规定，公共利益是指：（1）军事和外交需要用地的；（2）由政府组织实施的能源、交通、水利、通信、邮政等基础设施建设需要用地的；（3）由政府组织实施的科技、教育、文化、卫生、体育、生态环境和资源保护、防灾减灾、文物保护、社区综合服务、社会福利、市政公用、优抚安置、英烈保护等公共事业需要用地的；（4）由政府组织实施的扶贫搬迁、保障性安居工程建设需要用地的；（5）在土地利用总体规划确定的城镇建设用地范围内，经省级以上人民政府批准由县级以上地方人民政府组织实施的成片开发建设需要用地的；（6）法律规定为公共利益需要可以征收农民集体所有的土地的其他情形。

以上规定的建设活动，应当符合国民经济和社会发展规划、土地利用总体规划、城乡规划和专项规划；第（4）项、第（5）项规定的建设活动，还应当纳入国民经济和社会发展年度计划；第（5）项规定的成片开发并应当符合国务院自然资源主管部门规定的标准。

2. 十分珍惜、合理利用土地和切实保护耕地的原则

国家编制土地利用总体规划，规定土地用途，将土地分为农用地、建设用地和未利用地。严格限制农用地转为建设用地，控制建设用地总量，对耕地实行特殊保护。农用地是指直接用于农业生产的土地，包括耕地、林地、草地、农田水利用地、养殖水面等。国家保护耕地，严格控制耕地转为非耕地。国家实行永久基本农田保护制度。永久基本农田经依法划定后，任何单位和个人不得擅自占用或者改变其用途。国家能源、交通、水利、军事设施等重点建设项目选址确实难以避让永久基本农田，涉及农用地转用或者土地征收的，必须经国务院批准。禁止通过擅自调整县级土地利用总体规划、乡（镇）土地利用总体规划等方式规避永久基本农田农用地转用或者土地征收的审批。

（三）公平补偿和合理安置原则

征收土地是侵益性行政行为，可能会造成失地农民的失业，直接侵害到农民的生存权问题，因此必须坚持公平补偿和合理安置原则。征收土地应当给予公平、合理的补偿，保障被征地农民原有生活水平不降低、长远生计有保障。除应足额支付土地补偿费、安置补助费以及农村村民住宅、其他地上附着物和青苗等的补偿费用，还安排被征地农民的社会保障费用。地方各级人民政府应当支持被征地的农村集体经济组织和农民从事开发经营，兴办企业。

三、征收土地程序和补偿安置要求

（一）前期工作

（1）征收土地由县级以上地方人民政府负责实施。

（2）土地现状调查和社会稳定风险评估及公告。县级以上地方人民政府拟申请征收土地的，应当开展拟征收土地现状调查和社会稳定风险评估，并将征收范围、土地现状、征收目的、补偿标准、安置方式和社会保障等在拟征收土地所在的乡（镇）和村、村民小组范围内公告至少 30 日，听取被征地的农村集体经济组织及其成员、村民委员会和其他利害关系人的意见。

（3）召开听证会。多数被征地的农村集体经济组织成员认为征地补偿安置方案不符合法律、法规规定的，县级以上地方人民政府应当组织召开听证会，并根据法律、法规的规定和听证会情况修改方案。

（4）补偿登记与补偿协议。拟征收土地的所有权人、使用权人应当在公告规定期限内，持不动产权属证明材料办理补偿登记。县级以上地方人民政府应当组织有关部门测算并落实有关费用，保证足额到位，与拟征收土地的所有权人、使用权人就补偿、安置等签订协议；个别确实难以达成协议的，应当在申请征收土地时如实说明。前期工作完成后，县级以上地方人民政府方可申请征收土地。

（二）批准程序

1. 农用地转用审批

建设占用土地，涉及农用地转为建设用地的，应当办理农用地转用审批手续。

永久基本农田转为建设用地的，由国务院批准。

在土地利用总体规划确定的城市和村庄、集镇建设用地规模范围内，为实施该规划而将永久基本农田以外的农用地转为建设用地的，按土地利用年度计划分批次按照国务院规定由原批准土地利用总体规划的机关或者其授权的机关批准。在已批准的农用地转用范围内，具体建设项目用地可以由市、县人民政府批准。

在土地利用总体规划确定的城市和村庄、集镇建设用地规模范围外，将永久基本农田以外的农用地转为建设用地的，由国务院或者国务院授权的省、自治区、直辖市人民政府批准。

2. 征地审批权限和要求

征收下列土地的，由国务院批准：（1）永久基本农田；（2）永久基本农田以外的耕地超过三十五公顷的；（3）其他土地超过七十公顷的。征收以上三项规定以外的土地的，由省、自治区、直辖市人民政府批准。

征收农用地的，应当先行办理农用地转用审批。其中，经国务院批准农用地转用的，同时办理征地审批手续，不再另行办理征地审批；经省、自治区、直辖市人民政府在征地批准权限内批准农用地转用的，同时办理征地审批手续，不再另行办理征地审批，超过征地批准权限的，应当另行办理征地审批。

（三）补偿安置

国家征收土地的，依照法定程序批准后，由县级以上地方人民政府予以公告并组织实施。

1. 补偿安置原则

征收土地应当给予公平、合理的补偿，保障被征地农民原有生活水平不降低、长远生计有保障。

2. 补偿安置范围

征收土地应当依法及时足额支付土地补偿费、安置补助费以及农村村民住宅、其他地上附着物和青苗等的补偿费用，并安排被征地农民的社会保障费用。

3. 补偿安置标准

征收农用地的土地补偿费、安置补助费标准由省、自治区、直辖市通过制定公布区片综合地价确定。制定区片综合地价应当综合考虑土地原用途、土地资源条件、土地产值、土地区位、土地供求关系、人口以及经济社会发展水平等因素，并至少每三年调整或者重新公布一次。

征收农用地以外的其他土地、地上附着物和青苗等的补偿标准，由省、自治区、直辖市制定。对其中的农村村民住宅，应当按照先补偿后搬迁、居住条件有改善的原则，尊重农村村民意愿，采取重新安排宅基地建房、提供安置房或者货币补偿等方式给予公平、合理的补偿，并对因征收造成的搬迁、临时安置等费用予以补偿，保障农村村民居住的权利和合法的住房财产权益。

县级以上地方人民政府应当将被征地农民纳入相应的养老等社会保障体系。被征地农民的社会保障费用主要用于符合条件的被征地农民的养老保险等社会保险缴费补贴。被征地农民社会保障费用的筹集、管理和使用办法，由省、自治区、直辖市制定。

第十一章 行政许可

本章导读：本章介绍了我国《行政许可法》的主要内容，主要分析了行政许可的含义、特征、原则，重点阐述了我国行政许可的设定制度和实施制度。

第一节 行政许可概述

一、行政许可的概念和特征

（一）行政许可的概念

为了规范行政许可的设定和实施，保护公民、法人和其他组织的合法权益，维护公共利益和社会秩序，保障和监督行政机关有效实施行政管理，第十届全国人民代表大会常务委员会第四次会议于2003年8月27日通过《行政许可法》，自2004年7月1日起施行。《行政许可法》第2条规定："行政许可，是指行政机关根据公民、法人或其他组织的申请，经依法审查，准予其从事特定活动的行为。"

（二）行政许可的特征

1. 行政许可的内容是国家一般禁止的活动

行政许可的基本性质是对特定活动进行事前控制的一种管理手段。行政许可以一般禁止为前提，以个别解禁为内容。即在国家一般禁止的前提下，对符合特定条件的行政相对人解除禁止使其享有特定的资格或权利，能够实施某项特定的行为。

政府必须对有关国计民生、人身健康、公共安全、产品质量、进出口贸易等社会事务实行宏观控制，限制和制止公民、法人和其他组织未经允许而任意进行这类生产、经营及其他各种可能导致社会失衡、失序，损害社会公共利益的活动，以保障社会公共利益，维持社会安定。另外，为了促进社会经济、文化事业，维持社会的进步和发展，国家不可能对这些特定活动和行为限制过死，必须根据社会实际和需要，以法律的形式制定出行政相对人从事这些特定活动和行为的标准和条件。凡是符合这些标准和条件的行政相对人，经过行政主体的确认，获得从事某种活动和行为的资格。因此，行政许可是一种有限设禁和解禁的行政行为。

2. 行政许可是依申请的行政行为

行政许可依行政相对人的申请而成立。一方面，没有行政相对人的申请，行政机关不能任意做出行政许可行为，变相强制行政相对人接受其决定。另一方面，行政相对人要从事某种为法律所限制和控制的活动和行为，也必须向有关行政机关递交许可申请，以取得资格的确认和批准，不得未经申请而擅自从事，提出申请是行政相对人从事该项活动和行为之前必须履行的义务。需要指出的是，行政相对人的申请虽然是行政许可得以成立的要件，但不意味着行政许可具有双方行政行为的性质，因为行政许可的申请并不必然得到行政机关的同意，行政许可仍是行政机关基于其行政职权而为的一种单方行政行为。

3. 行政许可是一种经依法审查的行为

行政许可并不是一经申请即可取得，而要经过行政机关的依法审查。这种审查的结果，可能是给予或者不给予行政许可。行政机关接到行政许可申请之后，首先审查决定是否受理。属于本机关职责范围，材料齐全，符合法定形式的，予以受理。受理之后，根据法定条件和标准，按照法定程序，进行审查，决定是否准予当事人的申请。审查应当公开、公平和公正，依照法定的权限、条件和程序，以保证行政许可决定的准确性。

4. 行政许可是要式行政行为

行政许可的形式一般是许可证、执照、登记和批准等。行政许可应遵循一定的法律程序，并应以正规的文书、格式和加盖印章的形式作出。对行政相对人而言，许可文件同时也是证明文书，证明某个自然人、法人或其他组织具有某种能力或资格，因此，行政许可必须是要式行政行为。

5. 行政许可是授益性行政行为

行政许可是行政主体赋予行政相对人某种法律资格或法律权利的具体行政行为。行政许可是针对特定的人、特定的事作出的具有授益性的一种具体行政行为。

二、行政许可的种类与形式

（一）行政许可的种类

《行政许可法》并未从立法上对行政许可作出类型划分，只是在行政许可程序中规定了区别于一般程序的特别程序，包括特许程序、认可程序、核准程序以及登记程序，因此，从《行政许可法》的角度来看，行政许可可以分为普通许可、特许、认可、核准以及登记。从法理的角度来看，根据不同的标准，学界将行政许可分为如下几种类型：

1. 以许可的范围为标准，分为一般许可和特殊许可

一般许可是指行政主体对凡符合法定条件的许可申请都予准许，属于无特殊限制的许可，如申请驾驶执照许可、申请营业执照等，大多数许可都属于一般许可。特殊许可是指除符合一般许可的条件外，对申请人还规定有特别限定的许可，又称"特许"，如持枪许可，只有符合《枪支管理法》规定的人才可以获得持枪许可。其他人员均不能获得此种权利。特别许可还可以发生在自然资源的开发利用许可、有限社会公共资源的配置等领域。

2. 以许可享有的程度为标准，分为排他性许可和非排他性许可

排他性许可是指某一行政许可申请人获得行政许可后，其他人均不能再获得该项行政许可，如无线电频率许可。非排他性许可是指只要具备法定条件，任何人都可以申请并获得行政许可，大部分行政许可是非排他性许可。

3. 以许可能否单独使用为标准，分为独立许可和附文件的许可

独立许可是指许可证已规定了所有许可内容，不需要其他文件做补充说明的许可。如森林采伐许可证、特种刀具购买证等。明确的许可范围、事项、时间等是独立许可的显著特点。附文件许可是指由于特殊条件的限制，需要附加文件予以说明的许可。这种许可在申请、审批或使用时，均应将附加文件附在许可证后做补充说明，如商标许可、专利许可等。

4. 以许可是否附加必须履行的义务为标准，分为权利性许可和附义务的许可

权利性许可又叫无条件放弃的许可，是指申请人取得行政许可后，并不承担作为义务，可以自由放弃被许可的权利，并且并不因此承担任何法律责任的许可，如机动车驾驶证、排污许可证等。附义务的许可也称有条件放弃的许可，指被许可人获得许可的同时，亦承担一定期限内从事该活动的义务，否则要承担一定法

律责任的许可。承担法律责任的方式一般表现为丧失被许可的权利。如我国《企业登记管理条例》规定，企业在获准登记、取得营业执照后一年内应开展经营活动，否则将视为自动放弃，工商行政管理部门有权吊销营业执照。这种许可就是附义务的许可。

5. 以许可的存续时间为标准，分为永久许可和附期限许可

永久许可是指被许可人取得许可证后，只要本人不放弃或不被主管机关因法定事由撤销，将持续并永久有效的许可，如生产某种产品的许可。附期限的许可是指只在一定时间内有效，逾期将失去效力的许可。这种在使用时间上有限制的许可很多，大体分为两种情况：一种情况是用明确的使用期限加以确定，如专利许可、建设用地审批等；另一种情况是许可本身未作明确的期限规定，但许可的内容进行完毕后，即自行失去许可效力，如出境许可等。

6. 以许可的内容为标准，分为行为许可和资格许可

行为许可是指允许符合条件的申请人从事某项活动的许可，如生产经营许可，这类许可在内容上仅限于许可被许可人进行某种活动，不包含资格权能的特别证明内容，也无须对被许可人进行能力方面的考核。资格许可是指行政主体应申请人的申请，经过一定的考核发一定的证明文书，允许其享有某种资格或具有某种能力的许可，如律师资格证、驾驶执照等。

（二）行政许可的形式

行政许可的形式即行政许可的外在表现形态。《行政许可法》规定的行政许可形式主要有以下几类：

1. 许可证、执照或其他许可证书

许可证是指有关行政许可机关根据行政相对人的申请而依法核发的批准书，它以"许可证"的名称出现，如卫生许可证、采矿许可证、捕捞许可证等。执照一般是指许可机关颁发的准许申请人从事某种生产经济活动的书面凭证。如驾驶执照、营业执照等。其他许可证书，包括：准许证，是某些许可证的另类名称，如准购证、计划生育机关发放的"准生证"、新闻出版机构发放的"准印证"、森林法规定的"木材运输证"、枪支管理条例中规定的"携运证""运输证""持枪通行证"和"购买证"等。特许证，这类许可证所针对的是一般情况下都普遍禁止的行为，只在极其特别的条件下才赋予权利，与一般许可证书相比，其条件更严格，申请程序更复杂，发放机关层次也较高。

2. 资格证、资质证或其他合格证书

资格证、资质证是指经过考试、考核等审查程序合格，颁发给申请人的证明其能力、资格的许可证件。证件持有人可以从事某一职业或进行某种活动。如律师证、建筑师证是持证人资格水平的证明。资格证和资质证的效力较稳定，能在相对较长时间内起到资格证明的作用，持证人超过一定期限不行使某权能或采取某种行为也可能导致许可证失效。

3. 行政机关的批准文件或者证明文件

行政机关的批准文件是指行政机关批准有关主体从事一定活动的书面意见。例如，按照国家有关规定，开采黄金矿产，由黄金管理局颁发《开采黄金矿产批准书》后，方准开采。行政机关的证明文件是指行政机关对特定事实予以确认的书面意见。例如，国际海运条例规定，国际船舶运输经营者增加运营船舶的，增加的运营船舶必须符合国家规定的安全技术标准，并应当于投入运营前15日内向国务院交通主管部门备案。国务院交通主管部门应当自收到备案材料之日起3日内出具备案证明文件。

4. 法律、法规规定的其他行政许可证件

如《野生动物保护法》第16条规定，禁止猎捕、杀害国家重点保护野生动物。因科学研究、驯养繁殖、展览或其他特殊情况，需要捕捉、捕捞国家一级保护野生动物的，必须向国务院野生动物行政主管部门申请特许猎捕证。

5. 加贴标签或者加盖检验、检测、检疫印章

行政机关实施检验、检测、检疫的，可以在检验、检测、检疫合格的设备、设施、产品、物品上加贴标签或者加盖检验、检测、检疫印章。例如，动物防疫法规定："经检疫合格的动物、动物产品，由动物防疫监督机构出具检疫证明，动物产品同时加盖或者加封动物防疫监督机构使用的验讫标志。"

三、行政许可的基本原则

（一）许可法定原则

《行政许可法》第4条规定："设定和实施行政许可，应当依照法定的权限、范围、条件和程序。"因此，许可法定原则包括如下两个方面：

1. 行政许可的设定必须依照法定的权限、范围、条件和程序

其具体含义是：（1）应当严格按照《行政许可法》规定的权限设定行政许可。

在我国，享有行政许可设定权的行政机关只有国务院和省级人民政府，其他行政机关都无权设定行政许可。（2）应当严格按照《行政许可法》规定的范围设定行政许可。《行政许可法》规定了各立法主体的权限范围，超出则为无效行政许可。（3）应当严格按照《行政许可法》规定的条件设定行政许可。（4）应当严格按照《行政许可法》和其他法律、行政法规规定的程序设定行政许可。

2. 依照法定的权限、范围、条件和程序实施行政许可

其具体含义是：（1）实施行政许可的主体及权限应当合法；（2）实施行政许可应当符合《行政许可法》和其他法律、行政法规和规章规定的条件；（3）实施行政许可应当符合《行政许可法》和其他法律、行政法规和规章规定的程序。

（二）公开、公平、公正、非歧视原则

《行政许可法》第5条规定："设定和实施行政许可，应当遵循公开、公平、公正、非歧视的原则。"公开、公平和公正是现代行政程序中的三项重要原则，行政许可作为行政行为中的一种，其设定和实施，也要遵循这三项原则。公开、公平和公正是相互联系的。公开是一种手段，公平、公正是目的，公开促进公平、公正的实现；公平、公正必然要求行政行为公开，"暗箱操作"是没有公平、公正可言的。公开、公平和公正都要通过程序来保障和实现，没有法定的程序，这些原则既无法实现，也没有判断标准。

行政许可的公开原则，是指行政主体在设定和实施行政许可时，除涉及国家秘密、商业秘密和个人隐私外，必须向行政相对人及社会公开与行政职权有关的事项。通过行政公开，行政相对人可以有效地参与行政许可，以维护自己的合法权益；社会民众可以有效地监督行政主体依法行使行政许可权。行政许可公开的基本要求是：第一，设定行政许可的过程要公开，从设定行政许可的必要性、可行性到行政许可可能产生效果的评估，都要广泛听取意见，允许并鼓励公众参与；第二，凡是行政许可的规定都必须公布，未经公布的不得作为实施行政许可的依据；第三，行政许可的程序、结果要公开。

公平、公正，是指行政主体应平等地对待行政相对人，给予行政相对人平等的机会，使其享有平等的权利和履行相应的义务。在实施行政许可的过程中，不得区别对待，做到不偏私、不歧视，不能对相同的事项做出不同的处理或者对不同的事项作出相同的处理。

歧视是人对人就某个缺陷、缺点、能力、出身以不平等的眼光对待，使之得

到不同程度的损失，多带贬义色彩，属于外界因素引发的一种人格扭曲。歧视是由偏见的认识和态度引起的，直接指向偏见目标或受害者的那些否定性的消极行为的表现。行政许可的非歧视原则是指：第一，设定行政许可非歧视，对任何公民、法人和其他组织都要平等对待，不得设置歧视性条件；第二，实施行政许可非歧视，行政机关不得歧视任何人，符合法定条件、标准的，申请人有依法取得行政许可的平等权利。

（三）便民、效率原则

便民原则，是指行政机关在实施行政许可时，应当尽量为行政相对人提供便利，尽可能简化手续，使用方便、快捷的途径，从而使行政许可申请人以最低的投入实现许可的目的。对此，《行政许可法》做了许多规定，例如，经国务院批准，省、自治区、直辖市人民政府根据精简、统一、效能的原则，可以决定一个行政机关行使有关行政机关的行政许可权；行政许可需要行政机关内设的多个机构办理的，该行政机关应该确定一个行政机构统一受理行政许可申请；行政许可申请可以通过信函、电报、传真、电子数据交换和电子邮件等方式提出。

效率原则，是指行政许可机关不仅应当按照法定程序在规定的时限内及时办理行政许可事项，不得无故拖延，而且必须以最小的许可管制成本（即用最短的时间、最少的人力、财力和物力，以及最少的损害等）来实现既定的行政管理目标，使社会效益最大化。行政许可机关在具体的许可实施过程中，应当责任到人，简化内部办事程序，避免相互推诿扯皮；严格遵守法定的时限要求，杜绝拖延和超期不办情形；对能够采取信息化手段快速处理的，应当尽量推行电子政务，加快信息交流和信息传递速度。另外，许可机关还应当与其他相关行政机关对有关许可信息实行信息共享，减少行政机关的信息搜集成本，从而提高行政机关整体行政效率。

便民和效率是统一的，方便相对人办事，可以减少行政许可申请的盲目性，从而减轻行政机关的工作量；高效办理行政许可，又是便民的一个重要方面。因此，两者是统一的，应把两者结合起来，统一安排有关工作流程，相互促进和推动。

（四）权利保障原则

权利保障原则是指在实施行政许可时要充分保障行政相对人的各项程序性权利。《行政许可法》第7条规定："公民、法人或者其他组织对行政机关实施行政许可，享有陈述权、申辩权；有权依法申请行政复议或者提起行政诉讼；其合法权益因行政机关违法实施行政许可受到损害的,有权依法要求赔偿。"可见,行政相对人在行政许可过程中享有五项基本权利:陈述权、申辩权、申请复议权、起诉权、要求国家赔偿权。

(五)信赖保护原则

信赖保护是诚信原则在行政法中的运用。它主要适用于对授益性行政行为的撤销(或废止)方面。即公民或组织因此类行政行为而获得利益,一经撤销将会受到损害,故行政机关撤销授益性行政行为时,应考虑补偿行政相对人信赖该行政行为有效存续而获得的利益(或者不予撤销)。公民、法人或者其他组织依法取得的行政许可受法律保护,行政机关不得擅自改变已经生效的行政许可。行政许可所依据的法律、法规、规章修改或者废止,或者准予行政许可所依据的客观情况发生重大变化的,为了公共利益的需要,行政机关可以依法变更或者撤回已经生效的行政许可。由此给公民、法人或者其他组织造成财产损失的,行政机关应当依法给予补偿。

(六)监督原则

监督原则,是指行政机关应当依法加强对行政机关实施行政许可和从事行政许可事项活动的监督。县级以上人民政府应当建立健全对行政机关实施行政许可的监督制度,加强对行政机关实施行政许可的监督检查。

第二节 行政许可的设定

一、行政许可的设定范围

行政许可的设定是指拥有行政许可设定权的主体通过制定法律规范,将某一事项纳入行政许可的范围,赋予特定行政主体行政许可的权力,同时也对相关行政主体实施行政许可的条件、程序等作出规定的立法活动。设定行政许可属于立法活动,行政许可设定权是立法权,因此设定主体必须是享有一定立法权的主体,包括级别较高的人大及其常委会和政府。

设定行政许可,应当遵循经济和社会发展规律,有利于发挥公民、法人或者其他组织的积极性、主动性,维护公共利益和社会秩序,促进经济、社会和生态环境协调发展。

（一）可以设定行政许可的事项

行政许可的设定范围，即哪些事项可以设定行政许可，哪些事项不能设定行政许可，任由公民自主决定或者由市场调节。根据《行政许可法》第12条的规定，下列事项可以设定行政许可：

（1）直接涉及国家安全、公共安全、经济宏观调控、生态环境保护以及直接关系人身健康、生命财产安全等特定活动，需要按照法定条件予以批准的事项。①与国家安全有关的事项。国家安全是国家生存和发展的一种状态、环境和秩序。国家安全是一个国家的最高利益，因此从事与国家安全有关的事项，应当设定许可。②经济宏观调控的事项。经济宏观调控方面的许可事项主要有：投资立项、产业布局、进出口管制等。③生态环境保护的事项。为了实现可持续发展，保持人类与自然的和谐关系，控制和减少人类对自然和环境的破坏，因此，有关影响生态环境的活动，需要经过批准。我国的《环境保护法》《水污染防治法》《大气污染防治法》《固体废物污染环境防治法》《噪声污染防治法》《海洋环境保护法》《建设项目环境保护管理条例》等都规定，建设项目环境影响报告书、向环境排放污染物、环境保护工程设施，均须经批准或者验收。④直接关系公共安全、人身健康、生命财产安全的事项。为了防止个体行为对集体利益和社会整体利益的损害，因此，国家在进行行政管理时，对涉及公共安全与公共利益的活动，要实行事前许可制度。如易燃性、爆炸性、放射性、毒害性、腐蚀性等危险品的生产、储存、运输、使用、销售，以及其他直接关系人身健康、生命财产安全的产品、物品的生产、经营等活动，都要经过批准。

（2）有限自然资源开发利用、公共资源配置以及直接关系公共利益的特定行业的市场准入等，需要赋予特定权利的事项。①有限自然资源的开发利用。土地、矿藏、水流、森林、山岭、草原、荒地、滩涂等自然资源，属于国家所有。国家对这些自然资源享有占有、使用、收益和处分的权利。开发利用土地、矿产、草原、水等自然资源，都须经审批。②公共资源的配置。公共资源包括各种市政设施、道路交通、航空航线、无线电频率等。对公共资源的利用实行许可，主要是为了优化对公共资源的配置，提高公共资源的利用率。③专营权利的赋予，即特定行业的市场准入，主要是公用事业服务等行业，如自来水、煤气、电力、电信、邮政等与人民群众日常生活、公共利益密切相关的行业。

（3）提供公众服务并且直接关系公共利益的职业、行业，需要确定具备特殊信誉、特殊条件或者特殊技能等资格、资质的事项。公民、法人或者其他组织为公众提供服务，所从事的职业和工作直接关系公共利益，因而国家要求从事这些职业或行业的公民和组织具备特殊的资格和条件。在这一领域设定许可，主要目的是提高从业水平或者某种技能、信誉。目前公民的职业资格许可主要有两类：一是职业资格许可。如律师资格证、执业医师资格证等。二是劳动技能资格许可。劳动法规定，国家确定职业分类，对规定的职业制定职业技能标准，实行职业资格证书制度，由经过政府批准的考核鉴定机构负责对劳动者实施职业技能考核鉴定。

（4）直接关系公共安全、人身健康、生命财产安全的重要设备、设施、产品、物品，需要按照技术标准、技术规范，通过检验、检测、检疫等方式进行审定的事项。这一类事项通常被认为是对物的许可，其实，物与人联系起来，进入到社会生活中，才具有法律上的意义，孤立存在的物是没有法律意义的。在行政许可中，表面上看是对物的许可，实质上是对物的所有人支配和使用该物的一种许可。

（5）企业或者其他组织的设立等，需要确定主体资格的事项。主要形式是登记。其功能是通过登记，确立个人、企业或者其他组织的特定主体资格。其特点是：第一，未经合法登记、取得特定主体资格的，不得从事相关活动；第二，没有数量上的限制；第三，对申请材料一般只进行形式审查，通常可以当场作出是否准予的决定；第四，行政机关没有自由裁量权。登记许可主要有两类：一类是企业法人登记，确立其市场主体资格；另一类是社会组织登记，包括社会团体、事业单位、民办非企业单位登记等，以确立其从事社会活动的资格。

（6）法律、行政法规规定可以设定行政许可的其他事项。

（二）排除设定行政许可的事项

根据《行政许可法》第13条的规定："本法第12条所列事项，通过下列方式能够予以规范的，可以不设行政许可：（1）公民、法人或者其他组织能够自主决定的；（2）市场竞争机制能够有效调节的；（3）行业组织或者中介机构能够自律管理的；（4）行政机关采用事后监督等其他行政管理方式能够解决的。"

二、行政许可的设定主体及权限

（一）全国人民代表大会及其常务委员会

全国人民代表大会及其常务委员会作为国家的最高权力机关，是设定行政许可的法定机关，可以通过制定法律设定各种形式的行政许可。法律是全国人大及其常委会制定的规范性文件，是《宪法》之下效力层次最高的规范性文件。全国人民代表大会是国家最高权力机关，在国家机关的权力分工中，全国人大及其常委会行使国家立法权，是立法机关，由它对公民的权利和自由作必要的限制，符合法治精神和原则。因此，法律可以设定行政许可。

（二）国务院

国务院作为国家最高行政机关，可以通过制定行政法规设定法律尚未设定的行政许可事项。必要时，国务院可以采用发布决定的方式设定行政许可。实施后，除临时性行政许可事项外，国务院应当及时提请全国人民代表大会及其常务委员会制定法律，或者自行制定行政法规。行政法规可以在法律设定的行政许可事项范围内，对实施该行政许可作出具体规定。（1）行政法规的设定权。行政法规的设定范围要小于法律，尚未制定法律的，行政法规可以设定行政许可。因此，在行政法规与法律的关系上，法律没有规定的，它可以规定，法律有规定的，它可以作具体规定，不得与法律相抵触。（2）国务院决定的设定权。国务院采用决定的方式设定行政许可，要受两种限制：一是在"必要时"，即来不及制定法律、行政法规，又确实需要通过设定行政许可来管理；二是实施后，应当"及时"提请全国人大及其常委会制定法律或自行制定行政法规。

（三）有权地方人民代表大会及其常务委员会

省、自治区、直辖市人民代表大会及其常委会，设区的市、自治州的人民代表大会及其常委会，可以通过制定地方性法规设定法律、行政法规尚未设定的行政许可事项。

地方性法规设定行政许可应遵守以下规定：（1）在《行政许可法》第12条规定可以设定行政许可的五类事项范围内设定行政许可。（2）通过《行政许可法》第13条规定的四种方式能够解决的，不得设定行政许可。（3）尚未制定上位法，即尚未制定法律、行政法规。（4）不得设定应当由国家统一确定的公民、法人或者其他组织资格、资质的行政许可；不得设定企业或者其他组织设立的登记及其前置性行政许可；设定的行政许可，不得限制其他地区的个人或者企业到本地区开展生产经营活动和提供服务；不得限制其他地区的产品进入本地区市场。

（四）省级人民政府

对于尚未制定法律、行政法规和地方性法规的，因行政管理的需要，确需立即实施行政许可的,省、自治区、直辖市人民政府规章可以设定临时性的行政许可。临时性的行政许可实施1年需要继续实施的,应当提请本级人民代表大会及其常委会制定地方性法规。

省级地方政府规章设定行政许可应当遵守以下规定:(1)只能设定临时性的行政许可。这种临时性的行政许可有效期为1年,如果需要继续执行,应当上升为地方性法规。(2)在属于《行政许可法》第12条规定的可以设定行政许可的事项范围内设定行政许可。(3)通过《行政许可法》第13条规定的四种方式能够解决的,不得设定行政许可。(4)尚未制定法律、行政法规和地方性法规的。(5)不得设定应当由国家统一确定的公民、法人或者其他组织资格、资质的行政许可;不得设定企业或者其他组织设立的登记及其前置性行政许可;设定的行政许可,不得限制其他地区的个人或者企业到本地区从事生产经营和提供服务;不得限制其他地区的产品进入本地区市场。

三、行政许可的规定权

设定权和规定权是两种不同的立法权。所谓设定权是指法的创制权,是立法机关创制新的行为规范的权力,是从无到有。规定权是指现有的法的规范具体化的权力,不创制新的行为规范,是从粗到细。设定权和规定权都属于广义的立法权。

(一)行政法规的规定权

根据《宪法》和《立法法》的规定,行政法规是国务院根据《宪法》和法律或者法律的授权制定的规范性文件,它的法律位阶比较高,既可以设定行政许可,也可以对法律设定的行政许可进行具体化。行政法规可以在法律设定的行政许可事项范围内,对实施该行政许可作出具体规定。行政法规对法律设定的行政许可作具体规定,要注意与其创设性立法的区别,也就是说在对法律规定的行政许可作具体规定时,不能创设新的行政许可;对行政许可条件作出的具体规定,不得增设违反上位法的其他条件。

(二)地方性法规的规定权

地方性法规可以在法律、行政法规规定的行政许可事项范围内,对实施该行政许可作出具体规定。地方性法规既可以对法律设定的行政许可作出具体规定,也可以对行政法规设定的行政许可作出具体规定。地方性法规在对法律、行政法规设定的行政许可作具体化时,不能增设新的行政许可。对行政许可条件作出的具体规定，不得增设违反上位法的其他条件。

（三）规章的规定权

规章可以在上位法设定的行政许可事项范围内，对实施该行政许可作出具体规定。这里的规章包括国务院部门规章和地方政府规章。这里的上位法是指法律效力等级较高的法，包括法律、行政法规、上级和本级地方性法规、省级政府规章。规章对实施上位法设定的行政许可作出的具体规定，不得增设行政许可；对行政许可条件作出的具体规定，不得增设违反上位法的其他条件。

四、设定行政许可的要求

（一）设定行政许可，应当规定行政许可的实施机关、条件、程序、期限

1. 应当规定实施机关

设定行政许可，应当对实施机关作出明确规定，以防止多头管理、重复许可。

2. 应当规定行政许可的条件

行政许可的条件是申请人取得许可必须达到的最低要求，是行政机关决定是否许可的客观尺度。行政许可作为一个制度化的管理手段，就是利用设定条件来限制人们的活动，通过既定的法律规则来规范社会关系，调整人们的行为。如果只有限制要求，没有相应的条件，行政许可就不是法治手段，就会导致人治。

3. 应当规定程序

为了防止任意行政，保护申请人的合法权益，提高行政效率，在设定行政许可时，应当明确许可的程序。

4. 应当规定行政许可的期限

行政许可的期限是作出行政许可决定的时间限制。规定期限限制，增强行政决定的可预期性，既是行政效率的要求，也可以防止行政许可机关故意拖延，有利于保护申请人的权利。

（二）听取意见和说明理由制度

起草法律草案、法规草案和省、自治区、直辖市人民政府规章草案，拟设定行政许可的，起草单位应当采取听证会、论证会等形式听取意见，并向制定机关说明设定该行政许可的必要性、对经济和社会可能产生的影响以及听取和采纳意见的情况。

1. 应当广泛听取意见

立法应当体现人民群众的意志,反映人民群众的意见、要求和建议。起草法律、法规草案是立法的一个环节,也需要体现民主立法的要求。设定行政许可,限制了公民的权利和自由,更应当让公民参与立法过程。听取意见可以采取论证会、听证会等形式。

2. 向制定机关说明理由

起草单位对拟设定行政许可说明理由,有助于立法机关判断设定行政许可的必要性、可行性,减少不必要的行政许可。起草单位的说明包括:(1)设定该行政许可的必要性;(2)对经济和社会可能产生的影响;(3)听取和采纳意见的情况。

(三)后期评价和清理制度

1. 设定机关的评价

设定机关要定期对其设定的行政许可进行评价。评价的内容主要是可行性,对经济和社会的影响等。经过评价,认为通过《行政许可法》第13条规定能够解决的,就应当及时修改或者废止。至于"定期"是多长时间,本法没有明确规定,由各设定机关自己决定。

2. 实施机关的评价

实施机关是法律、法规的执行机关,在执法的第一线,对法律、法规设定的行政许可的实施情况最了解,行政许可是否有必要,最有发言权。行政许可的实施机关可以对已设定的行政许可的实施情况及存在的必要性适时进行评价,并将意见报告该行政许可的设定机关。

3. 行政相对人的意见和建议

公民、法人或者其他组织作为行政管理相对人一方,是行政许可实施的对象,与设定机关和实施机关相比,对行政许可的负面作用应当体会得更为深切。设定机关对实施的行政许可进行评价,不仅要听取实施机关的评价,还要充分听取公民、法人或者其他组织的意见和建议,听取人民群众的评价,这样才能作出正确的判断。公民、法人或者其他组织可以向行政许可的设定机关和实施机关就行政许可的设定和实施提出意见和建议。

(四)停止实施制度

省、自治区、直辖市人民政府对行政法规设定的有关经济事务的行政许可,根据本行政区域经济和社会发展情况,认为通过《行政许可法》第13条所列方式能够解决的，报国务院批准后，可以在本行政区域内停止实施该行政许可。

停止实施行政许可必须符合一定的条件：（1）必须是行政法规设定的行政许可；（2）必须是省、自治区、直辖市人民政府才能提出；（3）必须是对有关经济事务的行政许可事项；（4）停止实施的标准是通过《行政许可法》第13条规定的方式能够解决；（5）需经国务院批准。

第三节　行政许可的实施

一、行政许可的实施主体

行政许可的实施，是指行政主体根据行政相对人的申请，依法对其进行审查，决定是否准予其从事某种特定活动的过程。有权实施行政许可的主体包括：

（一）行政机关

行政机关是行政许可中最重要的实施主体。具有行政许可权的行政机关可以在其法定职权范围内实施行政许可。此外，根据《行政许可法》第25条的规定："经国务院批准，省、自治区、直辖市人民政府根据精简、统一、效能的原则，可以决定一个行政机关行使有关行政机关的行政许可权。"也就是说，经过国务院批准，省、自治区、直辖市人民政府可以决定一个行政机关行使有关行政机关的行政许可权。行政许可需要行政机关内设的多个机构办理的，该行政机关应当确定一个机构统一受理行政许可申请，统一送达行政许可决定。行政许可依法由地方人民政府两个以上部门分别实施的，本级人民政府可以确定一个部门受理行政许可申请并转告有关部门分别提出意见后统一办理，或者组织有关部门联合办理、集中办理。

（二）法律、法规授权的组织

法律、法规授权的具有管理公共事务职能的组织，在法定授权范围内，以自己的名义实施行政许可。被授权实施行政许可的具有管理公共事务职能的组织应当具备下列条件：第一，该组织必须是依法成立的；第二，被授权实施的行政许可事项应当与该组织管理公共事务的职能相关联；第三，该组织应当具有熟悉与被授权实施的行政许可有关的法律、法规和专业的正式工作人员；第四，该组织应当具备实施被授权实施的行政许可所必需的技术、装备条件等；第五，该组织能对实施被授权实施的行政许可引起的法律后果独立地承担责任。

（三）受委托的行政机关

行政机关在其法定职权范围内，依照法律、法规、规章的规定，可以委托其他行政机关实施行政许可。委托机关应当将受委托行政机关和受委托实施行政许可的内容予以公告。委托行政机关对受委托行政机关实施行政许可的行为应当负责监督，并对该行为的后果承担法律责任。受委托行政机关在委托范围内，以委托行政机关名义实施行政许可；不得再委托其他组织或者个人实施行政许可。

（四）专业技术组织

我国《行政许可法》第28条规定："对直接关系公共安全、人身健康、生命财产安全的设备、设施、产品、物品的检验、检测、检疫，除法律、行政法规规定由行政机关实施的外，应当逐步由符合法定条件的专业技术组织实施。专业技术组织及其有关人员对所实施的检验、检测、检疫结论承担法律责任。"

对设备、设施、产品、物品的许可，主要是看其是否符合技术标准和经济技术规范，符合的，就应当许可；不符合的就不许可，比较客观，行政机关没有自由裁量权，不一定通过行政许可的方式来管理，可以由专业技术组织实施，行政机关作事后的监督。由专业技术组织实施，充分发挥专业技术组织的特长，有利于节约社会资源，是社会发展的趋势，也符合市场经济的规则。

我国对直接关系公共安全、人身健康、生命财产安全的设备、设施、产品和物品实行行政许可制管理的越来越少，一般实行强制认证制度，大部分设备、设施、产品和物品都由专业技术组织负责检验、检测、检疫，符合技术标准和技术规范的，由专业技术组织出具检验、检测、检疫报告，然后由国家质量认证中心发给认证证明。只有一小部分由行政机关实行许可证管理，如电梯、压力锅炉、药品、民用爆炸物品等。

二、申请与受理

（一）申请

申请人提出申请，是行政许可的前提条件。申请权是一种程序上的权利，相对人有权通过合法的申请，要求行政机关作出合法的应答。无论申请人在实体法上是否符合获得许可的条件，在程序上都享有该权利。

（1）公民、法人或者其他组织从事特定活动，依法需要取得行政许可的，应当向行政机关提出申请。申请书需要采用格式文本的，行政机关应当向申请人提供行政许可申请书格式文本。申请书格式文本中不得包含与申请行政许可事项没有直接关系的内容。

（2）申请人可以委托代理人提出行政许可申请。但是，依法应当由申请人到行政机关办公场所提出行政许可申请的除外。

（3）行政许可申请可以通过信函、电报、电传、传真、电子数据交换和电子邮件等方式提出。

（4）申请人申请行政许可，应当如实向行政机关提交有关材料和反映真实情况，并对其申请材料实质内容的真实性负责。行政机关不得要求申请人提交与其申请的行政许可事项无关的技术资料和其他材料。

（5）行政机关应当将法律、法规、规章规定的有关行政许可的事项、依据、条件、数量、程序、期限以及需要提交的全部材料的目录和申请书示范文本等在办公场所公示。申请人要求行政机关对公示内容予以说明、解释的，行政机关应当说明、解释，提供准确、可靠的信息。

（二）受理

行政机关对申请人提出的行政许可申请，应当根据下列情况分别作出处理：

（1）申请事项依法不需要取得行政许可的，应当即时告知申请人不受理；

（2）申请事项依法不属于本行政机关职权范围的，应当即时作出不予受理的决定，并告知申请人向有关行政机关申请；

（3）申请材料存在可以当场更正的错误的，应当允许申请人当场更正；

（4）申请材料不齐全或者不符合法定形式的，应当当场或者在5日内一次告知申请人需要补正的全部内容，逾期不告知的，自收到申请材料之日起即为受理；

（5）申请事项属于本行政机关职权范围，申请材料齐全、符合法定形式，或者申请人按照本行政机关的要求提交全部补正申请材料的，应当受理行政许可申请。

（6）行政机关受理或者不予受理行政许可申请，应当出具加盖本行政机关专用印章和注明日期的书面凭证。

三、审查与决定

（1）行政机关应当对申请人提交的申请材料进行审查。申请人提交的申请材料齐全、符合法定形式，行政机关能够当场作出决定的，应当当场作出书面的行政许可决定。

（2）根据法定条件和程序，需要对申请材料的实质内容进行核实的，行政机关应当指派两名以上工作人员进行核查。

（3）依法应当先经下级行政机关审查后报上级行政机关决定的行政许可，下级行政机关应当在法定期限内将初步审查意见和全部申请材料直接报送上级行政机关。上级行政机关不得要求申请人重复提供申请材料。

（4）行政机关对行政许可申请进行审查时，发现行政许可事项直接关系他人重大利益的，应当告知该利害关系人。申请人、利害关系人有权进行陈述和申辩。行政机关应当听取申请人、利害关系人的意见。

（5）行政机关对行政许可申请进行审查后，除当场作出行政许可决定的外，应当在法定期限内按照规定程序作出行政许可决定。

（6）申请人的申请符合法定条件、标准的，行政机关应当依法作出准予行政许可的书面决定。

（7）行政机关依法作出不予行政许可的书面决定的，应当说明理由，并告知申请人享有依法申请行政复议或者提起行政诉讼的权利。

（8）行政机关作出的准予行政许可决定，应当予以公开，公众有权查阅。法律、行政法规设定的行政许可，其适用范围没有地域限制的，申请人取得的行政许可在全国范围内有效。

四、听证制度

听证程序是行政机关作出行政行为前给予当事人就重要事实表达意见的机会，通过公开、公正、民主的方式达到行政目的程序。

（一）听证范围

（1）法律、法规、规章规定实施行政许可应当听证的事项，行政机关应当向社会公告，并举行听证。

（2）行政机关认为需要听证的其他涉及公共利益的重大行政许可事项，行政机关应当向社会公告，并举行听证。

（3）行政许可直接涉及申请人与他人之间重大利益关系的，行政机关在作出行政许可决定前，应当告知申请人、利害关系人享有要求听证的权利。

（二）行政机关的义务

1. 告知的义务

如果行政机关认定行政许可直接涉及申请人与他人之间重大利益关系，行政机关在作出行政许可决定前，必须告知申请人、利害关系人有要求听证的权利。申请人和利害关系人在被告知听证权利之日起5日内提出听证申请的，应向行政机关提交书面申请。

2. 组织听证

行政机关在收到申请人、利害关系人要求举行听证的申请书之日起20日内，应当举行听证。

3. 承担听证费用

听证费用指行政机关举行听证所支付的费用，如必要的办公经费等，不包括当事人聘请律师、取得证据等个人所应支付的费用。听证费用，由行政机关承担，申请人、利害关系人不承担听证的费用。作出如此规定，是为了保障当事人行使听证的权利。

（三）听证步骤及要求

听证按照下列程序进行：

（1）行政机关应当于举行听证的7日前将举行听证的时间、地点通知申请人、利害关系人，必要时予以公告；

（2）听证应当公开举行；

（3）行政机关应当指定审查该行政许可申请的工作人员以外的人员为听证主持人，申请人、利害关系人认为主持人与该行政许可事项有直接利害关系的，有权申请回避；

（4）举行听证时，审查该行政许可申请的工作人员应当提供审查意见的证据、理由，申请人、利害关系人可以提出证据，并进行申辩和质证；

（5）听证应当制作笔录，听证笔录应当交听证参加人确认无误后签字或者盖章；

（6）行政机关应当根据听证笔录，作出行政许可决定。

五、变更与延续

（一）行政许可的变更

行政许可的变更，是指根据被许可人的请求，行政机关对许可事项的具体内容在许可被批准后加以变更的行为。行政许可的变更实质上是对原行政许可的修改，一般须许可主体审查后重新核发许可证。变更的原因可能是活动内容、方式或性质发生改变，原许可证不能适用。变更的内容，可以是许可的条件、范围、主体等。

被许可人要求变更行政许可事项的，应当向作出行政许可决定的行政机关提出申请；符合法定条件、标准的，行政机关应当依法办理变更手续。

（二）行政许可的延续

一般来说，行政许可证件是有期限的，被许可人只能在行政许可的有效期内从事许可活动，行政许可超过有效期的，从事行政许可的有关活动便没有法律依据，是违法的。因此，被许可人需要在有效期届满后继续从事有关活动的，应当在有效期届满前，向行政机关申请延展行政许可的有效期。

被许可人需要延续依法取得的行政许可的有效期的，应当在该行政许可有效期届满 30 日前向作出行政许可决定的行政机关提出申请。但是，法律、法规、规章另有规定的，依照其规定。

行政机关应当根据被许可人的申请，在该行政许可有效期届满前作出是否准予延续的决定；逾期未作决定的，视为准予延续。

六、特别规定

（一）招标、拍卖

实施有限自然资源开发利用、公共资源配置以及直接关系公共利益的特定行业的市场准入等，需要赋予特定权利事项的行政许可，行政机关应当通过招标、拍卖等公平竞争的方式作出决定。但是，法律、行政法规另有规定的，依照其规定。行政机关按照招标、拍卖程序确定中标人、买受人后，应当作出准予行政许可的决定，并依法向中标人、买受人颁发行政许可证件。行政机关违反规定，不采用招标、拍卖方式，或者违反招标、拍卖程序，损害申请人合法权益的，申请人可以依法申请行政复议或者提起行政诉讼。

（二）考试、考核

提供公众服务并且直接关系公共利益的职业、行业，需要确定具备特殊信誉、特殊条件或者特殊技能等资格、资质的行政许可事项，赋予公民特定资格，依法应当举行国家考试的，行政机关根据考试成绩和其他法定条件作出行政许可决定；

赋予法人或者其他组织特定的资格、资质的，行政机关根据申请人的专业人员构成、技术条件、经营业绩和管理水平等的考核结果作出行政许可决定。但是，法律、行政法规另有规定的，依照其规定。

公民特定资格的考试依法由行政机关或者行业组织实施，公开举行。行政机关或者行业组织应当事先公布资格考试的报名条件、报考办法、考试科目以及考试大纲。但是，不得组织强制性的资格考试的考前培训，不得指定教材或者其他助考材料。

（三）检验、检测、检疫

实施直接关系公共安全、人身健康、生命财产安全的重要设备、设施、产品、物品，需要按照技术标准、技术规范，通过检验、检测、检疫等方式进行审定事项的行政许可，应当按照技术标准、技术规范依法进行检验、检测、检疫，行政机关根据检验、检测、检疫的结果作出行政许可决定。

行政机关实施检验、检测、检疫，应当自受理申请之日起5日内指派两名以上工作人员按照技术标准、技术规范进行检验、检测、检疫。不需要对检验、检测、检疫结果作进一步技术分析即可认定设备、设施、产品、物品是否符合技术标准、技术规范的，行政机关应当当场作出行政许可决定。

行政机关根据检验、检测、检疫结果，作出不予行政许可决定的，应当书面说明不予行政许可所依据的技术标准、技术规范。

（四）登记

企业或者其他组织的设立等需要确定主体资格的，申请人提交的申请材料齐全、符合法定形式的，行政机关应当当场予以登记。需要对申请材料的实质内容进行核实的，行政机关指派两名以上工作人员进行核查。

（五）有数量限制的行政许可

行政许可从是否有数量限制划分，可以分为有数量限制和无数量限制的行政许可。有数量限制的行政许可是指由于客观条件的限制，一个地区、在一段时期内，对于从事某种活动只能发放一定数量的行政许可。如果许可证申请人取得该项许可后限额即满，那么其他的申请人就不能再申请此项许可，如排污证、电台许可证和出口配额等。

有数量限制的行政许可，两个或者两个以上申请人的申请均符合法定条件、标准的，行政机关应当根据受理行政许可申请的先后顺序作出准予行政许可的决定。但是，法律、行政法规另有规定的，依照其规定。

七、期限

作出行政许可决定的期限是指行政机关从受理行政许可，经审查直至作出行政许可决定的时间限制。首先，设定期限能够提高行政效率。其次，设定期限可以使行政程序的各方主体预判自己的行为及其后果。

（1）除可以当场作出行政许可决定的外，行政机关应当自受理行政许可申请之日起 20 日内作出行政许可决定。20 日内不能作出决定的，经本行政机关负责人批准，可以延长 10 日，并应当将延长期限的理由告知申请人。但是，法律、法规另有规定的，依照其规定。

（2）行政许可采取统一办理或者联合办理、集中办理的，办理的时间不得超过 45 日；45 日内不能办结的，经本级人民政府负责人批准，可以延长 15 日，并应当将延长期限的理由告知申请人。

（3）依法应当先经下级行政机关审查后报上级行政机关决定的行政许可，下级行政机关应当自其受理行政许可申请之日起 20 日内审查完毕。但是，法律、法规另有规定的，依照其规定。

（4）行政机关作出准予行政许可的决定，应当自作出决定之日起 10 日内向申请人颁发、送达行政许可证件，或者加贴标签、加盖检验、检测、检疫印章。

（5）行政机关作出行政许可决定，依法需要听证、招标、拍卖、检验、检测、检疫、鉴定和专家评审的，所需时间不计算在规定的期限内。行政机关应当将所需时间书面告知申请人。

八、行政许可的费用

（1）行政机关实施行政许可和对行政许可事项进行监督检查，不得收取任何费用。但是，法律、行政法规另有规定的，依照其规定。行政机关提供行政许可申请书格式文本，不得收费。行政机关实施行政许可所需经费应当列入本行政机关的预算，由本级财政予以保障，按照批准的预算予以核拨。

（2）行政机关实施行政许可，依照法律、行政法规收取费用的，应当按照公布的法定项目和标准收费；所收取的费用必须全部上缴国库，任何机关或者个人不得以任何形式截留、挪用、私分或者变相私分。财政部门不得以任何形式向行政机关返还或者变相返还实施行政许可所收取的费用。

九、行政许可的撤销与注销

（一）行政许可撤销

行政许可撤销是指作出行政许可决定的行政机关或者其上级行政机关，根据利害关系人的请求或者依据职权，对因不具备行政许可条件或违法取得的行政许可，不允许被许可人再从事所许可的特定活动的具体行政行为。

1. 行政许可撤销的原因

有下列情形之一的，作出行政许可决定的行政机关或者其上级行政机关，根据利害关系人的请求或者依据职权，可以撤销行政许可：（1）行政机关工作人员滥用职权、玩忽职守作出准予行政许可决定的；（2）超越法定职权作出准予行政许可决定的；（3）违反法定程序作出准予行政许可决定的；（4）对不具备申请资格或者不符合法定条件的申请人准予行政许可的；（5）依法可以撤销行政许可的其他情形；（6）被许可人以欺骗、贿赂等不正当手段取得行政许可的，应当予以撤销。

以上规定的撤销行政许可，可能对公共利益造成重大损害的，不予撤销。

2. 行政许可撤销的法律后果

依照上述第（1）至（5）项的规定撤销行政许可，被许可人的合法权益受到损害的，行政机关应当依法给予赔偿。依照第（6）项的规定撤销行政许可的，被许可人基于行政许可取得的利益不受保护。

（二）行政许可注销

在行政许可的实施和监督管理活动中，注销、撤销和撤回是三个容易混淆的概念。所谓注销是指行政机关注明取消行政许可，是行政许可结束后由行政机关办理的手续。它与撤销的区别在于，撤销一般需要由行政机关作出决定，撤销的事由通常是行政许可的实施过程中有违法因素，即违法导致行政许可的撤销。而注销的事由不仅包括行政许可实施中具有违法因素，还包括其他使得被许可人从事行政许可事项终止的情形，即只要被许可人终止从事行政许可事项，行政机关即对该项行政许可予以注销。所谓撤回是指行政机关因为行政许可所依据的客观情形发生重大变化而对其行政许可决定的撤回。对于行政机关来说，撤回主要是指行政许可的实施以及被许可人从事许可事项的活动本身并不违法，但客观情况发生了变化，行政机关对行政许可的撤回。行政机关在撤回行政许可后，也要履行注销行政许可的手续。可以导致行政许可被注销的情形包括：

（1）行政许可有效期届满未延续的；

（2）赋予公民特定资格的行政许可，该公民死亡或者丧失行为能力的；

（3）法人或者其他组织依法终止的；

（4）行政许可依法被撤销、撤回，或者行政许可证件依法被吊销的；

（5）因不可抗力导致行政许可事项无法实施的；

（6）法律、法规规定的应当注销行政许可的其他情形。

出现依法应当注销行政许可的情形，行政机关应当依法办理有关行政许可的注销手续，如收回颁发的行政许可证件，或者在行政许可证件上加注发还；对找不到被许可人的或者注销行政许可事项需要周知的，行政许可还应当公告注销行政许可。为保护被许可人的合法权益，规范行政机关注销行政许可的行为，行政机关注销行政许可，应当作出书面决定，告知申请人注销的理由、依据。

十、禁止性规定

在法律上禁止性规定属于义务性规范，法律关系的主体都应遵守，否则就应承担相应法律责任。此处对行政许可的双方主体，即行政许可实施机关和行政许可申请人、被许可人的禁止性规定进行梳理，以明确双方不得为的行为及其法律责任。

（一）对行政相对人的禁止性规定

（1）依法取得的行政许可，除法律、法规规定依照法定条件和程序可以转让的外，不得转让。涂改、倒卖、出租、出借行政许可证件，或者以其他形式非法转让行政许可的，行政机关应当依法给予行政处罚；构成犯罪的，依法追究刑事责任。

（2）取得直接关系公共利益的特定行业的市场准入行政许可的被许可人，应当按照国家规定的服务标准、资费标准和行政机关依法规定的条件，向用户提供安全、方便、稳定和价格合理的服务，并履行普遍服务的义务；未经作出行政许可决定的行政机关批准，不得擅自停业、歇业。

被许可人不履行以上规定的义务的，行政机关应当责令限期改正，或者依法采取有效措施督促其履行义务。

（3）行政许可申请人隐瞒有关情况或者提供虚假材料申请行政许可的，行政机关不予受理或者不予行政许可,并给予警告;行政许可申请属于直接关系公共安全、人身健康、生命财产安全事项的,申请人在1年内不得再次申请该行政许可。向负责监督检查的行政机关隐瞒有关情况、提供虚假材料或者拒绝提供反映其活动情况的真实材料的,行政机关应当依法给予行政处罚;构成犯罪的,依法追究刑事责任。

(4)被许可人以欺骗、贿赂等不正当手段取得行政许可的,行政机关应当依法给予行政处罚;取得的行政许可属于直接关系公共安全、人身健康、生命财产安全事项的,申请人在3年内不得再次申请该行政许可;构成犯罪的,依法追究刑事责任。

(二)对行政主体的禁止性规定

(1)有关行政许可的规定应当公布;未经公布的,不得作为实施行政许可的依据。

(2)未经申请人同意,行政机关及其工作人员、参与专家评审等的人员不得披露申请人提交的商业秘密、未披露信息或者保密商务信息,法律另有规定或者涉及国家安全、重大社会公共利益的除外。

违法披露申请人提交的商业秘密、未披露信息或者保密商务信息的,由其上级行政机关或者监察机关责令改正;情节严重的,对直接负责的主管人员和其他直接责任人员依法给予行政处分。

(3)符合法定条件、标准的,申请人有依法取得行政许可的平等权利,行政机关不得歧视任何人。

(4)公民、法人或者其他组织依法取得的行政许可受法律保护,行政机关不得擅自改变已经生效的行政许可。

(5)受委托行政机关在委托范围内,以委托行政机关名义实施行政许可;不得再委托其他组织或者个人实施行政许可。

(6)行政机关实施行政许可,不得向申请人提出购买指定商品、接受有偿服务等不正当要求。

(7)行政机关工作人员办理行政许可,不得索取或者收受申请人的财物,不得谋取其他利益。索取或者收受他人财物或者谋取其他利益,构成犯罪的,依法追究刑事责任;尚不构成犯罪的,依法给予行政处分。

(8)申请书需要采用格式文本的,行政机关应当向申请人提供行政许可申请书格式文本。申请书格式文本中不得包含与申请行政许可事项没有直接关系的内容。

（9）行政机关不得要求申请人提交与其申请的行政许可事项无关的技术资料和其他材料。行政机关及其工作人员不得以转让技术作为取得行政许可的条件；不得在实施行政许可的过程中，直接或者间接地要求转让技术。以转让技术作为取得行政许可的条件，或者在实施行政许可的过程中直接或者间接地要求转让技术的，由其上级行政机关或者监察机关责令改正；情节严重的，对直接负责的主管人员和其他直接责任人员依法给予行政处分。

（10）依法应当先经下级行政机关审查后报上级行政机关决定的行政许可，下级行政机关应当在法定期限内将初步审查意见和全部申请材料直接报送上级行政机关。上级行政机关不得要求申请人重复提供申请材料。

（11）公民特定资格的考试依法由行政机关或者行业组织实施，公开举行。行政机关或者行业组织应当事先公布资格考试的报名条件、报考办法、考试科目以及考试大纲。但是，不得组织强制性的资格考试的考前培训，不得指定教材或者其他助考材料。

（12）行政机关实施行政许可和对行政许可事项进行监督检查，不得收取任何费用。但是，法律、行政法规另有规定的，依照其规定。行政机关提供行政许可申请书格式文本，不得收费。

所收取的费用必须全部上缴国库，任何机关或者个人不得以任何形式截留、挪用、私分或者变相私分。财政部门不得以任何形式向行政机关返还或者变相返还实施行政许可所收取的费用。

行政机关实施行政许可，擅自收费或者不按照法定项目和标准收费的，由其上级行政机关或者监察机关责令退还非法收取的费用；对直接负责的主管人员和其他直接责任人员依法给予行政处分。

截留、挪用、私分或者变相私分实施行政许可依法收取的费用的，予以追缴；对直接负责的主管人员和其他直接责任人员依法给予行政处分；构成犯罪的，依法追究刑事责任。

（13）行政机关实施监督检查，不得妨碍被许可人正常的生产经营活动，不得索取或者收受被许可人的财物，不得谋取其他利益。索取或者收受他人财物或者谋取其他利益，构成犯罪的，依法追究刑事责任；尚不构成犯罪的，依法给予行政处分。

第十二章 行政给付

本章导读：本章主要分析了行政给付的内涵及外延，介绍了行政给付的种类，重点阐释了我国的社会救助制度和社会保险制度。

第一节 行政给付概论

一、行政给付的含义

（一）行政给付的概念及特征

传统观点认为，行政给付又称行政物质帮助，它是指行政主体对公民在年老、疾病或丧失劳动能力等情况或其他特殊情况下，依照有关法律、法规的规定，赋予其一定的物质权益或者与物质有关的权益的行政行为。其法律根据是我国《宪法》第45条的规定："中华人民共和国公民在年老、疾病或者丧失劳动能力的情况下，有从国家和社会获得物质帮助的权利。国家发展为公民享受这些权利所需要的社会保险、社会救济和医疗卫生事业。国家和社会保障残废军人的生活，抚恤烈士家属，优待军人家属。国家和社会帮助安排盲、聋、哑和其他有残疾的公民的劳动、生活和教育。"笔者认为，随着我国社会经济的发展和法治建设的完善，这种说法有些偏狭，不能全面概括我国现阶段行政给付的内涵和外延，而且以上定义有明显的救急和济贫的色彩，不符合我国行政给付的现状。因此可以定义为，行政给付是指行政主体基于公民的生存权、发展权依法给予特定的个人、组织以物质权益或与物质有关的权益的行政行为。

1. 行政给付是授益性行政行为

行政给付的责任主体是各级政府和有关行政机关，其实施主体可以是行政机关、法律法规授权的组织，也可以是受委托的社会组织。实施行政给付是行政主体的法定职责，必须依法进行，因此行政给付属于行政行为。行政给付是给予行政相对人一定的物质利益或者与物质利益相关的其他权益的行为，属于授益性行政行为。

2. 行政给付对象是特定行政相对人

行政给付的对象是处于某种特殊状态之下的行政相对人。何种特殊状态之下的行政相对人可以成为行政给付行为的对象，必须由法律、法规、规章作出明确的规定。因为行政给付的基础是国家的财税收入，国家机关的一切财政收支必须依法进行，而不得随意支配。传统认为行政给付的对象是因为某种原因而生活陷入困境的公民或者对国家、社会曾经作出过特殊贡献的公民，如灾民、残疾人、鳏寡孤独的老人与儿童，军人及其家属、烈士家属等。按照我国《社会救助暂行办法》的规定，救助对象包括：低保人员、特困人员、受灾人员、残疾人员、生活无着的流浪、乞讨人员。根据我国《社会保险法》的规定，保障对象包括年老、疾病、工伤、失业、生育的公民。

3. 行政给付以行政相对人申请为主，以行政主体主动实施为辅

对于社会保险和社会救助多数以相对人的申请启动，少数由行政机关依职权主动实施，如灾害救助。

需要注意的是，行政给付和给付行政不是同一概念。给付行政一词源于德国，大多被用于与侵害行政或秩序行政的对比上。给付行政，也称服务行政或福利行政，是指国家或政府以积极的态度，具体实现宪法所宣示的人民各种社会权的授益性行政活动，其目的在于改善社会成员精神或物质生活的品质，其内容则以提供金钱、物质或服务等授益行为为主，就人民对于利益或福利追求，予以直接的资助、辅助，促其实现的行政类型。行政给付是从行为角度来界定的，它是行政行为的一种模式，而给付行政则是从行政类型意义上来使用的，它是国家行政的一种类型。行政给付是给付行政的产物，是给付行政的具体内容形式，但并不是全部行为方式，因为给付行政的行为与方式并非全部属于行政给付。

根据我国现行法律规定和社会现实，行政给付的范围应当适宜。可以包括优抚优待、社会救助、社会保险、行政资助等，而具有普惠性的行政供给，如道路、桥梁、医院、公园等公共设施的建设与管理是给付行政，但不属于行政给付行为。

行政给付对于消除贫困、维护社会公平正义及和谐稳定，促进社会经济良性发展具有不可替代的作用。

（二）行政给付的理论基础

政府为何要实施行政给付行为，即其理论基础是必须要厘清的问题。

1. 人权保障理论

保障人权已经成为国际社会普遍认可和尊崇的理念。我国《宪法》第 33 条第 3 款明确规定："国家尊重和保障人权。"而生存权和发展权是人权体系中不可或缺的部分，我国政府历来重视人权保障事业，尤其重视公民的生存权和发展权。如我国政府的扶贫攻坚工作、全面建设小康社会的伟大工程都是为了我国公民的生存和发展而努力。行政给付行为正是落实公民生存和发展的最佳方式。生存权和发展权是宪法性权利，落实到行政法上应当属于行政受益权的范畴。行政受益权是指行政相对人在特定情形下，依法从政府获得各种利益及利益保障的权利。行政受益权包括保障性受益权、发展性受益权和保护性受益权。在行政给付领域，行政相对人的受益权主要是指保障性受益权，如基本生活水平的受保障权、特定群体福利优待的受保障权、劳动就业和劳动安全受保障权、义务教育的受保障权、参加基本性社会生活的受保障权等；也包含部分发展性受益权，如从事某种生产经营活动而受到政策优待的权利等。受益权是公民的权利，对于国家或政府而言则是责任和义务。

2. 公平正义理论

公平正义是法治的最高追求，是法律制度存在的价值基础，是法治的基本要求和永恒主题。公平正义同时也是社会和谐、有序发展的重要因素。由于历史的、现实的原因，我国人与人之间仍然存在很多不公平。面对特殊群体，政府有责任通过给予物质的或者其他的帮助，以保证整个社会的公平正义。行政给付正是实现公平正义的有力武器。

3. 服务型政府理论

我国根据本国实际，借鉴域外福利国家、服务行政的理论，提出了服务型政府的理论。服务型政府主要是针对中国传统计划经济条件下，政府大包大揽和以计划指令、行政管制为主要手段的管制型政府模式而提出的一种新型的现代政府治理模式。服务型政府要求各级政府和官员必须树立"民本位、社会本位、权利本位"的思想，即人民是国家的主人，政府的权力来自人民的让渡，政府为人民服务是天职，人民的利益至上，政府必须全心全意为人民服务，实现社会公共利益的最大化。总之，服务型政府就是以人民为中心的政府，以服务为行政方式的政府，以人民的生存、发展和社会公平正义为根本目标的政府。在这一了理论指引下，政府必然要通过各种方法消灭贫困、帮助弱者、维护公平正义，以达到服务人民的目标，行政给付就是不可或缺的方式之一。

二、行政给付的种类

（一）优抚优待

优抚优待是指针对特殊群体的抚恤、优待和安置。

1. 对军人的抚恤优待

根据《军人抚恤优待条例》规定，对于军人的抚恤包括死亡抚恤和残疾抚恤。优待包括服役期间的优待金，免费邮递平信，医疗优惠，残疾军人乘坐交通工具优待，工作安置等。

2. 对烈士的抚恤优待

根据《烈士褒扬条例》规定，对于烈士及其亲属的抚恤和优待包括：烈士褒扬金、工亡补助金、烈士遗属特别补助金、一次性抚恤金、定期抚恤金；烈士遗属享受相应的医疗优惠待遇；烈士子女、兄弟姐妹在参军、入学、考录公务员等方面的优待等。

3. 对其他特殊群体的优待

优待的对象是生活上处于某种困境的公民或者法律、法规规定应该予以优待的特定社会成员，如贫困学生、独生子女、残疾人等。对于上述优待对象，行政主体可以根据相关的法律、法规减免其学费，或者提供其他的优待措施。

（二）社会保障

社会保障是指国家或政府，通过国民收入的分配与再分配，依法对社会成员的基本生活权利予以保障的社会制度。现阶段我国的社会保障制度主要包括社会救助制度和社会保险制度。社会救助制度包括最低生活保障、特困人员供养、受灾人员救助、医疗救助、教育救助、住房救助、就业救助、临时救助等。社会保险制度包括基本养老保险、基本医疗保险、工伤保险、失业保险、生育保险等。

（三）行政资助

行政资助是行政主体为特定行政相对人提供资金、物质帮助或政策支持以帮助其在获得行政主体支持的条件下实现自己的利益需求，以实现公共目的为最终目标的行政行为方式。行政资助是行政主体为行政相对人提供资金或政策性支持、免除其部分义务，以改善其生产经营环境的行政行为。这种行政行为从行为结果上来说，它具有授益性，其不同于行政处罚、行政强制等行为。它可以为相对方带来直接或间接的利益,通过为资助对象提供利益而实现行政目的。行政资助结果的直接受益人是受到资助的团体或个人,而间接受益对象乃是社会的公共事业。也就是说行政资助的最终目的是为了公共利益和人民的整体福利。如政府为公交公司进行补贴的行为,直接受益人是公交公司及其职工,而最终的受益人是广大人民群众。我国行政资助的形式多种多样,如对农业发展的补贴,对儿童福利院、敬老院的资金注入,在新冠疫情期间对中小企业、电商的税费减免等。这些行政资助都属于行政给付的表现形式。

三、行政给付的原则

行政给付作为行政行为之一,必然也要遵循行政法的基本原则,即行政合法性原则、行政合理性原则和程序正当性原则。但是我国在行政给付领域的法治化程度不高,一是法律规定较为分散,没有行政给付方面的法典,如规制行政给付的法律、法规包括《社会保险法》《残疾人保障法》《残疾人就业条例》《城市居民最低生活保障条例》《工伤保险条例》《军人抚恤优待条例》《烈士褒扬条例》《农村五保供养工作条例》《社会救助暂行办法》《失业保险条例》《退役士兵安置条例》《自然灾害救助条例》等;二是法律位阶较低,地方性法规、政府规章都规定有行政给付的内容,甚至一些政策性文件都有行政给付方面的内容。因此,对于行政给付的基本原则缺乏法律的明确规范,只能根据实践和行政法理论进行总结和归纳。

(一)给付法定原则

行政给付虽然是授益性行政行为,但是应当依法给付。因为政府用于给付的资金、物资都是国家税收收入,属于全体纳税人的贡献。政府必须要对包括纳税人在内的全体公民负责,因此行政给付作为政府财政负担的项目必须有法可依。我国《立法法》对于行政给付没有规定法律保留,但是行政给付应当做到最低限度的法律保留,此处的"法律"应当包括法律、法规和规章,也就是说行政给付最起码应当有政府规章的规制。

(二)国家保障与社会扶助相结合、鼓励自救原则

这一原则和西方行政法中的辅助性原则类似,但也有不同点。辅助性原则是指行政给付的范围划定应强调个人和社会责任的优先性以及国家责任的补充性。行政给付的内容组合应遵循先个人后国家、先制度给付后现金资助的次序,重视

受助者的自立能力建设,"授人以鱼,不如授之以渔"。在行政给付的方式选择上,鼓励和支持非政府组织等社会力量参与,重视公私合作,推行民营化和社会化给付方式。我国国家保障与社会扶助相结合、鼓励自救这一原则,首先强调的是国家责任和政府责任,即政府责任是第一位的,是兜底性的。而社会扶助和相对人自救是鼓励性的,如《社会救助暂行办法》规定,国家鼓励单位和个人等社会力量通过捐赠、设立帮扶项目、创办服务机构、提供志愿服务等方式,参与社会救助。社会力量参与社会救助,按照国家有关规定享受财政补贴、税收优惠、费用减免等政策。我国《自然灾害救助条例》规定,受灾地区人民政府应当鼓励并组织受灾群众自救互救,恢复重建。

(三)比例原则

比例原则是指行政主体实施行政行为应兼顾行政目标的实现和相对人权益的保护,行政主体采取的措施和手段应当是必要、适当的;应当避免采用损害行政相对人权益的方式。在行政给付领域比例原则主要体现为必要性和适当性。首先,对行政相对人的给付行为是必要的,如果行政主体不进行救助那么行政相对人就会陷入生产或生活困境;其次,对行政相对人的给付应当是适当的。如在扶贫工作中,有些"懒人"专等政府救济,而自己不从事生产活动,"只要鱼,不要渔",对于此类人的救助就要适可而止。

(四)信赖保护原则

信赖保护原则是指行政主体对自己作出的行为或者承诺应守信用,不得随意变更,反复无常。行政相对人基于对政府的信任而作出一定的行为,此种行为所产生的正当利益应当予以保护。行政行为一经作出,非有法定事由并经法定程序不得随意撤销、废止或改变,以保护行政相对人的既得利益和合理期待。在行政给付领域信赖保护原则同样适用。在需要政府保障或者救助的行政相对人获得政府的承诺后,如果政府不能兑现,那么该相对人可能就陷入生活、生产困境。这样的结果就违背了行政给付的初衷。

(五)公开、公平、公正原则

行政给付公开是程序性要求,其目的是增加行政的透明度,加强公众对行政给付的监督,防止行政腐败,保护公民的合法权益。公平公正原则要求行政主体在针对不同相对人实施行政行为时应根据具体情况平等而合理的适用法律,不得恣意妄为或有失公允,不得歧视任何相对人。公平公正原则在行政给付领域要求政府对待任何行政相对人要一视同仁，不得偏私、不得歧视，对于任何需要救助的人都要平等对待。

（六）加强监督原则

我国古代在救灾救济中就经常发生贪腐案件，而在行政给付领域涉及到大量资金款项的流动，因此也属于贪腐案件的易发区。所以必须加强对行政给付活动的法律监督，预防和打击贪腐行为。同时，也要加强对于给付受益人的监督，时下时有报道有人骗保、骗险等案件发生，导致国家资产受损。所以对于给付受益人的监督也是行政给付监督的一个重要任务。

第二节　社会救助

一、社会救助的含义

社会救助是指国家和社会对由于各种原因而陷入生存困境的公民，给予财物接济和生活扶助，以保障其最低生活需要的制度。它对于调整资源配置，实现社会公平，维护社会稳定有非常重要的作用。社会救助有以下特征：

（一）社会救助最根本的目的是扶贫济困，保障困难群体的最低生活需求

社会救助的前提是公民生存困难，对象是低保人员、特困人员、受灾人员等陷入生活困境的人员，最基本要求是托底线、救急难、可持续，因此社会救助的根本目的就是保障困难群体的最低生活需要。

（二）社会救助作为行政给付的方式之一，其理论根源也在于人权保障理论

具体而言源于公民的生存权。生存权是指公民所享有的维持自己及家属的自由、健康和福利所需要的最基本的条件的权利。生存权是必须首先实现的人权，是法律化的人权，是公民个人得以在社会上生存、享有作为人的尊严以及得到进一步发展的基本前提。获得社会救助是公民基于生存权而衍生的行政受益权，对于国家和政府而言，给予公民社会救助则是他们的责任和义务。

（三）社会救助必须坚持行政法的基本原则

社会救助属于行政行为的一种模式，它涉及到国家行政权的运作，因此必须坚持行政法的基本原则。具体包括法律保留原则，正当程序原则，公开、公平、公正、

及时原则，法律监督原则以及政府和社会协作、鼓励自救原则等。

二、我国社会救助制度概述

为加强社会救助，保障公民的基本生活，促进社会公平，维护社会和谐稳定，国务院于 2014 年 2 月 21 日出台了《社会救助暂行办法》（以下简称《办法》），并与同年 5 月 1 日实施。《办法》的出台，为社会救助事业发展提供了法律依据，有利于统筹社会救助体系建设，不断完善托底线、救急难、可持续的社会救助制度，形成保障困难群众基本生活的安全网。

（一）构建了社会救助制度体系

主要包括最低生活保障、特困人员供养、受灾人员救助、医疗救助、教育救助、住房救助、就业救助、临时救助和社会力量参与九项制度。《办法》规定社会救助坚持托底线、救急难、可持续，与其他社会保障制度相衔接，社会救助水平与经济社会发展水平相适应。社会救助工作遵循公开、公平、公正、及时的原则。

（二）加强了社会救助统筹协调

《办法》规定由国务院民政部门统筹全国社会救助体系建设，各部门按照各自职责做好相应的社会救助管理工作，并要求建立健全政府领导、民政部门牵头、有关部门配合、社会力量参与的社会救助工作协调机制。《办法》要求县级以上人民政府应当将社会救助纳入国民经济和社会发展规划，建立健全政府领导、民政部门牵头、有关部门配合、社会力量参与的社会救助工作协调机制，完善社会救助资金、物资保障机制，将政府安排的社会救助资金和社会救助工作经费纳入财政预算。国家鼓励单位和个人等社会力量通过捐赠、设立帮扶项目、创办服务机构、提供志愿服务等方式，参与社会救助。社会力量参与社会救助，按照国家有关规定享受财政补贴、税收优惠、费用减免等政策。

（三）明确程序

《办法》规定乡镇人民政府、街道办事处负责有关社会救助的申请受理、调查审核，具体工作由社会救助经办机构或者经办人员承担。村民委员会、居民委员会协助做好有关社会救助工作。申请人难以确定社会救助管理部门的，可以先向社会救助经办机构或者县级人民政府民政部门求助。社会救助经办机构或者县级人民政府民政部门接到求助后，应当及时办理或者转交其他社会救助管理部门办理。同时，《办法》规定乡镇人民政府、街道办事处应当建立统一受理社会救助申请的窗口，及时受理、转办申请事项。

《办法》要求，申请或者已获得社会救助的家庭，应当按照规定如实申报家庭收入状况、财产状况。县级以上人民政府民政部门根据申请或者已获得社会救助家庭的请求、委托，可以通过户籍管理、税务、社会保险、不动产登记、工商登记、住房公积金管理、车船管理等单位和银行、保险、证券等金融机构，代为查询、核对其家庭收入状况、财产状况；有关单位和金融机构应当予以配合。《办法》要求县级以上人民政府民政部门应当建立申请和已获得社会救助家庭经济状况信息核对平台，为审核认定社会救助对象提供依据。

（四）强化监督，严格法律责任

《办法》对滥用职权、玩忽职守、徇私舞弊和截留、挤占、挪用、私分社会救助资金、物资等违法行为，规定了严格的法律责任。同时规定，采取虚报、隐瞒、伪造等手段，骗取社会救助资金、物资或者服务的，由有关部门决定停止社会救助，责令退回非法获取的救助资金、物资，可以处罚款；构成违反治安管理行为的，依法给予治安管理处罚。

三、最低生活保障制度

最低生活保障是社会保障制度的一种，是指国家对家庭人均收入低于当地政府公告的最低生活标准的人口给予一定现金资助，以保证该家庭成员基本生活所需的社会保障制度。最低生活保障线就是贫困线，是对达到贫困线的人口给予相应补助以保证其基本生活的做法。

（一）对象及标准

1. 低保对象

国家对共同生活的家庭成员人均收入低于当地最低生活保障标准，且符合当地最低生活保障家庭财产状况规定的家庭，给予最低生活保障。

2. 保障标准

最低生活保障标准，由省、自治区、直辖市或者设区的市级人民政府按照当地居民生活必需的费用确定、公布，并根据当地经济社会发展水平和物价变动情况适时调整。

（二）程序要求

1. 申请

由共同生活的家庭成员向户籍所在地的乡镇人民政府、街道办事处提出书面申请；家庭成员申请有困难的，可以委托村民委员会、居民委员会代为提出申请。

2. 初审

乡镇人民政府、街道办事处应当通过入户调查、邻里访问、信函索证、群众评议、信息核查等方式，对申请人的家庭收入状况、财产状况进行调查核实，提出初审意见，在申请人所在村、社区公示后报县级人民政府民政部门审批。

3. 审批

县级人民政府民政部门经审查，对符合条件的申请予以批准，并在申请人所在村、社区公布；对不符合条件的申请不予批准，并书面向申请人说明理由。

4. 发放

对批准获得最低生活保障的家庭，县级人民政府民政部门按照共同生活的家庭成员人均收入低于当地最低生活保障标准的差额，按月发给最低生活保障金。对获得最低生活保障后生活仍有困难的老年人、未成年人、重度残疾人和重病患者，县级以上地方人民政府应当采取必要措施给予生活保障。

（三）动态管理

最低生活保障家庭的人口状况、收入状况、财产状况发生变化的，应当及时告知乡镇人民政府、街道办事处。

县级人民政府民政部门以及乡镇人民政府、街道办事处应当对获得最低生活保障家庭的人口状况、收入状况、财产状况定期核查。

最低生活保障家庭的人口状况、收入状况、财产状况发生变化的，县级人民政府民政部门应当及时决定增发、减发或者停发最低生活保障金；决定停发最低生活保障金的，应当书面说明理由。

四、特困人员供养制度

（一）特困人员范围

（1）三无人员。即无劳动能力、无生活来源且无法定赡养、抚养、扶养义务人。

（2）其他特困人员。包括其法定赡养、抚养、扶养义务人无赡养、抚养、扶养能力的老年人、残疾人以及未满16周岁的未成年人。

（二）供养内容

（1）提供基本生活条件；

（2）对生活不能自理的给予照料；

（3）提供疾病治疗；

（4）办理丧葬事宜。

（三）程序要求

（1）申请。申请特困人员供养，由本人向户籍所在地的乡镇人民政府、街道办事处提出书面申请；本人申请有困难的，可以委托村民委员会、居民委员会代为提出申请。

（2）审批。审批程序和最低生活保障制度的审批程序相同。

（3）主动实施及供养方式。乡镇人民政府、街道办事处应当及时了解掌握居民的生活情况，发现符合特困供养条件的人员，应当主动为其依法办理供养。特困供养人员可以在当地的供养服务机构集中供养，也可以在家分散供养。特困供养人员可以自行选择供养形式。

五、受灾人员救助制度

（一）总体要求

国家建立健全自然灾害救助制度，对基本生活受到自然灾害严重影响的人员，提供生活救助。自然灾害救助实行属地管理，分级负责。

（二）救助准备

设区的市级以上人民政府和自然灾害多发、易发地区的县级人民政府应当根据自然灾害特点、居民人口数量和分布等情况，设立自然灾害救助物资储备库，保障自然灾害发生后救助物资的紧急供应。

（三）应急救助

（1）自然灾害发生后，县级以上人民政府或者人民政府的自然灾害救助应急综合协调机构应当根据情况紧急疏散、转移、安置受灾人员，及时为受灾人员提供必要的食品、饮用水、衣被、取暖、临时住所、医疗防疫等应急救助。

（2）灾情稳定后，受灾地区县级以上人民政府应当评估、核定并发布自然灾害损失情况。

（3）受灾地区人民政府应当在确保安全的前提下，对住房损毁严重的受灾人员进行过渡性安置。

（四）灾后救助

自然灾害危险消除后，受灾地区人民政府应急管理等部门应当及时核实本行政区域内居民住房恢复重建补助对象，并给予资金、物资等救助。自然灾害发生后，受灾地区人民政府应当为因当年冬寒或者次年春荒遇到生活困难的受灾人员提供基本生活救助。

六、医疗救助制度

（一）救助对象

医疗救助对象包括最低生活保障家庭成员、特困供养人员、县级以上人民政府规定的其他特殊困难人员。

（二）救助方式

医疗救助方式有：对救助对象参加城镇居民基本医疗保险或者新型农村合作医疗的个人缴费部分，给予补贴；对救助对象经基本医疗保险、大病保险和其他补充医疗保险支付后，个人及其家庭难以承担的符合规定的基本医疗自负费用，给予补助；疾病应急救助，对需要急救但身份不明或者无力支付急救费用的急重危伤病患者给予救助。符合规定的急救费用由疾病应急救助基金支付。

（三）程序要求

申请医疗救助的，应当向乡镇人民政府、街道办事处提出，经审核、公示后，由县级人民政府医疗保障部门审批。最低生活保障家庭成员和特困供养人员的医疗救助，由县级人民政府医疗保障部门直接办理。县级以上人民政府应当建立健全医疗救助与基本医疗保险、大病保险相衔接的医疗费用结算机制，为医疗救助对象提供便捷服务。

七、教育救助制度

（一）救助对象

国家对在义务教育阶段就学的最低生活保障家庭成员、特困供养人员，给予教育救助。对在高中教育（含中等职业教育）、普通高等教育阶段就学的最低生活保障家庭成员、特困供养人员，以及不能入学接受义务教育的残疾儿童，根据实际情况给予适当教育救助。

(二）救助方式

教育救助根据不同教育阶段需求，采取减免相关费用、发放助学金、给予生活补助、安排勤工助学等方式实施，保障教育救助对象基本学习、生活需求。

（三）程序要求

申请教育救助，应当按照国家有关规定向就读学校提出，按规定程序审核、确认后，由学校按照国家有关规定实施。

八、住房救助制度

（一）救助对象

国家对符合规定标准的住房困难的最低生活保障家庭、分散供养的特困人员，给予住房救助。

（二）救助方式

住房救助通过配租公共租赁住房、发放住房租赁补贴、农村危房改造等方式实施。

（三）程序要求

城镇家庭申请住房救助的，应当经由乡镇人民政府、街道办事处或者直接向县级人民政府住房保障部门提出，经县级人民政府民政部门审核家庭收入、财产状况和县级人民政府住房保障部门审核家庭住房状况并公示后，对符合申请条件的申请人，由县级人民政府住房保障部门优先给予保障。农村家庭申请住房救助的，按照县级以上人民政府有关规定执行。

九、就业救助制度

（一）救助对象

最低生活保障家庭中有劳动能力并处于失业状态的成员。

（二）救助方式

贷款贴息、社会保险补贴、岗位补贴、培训补贴、费用减免、公益性岗位安置等办法。

（三）程序及限制

申请就业救助的，应当向住所地街道、社区公共就业服务机构提出，公共就业服务机构核实后予以登记，并免费提供就业岗位信息、职业介绍、职业指导等就业服务。

最低生活保障家庭中有劳动能力但未就业的成员，应当接受人力资源社会保障等有关部门介绍的工作；无正当理由，连续3次拒绝接受介绍的与其健康状况、劳动能力等相适应的工作的，县级人民政府民政部门应当决定减发或者停发其本人的最低生活保障金。

十、临时救助制度

（一）救助对象

（1）国家对因火灾、交通事故等意外事件，家庭成员突发重大疾病等原因，导致基本生活暂时出现严重困难的家庭，或者因生活必需支出突然增加超出家庭承受能力，导致基本生活暂时出现严重困难的最低生活保障家庭，以及遭遇其他特殊困难的家庭，给予临时救助。（2）国家对生活无着的流浪、乞讨人员提供临时食宿、急病救治、协助返回等救助。

（二）救助要求

申请临时救助的，应当向乡镇人民政府、街道办事处提出，经审核、公示后，由县级人民政府民政部门审批；救助金额较小的，县级人民政府民政部门可以委托乡镇人民政府、街道办事处审批。情况紧急的，可以按照规定简化审批手续。公安机关和其他有关行政机关的工作人员在执行公务时发现流浪、乞讨人员的，应当告知其向救助管理机构求助。对其中的残疾人、未成年人、老年人和行动不便的其他人员，应当引导、护送到救助管理机构；对突发急病人员，应当立即通知急救机构进行救治。

十一、社会参与制度

（一）总体要求

国家鼓励单位和个人等社会力量通过捐赠、设立帮扶项目、创办服务机构、提供志愿服务等方式，参与社会救助。社会力量参与社会救助，按照国家有关规定享受财政补贴、税收优惠、费用减免等政策。

（二）政府职责

县级以上地方人民政府可以将社会救助中的具体服务事项通过委托、承包、采购等方式，向社会力量购买服务。县级以上地方人民政府应当发挥社会工作服务机构和社会工作者作用，为社会救助对象提供社会融入、能力提升、心理疏导等专业服务。

十二、监督管理与权利救济

（一）对救助对象的监督

申请或者已获得社会救助的家庭，应当按照规定如实申报家庭收入状况、财产状况。县级以上人民政府民政部门根据申请或者已获得社会救助家庭的请求、委托，可以通过户籍管理、税务、社会保险、不动产登记、工商登记、住房公积金管理、车船管理等单位和银行、保险、证券等金融机构，代为查询、核对其家庭收入状况、财产状况；有关单位和金融机构应当予以配合。县级以上人民政府民政部门应当建立申请和已获得社会救助家庭经济状况信息核对平台，为审核认定社会救助对象提供依据。采取虚报、隐瞒、伪造等手段，骗取社会救助资金、物资或者服务的，由有关部门决定停止社会救助，责令退回非法获取的救助资金、物资，可以处非法获取的救助款额或者物资价值1倍以上3倍以下的罚款；构成违反治安管理行为的，依法给予治安管理处罚。

（二）对救助机关的监督

县级人民政府及其社会救助管理部门应当通过公共查阅室、资料索取点、信息公告栏等便于公众知晓的途径，及时公开社会救助资金、物资的管理和使用等情况，接受社会监督。履行社会救助职责的工作人员行使职权，应当接受社会监督。任何单位、个人有权对履行社会救助职责的工作人员在社会救助工作中的违法行为进行举报、投诉。受理举报、投诉的机关应当及时核实、处理。

（三）权利救济

申请或者已获得社会救助的家庭或者人员，对社会救助管理部门作出的具体行政行为不服的，可以依法申请行政复议或者提起行政诉讼。

第三节　社会保险

一、社会保险概述

社会保险是指一种为丧失劳动能力、暂时失去劳动岗位或因健康原因造成损失的人口提供收入或补偿的一种社会保障制度。社会保险的主要项目包括养老保险、医疗保险、失业保险、工伤保险、生育保险。

（一）社会保险的性质

社会保险是社会保障制度的一个最重要的组成部分，具有强制性、保障性和非营利性。

社会保险主要是通过筹集社会保险基金，并在一定范围内对社会保险基金实行统筹调剂，劳动者遭遇劳动风险时给予必要的帮助，社会保险对劳动者提供的是基本生活保障，只要劳动者符合享受社会保险的条件，即或者与用人单位建立了劳动关系，或者已按规定缴纳各项社会保险费，即可享受社会保险待遇。

社会保险由政府举办，强制某一群体将其收入的一部分作为社会保险费，形成社会保险基金，在满足一定条件的情况下，被保险人可从基金获得固定的收入或损失的补偿。它是一种再分配制度，目标是保证物质及劳动力的再生产和社会的稳定。社会保险是一种缴费性的社会保障，资金主要是用人单位和劳动者本人缴纳，政府财政给予补贴并承担最终的责任。

社会保险是指国家通过立法强制建立社会保险基金，对参加劳动关系的劳动者在丧失劳动能力或失业时给予必要的物质帮助的制度。社会保险不以盈利为目的。

社会保险不同于商业保险：

（1）性质不同。社会保险具有保障性，不以盈利为目的；商业保险具有经营性，以追求经济效益为目的。

（2）建立基础不同。社会保险主要建立在劳动关系基础上，只要形成了劳动关系，用人单位就必须为职工办理社会保险；商业保险自愿投保，以合同契约形式确立双方权利义务关系。

（3）管理体制不同。社会保险由政府职能部门管理；商业保险由企业性质的保险公司经营管理。

（4）对象不同。参加社会保险的对象是劳动者，其范围由法律规定，受资格条件的限制；商业保险的对象是自然人，投保人一般不受限制，只要自愿投保并愿意履行合同条款即可。

（5）保障范围不同。社会保险解决绝大多数劳动者的生活保障；商业保险只解决一部分投保人的问题。

（6）资金来源不同。社会保险的资金由国家、企业、个人三方面分担；商业保险的资金只有投保人保费的单一来源。

（7）待遇计发不同。社会保险的待遇给付原则是保障劳动者基本生活，社会保险水平应当与经济社会发展水平相适应；商业保险则按"多投多保，少投少保，不投不保"的原则确定理赔标准。

（二）社会保险的功能

1. 防范和抵御风险的功能

公民可能遭遇的风险主要分为两大类：人身风险和工作风险。人身风险包括年老、疾病、生育等风险。工作风险包括工伤、失业等风险。当风险来临时，个人往往难以凭借自力救济的方式应对风险，因而对生活造成重大影响。建立社会保险制度的最基本作用，是在风险发生时对个人收入损失提供补偿，保证个人在暂时或永久失去劳动能力以及暂时失去工作岗位从而造成收入中断或者减少时，仍然能够维持基本生活，免除减少社会成员的后顾之忧。

2. 维护社会稳定的功能

社会保险是社会的"稳定器"，一方面能够使社会成员增强安全感，改善对未来生活的心理预期，安居乐业；另一方面也能够缓解社会矛盾，推动构建和谐的社会环境。

3. 维护劳动力再生产的功能

劳动者在劳动过程中必然会遇到各种意外事件，造成劳动力再生产过程的停顿。而社会保险就是劳动者在遇到上述风险事故时给予必要的经济补偿和生活保障，使劳动力得以恢复。

4. 维护社会公平的功能

社会保险是收入再分配的重要手段。社会保险通过对收入高低不同的群体按同样费率征收社会保险费，聚集成社会保险基金，一方面对收入较低或失去收入来源的个人给予援助，保障其基本生活；另一方面在全体参保者共享的待遇上，实际向低收入群体倾斜，从而在一定程度上促进社会收入分配的公平。

（三）我国的社会保险制度

1951年2月，政务院公布了《劳动保护条例》，标志着新中国的社会保险体系的建立，其保障对象是企业职工，保险项目包括疾病、负伤、生育、医疗、退休、死亡和待业等。国家机关工作人员的退休办法遵循的是1952年12月公布的《国家机关工作人员退休处理暂行办法》。从20世纪50年代初到1966年期间，社会保障制度有基金、有管理、有监督，基金的收集、管理和监督是分立的，在人口老龄结构轻且经济发展较快的情况下，这一制度运行良好。1966年后，社会保险制度转变成企业保险制度。

1984年，中国的社会保障制度进入到改革阶段。中国社会保险制度改革首先是从医疗制度开始的。由于以企业为单位的公费医疗制度日益成为企业的严重负担，20世纪90年代初，我国开始了对医疗保险制度改革的尝试。

经过20年的努力，我国建立起了以城镇职工为保障对象的社会保险制度体系。主要项目有社会统筹与个人账户制度相结合的养老社会保险（以下简称"统账制度"）、社会统筹与个人账户制度相结合的医疗社会保险、失业保险、工伤保险、生育保险。

为了规范社会保险关系，维护公民参加社会保险和享受社会保险待遇的合法权益，使公民共享发展成果，促进社会和谐稳定，第十一届全国人大常委会第十七次会议审议通过了《社会保险法》，自2011年7月1日起施行。

《社会保险法》是中国特色社会主义法律体系中起支柱作用的重要法律，是一部着力保障和改善民生的法律。它的颁布实施，是我国人力资源社会保障法制建设中的又一个里程碑，对于建立覆盖城乡居民的社会保障体系，更好地维护公民参加社会保险和享受社会保险待遇的合法权益，使公民共享发展成果，促进社会主义和谐社会建设，具有十分重要的意义。

《社会保险法》明确了各项社会保险制度的覆盖范围，它的内容涉及养老、医疗、失业、工伤、生育等多项社会保障，其中基本养老保险制度和基本医疗保险制度覆盖了我国城乡全体居民。《社会保险法》被称为社会保险领域的"基本法"。它的实施使公民能够实现老有所养、病有所医、伤有所治、失有所助、育有所补。

1. 我国社会保险制度的方针

社会保险制度坚持广覆盖、保基本、多层次、可持续的方针，社会保险水平应当与经济社会发展水平相适应。广覆盖就是社会保险制度的覆盖面要广，使尽可能多的人纳入到社会保险制度中来。保基本就是我国社会保险待遇以保障公民基本生活和基本需要为原则。这是由我国现阶段经济发展水平决定的。多层次就是社会保险除了基本保险之外，还可以建立补充保险。可持续就是社会保险制度应是能够长期稳定发展的。尤其体现为社会保险基金收支能够实现长期平衡，自身能够良性运行，特别在人口老龄化高峰来临时基本养老保险制度、基本医疗保险制度能够持续，不给财政造成过大的压力，不给用人单位和个人造成过重的缴费负担。

2. 用人单位和个人的基本权利义务

《社会保险法》第 4 条以及其他相关条款规定了用人单位和个人在社会保险领域的基本权利和义务。

用人单位的权利包括：用人单位可以免费向社会保险费征收机构查询、核对其缴费记录，要求社会保险经办机构提供社会保险咨询等相关服务。用人单位有以下主要义务：一是缴费义务。职工基本养老保险、职工基本医疗保险、失业保险的缴费义务由用人单位与职工共同承担；工伤保险、生育保险的缴费义务全部由用人单位承担。二是登记义务。用人单位应当自成立之日起 30 日内凭营业执照、登记证书或者单位印章，向当地社会保险经办机构申请办理社会保险登记；用人单位应当自用工之日起 30 日内为其职工向社会保险经办机构申请办理社会保险登记。三是申报和代扣代缴义务。用人单位应当自行申报、按时足额缴纳社会保险费，非因不可抗力等法定事由不得缓缴、减免。职工应当缴纳的社会保险费由用人单位代扣代缴，用人单位应当按月将缴纳社会保险费的明细情况告知本人。

个人有以下主要权利：一是个人依法享受社会保险待遇；二是个人有权监督本单位为其缴费情况；三是个人可以免费向社会保险费征收机构或社会保险经办机构查询、核对其缴费和享受社会保险待遇记录，要求社会保险经办机构提供社会保险咨询等相关服务。个人有以下主要义务：一是缴费义务，二是登记义务。参加社会保险的无雇工的个体工商户、未在用人单位参加社会保险的非全日制从业人员以及其他灵活就业人员，应当向社会保险经办机构申请办理社会保险登记；失业人员应当持本单位为其出具的终止或者解除劳动关系的证明，及时到指定的公共就业服务机构办理失业登记。

用人单位和个人的救济权利：一是用人单位和个人有权对违反社会保险法律、法规的行为进行举报、投诉。二是用人单位或者个人认为社会保险费征收机构的行为侵害自己合法权益的，可以依法申请行政复议或者提起行政诉讼；用人单位或者个人对社会保险经办机构不依法办理社会保险登记、核定社会保险费、支付社会保险待遇、办理社会保险关系转移接续手续或者侵害其他社会保险权益的行为，可以依法申请行政复议或者提起行政诉讼。三是个人与所在用人单位发生社会保险争议的，可以依法申请调解、仲裁，提起诉讼；用人单位侵害个人社会保险权益的，个人也可以要求社会保险行政部门或者社会保险费征收机构依法处理。

3. 政府职责

一是政策和资金支持责任。县级以上人民政府将社会保险事业纳入国民经济和社会发展规划。国家多渠道筹集社会保险资金。县级以上人民政府对社会保险事业给予必要的经费支持。国家通过税收优惠政策支持社会保险事业。二是监督职责。国家对社会保险基金实行严格监管。国务院和省、自治区、直辖市人民政府建立健全社会保险基金监督管理制度，保障社会保险基金安全、有效运行。县级以上人民政府采取措施，鼓励和支持社会各方面参与社会保险基金的监督。三是管理职责。国务院社会保险行政部门负责全国的社会保险管理工作，国务院其他有关部门在各自的职责范围内负责有关的社会保险工作。县级以上地方人民政府社会保险行政部门负责本行政区域的社会保险管理工作，县级以上地方人民政府其他有关部门在各自的职责范围内负责有关的社会保险工作。四是服务职责。社会保险经办机构提供社会保险服务，负责社会保险登记、个人权益记录、社会保险待遇支付等工作。

二、社会保险的种类

根据《社会保险法》规定，我国社会保险有基本养老保险、基本医疗保险、工伤保险、失业保险、生育保险五种。

（1）基本养老保险制度，是指缴费达到法定期限并且个人达到法定退休年龄后，国家和社会提供物质帮助以保证因年老而退出劳动领域者稳定、可靠的生活来源的社会保险制度。基本养老保险制度由三个部分组成：职工基本养老保险制度、新型农村社会养老保险制度、城镇居民社会养老保险制度。基本养老保险制度从法律制度层面上实现了"覆盖城乡居民"。

（2）基本医疗保险制度，是指按照国家规定缴纳一定比例的医疗保险费，在参保人因患病和意外伤害而就医诊疗，由医疗保险基金支付其一定医疗费用的社会保险制度。基本医疗保险制度由三个部分组成：职工基本医疗保险制度、新型农村合作医疗制度、城镇居民基本医疗保险制度。基本医疗保险已从制度上实现了"覆盖城乡居民"，使全体公民实现"病有所医"。

（3）工伤保险制度，是指由用人单位缴纳工伤保险费，对劳动者因工作原因遭受意外伤害或者职业病，从而造成死亡、暂时或者永久丧失劳动能力时，给予职工及其相关人员工伤保险待遇的一项社会保险制度。

（4）失业保险制度，是指国家为因失业而暂时失去工资收入的社会成员提供物质帮助，以保障失业人员的基本生活，维持劳动力的再生产，为失业人员重新就业创造条件的一项社会保险制度。

（5）生育保险制度，是指由用人单位缴纳保险费，其职工按照国家规定享受生育保险待遇的一项社会保险制度。生育保险待遇包括生育医疗费用和生育津贴。生育保险制度对减少就业性别歧视、改善妇女就业环境、切实保障妇女生育期间的基本权益，发挥了重要作用；同时，对计划生育、优生优育等工作也产生了积极影响。

三、社会保险基金

（一）含义

所谓社会保险基金是为了保障公民在年老、患病、工伤、失业、生育时获得必要帮助，由国家法律确定制度框架，并依法强制实施，由用人单位和个人分别按照缴费基数的一定比例缴纳以及通过其他合法方式筹集的，用于社会保险待遇支出的专项资金。社会保险基金属于广义的基金范畴，但不同于政府性基金、专项基金和商业投资基金，在设立目标、制度意义、基金性质、资金来源和使用范围等方面都有很大区别。社会保险基金是广大群众的"保命钱"，是社会保险制度的物质基础，关系到参保人员的切身利益和社会稳定。

按照社会保险险种将基金划分为基本养老保险基金、基本医疗保险基金、工伤保险基金、失业保险基金和生育保险基金。

各项社会保险基金按照社会保险险种分别建账，分账核算，执行国家统一的会计制度。社会保险基金专款专用，任何组织和个人不得侵占或者挪用。基本养老保险基金逐步实行全国统筹，其他社会保险基金逐步实行省级统筹，具体时间、步骤由国务院规定。

（二）运营与管理

社会保险基金通过预算实现收支平衡。县级以上人民政府在社会保险基金出现支付不足时，给予补贴。

社会保险基金按照统筹层次设立预算。除基本医疗保险基金与生育保险基金预算合并编制外,其他社会保险基金预算按照社会保险项目分别编制。社会保险基金存入财政专户,具体管理办法由国务院规定。

社会保险基金在保证安全的前提下,按照国务院规定投资运营实现保值增值。社会保险基金不得违规投资运营,不得用于平衡其他政府预算,不得用于兴建、改建办公场所和支付人员经费、运行费用、管理费用,或者违反法律、行政法规规定挪作其他用途。社会保险经办机构应当定期向社会公布参加社会保险情况以及社会保险基金的收入、支出、结余和收益情况。

国家设立全国社会保障基金,由中央财政预算拨款以及国务院批准的其他方式筹集的资金构成,用于社会保障支出的补充、调剂。全国社会保障基金由全国社会保障基金管理运营机构负责管理运营,在保证安全的前提下实现保值增值。全国社会保障基金应当定期向社会公布收支、管理和投资运营的情况。国务院财政部门、社会保险行政部门、审计机关对全国社会保障基金的收支、管理和投资运营情况实施监督。

第十三章 其他类型行政行为

本章导读：本章介绍了行政确认、行政检查、行政指导、行政合同、行政决策、行政命令六种行政行为。之所以把这六类行为作为特别类型行政行为进行介绍，是因为这六类行为都没有统一的法律规制，而且在理论上还存在模糊地带，有待于探讨和澄清。

第一节 行政确认

一、行政确认的概念

行政确认是行政管理的一项重要手段。行政确认行为能够确认行政相对人的权利义务，稳定法律关系，降低交易成本，更好地保护行政相对人的合法利益，同时也便于行政机关科学高效管理。行政确认以前一直作为一个法理概念存在，直至2004年最高人民法院发布的《关于规范行政案件案由的通知》（已废止）中规定："以具体行政行为的种类或性质，如'行政处罚''行政许可''行政确认'等，作为案由的第二个构成要素。"由此，行政确认才成为一个法律概念。然而我国没有统一的行政程序法典，也没有单行的行政确认法，大量的行政确认行为存在于分散的法律法规中，给理论研究和法律实践造成了极大的困扰。

行政确认是指行政主体依法对行政相对人的法律地位、法律关系或有关法律事实进行确定并予以宣告的一种行政行为。行政确认能够稳定法律关系，减少各种纠纷，发挥保障社会秩序安定，保护公民、法人或其他组织合法权益的重要作用，因而适用广泛范围。行政确认主要形式有：确定、认可、证明、登记、批准、鉴证、行政鉴定等。

（1）行政确认的内容是对行政相对人的法律地位、法律关系或一定的法律事实进行确定、证明或否定。行政确认中的法律事实，着重强调确定特定的行政相对人的法律地位和权利义务的属性。行政确认中的法律关系也是特定的，是确定行政相对人的法律地位或权利义务的法律关系，通过对法律关系的甄别、认定，以确定是否具有某种法律地位，是否享有某种权利，承担某些义务。

（2）行政确认的目的在于确定某种不明确的事实或状态。行政确认具有事前抑制的功能，行政主体依据法定的权限和法定的程序，通过对合法行为或事实、违法行为或事实、存在争议的事实、还没有定性的行为或事实予以鉴别和宣告，从而使这些不明或不定的状态终结，解决当事人之间的权属争议或者使法律上尚不明朗的事实得以明确。

（3）行政确认是要式行政行为。行政主体在作出行政确认行为时，必须以书面形式，并按照一定的技术规范要求作出。

（4）行政确认是羁束性行政行为。行政主体进行行政确认时，应严格按照法律规定和技术规范进行操作，并尊重客观事实，做到以事实为根据，以法律为准绳。行政确认是对行政法律规范的适用很少有裁量余地的行政行为，所以属于羁束性行政行为。

（5）行政确认是证明性行政行为。行政确认是对当事人能力、资格的行政判断，不赋予当事人新的权利，也不增加当事人的负担，单纯地为了证明既存法律状态，是一种官方的证明。

二、行政确认的原则

（一）依法确认原则

行政确认的目的在于维护公共利益，保护公民、法人和其他组织的合法权益。因此，行政确认必须严格按照法律、法规和规章的规定进行，遵循法定程序，确保法律所保护的公共利益和行政相对人权益得以实现。

（二）客观公正原则

行政确认是对法律事实和法律关系的证明或者明确，因而必须始终贯彻客观、公正的原则，不允许有任何偏私。行政确认的结果往往关系到行政相对人的权利和义务，因此必须做到程序正当合法、结果公正合法。

（三）保密原则

行政确认一般会涉及商业秘密和个人隐私，必须坚决贯彻保守秘密的原则，行政确认的结果不得随意用于行政管理行为以外的信息提供。但是随着法治政府建设的不断推进，各政府部门之间往往要求信息共享、互联互通，因此泄密事件，尤其是涉及公民身份的信息经常发生泄露，因此必须加强对涉密人员的教育，一旦发生秘密泄露，要严格追究相关人员的责任。

三、行政确认和行政许可

行政确认和行政许可，这两种行政行为都存在登记、认证等形式，很难区分，因此必须加以比较说明。

（一）对象不同

行政确认是指对行政相对人既有法律地位、权利义务的确定和认可，主要是指对身份、资格、能力、地位和事实的确认；行政许可的行为对象是许可行政相对人获得为某种行为的权利或资格。一般来说，前者是业已存在，而后者是许可之前不得为之。

（二）性质不同

行政确认行为表明行政主体的态度是对某种状态、事件、法律关系予以法律上的承认、确定或否定；而行政许可行为则是行政主体在对申请人的申请进行审查和判断的前提下，对申请是否予以准许或同意的行为。行政确认属于确认性或宣示性行政行为，它仅表明现有的状态，而不以法律关系的产生、变更或消灭为目的。行政许可是建立、改变或者消灭具体的法律关系，是一种形成性行政行为。

（三）内容不同

行政确认行为的内容具有"中立性"，它并不直接为当事人设定权利或义务，对当事人是有利还是不利，取决于确认时原已存在的法律状态或事实状态；而行政许可行为则是一种授益性行政行为，它可能会为申请人带来利益。

（四）方式不尽不同

行政确认既有依申请的确认也有依职权的确认；而行政许可则只能是依申请才能发生的行政行为。

（五）法律效果不同

行政确认中未被认可的行为或地位将发生无效的结果而不适用法律制裁；而在行政许可中，未经许可而从事的行为将发生违法后果，当事人将因此受到法律制裁。

四、行政确认的形式和分类

（一）行政确认的形式

1. 登记

登记是一种最常见的行政确认形式，是指行政主体应申请人申请，在政府有关登记簿册中记载相对方的某种情况或事实，并依法予以正式确认的行为。如产权登记。

2. 认证（认定）

认证是行政主体对个人、组织已有法律地位和权利义务，以及确认事项是否符合法律要求的承认和肯定。如产品质量认证、食品药品认证、学位学历认证等。

3. 证明

证明是行政主体根据行政相对人的申请，依法对行政相对人提出的有关法律事实、法律文书的真实性、合法性予以确认的行为，即行政主体向其他人明确肯定被证明对象的法律地位、权利义务或某种情况。如出生证明、死亡证明等。

4. 行政鉴定

行政鉴定是行政机关在行政执法时，对所涉及的专门性问题委托所属的行政鉴定机构或法律、法规专门指定的检验、鉴定机构进行检验、分析和评判，从而为行政执法或纠纷事件的处理、解决提供科学依据而从事的一项行政活动。即行政主体对特定的法律事实或客体的性质、状态、质量等进行的客观评价。一般是技术类鉴证，如交通事故责任鉴定、医疗事故鉴定等。这类鉴定结果一般作为证据使用，不具有可诉性。

5. 鉴证

即对某种法律关系的合法性予以审查后确认或证明其效力的行为。如工商管理机关对经济合同的鉴证。

（二）行政确认的分类

1. 依申请的行政确认和依职权的行政确认

行政确认根据是否可由行政主体主动实施为标准，分为依职权的行政确认和依申请的行政确认。依申请的行政确认是一种须得先由行政相对人提出行政确认的申请，之后行政主体根据申请者的资质、条件、材料展开鉴别并作出结论的行政行为。比如老年人优待确认、结婚登记等。而依职权的行政确认是行政主体直接依据相关法律法规的规定，依法行使职权，无需相对人申请而主动实施，如交通事故责任认定等。

2. 独立性的行政确认和附属性的行政确认

根据行政确认与其他行政行为之间的关系为标准进行划分，可以将行政确认分为独立性的行政确认和附属性的行政确认。独立的行政确认是指不依赖其他行政行为而独立存在的行政确认行为。即这种行为不是其他行政行为成立的必要前提。附属性的行政确认，是指其他行政行为依赖于该确认行为补充。

3. 各专业领域的行政确认

公安管理中的确认：主要由对交通事故的车辆、物品、尸体、路况以及当事人的生理、精神状态的检验和鉴定；对交通事故等级的确认；对当事人交通责任的认定等。民政管理中的确认主要有对现役军人死亡性质、伤残性的确认；对烈士纪念建筑物的等级确认；对革命烈士的确认；对结婚、离婚的登记等。劳动管理中的确认主要有对人员伤亡事故原因、责任的确认等；卫生管理中的确认主要有食品卫生的确认；对新药品及进口药品的鉴定；对国境卫生的鉴定；对医疗事故等级的鉴定。经济管理中的确认主要有对产品标准的行政认证和计量器具检定，产品质量认证；对商标和专利权的审定；对著作权属的确认；对动植物检疫的确认；对养殖水面区域的确认；对自然资源的所有权和使用权的确认；对无效经济合同的确认等。

最高人民法院于 2020 年发布的《关于行政案件案由的暂行规定》中列举了基本养老保险资格或者待遇认定、基本医疗保险资格或者待遇认定、失业保险资格或者待遇认定、工伤保险资格或者待遇认定、生育保险资格或者待遇认定、最低生活保障资格或者待遇认定、确认保障性住房分配资格、颁发学位证书或者毕业证书 8 种行政确认案由。笔者认为，这依然不够全面，还可以拓展延伸。

第二节　行政检查

一、行政检查的含义

行政检查是指行政主体依照法定职权，对公民、法人和其他组织遵守法律、法规、规章和执行行政命令、行政决定的情况进行了解、调查和监督的行为。行政检查是一种非常常见、非常重要的行政管理手段，它和行政强制、行政处罚、行政确认、行政给付、行政奖励等行政行为一起，对于保障和监督行政机关有效实施行政管理，维持公共利益和社会秩序，保护行政相对人的合法权益起了很好的促进作用。

行政检查包括日常检查、专项检查和应急检查。日常检查是指行政主体依照法定职权对不特定对象或者不特定事项进行检查。专项检查是指行政主体根据投诉举报、上级交办、其他机关移送等案件线索或者重点领域治理部署对特定对象或者特定事项进行检查。应急检查是指发生或者预警即将发生自然灾害、事故灾难、公共卫生事件或者社会安全事件等突发事件，行政主体依照《突发事件应对法》等法律法规及时采取的行政检查应急措施。

（一）行政检查目标明确

行政检查的目的就是对行政相对人遵守法律、法规、规章，执行行政命令、决定的情况进行检查、了解，对于发现的问题及时处置，对于守法的行政相对人给予肯定与表扬，以保护相对人的合法权益，维护社会公共利益和良好的社会秩序。

（二）行政检查是行政主体依职权主动实施的行政行为

行政检查是行政主体实施行政管理的必要手段，通过检查能够及时发现问题、处置问题。行政检查是行政主体的法定职权，如果不赋予行政执法主体行政检查权，那么其他的行政行为就无处着手、无从实施，行政管理就成了无本之木。同时，行政检查不需要行政相对人申请，行政主体应当依照法定职权主动实施。

（三）行政检查具有专业技术性

行政检查的专业性要求较高，特别在行业监管中，往往需要执法人员通过专业知识和特殊技能，根据确凿的数据或证据、相应的经验和分析论证对某一事物提出客观、公正和具有权威性的检查结论。

（四）行政检查形式多样化

行政检查的形式多种多样，在不同的法律法规和不同的执法领域有不同的检查方式。例如，《行政许可法》规定行政机关可以对被许可人生产经营的产品依法进行抽样检查、检验、检测，对其生产经营场所依法进行实地检查；公安机关对于涉及居民身份检查用查验的方式；涉及食品药品质量检查的用抽样检验；涉及到海关货物检查的用监管、开验、复验、提取货样；税务机关对纳税情况进行检查、稽查等。

二、行政检查与行政调查

行政调查的内涵在我国理论界尚未达成共识，有广义和狭义之分。本处的行政调查采用的是其狭义内涵。行政调查是指行政主体为实现一定行政目的，在启动行政程序之后、作出行政决定之前，依职权进行的收集资料、调取证据、查明事实的活动。行政检查和行政调查都是行政机关的行政行为，但两者又有明显的区别，是两种不同的行政行为。

一是目的不同。行政检查之后虽然也会作出行政行为，对发现的违法行为，依法责令当事人改正，但是，检查之前并无一定要做出行政行为的目的。而行政调查则不同，调查的目的就是要收集证据，为确认所调查的事实是否存在、是否违法，以及是否应给予行政处罚等。也就是说调查的目的，就是要根据调查的结果做出一定的行政行为。或者说行政调查是与行政决定有直接关系，先于行政决定的，并为行政机关作出行政决定而收集证据的行为。

二是对象不同。行政调查事先都有特定的行政相对人，调查之前都已经确定。行政检查就不一定，有时可能事先确定检查对象，有时可能是随机的。例如，公安交警查酒驾，并不是每车必查的，也不是事先确定查谁的。又如城管执法人员在城市街道上的巡查，其对象事先也是不确定的。

三是功能不同。行政检查对相对人的警示、预防违法功能是明显的，可督促行政相对人遵守法律法规和行政命令、决定。行政调查后对违法行为实施行政处罚，虽然对当事人也有警示作用，但其主要的还是对违法行为的惩处作用。

四是性质不同。行政检查是独立的行政行为，它是可诉的行为，当事人对行政检查不服可单独提起诉讼或申请行政复议。而行政调查具有附属性。行政调查的附属性是指行政调查行为本身只是一种手段，并不是最终的目的。行政调查往往附着于一个独立的行政决定之上，行政主体实施调查行为旨在查清案件的真相，从而为最终行政决定的作出奠定事实基础。从这个意义上来讲，行政调查明显区别于作为一种独立行为存在的行政检查以及行政主体所实施的纯粹的资料收集活动。对于行政调查不服往往不能单独提起行政诉讼，除非该调查行为侵犯了当事人的合法权益并造成了损害。

三、行政检查的基本原则

（一）检查法定原则

行政检查是行政主体实施行政管理的必要方式，也是行之有效的手段之一。但是行政检查必然会对行政相对人的生产、生活产生一定影响，甚至出现执法扰民现象，因此行政检查必须坚持检查法定原则。首先，检查主体是法定的，实施检查的主体必须享有相应的检查权；其次，行政检查必须依照法定权限进行，否则越权无效；最后，实施检查应当依照法定的程序进行，防止随意检查、检查扰企、执法扰民。

（二）权利保障原则

行政检查中，行政相对人承担配合检查的义务。但是，必须保障行政相对人的合法权益不受侵犯。在行政检查中，行政相对人享有知情权、隐私保密权、陈述权、申辩权；如果相对人认为自己的合法权益因行政检查行为受到侵犯，行政相对人享有申请复议权、提起行政诉讼权、请求国家赔偿权；对于检查中，行政机关工作人员的违法犯罪行为享有举报权、检举权等。

（三）高效便民原则

行政检查必须要讲求效率。行政主体每年要制定好检查计划，而后按照计划组织实施。行政检查必须要在法定期限内完成，不得无故拖延。行政检查要力求方便人民群众，不得执法扰民。行政主体应当平等对待检查对象，充分保障检查对象的合法、正当权益，不得妨碍检查对象正常的生活和生产经营活动。各级人民政府应当充分运用互联网、大数据等技术手段，依托国家建立的在线监管系统、行政执法信息平台和行政执法监督网络平台，推动行政检查全过程网上流转，加强检查信息归集共享和关联整合，实现违法线索互联、检查结果互认等信息互通互联、资源共享。组织行政检查可以采取合并检查、联合检查、跨区域检查等方式进行。行政执法主体可以通过信息共享、"互联网＋监管"等方式达到行政检查目的的，原则上不再进行现场检查。大力推行双随机一公开制度。除直接涉及人民群众健康的食品药品等产品外，行政执法主体不得重复检验、检疫、检测和技术鉴定。

（四）正当程序原则

行政检查除依照法定权限进行外，还要依照法定程序进行，做到程序正当。首先，行政检查要符合法定目的。行政检查是为了查找问题、发现问题、处置问题，同时，督促相对人遵守国家法律法规，维护正常的生产生活秩序。但是有些执法主体偏离了这一目的：有的是为了敛财；有的是为了本单位利益或者小团体、个人利益；等等。其次，必须坚持回避制度，凡是与检查对象、事项有利害关系的执法人员必须回避。最后，行政检查必须公开进行，允许公众和媒体监督，做到检查全过程有记录、有监督；违法必追责。

四、检查程序和相关制度

（一）检查主体

法律、法规、规章规定行政检查权可以由不同层级行政主体行使的，原则上由法定的最低一级行政主体行使。之所以由最低一级行政执法主体实施检查，是因为基层执法主体最了解本地情况，最为亲民，最为方便检查。上级行政主体负责本行政区域有较大影响的或者跨区域的行政检查。下级行政执法主体认为行政检查案件可能在本行政区域产生较大影响的，可以提请上级行政主体实施。

（二）检查范围

检查范围就是对哪些人员和哪些事项进行检查的范围。行政检查应当实行清单管理制度，清单中要明确检查范围。行政执法主体应当重点对下列执法事项或者检查对象依法依规实行全覆盖重点检查：

（1）直接关系食品安全、药品安全、公共卫生、安全生产、自然资源保护、生态环境保护等重点领域治理的；

（2）被多次投诉举报的；

（3）被列入经营异常名录或者有严重违法违规记录等情况的；

（4）其他在日常监管中发现需要重点检查的。

（三）检查方式方法

行政检查的方式包括现场检查和非现场检查。行政执法主体可以通过信息共享、"互联网＋监管"等方式达到行政检查目的的，原则上不再进行现场检查。行政执法主体实施行政检查可以采取下列方法：（1）听取检查对象情况说明；（2）查阅、调取、复制相关资料；（3）审查检查对象自查报告；（4）组织实地调查、勘查；（5）遥感监控、在线监测、卫星定位；（6）抽取样品进行检验、检疫、检测或者技术鉴定；（7）询问有关人员；（8）法律、法规、规章规定的其他方式。

（四）合并检查、联合检查、跨区域检查制度

应当着力推行"综合查一次"制度，避免行政主体对检查对象重复检查。同一行政主体同一时期对同一检查对象实施多项检查的，原则上应当合并进行。不同行政主体需要对同一检查对象进行多项检查并且内容可以合并完成的，原则上应当组织联合检查。经级别较高的人民政府决定、批准，行政主体可以组织开展跨区域检查。跨区域检查的人员、区域、时间或者期限等信息，应当由组织跨区域检查的行政执法主体对社会公开发布。

（五）双随机、一公开制度

"双随机、一公开"，即在监管过程中随机抽取检查对象，随机选派执法检查人员，抽查情况及查处结果及时向社会公开。要建立随机抽取检查对象、随机选派执法检查人员的"双随机"抽查机制，严格限制监管部门的自由裁量权。建立健全市场主体名录库和执法检查人员名录库，通过摇号等方式，从市场主体名录库中随机抽取检查对象，从执法检查人员名录库中随机选派执法检查人员。推广运用电子化手段，对"双随机"抽查做到全程留痕，实现责任可追溯。要根据经济社会发展和监管领域实际情况，合理确定随机抽查的比例和频次，既要保证必要的抽查覆盖面和工作力度，又要防止检查过多和执法扰民。加快政府部门之间、上下之间监管信息的互联互通，依托全国企业信用信息公示系统，整合形成统一的市场监管信息平台，及时公开监管信息，形成监管合力。除直接涉及公共安全和人民群众生命健康等特殊行业、重点领域外，市场监管领域的行政检查应当通过随机抽取检查对象、随机选派执法检查人员、抽查事项及查处结果及时向社会公开的方式进行。

（六）风险评估制度

行政主体应当建立健全行政检查风险预防和处置机制，对实施检查可能引发的不稳定因素依法妥善处理。实施行政检查可能对人身自由、生命健康、重大财产权益等方面造成不利影响的，行政主体应当对检查活动的合法性、社会稳定性及风险可控性进行研判和评估。行政执法人员认为行政检查可能引发执法风险，或者实施行政检查已经引发执法风险的，应当及时报本单位主要负责人处理。行政主体依照检查结果作出行政处理决定，涉及重大公共利益、可能造成重大社会影响或者引发社会风险的，应当按规定进行法制审核。法制审核机构认为行政执法案件存在风险的，执法承办机构应当研究提出风险化解处置方案，报本单位主

要负责人审批。行政主体实施行政检查过程中引起不稳定因素或者造成社会负面舆情等执法风险的，应当及时应对、依法妥善处理，并按规定程序上报。

（七）检查程序基本要求

现场检查应当遵守下列规定：

（1）实施前经本单位负责人批准；

（2）由两名以上行政执法人员实施；

（3）出示行政执法证件；

（4）告知检查对象有关权利义务；

（5）听取检查对象的意见；

（6）记录询问、检查情况；

（7）行政执法人员与检查对象有直接利害关系的，应当回避；

（8）法律、法规、规章规定的其他程序。

（八）检查结果运用

行政执法主体根据行政检查的不同情况，分别作出下列处理：

（1）未发现违法行为的，予以记录或者结案；

（2）发现违法行为需要立即制止的，依法责令停止违法行为；

（3）发现违法行为需要予以改正的，依法责令立即改正或者限期改正；

（4）发现违法行为需要实施行政处罚的，依照《中华人民共和国行政处罚法》等规定处置；

（5）行政主体实施行政检查过程中，发现违法行为不属于本单位管辖的，应当在法定期限内移送有管辖权的行政执法主体，涉嫌犯罪的，依法移送司法机关处理；

（6）按照法律、法规、规章规定的其他情形处理。

第三节 行政指导

一、行政指导的含义

（一）行政指导的概念和特征

行政指导是指行政主体为了实现特定行政目的，在法定职权范围内或者依据法律、法规、规章和政策，以劝告、提醒、建议、协商、制定和发布指导性政策、提供技术指导和帮助等非强制方式，引导行政相对人作出或者不作出某种行为的活动。

1. 行政指导本质上属于运用行政权力的行政行为

行政指导从外观上看是没有强制性的，比如劝告建议、说服教育、引导奖励等，但是没有强制力不等于没有权力性。强制性和权力性是不能等量齐观的，即权力性不等同于强制性。有权力并不意味着强制，同时，没有强制性并非意味着没有权力性。行政指导行为要求行政主体必须在其职权范围内依法或者依政策进行，因此也是运用行政权力的一个过程，本质上属于行政行为的一种。

2. 行政指导具有自愿性和非强制性

自愿性和非强制性是行政指导最为显著的特征。行政相对人有权自主决定是否接受、听从、配合行政指导。行政主体在实施行政指导的过程中，不得采取或者变相采取强制措施迫使行政相对人接受行政指导，并不得因行政相对人拒绝接受、听从、配合行政指导而对其采取不利措施。

3. 行政指导具有多样性和灵活性

行政机关可以主动实施行政指导，也可以依行政相对人申请实施行政指导。行政指导的方式灵活多样，具体包括：（1）制定和发布指导、诱导性的政策；（2）提供技术指导和帮助；（3）发布信息；（4）示范、引导、提醒；（5）建议、劝告、说服；（6）其他指导方式等。

（二）行政指导的分类和作用

根据不同的标准，行政指导可以分为不同类型。

1. 依法的行政指导和依政策的行政指导

根据行政指导有无明确的法律依据可以分为依法的行政指导和依政策的行政指导。依法的行政指导是指法律、法规、规章明文规定的行政指导；依政策的行政指导是指没有明确的法律、法规、规章规定，而是依据国家政策进行的行政指导。

2. 宏观行政指导和个别行政指导

以行政指导是否针对特定对象为标准，行政指导可分为宏观行政指导和个别行政指导。宏观行政指导即针对不特定的人或事项所作，而是针对某一行业、某一地区或某一类人具有普遍性的行政指导。宏观行政指导也称为抽象行政指导。个别行政指导是指针对特定的人或事项所作的行政指导。个别行政指导也称为具体行政指导。

3. 助成性行政指导、规制性行政指导和调整性行政指导

以行政指导的作用为标准，行政指导可以分为助成性行政指导、规制性行政指导、调整性行政指导。

助成性行政指导是指以帮助和促进行政相对人自身利益或事业的发展为目的，即为相对人出主意的行政指导，也称授益性行政指导；规制性行政指导是指行政机关为了维护和增进公共利益，对妨碍社会秩序、危害公共利益的行为加以预防、规范、制约的行政指导；调整性行政指导是以调整相互对立的当事人之间的利害关系为目的的行政指导，是在行政相对人之间发生利害冲突而又协商不成时，由行政机关出面调停以求达成妥协的行政指导。

行政指导对于建设服务型政府具有重大作用和意义。首先，行政指导无需运用强制手段就可以达成行政目标，民众具有较强的可接受性，这样就可以最大限度的排除行政相对人的抵触情绪。因此，行政指导对于其他具有强制性的行政行为可以起到良好的辅助作用。其次，现代社会高速发展，立法进程永远赶不上社会前进的步伐，因此社会某一领域在没有法律规制时，行政主体可以在其职权范围内依照法律原则、法律精神和国家政策进行行政指导，也能较好地实现行政目标，这就弥补了法律的空白。最后，行政指导能较好地协调和平衡公共利益与私人利益、效率与公平等不同利益和目标的关系，还能对行政相对人尤其是市场主体之间的矛盾和冲突起到协调和平衡作用。

二、行政指导的原则

（一）合法性原则

作为行政行为，行政指导当然要遵守行政合法性原则，这是建设法治政府的必然要求。首先，行政指导必须有行政组织法的规定。任何行政主体进行行政指导行为必须在其职权范围内，即必须在其管辖事务的范围内，否则就是越权指导。其次，如果有行政行为法的规定，如法律、法规、规章的明确规定，那么行政指导必须依据法律、法规、规章的规定进行。再次，如果没有行政行为法的规定，那么就依据国家政策的规定进行行政指导。最后，如果既没有行政行为法规定，也没有国家政策依据，在急需指导的情形下，那么就依据法律原则和法律精神进行行政指导。

（二）自愿性原则

行政指导必须遵循自愿性原则，行政机关不得强迫行政相对人接受行政指导。公民、法人和其他组织有权自主决定是否接受、听从、配合行政指导；行政机关不得采取或者变相采取强制措施实施行政指导。

（三）正当性原则

程序正当性原则是指行政权力的行使必须依照法定程序进行，而且必须符合最低限度的程序公正标准，以程序正义来促成实体公正。对于行政指导行为而言，正当程序要做到：（1）行政指导目的具有正当性。行政指导的目的是为了促进民生或社会经济发展，或者为了维护良好的社会秩序，以促进社会整体良性发展。总之，行政指导是为了公共利益和公共秩序，而不能为了某一集团、某一个人或团伙利益，否则就缺失了其存在的正当性。（2）行政指导行为除涉及国家秘密、个人隐私或者商业秘密之外，必须依法向社会公开，不允许暗箱操作。（3）行政指导必须坚持高效便民原则。高效便民原则是建设服务型政府的必然要求，只有效率高、方便人民群众才能达到预定行政目标。

（四）信赖保护原则

基于对政府和政府部门的信任，行政相对人才愿意接受行政指导。如果由于行政主体的过错，如错误指导、违法指导而导致行政相对人遭受损失的，行政主体应当予以赔偿或者补偿。

三、行政指导的适用情形

行政指导的适用情形是指在哪些情况下，需要行政主体对行政相对人进行行政指导。

（1）需要从技术、政策、安全、信息等方面帮助公民、法人和其他组织增进其合法利益的。这种情形属于授益性行政指导，即为了增进行政相对人的合法权益，而对其进行技术、政策、安全、信息等方面的帮助和指导。如农业部门对农民进行果木种植技术进行指导。

（2）需要预防可能出现的妨碍行政管理秩序的违法行为的。这种属于规制性行政指导，即为了防止行政相对人出现违法行为，而对其进行提示、规范、宣讲等。如交警部门提示机动车驾驶员不要闯红灯，提醒行人要走人行道等。

（3）需要实施行政指导的其他情形。这是兜底性规定，是指除了以上两类需要指导的情形之外的其他情形，如政府发布的防疫指南、防灾指导等。

四、行政指导的程序要求

我国关于行政指导的全国性法律文件阙如，根据一些地方政府规章[①]的规定，行政指导应当遵循以下程序要求：

（一）形式要求

实施行政指导可以采取书面、口头或者其他合理形式。行政相对人要求采取书面形式的，行政机关应当采取书面形式。行政机关可以主动实施行政指导，也可以依相对人申请实施行政指导。

（二）坚持公开原则

行政指导的目的、内容、理由、依据、实施者以及背景资料等事项，应当对当事人或者公众公开，但是涉及国家秘密、商业秘密或者个人隐私的除外。

（三）重大行政指导和技术性行政指导的要求

行政机关实施重大行政指导，应当采取公布草案、听证会、座谈会等方式，广泛听取公民、法人和其他组织的意见。实施行政指导涉及专业性、技术性问题的，应当经过专家论证，专家论证意见应当记录在案。

（四）告知权利和听取意见制度

行政机关实施行政指导，应当告知当事人有自由选择的权利，当事人有权陈述意见。行政机关应当认真听取、采纳当事人合理、可行的意见。

（五）不得收费制度

行政机关实施行政指导不得收取任何费用。如果收费，就成为合同行为，就丧失了行政指导的意义了。

五、行政指导的监督和救济

我国现行法律对于行政指导缺乏规制，尤其是对其监督和救济制度模糊不清。行政指导是否属于复议范围和诉讼受案范围，《行政复议法》和《行政诉讼法》

---

① 2008年《湖南省行政程序规定》；2012年《山东省行政程序规定》；2015年《江苏省行政程序规定》。

没有明确规定，而相关司法解释①却把行政指导排除在受案范围之外。这种做法值得商榷。

首先，从理论上讲，有权力必须有监督，有权利必须有救济。没有对权力的监督与制约的权力，只能导致专横和腐败；没有对权利的救济，那就不成为权利，只能是纸面上的权利。我国行政诉讼法的目的就是监督行政机关依法行政，保护公民、法人和其他组织的合法权益，而行政指导行为是行政主体依据行政组织法或者依据法律、法规、规章或者政策实施的权力性行为，从这一角度讲，就必须加强对行政指导的监督，同时把它纳入行政复议范围和行政诉讼受案范围，以保障行政相对对人的合法权益不受非法侵犯。

其次，在实践中也存在违法指导、错误指导导致行政相对人利益受损的现实情形发生，司法机关往往以不属于受案范围而将此类案件排除在司法审查之外，这显然是不合理的。

基于以上理由，行政指导应当纳入行政复议和行政诉讼的受案范围。

（1）对于错误指导行为，如信息或情报有误，而误导了被指导者，结果使被指导者受到较大损害，行政指导者应考虑行政机关占有信息、情报方面的全面性、权威性而负有一定的行政补偿责任。

（2）对于违法指导行为，如越权指导、滥用指导权或者行政指导本身内容违法，受指导者在不知情的情况下自愿接受指导而导致损失，行政主体应当承担相应的法律责任，并应赔偿损失。

（3）对于变异的行政指导行为，即行政指导者以行政指导之名，而行行政命令之实时，应允许受指导者穷尽一切救济手段，以追究指导者的法律责任，维护自身的合法权益。

第四节　行政合同

一、行政合同的含义及特征

首先要强调的是行政合同虽然在法治实践中大量存在，但是它还属于一个法

---

① 最高人民法院关于适用《中华人民共和国行政诉讼法》的解释，法释〔2018〕1号第1条第2款第3项。

学学术概念，还不是法律概念。因为我国现行法律中还没有使用行政合同这一概念。我国《行政诉讼法》和最高人民法院《关于审理行政协议案件若干问题的规定》[1]都使用的"行政协议"概念。只有在一些地方政府规章中运用了"行政合同"概念。那么到底什么是行政合同呢？行政合同与民事合同又有何区别？我们从现有的法律[2]规范角度去考察。

最高人民法院《关于审理行政协议案件若干问题的规定》第1条规定："行政机关为了实现行政管理或者公共服务目标，与公民、法人或者其他组织协商订立的具有行政法上权利义务内容的协议，属于行政诉讼法第十二条第一款第十一项规定的行政协议。"《湖南省行政程序规定》第93条规定："本规定所称行政合同，是指行政机关为了实现行政管理目的，与公民、法人或者其他组织之间，经双方意思表示一致所达成的协议。"《山东省行政程序规定》第100条第1款规定："本规定所称行政合同，是指行政机关为了维护公共利益，实现行政管理目的，与公民、法人和其他组织之间，经双方意思表示一致达成的协议。"《江苏省行政程序规定》第77条第1款规定："本规定所称行政合同，是指行政机关为了维护公共利益，实现行政管理目的与公民、法人和其他组织之间，经双方意思表示一致达成的协议。"《宁夏回族自治区行政程序规定》第63条规定："本规定所称行政合同，是指行政机关为了实现行政管理目的，与公民、法人或者其他组织之间，经双方意思表示一致所达成的协议。"《浙江省行政程序办法》第80条第1款规定："行政机关为实现公共利益或者行政管理目的，可以在法定职责范围内，与公民、法人或者其他组织协商订立行政协议。"

以上法律规定大同小异。第一，无论是称为行政合同还是行政协议，其内涵没有本质区别；第二，都阐明了订立行政合同的目的；第三，都表明一方主体必须是行政机关；第四，都表明需要意思一致或者协商一致才能订立合同。区别在于：第一，在合同目的表述上有所差异；第二，司法解释强调了行政合同"具有行政法上权利义务内容"。

根据以上法律规范，行政合同可以定义为：行政合同是指行政主体为了实现行政目标，与公民、法人或者其他组织协商订立的具有行政法上权利义务内容的

---

[1] 法释〔2019〕17号，2019年11月12日由最高人民法院审判委员会第1781次会议通过，自2020年1月1日起施行。

[2] 这里的法律是广义的，包括法律、法规、规章和司法解释。

协议。与民事和他比较而言行政合同具有以下特征：

（一）行政合同的目的特殊

民事合同订立目的是为了经济利益，以营利为主要目标。行政合同订立的目的就是实现行政目标。相关司法解释和地方政府规章中规定的行政合同目的略有不同，如"为了实现行政管理或者公共服务目标""为了维护公共利益，实现行政管理目的""为实现公共利益或者行政管理目的"等。笔者认为，行政目标尤其是公行政的目标包括两个方面：一是管理，其追求的价值是秩序；二是服务，其价值追求是服务型政府。而这二者是统一的，统一于社会公共利益。无论是管理还是服务，其最终追求的价值是社会公共利益的最大化。因此，行政合同的目标就是公行政目标，其最终目的就是社会公共利益。同样，这也与我国《宪法》规定的人民主权原则以及执政党全心全意为人民服务的宗旨相契合。

（二）行政合同主体特殊

行政合同本质上是行政行为，是现代行政法上较为新型且重要的一种行政管理手段，因此合同一方主体必然是行政主体。如果行政机关以普通民事主体的身份与他人签订的合同，那么这个合同不是行政合同，而是民事合同。按照我国行政法治现状，行政主体包括行政机关和法律法规规章授权的组织。因此，行政合同的一方主体应当包括行政机关和法律法规规章授权的组织。

（三）订立方式特殊

订立行政合同一般采用公开招标、拍卖等方式。招标、拍卖适用《中华人民共和国招标投标法》《中华人民共和国拍卖法》《中华人民共和国政府采购法》等法律、法规、规章规定。法律、法规、规章对订立行政合同另有规定的，从其规定。行政合同应当以书面形式签订，但是法律、法规另有规定的除外。行政合同依照法律、法规规定应当经其他行政机关批准或者会同办理的，经批准或者会同办理后，行政合同方能生效。

（四）主体地位不平等

与民事合同主体签订合同是为了自身利益不同，行政主体签订行政合同是实现行政管理目标，维护公共利益。因此，行政主体对行政合同的履行享有民事合同主体不享有的行政特权。理论上这种行政特权称作行政优益权。具体体现为对合同履行的监督权、指挥权、单方变更权和解除权。当然，行政主体只有在合同订立后出现了由于公共利益的需要或法律政策的重大调整，必须变更或解除时，才能行使单方变更、解除权。由此造成相对人合法权益损害的,要予以补偿。

二、行政合同的基本原则

行政合同作为行政行为的一种必然要坚持行政法的基本原则,具体而言包括:

（一）合法性原则

行政合同必须符合我国法律的规定,行政合同的内容不得违反法律、法规、规章的规定,不得损害国家和社会公共利益,不得违反公序良俗。

（二）公开性原则

此处的公开原则有两层含义：一是订立行政合同必须坚持公开竞争的原则,是指行政合同一般应当在公开招标、投标,公开竞争的基础上订立。该原则不仅是民事合同订立的要求,也是行政合同订立时应遵循的原则。二是行政合同除涉及国家秘密、商业秘密和个人隐私外,其内容、履行等必须向社会公开,以利于社会监督。

（三）权益保护原则

这里的权益是指行政相对人的权益,即合同另一方当事人的权益。因为行政合同属于行政行为,双方当事人法律地位不完全平等,行政主体具有行政优益权,因此必须保障行政相对人的合法权益。具体包括：知情权、参与权,必须保障合同在协商一致的前提下订立,行政主体不能以行政权胁迫行政相对人订立明显对自己不利的行政合同；法律救济权,即复议权和诉权,必须保障行政相对人认为自己的合法权益受到行政主体的侵犯时,享有复议申请权和起诉权。关于这项权利,我国《行政诉讼法》和司法解释都有明确的规定,但是《行政复议法》的规定还不全面,需要进一步修订法律,以期完善。

三、行政合同的范围

由于我国没有专门的行政合同法,关于哪些合同属于行政合同,如何辨识一个合同是民事合同还是行政合同,没有统一规定。通过考察相关司法解释和地方政府规章,行政合同大致包括如下几种:

（一）政府特许经营协议

政府特许经营权是指国家和地方政府根据公共事业、公共安全、社会福利的需要或法律的规定,授权企业生产某种特定的产品、使用公共财产、在某地区享有经营某种业务的独占权。政府特许经营协议就是政府为了公共利益的需要而与市场主体签订的授权企业生产某种特定的产品或使用公共财产或在某地区享有经营某种业务的独占权的协议。根据《基础设施和公用事业特许经营管理办法》[1]和《市政公用事业特许经营管理办法》[2]的规定，特许经营范围包括我国境内的能源、交通运输、水利、环境保护、市政工程等基础设施和公用事业领域以及城市供水、供气、供热、公共交通、污水处理、垃圾处理等行业。

（二）土地、房屋等征收征用补偿协议

这类协议主要是指在征收征用集体所有制土地和城市国有土地上房屋，相关部门与被征收人订立的补偿协议。在行政征收一章中已有论述，在此不再赘述。

（三）国有自然资源使用权出让协议

这类协议是国家为了更好地开发利用国有自然资源，依法将国有自然资源，如土地、矿藏等的使用权有偿出让给行政相对人而订立的协议。

（四）政府投资的保障性住房的租赁、买卖等协议

保障性住房是指政府为中低收入住房困难家庭所提供的限定标准、限定价格或租金的住房，一般由廉租住房、经济适用住房、政策性租赁住房等构成。这种类型的住房有别于完全由市场形成价格的商品房。根据最高人民法院《关于审理行政协议案件若干问题的规定》的规定政府投资的保障性住房的租赁、买卖等协议属于行政合同范畴。

（五）其他行政合同

行政合同还包括国有资产承包经营、出售或者出租合同，政府采购合同，行政机关委托的科研、咨询合同，政策信贷合同，政府与社会资本合作协议等。但是以上类别的合同必须符合行政合同的基本特征才属于行政合同，否则就是民事合同。另外，还有一类合同存在争议，即农村土地承包合同。我国《行政复议法》第6条第6项规定，认为行政机关变更或者废止农业承包合同，侵犯其合法权益的，公民、法人或者其他组织可以依照本法提起行政复议。根据这条规定，农村承包合同属于行政合同。但2018年12月29日颁布的《农村土地承包法》第56条规

---

[1] 由中华人民共和国国家发展和改革委员会等6部门于2015年4月25日发布，自2015年6月1日起施行。

[2] 中华人民共和国建设部令第126号，于2004年2月24日经第29次部务会议讨论通过，自2004年5月1日起施行。

定:"任何组织和个人侵害承包方的土地承包经营权的,应当承担民事责任。"第 59 条规定:"当事人一方不履行合同义务或者履行义务不符合约定的,应当依法承担违约责任。"根据这些规定,农村土地承包合同属于民事合同。

四、行政主体优益权的限制

为了保护相对人的合法权益,必须对行政主体在行政合同中的行政特权即行政优益权进行限制。第一,行政机关有权对行政协议的履行进行指导和监督,但不得妨碍对方当事人履行协议。第二,行政主体不得滥用变更权和解除权,必须为了公共利益,出现了特殊情况并且符合法律规定方得行使。一般而言,出现下列情形之一的,行政机关有权变更或者解除行政合同:(1)法律、法规或者规章规定变更或者解除的;(2)行政协议约定变更或者解除的条件成就的;(3)当事人在履行协议过程中,严重损害国家利益、公共利益的;(4)因国家利益、公共利益需要变更或者解除的其他情形。行政机关变更或者解除行政协议,给当事人造成损失的,依法予以补偿。

第五节　行政决策

一、行政决策的含义及特征

行政决策是决策的一种,它是行政机关为履行行政职能所作的行为设计和抉择过程。行政决策作为行政行为的一种,是指国家行政机关在处理国家行政事务时,为了达到预定的目标,根据一定的情况和条件,运用科学的理论和方法,系统地分析主客观条件,在掌握大量有关信息的基础上,对所要解决的问题或处理的事务作出决定的活动。

(一)行政决策主体特定

行政决策是行政主体依职权的行政行为,只有具有行政权力的组织和个人,才能成为行政决策的主体,所以,行政决策的主体是具有法定行政权的国家行政机关。在我国,行政决策主体是指从中央到地方的各级人民政府及其职能部门。

(二)行政决策内容广泛

行政决策的内容是指行政机关在其所辖行政区域内所要解决的所有国家社会公共事务,涉及广泛的社会事务的管理。从中央到地方,需要解决包括社会生活的政治、经济、科学、文化、国防、外交等各个领域的国家、社会公共事务。凡是政府管理的领域所在，就是行政决策的范围。

（三）行政决策目标明确

行政决策的目标是社会公共利益，而不是个别人、个别群体的利益。行政决策以实现公共利益为出发点，均衡地协调社会利益和社会价值，确保社会公平和社会稳定。行政决策的主要功能首先不是赢利，而是实现社会价值的权威性分配，确立公正平等的社会关系。行政决策虽然也要考虑经济效益，但不能以赢利为目的。

（四）行政决策具有强制性

行政决策的目的是实施行政职能、维护公共利益、提供公共服务，其行为以国家权力为后盾。行政决策一旦形成并公布，不管行政相对人是否同意，都必须执行。这种强制性，不仅约束决策机关和执行机关，而且约束该行政机关职权范围内的一切公民、法人和其他组织，具有普遍的约束力。

二、重大行政决策

根据不同通的标准，行政决策可分为不同类别。如依据行政决策主体的地位，分为高层决策、中层决策和基层决策；依据行政决策问题重复程度，分为常规型决策和非常规型决策；依据行政决策的方式，分为经验型决策和科学型决策；依据行政决策的可靠程度，分为确定型决策、风险型决策、不确定型决策；依据行政决策涉及的内容，分为业务管理决策和机关管理决策；依据决策目标要求，可分为最优决策和满意决策。

根据行政决策的重大复杂程度及其社会影响，可以分为一般决策和重大决策。重大行政决策是指在行政辖区内具有重大社会影响，关系到本辖区多数社会群体的重大利益的行政决策。国务院为了健全科学、民主、依法决策机制，规范重大行政决策程序，提高决策质量和效率，明确决策责任，于2019年5月8日制定发布了《重大行政决策程序暂行条例》，并于2019年9月1日起施行。各省、自治区和直辖市依据《重大行政决策程序暂行条例》分别制定了适用于本行政区的重大行政决策程序规定等地方政府规章。

（一）重大行政决策的范围

具体包括如下事项：

（1）制定有关公共服务、市场监管、社会管理、环境保护等方面的重大公共政策和措施；

（2）制定经济和社会发展等方面的重要规划；

（3）制定开发利用、保护重要自然资源和文化资源的重大公共政策和措施；

（4）决定在本行政区域实施的重大公共建设项目；

（5）决定对经济社会发展有重大影响、涉及重大公共利益或者社会公众切身利益的其他重大事项。

但是财政政策等宏观调控决策，政府立法决策、突发事件应急处置决策以及其他法律、行政法规对另有规定的，依照其规定。

（二）重大行政决策程序的基本原则

作出和调整重大行政决策，应当遵循科学决策、民主决策、依法决策、加强监督的原则。

1. 科学决策原则

贯彻创新、协调、绿色、开放、共享的发展理念，坚持从实际出发，运用科学技术和方法，尊重客观规律，适应经济社会发展和全面深化改革、高质量发展要求。

2. 民主决策原则

畅通参与重大行政决策制定的渠道，充分听取各方面意见，保障人民群众通过多种途径和形式参与决策，保证决策符合最大多数人的利益。

3. 依法决策原则

坚持各项决策严格遵守宪法和法律法规的规定，保证决策权限合法、程序合法、内容合法。

4. 加强监督原则

重大行政决策必须坚持和加强党的全面领导，全面贯彻党的路线方针政策和决策部署，发挥党的领导核心作用，把党的领导贯彻到重大行政决策全过程。重大行政决策依法接受本级人民代表大会及其常务委员会的监督，根据法律、法规规定属于本级人民代表大会及其常务委员会讨论决定的重大事项范围或者应当在出台前向本级人民代表大会常务委员会报告的，按照有关规定办理。上级行政机关应当加强对下级行政机关重大行政决策的监督。审计机关按照规定对重大行政决策进行监督。

三、重大行政决策程序要求

由于重大行政决策直接关系到本地经济社会发展和社会稳定，因此作出和调整重大行政决策必须要严格遵循法定程序进行。重大行政决策程序一般包括决策启动、公众参与、专家论证、风险评估、合法性审查、集体讨论决定和决策公布、决策执行和调整等具体环节和步骤。

（一）决策启动

1. 报请启动程序

对各方面提出的决策事项建议，按照下列规定进行研究论证后，报请决策机关决定是否启动决策程序：（1）决策机关领导人员提出决策事项建议的，交有关单位研究论证；（2）决策机关所属部门或者下一级人民政府提出决策事项建议的，应当论证拟解决的主要问题、建议理由和依据、解决问题的初步方案及其必要性、可行性等；（3）人大代表、政协委员等通过建议、提案等方式提出决策事项建议，以及公民、法人或者其他组织提出书面决策事项建议的，交有关单位研究论证。

2. 决定承办单位

决策机关决定启动决策程序的，应当明确决策事项的承办单位，由决策承办单位负责重大行政决策草案的拟订等工作。决策事项需要两个以上单位承办的，应当明确牵头的决策承办单位。决策承办单位相关职能发生转变的，由承继该职能的单位作为决策承办单位。

3. 拟订决策草案

决策承办单位应当在广泛深入开展调查研究、全面准确掌握有关信息、充分协商协调的基础上，拟订决策草案。有关方面对决策事项存在较大分歧的，决策承办单位可以提出两个以上方案。拟订决策草案应当包含决策事项、决策目标、决策依据、工作任务、措施方法、时间步骤、决策事项执行和配合单位、经费预算、决策实施后评估计划等相关内容，并附有决策事项草案起草说明。

（二）公众参与

1. 公众参与的方式、途径及要求

决策承办单位应当采取便于社会公众参与的方式充分听取意见，依法不予公开的决策事项除外。听取意见可以采取座谈会、听证会、实地走访、书面征求意见、向社会公开征求意见、问卷调查、民意调查等多种方式。决策事项向社会公开征求意见的，决策承办单位应当通过政府网站、政务新媒体以及报刊、广播、电视等便于社会公众知晓的途径，公布决策草案及其说明等材料，明确提出意见的方式和期限。公开征求意见的期限一般不少于30日；因情况紧急等原因需要缩短期限的，公开征求意见时应当予以说明。对社会公众普遍关心或者专业性、技术性较强的问题，决策承办单位可以通过专家访谈等方式进行解释说明。

2. 决策听证

决策事项直接涉及公民、法人、其他组织切身利益或者存在较大分歧的，可以召开听证会。法律、法规、规章对召开听证会另有规定的，依照其规定。决策承办单位或者组织听证会的其他单位应当提前公布决策草案及其说明等材料，公告举行听证会的时间、地点、申请参加听证会的方式等信息。需要遴选听证参加人的，决策承办单位或者组织听证会的其他单位应当提前公布听证参加人遴选办法，公平公开组织遴选，保证相关各方都有代表参加听证会。听证参加人名单应当提前向社会公布。听证会材料应当于召开听证会7日前送达听证参加人。

听证会应当按照下列程序公开举行：（1）决策承办单位介绍决策草案、依据和有关情况；（2）听证参加人陈述意见，进行询问、质证和辩论，必要时可以由决策承办单位或者有关专家进行解释说明；（3）听证参加人确认听证会记录并签字。

决策承办单位应当对社会各方面提出的意见进行归纳整理、研究论证，充分采纳合理意见，完善决策草案。

（三）专家论证

1. 论证范围和方式

对专业性、技术性较强的决策事项，决策承办单位应当组织专家、专业机构论证其必要性、可行性、科学性等，并提供必要保障。专家论证可以采取论证会、书面咨询、委托咨询论证等方式。

2. 论证要求

选择专家、专业机构参与论证，应当坚持专业性、代表性和中立性，注重选择持不同意见的专家、专业机构，不得选择与决策事项有直接利害关系的专家、专业机构。专家、专业机构应当独立开展论证工作，客观、公正、科学地提出论证意见，并对所知悉的国家秘密、商业秘密、个人隐私依法履行保密义务；提供书面论证意见的，应当署名、盖章。决策承办单位应当支持专家、专业机构独立开展论证工作，不得明示或者暗示专家、专业机构出具倾向性意见。

3. 论证意见的运用

决策承办单位应当对专家、专业机构的论证意见归类整理、研究论证，充分采纳合理意见，完善决策草案。决策承办单位可以探索建立专家论证意见反馈机制。

（四）风险评估

1. 评估范围

重大行政决策的实施可能对社会稳定、公共安全等方面造成不利影响的，决策承办单位或者负责风险评估工作的其他单位应当组织评估决策草案的风险可控性。按照有关规定已对有关风险进行评价、评估的，不作重复评估。具体而言，对下列决策事项进行风险评估：（1）编制重要规划、拟订行政区划调整方案；（2）制定重大产业政策、调整公共产品和公共服务定价标准等；（3）制定或者调整事关公共利益或者社会公众切身利益的重大公共政策和重要改革方案；（4）制定开发利用、保护重要自然资源和文化资源的重大公共政策和措施；（5）决定在本行政区域内实施的重大公共建设项目；（6）其他可能对社会稳定、公共安全等方面造成不利影响的决策事项。

2. 评估要求

开展风险评估，可以委托专业机构、社会组织等第三方进行。开展风险评估，可以通过舆情跟踪、重点走访、会商分析等方式，运用定性分析与定量分析等方法，对决策实施的风险进行科学预测、综合研判。开展风险评估，应当听取有关部门的意见，形成风险评估报告，明确风险点，提出风险防范措施和处置预案。

3. 评估结果

风险评估结果应当作为重大行政决策的重要依据。决策机关认为风险可控的，可以作出决策，并采取有效措施防范化解风险；认为风险不可控的，在采取调整决策草案等措施确保风险可控后，可以作出决策。

（五）合法性审查

1. 一般规定

决策草案提交决策机关讨论前，应当由负责合法性审查的部门进行合法性审查，不得以征求意见等方式代替合法性审查。决策草案未经合法性审查或者经审查不合法的，不得提交决策机关讨论。对国家尚无明确规定的探索性改革决策事项，可以明示法律风险，提交决策机关讨论。送请合法性审查，应当保证必要的审查时间，一般不少于7个工作日。

2. 审查内容

合法性审查的内容包括：（1）决策事项是否符合法定权限；（2）决策草案的形成是否履行相关法定程序；（3）决策草案内容是否符合有关法律、法规、规章和国家政策的规定。

3. 审查结果

负责合法性审查的部门应当及时提出合法性审查意见，并对合法性审查意见负责。在合法性审查过程中，应当组织法律顾问、公职律师提出法律意见。决策承办单位根据合法性审查意见进行必要的调整或者补充。

（六）集体讨论决定和决策公布

1. 集体讨论

决策草案应当经决策机关常务会议或者全体会议讨论。决策机关行政首长在集体讨论的基础上作出决定。讨论决策草案，会议组成人员应当充分发表意见，行政首长最后发表意见。行政首长拟作出的决定与会议组成人员多数人的意见不一致的，应当在会上说明理由。集体讨论决定情况应当如实记录，不同意见应当如实载明。

2. 决策公布

决策机关应当通过本级人民政府公报和政府网站以及在本行政区域内发行的报纸等途径及时公布重大行政决策。对社会公众普遍关心或者专业性、技术性较强的重大行政决策，应当说明公众意见、专家论证意见的采纳情况，通过新闻发布会、接受访谈等方式进行宣传解读。依法不予公开的除外。

（七）决策执行和调整

1. 决策执行

决策机关应当明确负责重大行政决策执行工作的单位，并对决策执行情况进行督促检查。决策执行单位应当依法全面、及时、正确执行重大行政决策，并向决策机关报告决策执行情况。决策执行单位发现重大行政决策存在问题、客观情况发生重大变化，或者决策执行中发生不可抗力等严重影响决策目标实现的，应当及时向决策机关报告。公民、法人或者其他组织认为重大行政决策及其实施存在问题的，可以通过信件、电话、电子邮件等方式向决策机关或者决策执行单位提出意见建议。

2. 后评估

有下列情形之一的，决策机关可以组织决策后评估，并确定承担评估具体工作的单位：（1）重大行政决策实施后明显未达到预期效果的；（2）公民、法人或者其他组织提出较多意见的；（3）决策机关认为有必要的。

开展决策后评估，可以委托专业机构、社会组织等第三方进行，决策作出前承担主要论证评估工作的单位除外。开展决策后评估，应当注重听取社会公众的意见，吸收人大代表、政协委员、人民团体、基层组织、社会组织参与评估。决策后评估结果应当作为调整重大行政决策的重要依据。

3. 决策调整

依法作出的重大行政决策，未经法定程序不得随意变更或者停止执行；执行中出现重大行政决策存在问题、客观情况发生重大变化、决策执行中发生不可抗力等严重影响决策目标实现的情形、情况紧急的，决策机关行政首长可以先决定中止执行；需要作出重大调整的，应当依法依规履行相关法定程序。

四、问题探讨

关于行政决策，有两个问题需要探讨：第一，行政决策，尤其是重大行政决策是抽象行政行为，还是具体行政行为？第二，对于行政决策可否提起行政复议或者行政诉讼？

关于第一个问题。

依据行政行为实施的对方是否具有特定性，可以将行政行为分为抽象行政行为和具体行政行为。一般认为，抽象行政行为是指行政主体制定和发布普遍性行为规范的行政行为，包括行政立法和制定行政规范性文件的行为。具体行政行为是指行政主体针对特定的行政管理对象实施的行政行为，诸如行政许可、行政强制、行政处罚等。具体行政行为最明显的特征是针对具体的人、具体的事，其效果具有直接性。

按照以上分类方法，很难对行政决策进行归类。行政决策针对的对象是不特定的，影响的范围及其广泛，这一点符合抽象行政行为的特点。同时，行政决策虽然不针对特定人员，但是经常针对特定事项，这又符合具体行政行为的特征。

笔者认为，把重大行政决策归类于抽象行政行为较为恰当。一是重大行政决策内容上，一般是涉及本地区重大事项，而且实施对象不特定；二是重大行政决策形式上，一般以政府规范性文件的方式表现。

关于第二个问题。

《重大行政决策程序暂行条例》和各省出台的相关规定，在法律责任部分中只规定了决策机关、决策执行机关、决策承办单位及其工作人员，承担论证评估工作的专家、专业机构、社会组织的法律责任。而对于对行政决策不服，能否提起行政复议和行政诉讼未有提及。我国行政复议法和行政诉讼法对重大行政决策是否属于受案范围也没有规定。可见，我国对于行政决策的司法审查和复议审查持否定态度。

对此，笔者认为，这是符合我国实际的。因为重大行政决策往往涉及到国家战略或者地方重大发展事项，是不能随意进入司法审查和复议审查领域的，公民、法人或者其他组织可以通过其他方式进行监督，表达意见，维护权益。然而，有侵权必有救济。如果行政决策在执行中发生侵犯行政相对人合法权益情形的，如征收土地、房屋等，当然可以通过行政复议或者行政诉讼的方式进行法律救济。

第六节　行政命令

一、行政命令的含义及特征

一般认为行政命令泛指政府的一切决定和措施。行政命令从形式上可以理解为，凡在带有"命令"或"令"的行为一律称为行政命令。如授权令、公告令、执行令、嘉奖令、任免令等。而行政法上的行政命令，是指行政主体依法要求行政相对人为或不为一定行为的意思表示，是行政行为的一种模式。行政命令的特征有：

（1）行政命令是行政主体依职权实施的行政行为。行政命令体现的是国家意志，但它由行政主体依职权作出，不同于国家权力机关、司法机关等其他国家机关作出的命令。

（2）行政命令是一种意思表示行为。一般表现为通过指令行政相对人履行一定的作为义务或不作为的义务来实现行政目的，而非由其自己进行一定的作为或不作为。

（3）行政命令既可以为相对人设定义务，如禁令；也可以赋予行政相对人权利，如嘉奖令。

（4）行政命令以行政处罚或行政强制作为保障。如果行政相对人违反禁令或者不按照命令执行，则会受到相应处罚或者被强制执行。

二、行政命令的形式及分类

作为广义的行政命令是指政府的一切决定和措施。其主要有五种表现形式：（1）以"命令""令"形式发布行政法规、规章、规定等立法行为，如以"国务院令"的形式发布行政法规；（2）行政机关内部上级对下级的命令，如任免令；（3）针对不特定对象发布的禁令。如在法律中明令禁止不得非法持有枪支等；（4）针对特定非违法对象的命令，如在新冠疫情期间，对某户居民禁止出行的命令；（5）针对特定违法对象作出的命令，如责令改正。

其中，第一项"行政命令"是政府以行政命令的形式发布法规、规章或者其他行政规范性文件的行为，属于抽象行政行为；第二项"行政命令"属于内部行政行为；第三项"行政命令"是在法律法规中作出的禁止性规定，针对不特定的多数人，因此也属于抽象行政行为；第四项和第五项"行政命令"是具体行政行为。

由此可以把行政命令分为：

（1）抽象行政命令和具体行政命令。依据针对的对象是否特定可以把行政命令分为抽象行政命令和具体行政命令。这是借鉴行政行为的分类方法来划分的。如上述第一项、第三项就是抽象行政命令。第四项和第五项行政命令是具体行政命令。

（2）内部行政命令和外部行政命令。行政机关上下级之间的行政命令是内部行政命令，如上级对下级就具体事件所发出的指示、规定、通知；行政机关对行政相对人发布的命令是外部行政命令。

（3）授益行政命令和不利行政命令。这是依据行政相对人的权益受行政命令影响的状况来划分的。授益行政命令是为行政相对人设定权益或免除义务的行政命令，如行政嘉奖令。不利行政命令是指为行政相对人设定义务或剥夺、限制其权益的行政命令，如责令改正等。

（4）作为的命令和不作为的命令。作为的行政命令是指行政主体要求行政相对人积极履行某项法定义务的命令。不作为的行政命令是行政主体禁止行政相对人作出某种行为的命令。

三、行政命令的法律规定及法律救济

研究行政命令要从现有法律规范着手，目的是对行政命令如何进行法律救济。然而我国对于行政命令法律规定极为零散，缺乏统一的法律规制，导致我国在行政命令领域的理论研究也颇为薄弱。

关于行政命令的法律规范最典型的是《行政处罚法》第28条第1款规定："行政机关实施行政处罚时，应当责令当事人改正或者限期改正违法行为。"当然还有其他规定如责令监护人加以管教，责令严加管教并治疗，责令恢复植被、责令赔偿或者补偿等。

关于行政命令和行政处罚的区别也值得探讨。根据《行政处罚法》第2条规定："行政处罚是指行政机关依法对违反行政管理秩序的公民、法人或者其他组织，以减损权益或者增加义务的方式予以惩戒的行为。"也就是说行政处罚的前提是行政相对人存在违法行为，但是行政命令中的禁令不以行政相对人存在违法行为为必要前提，如禁止通行。第二，行政处罚的惩戒方式是减损权益或者增加义务。这里的义务是指新增加的义务；而行政命令涉及的义务是法定义务，如责令改正是违法行为必然引起的义务，而罚款、没收等行政处罚是因为行政违法行为，由行政主体为违法者增加的义务。就是说行政命令是行政违法的必然结果，而行政处罚则不是。第三，行政处罚是惩戒行为，具有法律制裁性；行政命令不是惩戒行为，具有恢复性、改正性和补偿性。

关于行政命令的法律救济问题。最高人民法院于2004年发布的《最高人民法院关于规范行政案件案由的通知》中曾经把行政命令作为案由来对待，但是该文件已经被废止。最高人民法院于2020年发布了《关于行政案件案由的暂行规定》的通知，把行政命令排除在外，取而代之的是行政处理这一新概念。其中规定了责令退还非法占用土地、责令交还土地、责令改正、责令采取补救措施、责令停止建设、责令恢复原状、责令公开、责令召回、责令暂停生产、责令暂停销售、责令暂停使用、有偿收回国有土地使用权、退学决定13种可以作为案由的行政处理行为。

有两个问题值得思考：一是用行政处理代替行政命令是否科学还需要实践检验和理论探讨；二是通知中只规定了13种可以起诉的行政处理行为，是不全面、不完整的，实践中肯定会发生挂一漏万的情形，这与逐步扩大受案范围的初衷是违背的。

第三编

部门行政法

本编主要介绍了公安机关、教育行政机关、市场监管部门、环境执法部门、应急管理部门五类行政机关的职权和职责，并以此为切入点，阐述了与各部门执法相关的法律法规，以及相应的执法要求。

第十四章　公安行政

本章导读：本章梳理了公安机关的职责和职权，重点介绍了公安机关与公民关系紧密的执法事项，阐述了公安机关行政执法程序要求。由于公安机关是我国行政职责广泛、行政权力较重的行政机关，因此本章涉及的法律法规规章较多较杂。主要包括《人民警察法》《道路交通安全法》《道路交通安全法实施条例》《治安管理处罚法》《反恐怖主义法》《禁毒法》《户口登记条例》《居民身份证法》《护照法》《出境入境管理法》《集会游行示威法》《大型群众性活动安全管理条例》《枪支管理法》《戒毒条例》《公安机关办理行政案件程序规定》《道路交通安全违法行为处理程序规定》等。

第一节　公安行政概述

公安机关是人民民主专政的重要工具，是具有武装性质的治安行政和刑事司法的专门机关。根据我国《宪法》和法律的规定，我国的国家机关由国家权力机关、行政机关、审判机关、检察机关和监察委员会等组成。我国的行政机关是国务院和地方各级人民政府。公安机关是国务院和地方各级人民政府领导下的一个职能部门，是国家行政机关的重要组成部分。同时，公安机关不是单纯的行政机关，而是兼有刑事司法属性的行政机关。根据我国《宪法》和《刑事诉讼法》的规定，公安机关在刑事诉讼中依法承担侦查、采取或执行拘留、逮捕等刑事强制措施，羁押看管犯罪嫌疑人和执行部分刑罚等任务。本章是以行政执法为视角来阐述公安机关的行政职能。

一、公安机关的职责

行政职责是指行政主体在行使职权过程中，必须承担的法定义务。公安机关的职责是指公安机关依法在管辖范围内应承担的责任和义务，也就是公安机关的职业责任。公安机关的职责，是由公安机关的性质和任务所决定的，是公安机关在管辖范围内，必须执行的具体工作内容。

（一）公安机关职责特点

1. 职责法定

公安机关的职责是由国家法律和法规所确认的，公安机关及人民警察必须在法定范围内履行职责、行使权力，不得越权。

2. 权责统一

一是要求公安机关及人民警察必须积极全面履行职责；二是公安机关必须依法履行职责。如果不作为、乱作为、怠于作为将受到纪律乃至法律的追究。

（二）公安机关职责内容

根据人民警察法的规定，公安机关及其人民警察的主要职责包括：

（1）预防、制止和侦查违法犯罪活动；（2）维护社会治安秩序，制止危害社会治安秩序的行为；（3）维护交通安全和交通秩序，处理交通事故；（4）组织、实施消防工作，实行消防监督；（5）管理枪支弹药、管制刀具和易燃易爆、剧毒、放射性等危险物品；（6）对法律、法规规定的特种行业进行管理；（7）警卫国家规定的特定人员，守卫重要的场所和设施；（8）管理集会、游行、示威活动；（9）管理户政、国籍、入境出境事务和外国人在中国境内居留、旅行的有关事务；（10）维护国（边）境地区的治安秩序；（11）对被判处拘役、剥夺政治权利的罪犯执行刑罚；（12）监督管理计算机信息系统的安全保护工作；（13）指导和监督国家机关、社会团体、企业事业组织和重点建设工程的治安保卫工作，指导治安保卫委员会等群众性组织的治安防范工作；（14）法律、法规规定的其他职责。

其中第1项、第11项侧重于刑事司法职责；第4项由于机构改革和法律修订，组织、实施消防工作，实行消防监督职责已经基本划转到应急管理部门；第14项涉及的内容较多，比如毒品管制、戒毒管理等。同时，随着我国法治建设的不断完善以及机构改革的不断推进，公安机关及人民警察的职责也在不断调整中。

《人民警察法》第19条规定："人民警察在非工作时间，遇有其职责范围内的紧急情况，应当履行职责。"这一规定指出了人民警察在遇到职责范围内的紧急情形时，即使在非工作时间，也必须履行职责，不得借口不在工作时间而逃避履行职责。同时这也是对人民警察在非工作时间遇紧急情形履行职责合法性的确认。

《人民警察法》第21条还规定了公安机关在救护、扶助、调解等公益方面的责任义务。要求人民警察遇到公民人身、财产安全受到侵犯或者处于其他危难情形，应当立即救助；对公民提出解决纠纷的要求，应当给予帮助；对公民的报警案件，应当及时查处。人民警察应当积极参加抢险救灾和社会公益工作。

二、公安机关的职权

行政职权是国家行政权的表现形式，是行政主体实施国家行政管理活动的权能。公安机关的职权包括行政执法权和刑事司法权两项内容，本章仅探讨公安机关的行政职权。根据人民警察法和治安管理处罚法等法律法规规定，公安机关及人民警察的主要行政职权包括：

（一）行政许可权

根据《道路交通安全法》的规定，公安机关具有警车、消防车、救护车、工程救险车的警报器和标志灯具使用证核准权；校车驾驶资格许可权；涉路施工活动的许可权等。根据《集会游行示威法》规定，公安机关具有举行集会游行示威许可权。另外，还有保安服务公司设立许可、爆破作业人员许可、枪支、弹药运输许可等。

（二）行政处罚权

行政处罚权是公安机关所具有的最为广泛的行政权力。包括对违反治安管理行为的处罚、对违反出入境管理的处罚、对违反集会游行示威法行为的处罚、对违反交通安全行为的处罚等。

（三）行政强制权

根据《人民警察法》规定，公安机关的可以采取的行政强制措施包括强行带离现场、立即拘留、保护性约束措施、交通管制、强行驱散、现场管制等。根据《反恐怖主义法》和《道路交通安全法》规定，公安机关可以对财物采取查封、扣押、冻结等措施。另外，公安机关也具有一定的强制执行权。

（四）行政检查权

如对身份证查验、保安服务公司检查、计算机信息系统安全保护工作检查、对涉枪单位、持枪人员和枪支的检查，对民用爆物品及其从业单位的检查，对易制毒化学品购销和运输等情况监督检查等。

（五）行政确认权

如外国人出生登记、吸毒成瘾认定、疑难户口审批、驾驶人恢复驾驶资格；

机动车注册登记、抵押登记、核发临时行驶车号牌等。

（六）行政优先权

公安机关的人民警察因履行职责的紧急需要、经出示相应证件，可以优先乘坐公共交通工具，遇交通阻碍时，优先通行。

（七）其他职权

"其他职权"很广泛，有的甚至很难定性分析。下面就治安管理处罚法和道路交通安全法规定的一些行政处理措施进行分析。

1. 取缔

《治安管理处罚法》第54条规定："有下列行为之一的，处10日以上15日以下拘留，并处500元以上1000元以下罚款；情节较轻的，处5日以下拘留或者500元以下罚款：（一）违反国家规定，未经注册登记，以社会团体名义进行活动，被取缔后仍进行活动的；（二）被依法撤销登记的社会团体，仍以社会团体名义进行活动的；（三）未经许可，擅自经营按照国家规定需要由公安机关许可的行业的。有前款第三项行为的，予以取缔。取得公安机关许可的经营者，违反国家有关管理规定，情节严重的，公安机关可以吊销许可证。"这里的取缔是针对未经许可，擅自经营按照国家规定需要由公安机关许可的行业的，如刻字印章、宾馆经营等行业。关键是取缔是行政强制还是行政处罚，不好确定。同时，对于取缔不服的，能否提起行政复议或者行政诉讼法律也没有明确规定。关于取缔的性质可以肯定的是，取缔是行政行为，现在只能归类为行政处理。对于取缔能否提起行政复议或者行政诉讼，根据行政法的一般原理和《行政诉讼法》第2条的规定，应该是可以的。因为只要行政相对人认为行政机关的行政行为侵犯其合法权益即可提起行政诉讼。

2. 收缴、征缴

《治安管理处罚法》第11条规定："办理治安案件所查获的毒品、淫秽物品等违禁品，赌具、赌资，吸食、注射毒品的用具以及直接用于实施违反治安管理行为的本人所有的工具，应当收缴，按照规定处理。违反治安管理所得的财物，追缴退还被侵害人；没有被侵害人的，登记造册，公开拍卖或者按照国家有关规定处理，所得款项上缴国库。"这里的收缴与追缴应该属于行政处罚，是没收的另外一种表达方式。

3. 责令严加看管和治疗

《治安管理处罚法》第 13 条规定："精神病人在不能辨认或者不能控制自己行为的时候违反治安管理的，不予处罚，但是应当责令其监护人严加看管和治疗。间歇性的精神病人在精神正常的时候违反治安管理的，应当给予处罚。"这里的"责令其监护人严加看管和治疗"属于行政命令范畴，但是按照现行法律规定对其不得提起行政复议和行政诉讼，因为这个命令对于行政相对人的合法权益没有造成实质影响。

4. 记分

《道路交通安全法》第 24 条规定："公安机关交通管理部门对机动车驾驶人违反道路交通安全法律、法规的行为，除依法给予行政处罚外，实行累积记分制度。公安机关交通管理部门对累积记分达到规定分值的机动车驾驶人，扣留机动车驾驶证，对其进行道路交通安全法律、法规教育，重新考试；考试合格的，发还其机动车驾驶证。对遵守道路交通安全法律、法规，在一年内无累积记分的机动车驾驶人，可以延长机动车驾驶证的审验期。具体办法由国务院公安部门规定。"同时，《道路交通安全法实施条例》第 23—28 条中，对于记分制度也作出了明确详尽的规定。但是记分制度是否是行政处罚，能否对其提起行政复议和行政诉讼，还值得进一步探索。

从现行法律法规规定考察，记分制度不属于行政处罚。《道路交通安全法》第 88 条规定："对道路交通安全违法行为的处罚种类包括：警告、罚款、暂扣或者吊销机动车驾驶证、拘留。"其中处罚并不包括记分。那么记分制度只能作为行政处理制度来对待。然而，记分制度确实对机动车驾驶人造成实质影响，如《道路交通安全法实施条例》第 28 条规定："机动车驾驶人在机动车驾驶证丢失、损毁、超过有效期或者被依法扣留、暂扣期间以及记分达到 12 分的，不得驾驶机动车。"基于记分不属于独立的处罚方式或者行政强制措施，因此不能对其提起行政复议或行政诉讼。但是如果人民法院判决撤销公安机关其他处罚行为，如暂扣机动车驾驶证行为，那么对于当事人的记分也应当一并撤销。

三、公安机关执法应遵循的基本原则

（一）职权法定原则

职权法定是指行政主体所行使的职权必须有法律规定，任何机关不得超越法律的授权。职权法定的特点是：行政机关的创设具有法律依据，行政机关的权力来源于法律授权，行政机关必须在法定权限范围内行使权力，越权无效。公安机关在我国行政机关体系中属于职权广泛的政府部门，而且其行政权责直接关系到公民的生命权、健康权、自由权、财产权以及其他权利，因此对于公安机关行使职权必须坚持职权法定原则，坚持法无授权不可为，坚持越权无效。

（二）公平合理原则

公安机关具有行政处罚权、行政强制权、行政检查权、行政优先权等，其权力范围极其广泛，而且根据《治安管理处罚法》《道路交通安全法》等法律法规规定，公安机关在执法时具有较大的自由裁量权，因此公安机关在行政执法过程中必须坚持公平合理原则。第一，要坚持教育与执法相结合原则。不论是行政处罚、行政强制还是行政检查，其目的都是为了教育、督促、检查行政相对人自觉遵守法律，从而达到维护良好社会秩序的目标。因此，在行政执法中必须首先要教育公民自觉守法，如果发现其有违法行为，那么就要责令其改正违法行为。因为教育和处罚都是手段，而不是目的，不能为了处罚而处罚。第二，要坚持同等对待，公平合理。要细化行政裁量基准制度，尽量做到对于每一种违法行为的每一个违法幅度都要量化处罚的标准。对于不同当事人的同样同等违法行为，作出相同幅度的处罚，不能因人而异，不能偏袒歧视。第三，在采取行政强制措施时，要坚持比例原则。只有必要时才能采取行政强制措施。如果能用其他方法解决的，就不要采取强制方式，能用较轻的强制措施的，就不用较重的强制措施。

（三）程序正当原则

程序公正是实质公正的保障。程序公正原则对于一个权力强大的行政部门尤为重要。公安机关在行政执法中不仅要依照法定程序办理案件，同时还要符合以下制度要求。一是坚持公开原则。做到行政资讯公开、行政执法过程公开、行政执法结果公开、执法监督信息公开等。二是坚持回避制度，凡是与案件有关联可能影响案件正常办理的人，就不能参与本案的任何工作。三是坚持陈述、申辩制度。让每一个当事人都有表达意见，维护自身权益的机会。

（四）高效便民原则

公安机关在行政服务和行政管理中必须坚持高效便民原则。首先，要坚持时效时限制度，要求在法定办案或者办理期间内，尽量用较短时间结案，即要讲效率。其次，要做到方便人民群众。能当场办理的就当场办理，能网上办理的就网上办理，即"信息多跑腿、人员少跑腿"。最后，要逐步减少收费项目，减轻人民群众负担。

第二节　公安执法典型类型

一、治安管理处罚

（一）治安管理处罚概述

治安管理，也叫治安行政管理，是指公安机关为维护社会治安秩序，保障社会生活正常进行而依法从事的行政管理行为，是国家行政管理工作的重要组成部分。治安管理的范围很广，涉及到社会的每一个行业、每一个角落和每一个人，具体包括公共秩序管理、危险物品管理、枪支管理、毒品管理、边防管理、出入境管理等各个方面。对于违反治安管理的行为人是以处罚的方式来处置的，因此治安管理的重点是治安管理处罚。

治安管理处罚是指公安机关依照治安管理法律、法规对扰乱公共秩序，妨害公共安全，侵犯人身权利、财产权利，妨害社会管理，情节轻微尚不够刑事处罚的违法行为人所实施的行政处罚。

1. 治安管理处罚是行政处罚的一种

行政处罚是指行政主体依照法定职权和程序对违反行政法规范，尚未构成犯罪的相对人给予行政制裁的具体行政行为。行政处罚包括工商处罚、卫生处罚、环境处罚、交通处罚、城管处罚等。治安管理处罚是其一种。

2. 治安管理处罚目的特定

（1）保障公共安全，保护公民、法人和其他组织的合法权益。公共安全，是指不特定多数人的生命、健康和重大公私财产的安全。（2）维护良好的社会秩序。

3. 治安管理处罚适用对象法定

治安管理处罚适用于扰乱公共秩序，妨害公共安全，侵犯人身权利、财产权利，妨害社会管理，具有社会危害性，尚不够刑事处罚的行为，即违反治安管理行为。

4. 治安管理处罚实施主体法定——公安机关

县级以上地方各级人民政府公安机关负责本行政区域内的治安管理工作。治安案件的管辖由国务院公安部门规定。

5. 治安管理处罚程序法定

《治安管理处罚法》第3条规定："治安管理处罚的程序，适用本法的规定；

本法没有规定的,适用《中华人民共和国行政处罚法》的有关规定。"

6. 治安管理处罚具有强制性

对于拒不执行处罚决定的人可以强制执行。

(二)治安管理处罚的种类

根据《治安管理处罚法》第 10 条规定,治安管理处罚的种类分为:"(1)警告;(2)罚款;(3)行政拘留;(4)吊销公安机关发放的许可证。对违反治安管理的外国人,可以附加适用限期出境或者驱逐出境。"

根据《治安管理处罚法》第 11 条规定:"办理治安案件所查获的毒品、淫秽物品等违禁品,赌具、赌资,吸食、注射毒品的用具以及直接用于实施违反治安管理行为的本人所有的工具,应当收缴,按照规定处理。违反治安管理所得的财物,追缴退还被侵害人;没有被侵害人的,登记造册,公开拍卖或者按照国家有关规定处理,所得款项上缴国库。"以上收缴、追缴也应属于行政处罚,属于没收财物的另外表述方式,是财产罚。

(三)治安管理处罚的适用

1. 追究时效

《治安管理处罚法》第 22 条规定:"违反治安管理行为在 6 个月内没有被公安机关发现的,不再处罚。前款规定的期限,从违反治安管理行为发生之日起计算;违反治安管理行为有连续或者继续状态的,从行为终了之日起计算。"没有被公安机关发现,是指公安机关既没有通过自己的工作发现发生了违反治安管理的事实,也没有接到报案人、控告人、举报人对这一违反治安管理事实的报案、控告、举报,同时,违反治安管理行为人也没有向公安机关主动投案。发现的对象是违反治安管理事实,而不是违反治安管理行为人。对于有些治安案件,需要经过调查,才能找到违反治安管理行为人。

2. 责任年龄规定

不满 14 周岁的人有违法行为的,不予行政处罚,但是应当责令其监护人严加管教,并在不予行政处罚决定书中载明。已满 14 周岁不满 18 周岁的人有违法行为的,从轻或者减轻行政处罚。

3. 特殊行为人规定

(1)精神病人在不能辨认或者不能控制自己行为时有违法行为的,不予行政处罚,但应当责令其监护人严加看管和治疗,并在不予行政处罚决定书中载明。(2)

间歇性精神病人在精神正常时有违法行为的,应当给予行政处罚。尚未完全丧失辨认或者控制自己行为能力的精神病人有违法行为的,应当予以行政处罚,但可以从轻或者减轻行政处罚。(3)醉酒的人违反治安管理的,应当给予处罚。醉酒的人在醉酒状态中,对本人有危险或者对他人的人身、财产或者公共安全有威胁的,应当对其采取保护性措施约束至酒醒。(4)盲人或者又聋又哑的人违反治安管理的,可以从轻、减轻或者不予处罚。

4. 减轻处罚或者不予处罚

《治安管理处罚法》第 19 条规定:"违反治安管理有下列情形之一的,减轻处罚或者不予处罚:(1)情节特别轻微的;(2)主动消除或者减轻违法后果,并取得被侵害人谅解的;(3)出于他人胁迫或者诱骗的;(4)主动投案,向公安机关如实陈述自己的违法行为的;(5)有立功表现的。"

5. 从重处罚

《治安管理处罚法》第 20 条规定:"违反治安管理有下列情形之一的,应当从重处罚:(1)有较严重后果的;(2)教唆、胁迫、诱骗他人实施违法行为的;(3)对报案人、控告人、举报人、证人等打击报复的;(4)6 个月内曾受过治安管理处罚或者一年内因同类违法行为受到两次以上公安行政处罚的。"

6. 不执行拘留

《治安管理处罚法》第 21 条规定:"违反治安管理行为人有下列情形之一,依照本法应当给予行政拘留处罚的,不执行行政拘留处罚:(1)已满 14 周岁不满 16 周岁的;(2)已满 16 周岁不满 18 周岁,初次违反治安管理的;(3)70 周岁以上的;(4)怀孕或者哺乳自己不满 1 周岁婴儿的。"

7. 分别决定、合并执行

(1)一人有两种以上违法行为的,分别决定,合并执行,可以制作一份决定书,分别写明对每种违法行为的处理内容和合并执行的内容。(2)一个案件有多个违法行为人的,分别决定,可以制作一式多份决定书,写明给予每个人的处理决定,分别送达每一个违法行为人。(3)行政拘留处罚合并执行的,最长不超过 20 日。(4)共同违反治安管理的,根据违反治安管理行为人在违反治安管理行为中所起的作用,分别处罚。(5)教唆、胁迫、诱骗他人违反治安管理的,按照其教唆、胁迫、诱骗的行为处罚。

（三）违反治安管理的主要行为

根据《治安管理处罚法》规定，违反治安管理的行为共有扰乱公共秩序的行为，妨害公共安全的行为，侵犯人身、财产权利的行为，妨害社会管理的行为四大类，每一类违法行为中又分为若干种违法行为。

二、交通安全执法

交通安全关系到每个人、每个家庭的生命财产安全和幸福安宁，因此必须要加强道路交通安全管理。根据《道路交通安全法》第5条规定："国务院公安部门负责全国道路交通安全管理工作。县级以上地方各级人民政府公安机关交通管理部门负责本行政区域内的道路交通安全管理工作。"即公安机关交通管理部门成为法律授权的专门管理道路交通安全工作的组织。根据《道路交通安全法》《道路交通安全法实施条例》规定，公安机关交通管理部门在管理道路交通安全工作中主要具有行政处罚权、行政检查权、行政强制权、行政许可权和行政确认权。

（一）行政处罚

对道路交通安全违法行为的处罚种类包括：警告、罚款、暂扣或者吊销机动车驾驶证、拘留。

另外，根据《道路交通安全法》第91条第5款："饮酒后或者醉酒驾驶机动车发生重大交通事故，构成犯罪的，依法追究刑事责任，并由公安机关交通管理部门吊销机动车驾驶证，终生不得重新取得机动车驾驶证。"规定中的终生不得重新取得机动车驾驶证应当是限制从业，也属于行政处罚的一种。

对道路交通违法行为人予以警告、200元以下罚款，交通警察可以当场作出行政处罚决定，并出具行政处罚决定书。

（二）行政强制

公安机关交通管理部门及其人民警察在交通安全执法中，具有下列行政强制措施权：

1. 强制报废

国家实行机动车强制报废制度，根据机动车的安全技术状况和不同用途，规定不同的报废标准。驾驶拼装的机动车或者已达到报废标准的机动车上道路行驶的，公安机关交通管理部门应当予以收缴，强制报废。

2. 交通管制

公安机关交通管理部门根据道路和交通流量的具体情况，可以对机动车、非机动车、行人采取疏导、限制通行、禁止通行等措施。遇有大型群众性活动、大范围施工等情况，需要采取限制交通的措施，或者作出与公众的道路交通活动直接有关的决定，应当提前向社会公告。遇有自然灾害、恶劣气象条件或者重大交通事故等严重影响交通安全的情形，采取其他措施难以保证交通安全时，公安机关交通管理部门可以实行交通管制。

3. 强制扣留车辆

交通警察应当对交通事故现场进行勘验、检查，收集证据；因收集证据的需要，可以扣留事故车辆，但是应当妥善保管，以备核查。行人、乘车人、非机动车驾驶人违反道路交通安全法律、法规关于道路通行规定的，处警告或者5元以上50元以下罚款；非机动车驾驶人拒绝接受罚款处罚的，可以扣留其非机动车。

4. 约束

醉酒驾驶机动车的，由公安机关交通管理部门约束至酒醒，吊销机动车驾驶证，依法追究刑事责任；5年内不得重新取得机动车驾驶证。

5. 拖移车辆

机动车驾驶人不在现场或者虽在现场，但拒绝立即驶离，妨碍其他车辆、行人通行的，处20元以上200元以下罚款，并可以将该机动车拖移至不妨碍交通的地点或者公安机关交通管理部门指定的地点停放。公安机关交通管理部门拖车不得向当事人收取费用，并应当及时告知当事人停放地点。

6. 强制拆除

非法安装警报器、标志灯具的，由公安机关交通管理部门强制拆除，予以收缴，并处200元以上2000元以下罚款。

7. 先予扣留机动车驾驶证

执行职务的交通警察认为应当对道路交通违法行为人给予暂扣或者吊销机动车驾驶证处罚的，可以先予扣留机动车驾驶证，并在24小时内将案件移交公安机关交通管理部门处理。

（三）行政许可

1. 驾驶证许可

驾驶机动车，应当依法取得机动车驾驶证。申请机动车驾驶证，应当符合国务院公安部门规定的驾驶许可条件；经考试合格后，由公安机关交通管理部门发给相应类别的机动车驾驶证。持有境外机动车驾驶证的人，符合国务院公安部门规定的驾驶许可条件，经公安机关交通管理部门考核合格的，可以发给中国的机动车驾驶证。

2. 驾驶培训学校资格许可

机动车的驾驶培训实行社会化，由交通主管部门对驾驶培训学校、驾驶培训班实行资格管理，其中专门的拖拉机驾驶培训学校、驾驶培训班由农业（农业机械）主管部门实行资格管理。驾驶培训学校、驾驶培训班应当严格按照国家有关规定，对学员进行道路交通安全法律、法规、驾驶技能的培训，确保培训质量。任何国家机关以及驾驶培训和考试主管部门不得举办或者参与举办驾驶培训学校、驾驶培训班。

（四）行政确认

行政确认是指机动车登记制度。国家对机动车实行登记制度。机动车经公安机关交通管理部门登记后，方可上道路行驶。尚未登记的机动车，需要临时上道路行驶的，应当取得临时通行牌证。

1. 注册登记

初次申领机动车号牌、行驶证的，应当向机动车所有人住所地的公安机关交通管理部门申请注册登记。申请机动车注册登记，应当交验机动车，并提交相关证明、凭证。

2. 变更登记

已注册登记的机动车有下列情形之一的，机动车所有人应当向登记该机动车的公安机关交通管理部门申请变更登记：（1）改变机动车车身颜色的；（2）更换发动机的；（3）更换车身或者车架的；（4）因质量有问题，制造厂更换整车的；（5）营运机动车改为非营运机动车或者非营运机动车改为营运机动车的；（6）机动车所有人的住所迁出或者迁入公安机关交通管理部门管辖区域的。

3. 转移登记

已注册登记的机动车所有权发生转移的，应当及时办理转移登记。

4. 抵押登记

机动车所有人将机动车作为抵押物抵押的，机动车所有人应当向登记该机动车的公安机关交通管理部门申请抵押登记。

5. 注销登记

已注册登记的机动车达到国家规定的强制报废标准的，公安机关交通管理部门应当在报废期满的 2 个月前通知机动车所有人办理注销登记。机动车所有人应当在报废期满前将机动车交售给机动车回收企业，由机动车回收企业将报废的机动车登记证书、号牌、行驶证交公安机关交通管理部门注销。机动车所有人逾期不办理注销登记的，公安机关交通管理部门应当公告该机动车登记证书、号牌、行驶证作废。因机动车灭失申请注销登记的，机动车所有人应当向公安机关交通管理部门提交本人身份证明，交回机动车登记证书。

三、户政管理

户政管理是指国家专门机关依法搜集、确认和提供本国住户居民的公民身份、亲属关系、法定住址等人口基本信息的国家行政管理。包括户口登记、户口迁移、居民身份证制度、重点人口管理、暂住人口管理、户籍调查、人口统计、户口档案管理等。当前关于户政管理工作主要涉及两部法律。一是 1958 年 1 月 9 日全国人民代表大会常务委员会第九十一次会议通过，并于当日施行的《户口登记条例》。这部法律是新中国成立后适用至今时间最为久远的一部法律。当然，随着户籍制度改革，这部法律已经落后于社会现实，因此相信该法会及时得以修订。二是 2004 年 1 月 1 日起施行的《居民身份证法》，该法于 2011 年 10 月 29 日曾经修正过一次。

（一）户籍管理

根据《户口登记条例》规定，中华人民共和国公民都应当依照本条例的规定履行户口登记。户口登记簿和户口簿登记的事项具有证明公民身份的效力。户口登记工作由各级公安机关主管。户口登记分为出生登记、死亡登记、迁出登记、迁入登记、暂住登记等。有两个问题需要澄清。

第一，出生登记、死亡登记、迁出登记、迁入登记、暂住登记的性质是什么，是行政许可还是行政确认？按照改革开放之前，尤其是户籍制度改革之前的政策，出生登记、死亡登记、暂住登记应当属于行政确认，这些登记事项仅仅起到证明作用。而户口迁移登记，包括迁出登记和迁入登记是附条件的，尤其是户籍由农村迁入城镇所附条件极其严格，因此户口迁移登记应当属于行政许可事项。当然，随着我国户籍制度改革的开展与深入，以上登记事项将来都应该属于行政确认事项。

第二，关于户籍制度改革。户籍制度是一项基本的国家行政制度。传统户籍制度是与土地直接联系的，以家庭为本位的人口管理方式。1958年1月，全国人大常委会通过《户口登记条例》，第一次明确将城乡居民区分为"农业户口"和"非农业户口"两种不同户籍，奠定了我国户籍管理制度的基本格局。其最大的特点是形成了"农业"与"非农业"二元格局。这种户籍制度严重阻碍了人口流动和城市化进程，已经成为经济社会发展的桎梏，迫切需要进行改革。

1984年10月，《国务院关于农民进入集镇落户问题的通知》颁布，户籍严控制度开始松动。通知规定，农民可以自理口粮进集镇落户，并同集镇居民一样享有同等权利，履行同等义务。2014年7月30日，国务院《关于进一步推进户籍制度改革的意见》正式公布。意见规定，要进一步调整户口迁移政策，统一城乡户口登记制度，全面实施居住证制度，加快建设和共享国家人口基础信息库，稳步推进义务教育、就业服务、基本养老、基本医疗卫生、住房保障等城镇基本公共服务覆盖全部常住人口。2021年1月31日，中共中央办公厅、国务院办公厅印发了《建设高标准市场体系行动方案》（以下简称《方案》），共51条具体举措。其中就包括了与户籍制度改革相关的内容。《方案》规定："除超大、特大城市外，在具备条件的都市圈或城市群探索实行户籍准入年限同城化累计互认，试行以经常居住地登记户口制度，有序引导人口落户。完善全国统一的社会保险公共服务平台，推动社保转移接续。加快建设医疗保障信息系统，构建全国统一、多级互联的数据共享交换体系，促进跨地区、跨层级、跨部门业务协同办理。"

从以上改革进程看，我国的户籍制度将会长期存在，但是变革势在必行。改革趋势：（一）以居住证代替户口簿，以居住证登记代替户口登记；（二）公民的社会保障待遇将会平等，不再区分农村与非从村人口；（三）迁徙自由，落户自由时代必然来临。从行政法角度讲，户口登记应当成为行政确认，而不是行政许可。

（二）身份证管理

身份证管理制度是指公安机关对公民申领、发放、换领、补领、使用和查验居民身份证的一系列管理制度的总称。公安机关在身份证管理中具有行政确认权、行政检查权和行政处罚权。

1. 行政确认

公民申请领取、换领、补领居民身份证，公安机关应当在法定期限内按时发放居民身份证。这种申请领取、换领、补领和发放居民身份证行为应当属于行政确认行为，因为居民身份证最大的作用就是证明居住在中华人民共和国境内的公民的身份。

2. 行政检查

《居民身份证法》第15条规定："人民警察依法执行职务，遇有下列情形之一的，经出示执法证件，可以查验居民身份证：（1）对有违法犯罪嫌疑的人员，需要查明身份的；（2）依法实施现场管制时，需要查明有关人员身份的；（3）发生严重危害社会治安突发事件时，需要查明现场有关人员身份的；（4）在火车站、长途汽车站、港口、码头、机场或者在重大活动期间设区的市级人民政府规定的场所，需要查明有关人员身份的；（5）法律规定需要查明身份的其他情形。有前款所列情形之一，拒绝人民警察查验居民身份证的，依照有关法律规定，分别不同情形，采取措施予以处理。"本条中规定的"查验身份证"属于行政检查行为。

3. 行政处罚

《居民身份证法》第四章专章规定了违反本法的法律责任，其中规定了公安机关对于违法行为具有警告、罚款、没收、拘留等处罚权。如第16条规定："有下列行为之一的，由公安机关给予警告，并处二百元以下罚款，有违法所得的，没收违法所得：（一）使用虚假证明材料骗领居民身份证的；（二）出租、出借、转让居民身份证的；（三）非法扣押他人居民身份证的。"

第三节 公安行政执法程序

2012年，公安部发布了《公安机关办理行政案件程序规定》，后来又经过2014年、2018年两次修正。本规定属于部门规章，对于规范公安机关办理行政案件具有重大指导意义。本节内容就是以《公安机关办理行政案件程序规定》为蓝本介绍公安机关行政执法程序。

一、管辖制度

（一）总体要求

行政案件由违法行为地的公安机关管辖。由违法行为人居住地公安机关管辖更为适宜的，可以由违法行为人居住地公安机关管辖，但是涉及卖淫、嫖娼、赌博、毒品的案件除外。

（1）违法行为地包括违法行为发生地和违法结果发生地；

（2）违法行为发生地，包括违法行为的实施地以及开始地、途经地、结束地等与违法行为有关的地点；

（3）违法结果发生地，包括违法对象被侵害地、违法所得的实际取得地、藏匿地、转移地、使用地、销售地。

（4）居住地包括户籍所在地、经常居住地。

（二）特别规定

1. 网络违法管辖

针对或者利用网络实施的违法行为，用于实施违法行为的网站服务器所在地、网络接入地以及网站建立者或者管理者所在地，被侵害的网络及其运营者所在地，违法过程中违法行为人、被侵害人使用的网络及其运营者所在地，被侵害人被侵害时所在地，以及被侵害人财产遭受损失地公安机关可以管辖。

2. 客车违法管辖

行驶中的客车上发生的行政案件，由案发后客车最初停靠地公安机关管辖；必要时，始发地、途经地、到达地公安机关也可以管辖。

3. 级别管辖

行政案件由县级公安机关及其公安派出所、依法具有独立执法主体资格的公安机关业务部门以及出入境边防检查站按照法律、行政法规、规章授权和管辖分工办理，但法律、行政法规、规章规定由设区的市级以上公安机关办理的除外。

4. 管辖争议处置

几个公安机关都有权管辖的行政案件，由最初受理的公安机关管辖。必要时，可以由主要违法行为地公安机关管辖。对管辖权发生争议的，报请共同的上级公安机关指定管辖。对于重大、复杂的案件，上级公安机关可以直接办理或者指定管辖。上级公安机关直接办理或者指定管辖的，应当书面通知被指定管辖的公安机关和其他有关的公安机关。原受理案件的公安机关自收到上级公安机关书面通知之日起不再行使管辖权，并立即将案卷材料移送被指定管辖的公安机关或者办理的上级公安机关，及时书面通知当事人。

5. 专属管辖

铁路公安机关管辖列车上、火车站工作区域内、铁路系统的机关、厂、段、所、队等单位内发生的行政案件，以及在铁路线上放置障碍物或者损毁、移动铁路设施等可能影响铁路运输安全、盗窃铁路设施的行政案件。对倒卖、伪造、变造火车票案件，由最初受理的铁路或者地方公安机关管辖。必要时，可以移送主要违法行为发生地的铁路或者地方公安机关管辖。交通公安机关管辖港航管理机构管理的轮船上、港口、码头工作区域内和港航系统的机关、厂、所、队等单位内发生的行政案件。民航公安机关管辖民航管理机构管理的机场工作区域以及民航系统的机关、厂、所、队等单位内和民航飞机上发生的行政案件。国有林区的森林公安机关管辖林区内发生的行政案件。海关缉私机构管辖阻碍海关缉私警察依法执行职务的治安案件。

二、回避制度

（一）自行回避

1. 回避理由

公安机关负责人、办案人民警察有下列情形之一的，应当自行提出回避申请，案件当事人及其法定代理人有权要求他们回避：（1）是本案的当事人或者当事人近亲属的；（2）本人或者其近亲属与本案有利害关系的；（3）与本案当事人有其他关系，可能影响案件公正处理的。公安机关负责人、办案人民警察提出回避申请的，应当说明理由。

2. 审批决定

办案人民警察的回避，由其所属的公安机关决定；公安机关负责人的回避，由上一级公安机关决定。

（二）申请回避

（1）当事人及其法定代理人要求公安机关负责人、办案人民警察回避的，应当提出申请，并说明理由。口头提出申请的，公安机关应当记录在案。

（2）对当事人及其法定代理人提出的回避申请，公安机关应当在收到申请之日起2日内作出决定并通知申请人。

（3）在行政案件调查过程中，当事人及其法定代理人可以提出鉴定人和翻译人员回避。鉴定人、翻译人员的回避，由指派或者聘请的公安机关决定。

（三）指令回避

公安机关负责人、办案人民警察具有应当回避的情形之一，本人没有申请回避，当事人及其法定代理人也没有申请其回避的，有权决定其回避的公安机关可以指令其回避。

（四）回避结果

（1）在公安机关作出回避决定前，办案人民警察不得停止对行政案件的调查；

（2）作出回避决定后，公安机关负责人、办案人民警察不得再参与该行政案件的调查和审核、审批工作；

（3）被决定回避的公安机关负责人、办案人民警察、鉴定人和翻译人员，在回避决定作出前所进行的与案件有关的活动是否有效，由作出回避决定的公安机关根据是否影响案件依法公正处理等情况决定。

三、证据制度

（一）证据种类

可以用于证明案件事实的材料，都是证据。公安机关办理行政案件的证据包括：（1）物证；（2）书证；（3）被侵害人陈述和其他证人证言；（4）违法嫌疑人的陈述和申辩；（5）鉴定意见；（6）勘验、检查、辨认笔录，现场笔录；（7）视听资料、电子数据。证据必须经过查证属实，才能作为定案的根据。

（二）收集证据的要求

（1）公安机关必须依照法定程序，收集能够证实违法嫌疑人是否违法、违法情节轻重的证据。

（2）严禁刑讯逼供和以威胁、欺骗等非法方法收集证据。

（3）采用刑讯逼供等非法方法收集的违法嫌疑人的陈述和申辩以及采用暴力、威胁等非法方法收集的被侵害人陈述、其他证人证言，不能作为定案的根据。收集物证、书证不符合法定程序，可能严重影响执法公正的，应当予以补正或者作出合理解释；不能补正或者作出合理解释的，不能作为定案的根据。

四、简易程序

（一）适用范围

违法事实确凿，且具有下列情形之一的，人民警察可以当场作出处罚决定，有违禁品的，可以当场收缴：

（1）对违反治安管理行为人或者道路交通违法行为人处 200 元以下罚款或者警告的；

（2）出入境边防检查机关对违反出境入境管理行为人处 500 元以下罚款或者警告的；

（3）对有其他违法行为的个人处 50 元以下罚款或者警告、对单位处 1000 元以下罚款或者警告的；（本项规定由于行政处罚法已经修改，所以将会作出相应修改）[①]

（4）法律规定可以当场处罚的其他情形；

（5）涉及卖淫、嫖娼、赌博、毒品的案件，不适用当场处罚。

（二）实施过程

当场处罚，应当按照下列程序实施：

（1）向违法行为人表明执法身份。

（2）收集证据。

（3）口头告知违法行为人拟作出行政处罚决定的事实、理由和依据，并告知违法行为人依法享有的陈述权和申辩权。

（4）充分听取违法行为人的陈述和申辩。违法行为人提出的事实、理由或者证据成立的，应当采纳。

（5）填写当场处罚决定书并当场交付被处罚人。

（6）当场收缴罚款的，同时填写罚款收据，交付被处罚人；未当场收缴罚款的，应当告知被处罚人在规定期限内到指定的银行缴纳罚款。

（7）适用简易程序处罚的，可以由人民警察一人作出行政处罚决定。人民警察当场作出行政处罚决定的，应当于作出决定后的 24 小时内将当场处罚决定书报所属公安机关备案，交通警察应当于作出决定后的 2 日内报所属公安机关交通管

[①] 新修订的《行政处罚法》第 51 条规定："违法事实确凿并有法定依据，对公民处以 200 元以下、对法人或者其他组织处以 3000 元以下罚款或者警告的行政处罚的，可以当场作出行政处罚决定。法律另有规定的，从其规定。"

理部门备案。在旅客列车、民航飞机、水上作出行政处罚决定的，应当在返回后的 24 小时内报所属公安机关备案。

五、快速办理程序

（一）适用范围

对不适用简易程序，但事实清楚，违法嫌疑人自愿认错认罚，且对违法事实和法律适用没有异议的行政案件，公安机关可以通过简化取证方式和审核审批手续等措施快速办理。

排除范围。行政案件具有下列情形之一的，不适用快速办理：（1）违法嫌疑人系盲、聋、哑人，未成年人或者疑似精神病人的；（2）依法应当适用听证程序的；（3）可能作出 10 日以上行政拘留处罚的；（4）其他不宜快速办理的。

（二）办理要求

（1）事先告知与签字确认：快速办理行政案件前，公安机关应当书面告知违法嫌疑人快速办理的相关规定，征得其同意，并由其签名确认。

（2）审核与审批：对适用快速办理的行政案件，可以由专兼职法制员或者办案部门负责人审核后，报公安机关负责人审批。

（3）罚前告知：对快速办理的行政案件，公安机关可以采用口头方式履行处罚前告知程序，由办案人民警察在案卷材料中注明告知情况，并由被告知人签名确认。

（4）处罚决定：对快速办理的行政案件，公安机关可以根据违法行为人认错悔改、纠正违法行为、赔偿损失以及被侵害人谅解情况等情节，依法对违法行为人从轻、减轻处罚或者不予行政处罚。

（5）办案时限：对快速办理的行政案件，公安机关应当在违法嫌疑人到案后 48 小时内作出处理决定。

六、普通程序

（一）受案

1. 网上登记

县级公安机关及其公安派出所、依法具有独立执法主体资格的公安机关业务部门以及出入境边防检查站对报案、控告、举报、群众扭送或者违法嫌疑人投案，以及其他国家机关移送的案件，应当及时受理并按照规定进行网上接报案登记。对重复报案、案件正在办理或者已经办结的，应当向报案人、控告人、举报人、扭送人、投案人作出解释，不再登记。

2. 分别处理

公安机关应当对报案、控告、举报、群众扭送或者违法嫌疑人投案分别作出下列处理，并将处理情况在接报案登记中注明：（1）对属于本单位管辖范围内的案件，应当立即调查处理，制作受案登记表和受案回执，并将受案回执交报案人、控告人、举报人、扭送人；（2）对属于公安机关职责范围，但不属于本单位管辖的，应当在24小时内移送有管辖权的单位处理，并告知报案人、控告人、举报人、扭送人、投案人；（3）对不属于公安机关职责范围的事项，在接报案时能够当场判断的，应当立即口头告知报案人、控告人、举报人、扭送人、投案人向其他主管机关报案或者投案；报案人、控告人、举报人、扭送人、投案人对口头告知内容有异议或者不能当场判断的，应当书面告知，但因没有联系方式、身份不明等客观原因无法书面告知的除外。

3. 先行处置与案件移送

属于公安机关职责范围但不属于本单位管辖的案件，具有下列情形之一的，受理案件或者发现案件的公安机关及其人民警察应当依法先行采取必要的强制措施或者其他处置措施，再移送有管辖权的单位处理：（1）违法嫌疑人正在实施危害行为的；（2）正在实施违法行为或者违法后即时被发现的现行犯被扭送至公安机关的；（3）在逃的违法嫌疑人已被抓获或者被发现的；（4）有人员伤亡，需要立即采取救治措施的；（5）其他应当采取紧急措施的情形。行政案件移送管辖的，询问查证时间和扣押等措施的期限重新计算。

（二）调查取证

1. 人员要求

公安机关进行询问、辨认、检查、勘验，实施行政强制措施等调查取证工作时，人民警察不得少于2人，并表明执法身份。接报案、受案登记、接受证据、信息采集、调解、送达文书等工作，可以由1名人民警察带领警务辅助人员进行，但应当全程录音录像。

2. 安全检查

对查获或者到案的违法嫌疑人应当进行安全检查，发现违禁品或者管制器具、武器、易燃易爆等危险品以及与案件有关的需要作为证据的物品的，应当立即扣押；对违法嫌疑人随身携带的与案件无关的物品，应当按照有关规定予以登记、保管、退还。安全检查不需要开具检查证。

3. 强制措施权

办理行政案件时，可以依法采取下列行政强制措施：（1）对物品、设施、场所采取扣押、扣留、查封、先行登记保存、抽样取证、封存文件资料等强制措施，对恐怖活动嫌疑人的存款、汇款、债券、股票、基金份额等财产还可以采取冻结措施；（2）对违法嫌疑人采取保护性约束措施、继续盘问、强制传唤、强制检测、拘留审查、限制活动范围，对恐怖活动嫌疑人采取约束措施等强制措施。实施行政强制措施要严格按照《行政强制法》的规定进行。

4. 调查取证的措施

调查取证的措施包括询问、勘验、检查、鉴定、辨认等。

（三）处理决定

1. 办案期限

公安机关办理治安案件的期限，自受理之日起不得超过30日；案情重大、复杂的，经上一级公安机关批准，可以延长30日。办理其他行政案件，有法定办案期限的，按照相关法律规定办理。为了查明案情进行鉴定的期间，不计入办案期限。对因违反治安管理行为人不明或者逃跑等客观原因造成案件在法定期限内无法作出行政处理决定的，公安机关应当继续进行调查取证，并向被侵害人说明情况，及时依法作出处理决定。

2. 罚前告知

在作出行政处罚决定前，应当告知违法嫌疑人拟作出行政处罚决定的事实、理由及依据，并告知违法嫌疑人依法享有陈述权和申辩权。单位违法的，应当告知其法定代表人、主要负责人或者其授权的人员。适用一般程序作出行政处罚决定的，采用书面形式或者笔录形式告知。

对违法行为事实清楚，证据确实充分，依法应当予以行政处罚，因违法行为人逃跑等原因无法履行告知义务的，公安机关可以采取公告方式予以告知。自公告之日起7日内，违法嫌疑人未提出申辩的，可以依法作出行政处罚决定。

违法嫌疑人有权进行陈述和申辩。对违法嫌疑人提出的新的事实、理由和证据，公安机关应当进行复核。公安机关不得因违法嫌疑人申辩而加重处罚。

3. 分别处理

公安机关根据行政案件的不同情况分别作出下列处理决定：（1）确有违法行为，应当给予行政处罚的，根据其情节和危害后果的轻重，作出行政处罚决定；（2）确有违法行为，但有依法不予行政处罚情形的，作出不予行政处罚决定；有违法所得和非法财物、违禁品、管制器具的，应当予以追缴或者收缴；（3）违法事实不能成立的，作出不予行政处罚决定；（4）对需要给予社区戒毒、强制隔离戒毒、收容教养等处理的，依法作出决定；（5）违法行为涉嫌构成犯罪的，转为刑事案件办理或者移送有权处理的主管机关、部门办理，无需撤销行政案件。公安机关已经作出行政处理决定的，应当附卷；（6）发现违法行为人有其他违法行为的，在依法作出行政处理决定的同时，通知有关行政主管部门处理；（7）治安案件有被侵害人的，公安机关应当在作出不予行政处罚或者处罚决定之日起2日内将决定书复印件送达被侵害人。无法送达的，应当注明。

七、听证程序

（一）适用范围

在作出下列行政处罚决定之前，应当告知违法嫌疑人有要求举行听证的权利：（1）责令停产停业；（2）吊销许可证或者执照；（3）较大数额罚款；（4）法律、法规和规章规定违法嫌疑人可以要求举行听证的其他情形。

（二）听证人员和听证参加人

1. 听证主持人

听证设听证主持人1名，负责组织听证；记录员1名，负责制作听证笔录。必要时，可以设听证员1~2名，协助听证主持人进行听证。本案调查人员不得担任听证主持人、听证员或者记录员。

2. 听证参加人

听证参加人包括：（1）当事人及其代理人；（2）本案办案人民警察；（3）证人、鉴定人、翻译人员；（4）其他有关人员。

当事人在听证活动中享有下列权利：（1）申请回避；（2）委托1~2人代理参加听证；（3）进行陈述、申辩和质证；（4）核对、补正听证笔录；（5）依法享有的其他权利。

(三) 程序要求

1. 期限要求

违法嫌疑人要求听证的，应当在公安机关告知听证权利后 3 日内提出申请。公安机关收到听证申请后，应当在 2 日内决定是否受理。认为听证申请人的要求不符合听证条件，决定不予受理的，应当制作不予受理听证通知书，告知听证申请人。逾期不通知听证申请人的，视为受理。公安机关受理听证后，应当在举行听证的 7 日前将举行听证通知书送达听证申请人，并将举行听证的时间、地点通知其他听证参加人。听证应当在公安机关收到听证申请之日起 10 日内举行。除涉及国家秘密、商业秘密、个人隐私的行政案件外，听证应当公开举行。

2. 听证开始

听证开始时，听证主持人核对听证参加人；宣布案由；宣布听证员、记录员和翻译人员名单；告知当事人在听证中的权利和义务；询问当事人是否提出回避申请；对不公开听证的行政案件，宣布不公开听证的理由。

3. 举证质证

听证开始后，首先由办案人民警察提出听证申请人违法的事实、证据和法律依据及行政处罚意见。听证申请人可以就办案人民警察提出的违法事实、证据和法律依据以及行政处罚意见进行陈述、申辩和质证，并可以提出新的证据。第三人可以陈述事实，提出新的证据。

4. 辩论

听证申请人、第三人和办案人民警察可以围绕案件的事实、证据、程序、适用法律、处罚种类和幅度等问题进行辩论。

5. 最后陈述

辩论结束后，听证主持人应当听取听证申请人、第三人、办案人民警察各方最后陈述意见。

6. 听证笔录

记录员应当将举行听证的情况记入听证笔录。听证笔录应当交听证申请人阅读或者向其宣读。听证笔录中的证人陈述部分，应当交证人阅读或者向其宣读。听证申请人或者证人认为听证笔录有误的，可以请求补充或者改正。听证申请人或者证人审核无误后签名或者捺指印。听证申请人或者证人拒绝的，由记录员在听证笔录中记明情况。听证笔录经听证主持人审阅后，由听证主持人、听证员和记录员签名。

根据《行政处罚法》第 65 条规定，听证结束后，公安机关应当根据听证笔录，作出处理决定。

第十五章 教育行政

本章导读：本章介绍了教育法、教师法、高等教育法等法律法规的内容，阐释了教育行政法律关系的内涵。重点介绍了教育行政机关的职权和职责；教育行政相对人的权利和义务；高校的权责，高校教师、高校学生的权利和义务。

第一节 教育行政概述

一、教育行政法律关系

教育行政是国家对教育事务的决策、组织、调控和管理的活动，是中央和地方各级教育行政机关对各级各类教育事业的管理。教育行政主要有三个层面：第一个是制度层面，包括教育行政的体制、机构、以及学校教育的制度；第二个是内容层面，它涉及课程行政、人事行政、财务行政和设施管理；第三是方法层面，教育行政工作者要通过立法与执法、规划、督导、评估等手段，来推动教育事业朝着预定的目标发展与前进。

教育行政法律关系是指行政主体在执行教育行政法过程中与行政相对人形成的法律关系，是行政法律关系的一种。教育行政法律关系与其他部门行政法律关系比较，稍显复杂。比如公安行政法律关系一般而言只涉及到公安机关和行政相对人一层法律关系，当然有时候有涉及到行政第三人。然而教育行政法律关系往往涉及到两种层次的法律关系。第一层次，行政机关与行政相对人的法律关系，主要是指教育行政机关与学校等教育机构，以及教育行政机关与学生和以教师为主体的教育工作者的法律关系。第二层次，学校等教育机构与学生、教师的法律关系。这里的学校是指公立学校，因为根据教育法的规定公立学校是法律法规授权的组织，公立学校具有一定的行政权力，是行政主体的一种。本章将在第二节以高校教育行政管理为内容探讨第二层次的教育行政法律关系。

行政法律关系具有主体、客体和内容三要素，教育行政法律关系也概莫能外。

教育行政法律关系的主体包括政府、教育行政机关、学校等教育机构、学生、教师等。教育行政法律关系的内容是指双方当事人的权利和义务。一方面是指教育行政机关的行政权力和行政职责；另一方面是指教育行政相对人的权利和义务。教育行政法律关系的客体是指双方当事人权利和义务指向的对象，一般而言包括物、行为、人身和智力成果等。

二、教育行政机关的权力

行政机关的权利和义务，在行政法上一般称为行政职权和行政职责。行政职权就是行政机关享有的行政权能；行政职责是指行政主体在行使职权过程中，必须承担的法定义务。行政主体的行政职责主要包括积极行使行政权力、合法行使行政权力、合理行使行政权力、依照法定程序行使行政权力。

根据法治政府建设的要求，各级各类行政机关都要建立权责清单制度并且要在政府官网上公开公示。但是现在各地政府和政府部门权责清单制度还在建设过程中，因此，教育行政机关的权力只能根据《教育法》《教师法》《高等教育法》等教育行政法的规定进行归纳和总结。

（一）行政许可

教育行政许可主要包括对于设立学校及其他教育机构的许可和对教师资格的认定。

《教育法》第28条规定："学校及其他教育机构的设立、变更和终止，应当按照国家有关规定办理审核、批准、注册或者备案手续。"这是对于设立学校及其他教育机构许可的总规定。《高等教育法》第29条第1款规定："设立实施本科及以上教育的高等学校，由国务院教育行政部门审批；设立实施专科教育的高等学校，由省、自治区、直辖市人民政府审批，报国务院教育行政部门备案；设立其他高等教育机构，由省、自治区、直辖市人民政府教育行政部门审批。审批设立高等学校和其他高等教育机构应当遵守国家有关规定。"这是关于设立高校行政审批权限的划分规定。《民办教育促进法》第12条规定："举办实施学历教育、学前教育、自学考试助学及其他文化教育的民办学校，由县级以上人民政府教育行政部门按照国家规定的权限审批；举办实施以职业技能为主的职业资格培训、职业技能培训的民办学校，由县级以上人民政府人力资源社会保障行政部门按照国家规定的权限审批，并抄送同级教育行政部门备案。"这是关于审批民办学校的权限划分。

《教师法》对于教师资格认定作出了规定。该法第13条规定："中小学教师资格由县级以上地方人民政府教育行政部门认定。中等专业学校、技工学校的教师资格由县级以上地方人民政府教育行政部门组织有关主管部门认定。普通高等学校的教师资格由国务院或者省、自治区、直辖市教育行政部门或者由其委托的学校认定。具备本法规定的学历或者经国家教师资格考试合格的公民，要求有关部门认定其教师资格的，有关部门应当依照本法规定的条件予以认定。取得教师资格的人员首次任教时，应当有试用期。"

（二）行政处罚

根据教育法和教育行政处罚暂行实施办法以及其他法律法规规章的规定，实施教育行政处罚的机关，除法律、法规另有规定的外，必须是县级以上人民政府的教育行政部门。实施主体可以是受委托的组织，处罚对象既可以是学校等教育机构，也可是教师、学生以及其他自然人。

1. 教育行政处罚的种类

教育行政处罚包括：（1）警告；（2）罚款；（3）没收违法所得，没收违法颁发、印制的学历证书、学位证书及其他学业证书；（4）撤销违法举办的学校和其他教育机构；（5）取消颁发学历、学位和其他学业证书的资格；（6）撤销教师资格；（7）停考，停止申请认定资格；（8）责令停止招生；（9）吊销办学许可证；（10）法律、法规规定的其他教育行政处罚。

2. 对于幼儿园的处罚

幼儿园在实施保育教学活动中具有未经注册登记，擅自招收幼儿等情形的，由教育行政部门责令限期整顿，并视情节轻重给予停止招生、停止办园的处罚；对于具有体罚或变相体罚幼儿等情形的单位或个人，由教育行政部门对直接责任人员给予警告、1000元以下的罚款，或者由教育行政部门建议有关部门对责任人员给予行政处分。

3. 对于违反义务教育法的处罚

适龄儿童、少年的父母或监护人、未按法律规定送子女或被监护人就学接受义务教育的，城市由市、市辖区人民政府或其指定机构，农村由乡级人民政府，对经教育仍拒绝送子女或被监护人就学的，根据情节轻重，给予罚款的处罚。

4. 对于非法办学的处罚

违反法律、法规和国家有关规定举办学校或其他教育机构的,由教育行政部门予以撤销;有违法所得的,没收违法所得。社会力量举办的教育机构,举办者虚假出资或者在教育机构成立后抽逃出资的,由审批的教育行政部门责令改正;拒不改正的,处以应出资金额或者抽逃资金额两倍以下、最高不超过10万元的罚款;情节的严重,由审批的教育行政部门给予责令停止招生、吊销办学许可证的处罚。

5. 对于非法举办考试和考生作弊的处罚

非法举办国家教育考试的,由主管教育行政部门宣布考试无效;有违法所得,没收违法所得。参加国家教育考试的考生,有以虚报或伪造、涂改有关材料及其他欺诈手段取得考试资格等情形的,由主管教育行政部门宣布考试无效;已经被录取或取得学籍的,由教育行政部门责令学校退回招收的学员;参加高等教育自学考试的应试者,有舞弊情形并且情节严重的,由各省、自治区、直辖市高等教育自学考试委员会同时给予警告或停考1至3年的处罚。

6. 对于违法颁发学历证书、学位证书的处罚

学校或其他教育机构违反法律、行政法规的规定,颁发学位、学历或者其他学业证书的,由教育行政部门宣布该证书无效,责令收回或者予以没收;有违法所得的,没收违法所得;情节严重的,取消其颁发证书的资格。

7. 对于教师的处罚

教师有下列情形之一的,由教育行政部门给予撤销教师资格、自撤销之日起5年内不得重新申请认定教师资格的处罚:(1)弄虚作假或以其他欺骗手段获得教师资格的;(2)品行不良、侮辱学生,影响恶劣的。受到剥夺政治权利或因故意犯罪受到有期徒刑以上刑事处罚的教师,永久丧失教师资格。上述被剥夺教师资格教师的教师资格证书应由教育行政部门收缴。

(三)行政奖励

教育行政奖励是指国家对于教育事业和教育工作做出突出贡献的组织和个人进行的奖励,包括对学校以及其他教育机构的奖励、对教师、学生以及其他公民个人的奖励。奖励方式包括物质奖励和精神鼓励。我国《教育法》第13条对此作出了明确规定:"国家对发展教育事业做出突出贡献的组织和个人,给予奖励。"

1. 对教师的奖励

教师在教育教学、培养人才、科学研究、教学改革、学校建设、社会服务、

勤工俭学等方面成绩优异的，由所在学校予以表彰、奖励。国务院和地方各级人民政府及其有关部门对有突出贡献的教师，应当予以表彰、奖励。对有重大贡献的教师，依照国家有关规定授予荣誉称号。

2. 对学生的奖励

《高等教育法》第 55 条规定："国家设立奖学金，并鼓励高等学校、企业事业组织、社会团体以及其他社会组织和个人按照国家有关规定设立各种形式的奖学金，对品学兼优的学生、国家规定的专业的学生以及到国家规定的地区工作的学生给予奖励。"

3. 其他规定

《义务教育法》第 10 条规定："对在义务教育实施工作中做出突出贡献的社会组织和个人，各级人民政府及其有关部门按照有关规定给予表彰、奖励。"《民办教育促进法》第 45 条规定："县级以上各级人民政府可以设立专项资金，用于资助民办学校的发展，奖励和表彰有突出贡献的集体和个人。"《职业教育法》第 10 条规定："国家对在职业教育中作出显著成绩的单位和个人给予奖励。"

（四）行政裁决

教育行政裁决是指教育行政机关对于学生、教师申诉所作出的处理决定。我国《教育法》第 43 条规定了受教育者的权利，其中第 4 项规定受教育者对学校给予的处分不服向有关部门提出申诉，对学校、教师侵犯其人身权、财产权等合法权益，提出申诉或者依法提起诉讼。《教师法》第 39 条规定："教师对学校或者其他教育机构侵犯其合法权益的，或者对学校或者其他教育机构作出的处理不服的，可以向教育行政部门提出申诉，教育行政部门应当在接到申诉的三十日内，作出处理。教师认为当地人民政府有关行政部门侵犯其根据本法规定享有的权利的，可以向同级人民政府或者上一级人民政府有关部门提出申诉，同级人民政府或者上一级人民政府有关部门应当作出处理。"《民办教育促进法》第 43 条规定："民办学校侵犯受教育者的合法权益，受教育者及其亲属有权向教育行政部门和其他有关部门申诉，有关部门应当及时予以处理。"可见教师和受教育者的申诉权是一项法定权利，教育行政机关对于申诉的处理属于行政裁决性质，是教育行政机关的法定职责和职权。

（五）行政确认

教育行政确认主要是指学校以及其他教育机构对于受教育者的学术和学历的

确认。我国《教育法》第22条规定："国家实行学业证书制度。经国家批准设立或者认可的学校及其他教育机构按照国家有关规定，颁发学历证书或者其他学业证书。"第23条规定："国家实行学位制度。学位授予单位依法对达到一定学术水平或者专业技术水平的人员授予相应的学位，颁发学位证书。"《学位条例》对于学位等级、授予学位的条件等作出了明确规定。颁发学历证书和学位证书行为是对受教育者学术水平和学历水平的认可，应当属于行政确认行为。

三、教育行政相对人的权利和义务

教育行政相对人主要是指学校以及其他教育机构和受教育者，还包括其他组织和个人。

（一）《宪法》权利——受教育权

根据我国《宪法》规定，受教育权是我国公民的基本权利和义务，是一项基本人权。受教育权包括接受义务教育、学前教育、中等教育、高等教育、职业教育和终身教育的权利。《宪法》第46条规定："中华人民共和国公民有受教育的权利和义务。国家培养青年、少年、儿童在品德、智力、体质等方面全面发展。"《教育法》第9条规定："中华人民共和国公民有受教育的权利和义务。公民不分民族、种族、性别、职业、财产状况、宗教信仰等，依法享有平等的受教育机会。"《义务教育法》第4条规定："凡具有中华人民共和国国籍的适龄儿童、少年，不分性别、民族、种族、家庭财产状况、宗教信仰等，依法享有平等接受义务教育的权利，并履行接受义务教育的义务。"

（二）学校及其他教育机构的权利和义务

1. 学校及其他教育机构的权利

（1）按照章程自主管理；（2）组织实施教育教学活动；（3）招收学生或者其他受教育者；（4）对受教育者进行学籍管理，实施奖励或者处分；（5）对受教育者颁发相应的学业证书；（6）聘任教师及其他职工，实施奖励或者处分；（7）管理、使用本单位的设施和经费；（8）拒绝任何组织和个人对教育教学活动的非法干涉；（9）法律、法规规定的其他权利。

2. 学校及其他教育机构的义务

（1）遵守法律、法规；（2）贯彻国家的教育方针，执行国家教育教学标准，保证教育教学质量；（3）维护受教育者、教师及其他职工的合法权益；（4）以适当方式为受教育者及其监护人了解受教育者的学业成绩及其他有关情况提供便利；（5）遵照国家有关规定收取费用并公开收费项目；（6）依法接受监督。

（三）受教育者的权利和义务

1. 受教育者的权利

（1）参加教育教学计划安排的各种活动，使用教育教学设施、设备、图书资料；（2）按照国家有关规定获得奖学金、贷学金、助学金；（3）在学业成绩和品行上获得公正评价，完成规定的学业后获得相应的学业证书、学位证书；（4）对学校给予的处分不服向有关部门提出申诉，对学校、教师侵犯其人身权、财产权等合法权益，提出申诉或者依法提起诉讼；（5）法律、法规规定的其他权利。

2. 受教育者的义务

（1）遵守法律、法规；（2）遵守学生行为规范，尊敬师长，养成良好的思想品德和行为习惯；（3）努力学习，完成规定的学习任务；（4）遵守所在学校或者其他教育机构的管理制度。

（四）教师的权利和义务

1. 教师的权利

（1）进行教育教学活动，开展教育教学改革和实验；（2）从事科学研究、学术交流，参加专业的学术团体，在学术活动中充分发表意见；（3）指导学生的学习和发展，评定学生的品行和学业成绩；（4）按时获取工资报酬，享受国家规定的福利待遇以及寒暑假期的带薪休假；（5）对学校教育教学、管理工作和教育行政部门的工作提出意见和建议，通过教职工代表大会或者其他形式，参与学校的民主管理；（6）参加进修或者其他方式的培训；（7）法律救济权，包括申诉权、申请复议权、提起诉讼权等；（8）法律、法规规定的其他权利，包括获得奖励等权利。

2. 教师的义务

（1）遵守《宪法》、法律和职业道德，为人师表；（2）贯彻国家的教育方针，遵守规章制度，执行学校的教学计划，履行教师聘约，完成教育教学工作任务；（3）对学生进行《宪法》所确定的基本原则的教育和爱国主义、民族团结的教育，法制教育以及思想品德、文化、科学技术教育，组织、带领学生开展有益的社会活动；（4）关心、爱护全体学生，尊重学生人格，促进学生在品德、智力、体质等方面全面发展；（5）制止有害于学生的行为或者其他侵犯学生合法权益的行为，批评和抵制有害于学生健康成长的现象；（6）不断提高思想政治觉悟和教育教学业务水平。

（五）其他组织和个人的权利和义务

1. 权利

根据《教育法》《教师法》《义务教育法》和《民办教育促进法》等法律法规的规定，其他组织和个人在教育方面享有的权利包括：（1）获得奖励权。《教育法》第13条规定："国家对发展教育事业做出突出贡献的组织和个人，给予奖励。"《职业教育法》第10条规定："国家对在职业教育中作出显著成绩的单位和个人给予奖励。"《民办教育促进法》第6条规定："国家鼓励捐资办学。国家对为发展民办教育事业做出突出贡献的组织和个人，给予奖励和表彰。"（2）举办民办教育的权利。《民办教育促进法》第3条规定："民办教育事业属于公益性事业，是社会主义教育事业的组成部分。国家对民办教育实行积极鼓励、大力支持、正确引导、依法管理的方针。各级人民政府应当将民办教育事业纳入国民经济和社会发展规划。"该法其他条款对于举办民办教育的条件、程序等作出了具体详尽的规范。（3）获得教师资格的权利。《教师法》第10条规定："国家实行教师资格制度。中国公民凡遵守宪法和法律，热爱教育事业，具有良好的思想品德，具备本法规定的学历或者经国家教师资格考试合格，有教育教学能力，经认定合格的，可以取得教师资格。"（4）法律、法规规定的其他权利。如《义务教育法》第9条规定："任何社会组织或者个人有权对违反本法的行为向有关国家机关提出检举或者控告。即检举权和控告权。"

2. 义务

（1）守法的义务，即遵守教育法律、法规的义务。（2）支持教育事业的义务。《教育法》第4条第2款规定："全社会应当关心和支持教育事业的发展。"（3）尊师重教的义务。《教育法》第4条第3款规定："全社会应当尊重教师。"《教师法》第4条规定："各级人民政府应当采取措施，加强教师的思想政治教育和业务培训，改善教师的工作条件和生活条件，保障教师的合法权益，提高教师的社会地位。全社会都应当尊重教师。"（4）义务教育法规定的专门义务。政府机关的义务：各级人民政府及其有关部门应当履行本法规定的各项职责，保障适龄儿童、少年接受义务教育的权利。父母和监护人的义务：适龄儿童、少年的父母或者其他法定监护人应当依法保证其按时入学接受并完成义务教育。学校的义务：

依法实施义务教育的学校应当按照规定标准完成教育教学任务，保证教育教学质量。其他社会组织的义务：社会组织和个人应当为适龄儿童、少年接受义务教育创造良好的环境。（5）其他法律法规规定的义务。

第二节　高校教育行政管理

一、高校的权责

根据《教育法》和《高等教育法》的规定，我国高校的法律地位较为复杂。第一，高校是民事主体。《高等教育法》第30条规定："高等学校自批准设立之日起取得法人资格。高等学校的校长为高等学校的法定代表人。高等学校在民事活动中依法享有民事权利，承担民事责任。"第二，高校是行政法律关系中的行政相对人。高校在设立、教育教学等活动中要接受政府及教育行政部门的监督和管理，因此具有行政相对人的法律地位。《高等教育法》第13条规定："国务院统一领导和管理全国高等教育事业。省、自治区、直辖市人民政府统筹协调本行政区域内的高等教育事业，管理主要为地方培养人才和国务院授权管理的高等学校。"第14条规定："国务院教育行政部门主管全国高等教育工作，管理由国务院确定的主要为全国培养人才的高等学校。国务院其他有关部门在国务院规定的职责范围内，负责有关的高等教育工作。"第三，由于高校对于教师和学生具有行政管理权，因此高校具有行政主体的资格。高校具有以下行政职权和职责：

（1）自主办学权。高等学校应当面向社会，依法自主办学，实行民主管理。

（2）自主招生权。高等学校根据社会需求、办学条件和国家核定的办学规模，制定招生方案，自主调节系科招生比例。

（3）教育教学权。高等学校依法自主设置和调整学科、专业。高等学校根据教学需要，自主制定教学计划、选编教材、组织实施教学活动。高等学校根据自身条件，自主开展科学研究、技术开发和社会服务。

（4）资金管理和使用权。高等学校对举办者提供的财产、国家财政性资助、受捐赠财产依法自主管理和使用。高等学校不得将用于教学和科学研究活动的财产挪作他用。

（5）机构、人员、工资管理权。高等学校根据实际需要和精简、效能的原则，自主确定教学、科学研究、行政职能部门等内部组织机构的设置和人员配备；按照国家有关规定，评聘教师和其他专业技术人员的职务，调整津贴及工资分配。

（6）聘用、聘任教师权及管理权。根据《事业单位人事管理条例》规定，公立高校作为事业单位，可以根据需要自主招聘教师，并对教师进行管理、考核、奖励和处分。

（7）学生管理权。根据《高等教育法》和《普通高等学校学生管理规定》，高校对于大学生具有学籍管理、奖励、处分等权力。

以上七种职权中，第1项属于总体规定，具有宣示性意义；第2项、第3项、第4项、第5项职权属于内部管理权，按照行政法理论，是内部行政行为，属于私行政范畴；第6项、第7项职权对于学生和教师的权利、义务产生直接影响，到底属于内部行政行为或外部行政行为，是否属于可诉的范围现在还存在争议。因此，在"权利救济问题"部分将详细阐述。

二、高校教师的权利和义务

高校教师是教师的一类，当然享有教师法规定的权利，同时履行教师法规定的义务。除教师法规定的权利和义务之外，根据《高等教育法》规定，高校教师还享有以下权利，履行以下义务：

（一）评聘教师职务的权利

高等学校实行教师职务制度。高等学校教师职务根据学校所承担的教学、科学研究等任务的需要设置。教师职务设助教、讲师、副教授、教授。高等学校实行教师聘任制。教师经评定具备任职条件的，由高等学校按照教师职务的职责、条件和任期聘任。高等学校的教师的聘任，应当遵循双方平等自愿的原则，由高等学校校长与受聘教师签订聘任合同。

（二）义务

（1）忠诚于教育事业的义务。高等学校的教师及其他教育工作者享有法律规定的权利，履行法律规定的义务，忠诚于人民的教育事业。（2）认真履职的义务。高等学校的教师、管理人员和教学辅助人员及其他专业技术人员，应当以教学和培养人才为中心做好本职工作。

三、高校学生的权利和义务

根据《普通高等学校学生管理规定》规定，高校学生的权利、义务包括以下内容：

（一）权利

学生在校期间依法享有下列权利：

（1）参加学校教育教学计划安排的各项活动，使用学校提供的教育教学资源；

（2）参加社会实践、志愿服务、勤工助学、文娱体育及科技文化创新等活动，获得就业创业指导和服务；

（3）申请奖学金、助学金及助学贷款；

（4）在思想品德、学业成绩等方面获得科学、公正评价，完成学校规定学业后获得相应的学历证书、学位证书；

（5）在校内组织、参加学生团体，以适当方式参与学校管理，对学校与学生权益相关事务享有知情权、参与权、表达权和监督权；

（6）对学校给予的处理或者处分有异议，向学校、教育行政部门提出申诉，对学校、教职员工侵犯其人身权、财产权等合法权益的行为，提出申诉或者依法提起诉讼；

（7）法律、法规及学校章程规定的其他权利。

（二）义务

学生在校期间依法履行下列义务：

（1）遵守宪法和法律、法规；

（2）遵守学校章程和规章制度；

（3）恪守学术道德，完成规定学业；

（4）按规定缴纳学费及有关费用，履行获得贷学金及助学金的相应义务；

（5）遵守学生行为规范，尊敬师长，养成良好的思想品德和行为习惯；

（6）法律、法规及学校章程规定的其他义务。

四、权利救济问题

无救济，无权利。要想保障《教育法》《高等教育法》和《教师法》等法律法规规章中规定的高校教师及学生的权利落到实处，必须要有明确的法律救济途径。法律救济途径包括行政救济和司法救济等。行政救济包括申诉与裁决、行政调解、人事争议仲裁等。司法救济主要是指通过提起民事诉讼或者行政诉讼的方式，由人民法院来裁决。

(一)教师的权利救济

1. 人事争议解决

《事业单位人事管理条例》第 37 条规定:"事业单位工作人员与所在单位发生人事争议的,依照《中华人民共和国劳动争议调解仲裁法》等有关规定处理。"《人事争议处理规定》第 3 条规定:"人事争议发生后,当事人可以协商解决;不愿协商或者协商不成的,可以向主管部门申请调解,其中军队聘用单位与文职人员的人事争议,可以向聘用单位的上一级单位申请调解;不愿调解或调解不成的,可以向人事争议仲裁委员会申请仲裁。当事人也可以直接向人事争议仲裁委员会申请仲裁。当事人对仲裁裁决不服的,可以向人民法院提起诉讼。"可见,如果教师与学校等教育机构因解除人事关系、履行聘用合同发生争议的,一般可以通过协商、调解方式解决,也可以申请人事争议仲裁。对于仲裁不服的,可以起诉。当然这里的诉讼是指民事诉讼。

2. 行政救济

《教师法》第 39 条规定:"教师对学校或者其他教育机构侵犯其合法权益的,或者对学校或者其他教育机构作出的处理不服的,可以向教育行政部门提出申诉,教育行政部门应当在接到申诉的 30 日内作出处理。教师认为当地人民政府有关行政部门侵犯其根据本法规定享有的权利的,可以向同级人民政府或者上一级人民政府有关部门提出申诉,同级人民政府或者上一级人民政府有关部门应当作出处理。"《事业单位人事管理条例》第 38 条规定:"事业单位工作人员对涉及本人的考核结果、处分决定等不服的,可以按照国家有关规定申请复核、提出申诉。"《事业单位工作人员处分暂行规定》第 39 条规定:"受到处分的事业单位工作人员对处分决定不服的,可以自知道或者应当知道该处分决定之日起 30 日内向原处分决定单位申请复核。对复核结果不服的,可以自接到复核决定之日起 30 日内,按照规定向原处分决定单位的主管部门或者同级事业单位人事综合管理部门提出申诉。受到处分的中央和地方直属事业单位工作人员的申诉,按照干部人事管理权限,由同级事业单位人事综合管理部门受理。"通过以上规定可以看出,教师对于侵犯自身合法权益的行为不服的,主要救济方式就是行政申诉。令人遗憾的是,根据《行政复议法》和教育法律法规规定,教师对于学校侵犯自身合法权益的行为还不能提出行政复议。原因主要在于特别权力关系理论和内部行政行为理论在作祟,即认为高校等教育机构对于教师的处分、处理是内部行政行为,是不得复议和不可直接提起行政诉讼的。

3. 司法救济

按照特别权力关系和内部行政行为理论，教师不得对学校提起行政诉讼。这一点 2014 年在修订《行政诉讼法》时，有所突破。《行政诉讼法》第 12 条第 1 款第 12 项规定，"认为行政机关侵犯其他人身权、财产权等合法权益的"，人民法院应予受理。其中，"等合法权益"应当是等外等，即包括人身权和财产权之外的其他合法权益。《最高人民法院关于适用〈中华人民共和国行政诉讼法〉的解释》第第 24 条第 3 款规定："当事人对高等学校等事业单位以及律师协会、注册会计师协会等行业协会依据法律、法规、规章的授权实施的行政行为不服提起诉讼的，以该事业单位、行业协会为被告。"关键是高校的哪些行为，涉及教师的哪些合法权益，在哪些情形下，教师可以直接以学校为被告提起行政诉讼，法律和司法解释均没有明确规定。因此要实际问题实际分析。笔者认为，涉及教师基本权利和与基本权利相关的其他权利，都应当受到司法保护，属于行政诉讼的受案范围。涉及教师的基本权利包括劳动权和人身权。其中侵犯教师人身权的，可以通过民事诉讼和刑事诉讼的方式得以保护。而关于劳动权的，部分涉及人事争议和聘用合同纠纷的，可以通过仲裁、民事民诉讼予以解决。那么可以提起行政诉讼的范围，必须要符合两个条件。其一，高等学校作出的行为必须是法律、法规、规章的授权实施的行政行为；其二，高校的行政行为必须侵犯了教师的基本权利以及和基本权利相关的合法权益。具体而言，包括处分中的开除，教师职务评聘行为等。

（二）学生的权利救济

根据《教育法》《行政复议法》《普通高等学校学生管理规定》等法律法规规章规定，高校学生权利救济方式包括行政救济和司法救济两种途径。

1. 行政救济

行政救济包括行政申诉和行政投诉两种方式。对学校给予的处理或者处分有异议，向学校、教育行政部门提出申诉，对学校、教职员工侵犯其人身权、财产权等合法权益的行为，提出申诉或者依法提起诉讼。学生认为学校及其工作人员违反规定，侵害其合法权益的，或者学校制定的规章制度与法律法规和本规定抵触的，可以向学校所在地省级教育行政部门投诉。教育主管部门在实施监督或者处理申诉、投诉过程中，发现学校及其工作人员有违反法律、法规规定的行为或者未按照《普通高等学校学生管理规定》履行相应义务的，或者学校自行制定的相关管理制度、规定，侵害学生合法权益的，应当责令改正；发现存在违法违纪的，应当及时进行调查处理或者移送有关部门，依据有关法律和相关规定，追究有关责任人的责任。

2. 司法救济

《教育法》第43条第4项规定：受教育者享有下列权利"对学校给予的处分不服向有关部门提出申诉，对学校、教师侵犯其人身权、财产权等合法权益，提出申诉或者依法提起诉讼"。笔者认为，这里的"依法提起诉讼"既包括民事诉讼也包括行政诉讼。其中界定行政诉讼的范围，应当具备两个条件：一是高校作出的行为是法律法规明确授权的行政行为；二是该行侵犯了学生的基本权利。高校学生的基本权利包括受教育权和发展权等。具体而言，对于学生的开除处分、退学处理、不予发放毕业证、学位证的行为都应属于行政诉讼的受案范围，因为这些行为都涉及到学生的受教育权和发展权。

第十六章　市场监管

本章导读：由于本章涉及法律、法规、规章数量和内容庞杂，因此很难详细解读某部法律法规，所以本章以市场监管行政部门为切入点，重点介绍两个方面的内容：一是市场监管部门的权限职责；二是市场监管行政处罚程序。

第一节　市场监管概述

一、市场监管的含义

市场监管就是对市场主体及其市场行为的监督管理。具体而言，市场监管的监管对象是市场主体，监管内容是市场准入行为和市场经营行为两个方面。市场监管不是对某一行业、某一具体市场、某一区域的管理，而是具有普遍性的监督管理。市场监管的准入行为和经营行为是从宏观方面说的，而市场监管是一个全方位的过程，微观方面同样不可轻视，微观监管是宏观管理的具体体现，由具体的行政行为来规范市场准入行为和市场经营行为，只有通过对某一经营者的具体违法行为进行处罚，处罚一户带动一片的现象，才能使市场经济健康有序的发展。

2018年3月，根据第十三届全国人民代表大会第一次会议批准的国务院机构改革方案，将国家工商行政管理总局的职责，国家质量监督检验检疫总局的职责，国家食品药品监督管理总局的职责，国家发展和改革委员会的价格监督检查与反垄断执法职责，商务部的经营者集中反垄断执法以及国务院反垄断委员会办公室等职责整合，组建国家市场监督管理总局，作为国务院直属机构。组建国家药品监督管理局，由国家市场监督管理总局管理。市场监管实行分级管理，药品监管机构只设到省一级，药品经营销售等行为的监管，由市县市场监管部门统一承担。将国家质量监督检验检疫总局的出入境检验检疫管理职责和队伍划入海关总署。保留国务院食品安全委员会、国务院反垄断委员会，具体工作由国家市场监督管理总局承担。国家认证认可监督管理委员会、国家标准化管理委员会职责划入国家市场监督管理总局,对外保留牌子。将重新组建国家知识产权局,由国家市场监督管理总局管理。2018年4月10日,国家市场监督管理总局正式挂牌。国家市场监督管理总局是国务院直属机构,为正部级。

二、各级市场监管部门的职责

(一)国家市场监督管理总局的职责

(1)负责市场综合监督管理。起草市场监督管理有关法律法规草案,制定有关规章、政策、标准,组织实施质量强国战略、食品安全战略和标准化战略,拟订并组织实施有关规划,规范和维护市场秩序,营造诚实守信、公平竞争的市场环境。

(2)负责市场主体统一登记注册。指导各类企业、农民专业合作社和从事经营活动的单位、个体工商户以及外国(地区)企业常驻代表机构等市场主体的登记注册工作。建立市场主体信息公示和共享机制,依法公示和共享有关信息。加强信用监管,推动市场主体信用体系建设。

(3)负责组织和指导市场监管综合执法工作。指导地方市场监管综合执法队伍整合和建设,推动实行统一的市场监管。组织查处重大违法案件。规范市场监管行政执法行为。

(4)负责反垄断统一执法。统筹推进竞争政策实施,指导实施公平竞争审查制度。依法对经营者集中行为进行反垄断审查,负责垄断协议、滥用市场支配地位和滥用行政权力排除、限制竞争等反垄断执法工作。指导企业在国外的反垄断应诉工作。承担国务院反垄断委员会日常工作。

(5)负责监督管理市场秩序。依法监督管理市场交易、网络商品交易及有关服务的行为。组织指导查处价格收费违法违规、不正当竞争、违法直销、传销、侵犯商标专利知识产权和制售假冒伪劣行为。指导广告业发展,监督管理广告活动。指导查处无照生产经营和相关无证生产经营行为。指导中国消费者协会开展消费维权工作。

(6)负责宏观质量管理。拟订并实施质量发展的制度措施。统筹国家质量基础设施建设与应用,会同有关部门组织实施重大工程设备质量监理制度,组织重大质量事故调查,建立并统一实施缺陷产品召回制度,监督管理产品防伪工作。

(7)负责产品质量安全监督管理。管理产品质量安全风险监控、国家监督抽查工作。建立并组织实施质量分级制度、质量安全追溯制度。指导工业产品生产许可管理。负责纤维质量监督工作。

（8）负责特种设备安全监督管理。综合管理特种设备安全监察、监督工作，监督检查高耗能特种设备节能标准和锅炉环境保护标准的执行情况。

（9）负责食品安全监督管理综合协调。组织制定食品安全重大政策并组织实施。负责食品安全应急体系建设，组织指导重大食品安全事件应急处置和调查处理工作。建立健全食品安全重要信息直报制度。承担国务院食品安全委员会日常工作。

（10）负责食品安全监督管理。建立覆盖食品生产、流通、消费全过程的监督检查制度和隐患排查治理机制并组织实施，防范区域性、系统性食品安全风险。推动建立食品生产经营者落实主体责任的机制，健全食品安全追溯体系。组织开展食品安全监督抽检、风险监测、核查处置和风险预警、风险交流工作。组织实施特殊食品注册、备案和监督管理。

（11）负责统一管理计量工作。推行法定计量单位和国家计量制度，管理计量器具及量值传递和比对工作。规范、监督商品量和市场计量行为。

（12）负责统一管理标准化工作。依法承担强制性国家标准的立项、编号、对外通报和授权批准发布工作。制定推荐性国家标准。依法协调指导和监督行业标准、地方标准、团体标准制定工作。组织开展标准化国际合作和参与制定、采用国际标准工作。

（13）负责统一管理检验检测工作。推进检验检测机构改革，规范检验检测市场，完善检验检测体系，指导协调检验检测行业发展。

（14）负责统一管理、监督和综合协调全国认证认可工作。建立并组织实施国家统一的认证认可和合格评定监督管理制度。

（15）负责市场监督管理科技和信息化建设、新闻宣传、国际交流与合作。按规定承担技术性贸易措施有关工作。

（16）管理国家药品监督管理局、国家知识产权局。

（17）完成上级交办的其他任务。

（二）省级市场监督管理局的主要职责

（1）负责全省市场综合监督管理。起草全省市场监督管理有关地方性法规草案和地方政府规章草案，制定有关政策、标准，组织实施质量强省战略、食品安全战略、标准化战略、知识产权战略，拟订并组织实施有关规划，规范和维护市场秩序，营造诚实守信、公平竞争的市场环境。

（2）负责市场主体统一登记注册。指导全省各类企业、农民专业合作社和从事经营活动的单位、个体工商户以及外国（地区）企业常驻代表机构等市场主体的登记注册工作。建立市场主体信息公示和共享机制，依法公示和共享有关信息，加强信用监管，推动市场主体信用体系建设。

（3）负责组织和指导全省市场监管综合执法工作。指导全省市场监管综合执法队伍整合和建设，推动实行统一的市场监管。组织查处重大违法案件。规范市场监管行政执法行为。

（4）负责反垄断统一执法。组织推进竞争政策实施，指导实施公平竞争审查制度。依法对经营者集中行为进行反垄断审查，负责垄断协议、滥用市场支配地位和滥用行政权力排除、限制竞争等反垄断执法工作。指导企业在国外的反垄断应诉工作。负责监督管理市场秩序。组织指导查处不正当竞争、违法直销、传销行为。

（5）负责监督管理市场秩序。依法监督管理全省市场交易、网络商品交易及有关服务的行为。参与组织协调大气污染防治工作。组织指导查处价格收费违法违规、侵犯商标专利知识产权和制售假冒伪劣行为。指导全省广告业发展，监督管理广告活动。指导查处无照生产经营和相关无证生产经营行为。指导省消费者协会开展消费维权工作。

（6）负责全省宏观质量管理。拟订并实施全省质量发展的制度措施。统筹全省质量基础设施建设与应用，会同有关部门组织实施重大工程设备质量监理制度，组织重大质量事故调查，组织实施缺陷产品召回制度，监督管理产品防伪工作。

（7）负责全省产品质量安全监督管理。承担生产和流通领域产品质量省级监督抽查工作，组织指导工业品质量风险监控、分类监管工作。组织实施工业品质量安全追溯制度。实施工业产品生产许可管理。

（8）负责全省特种设备安全监督管理。综合管理特种设备安全监察、监督工作，监督检查高耗能特种设备节能标准和锅炉环境保护标准的执行情况。

（9）承担统筹协调食品全过程监管中的重大问题，推动健全食品安全地方党政同责机制、跨地区跨部门协调联动机制工作。督促省有关部门和各市人民政府履行食品安全监督管理职责，并负责考核评价。承担省食品安全委员会办公室日常工作。

（10）负责食品安全监督管理。建立覆盖食品生产、流通、消费全过程的监督检查制度和隐患排查治理机制并组织实施，防范区域性、系统性食品安全风险。推动建立食品生产经营者落实主体责任的机制，健全食品安全追溯体系。参与食品安全风险监测评估，组织开展食品安全监督抽检、核查处置和风险预警、风险交流工作。按职责分工组织实施特殊食品监督管理。组织指导重大活动食品安全保障。

（11）负责统一管理全省计量工作。推行法定计量单位和国家计量制度，管理计量器具及量值传递和比对工作。规范、监督商品量和市场计量行为。

（12）负责统一管理全省标准化工作。依法承担组织制定省级地方标准，承担省级地方标准的立项、编号、批准发布工作。依法批准设区的市人民政府标准化行政主管部门制定市级地方标准。宣传贯彻强制性、推荐性国家标准和行业标准、地方标准。依法协调指导和监督市级地方标准、团体标准、企业标准制定工作。组织开展标准化国际、区域合作和参与制定、采用国际标准工作。

（13）负责统一管理全省检验检测工作。推进检验检测机构整合和改革，规范检验检测市场，完善检验检测体系，指导协调检验检测行业发展。

（14）负责统一管理、监督和协调全省认证认可工作。组织贯彻实施国家统一的认证认可和合格评定监督管理制度。

（15）负责推进全省知识产权管理工作。拟订加强知识产权强省建设的重大方针政策和发展规划。拟订和实施强化知识产权创造、保护和运用的政策和制度。

（16）负责知识产权工作。①负责保护知识产权。拟订严格保护商标、专利、原产地地理标志、集成电路布图设计等知识产权地方性法规并组织实施。组织起草相关政府规章草案及政策并监督实施。按照国家知识产权保护体系建设方案，推动建设知识产权保护体系。②负责指导商标、专利等执法工作，负责知识产权争议处理、维权援助和纠纷调处，指导各市开展相关工作。③负责促进知识产权运用。拟订知识产权运用和规范交易的政策，促进知识产权转移转化。规范知识产权无形资产评估工作。负责建立知识产权公共服务体系。建设便企利民、互联互通的全省知识产权信息公共服务平台，推动商标、专利等知识产权信息的传播利用。指导国家知识产权局河北专利信息服务中心。制定实施知识产权中介服务发展与监管的政策措施。④承担国家知识产权局知识产权代办工作任务。负责知识产权的初审注册登记。组织实施原产地地理标志统一认定制度。

（17）负责全省市场监督管理科技和信息化建设、新闻宣传、对外交流与合作。按规定承担技术性贸易措施有关工作。负责统筹协调涉外知识产权事宜，承担知识产权对外转让审查工作。

（18）管理省药品监督管理局。

（19）完成上级交办的其他任务。

（三）市县级市场监督管理局的职责

市县一级市场监督管理局主要职责和任务是对本区域内的市场主体及其市场行为进行监督管理，工作重心在于查处违法行为，维护正常的市场秩序。如行政许可、行政检查、行政处罚等。

三、市场监管部门的职权

（一）行政许可权

市场监督管理局的行政许可权主要包括企业设立、变更、注销登记，特种设备检验检测机构核准，外国（地区）企业在中国境内从事生产经营活动登记，外国企业常驻代表机构登记，重要工业产品生产许可证核发，计量标准器具核准，气瓶和移动式压力容器充装单位许可，特种设备检验检测机构核准，检验检测机构资质认定，保健食品广告审批，食品（含保健食品）生产许可，特殊医学用途配方食品广告审批等。这是对市场主体准入的事先监督机制的体现。

（二）行政裁决权

根据《企业名称登记管理规定》规定，对于企业名称的争议，由市场监管部门裁决处理。根据《计量法实施细则》规定，市场监管部门对于计量纠纷有权进行仲裁检定。根据《专利法》规定，对于专利侵权纠纷，市场监管部门有权处理。

（三）行政调解权

《消费者权益保护法》和《市场监督管理投诉举报处理暂行办法》规定，对于消费者权益争议市场监管部门有权进行调解。

（四）行政检查权

行政检查既是一种常见的对于市场主体的监督手段，也是发现违法行为并进行处理的一种方式。行政检查的方式包括日常检查、专项检查、重点检查、随机检查等。检查对象是所有市场主体及其经营行为。如对检验检测机构进行监督检查、对登记注册事项的监督检查、对电子商务经营行为的监督检查、对价格活动的监督检查等。

（五）行政处罚权

这是市场监管部门的权力中心，对于违法违规行为当然要做出相应的处罚。各级市场监管部门根据级别管辖和地域管辖的规定都有相应的处罚权。如对个人独资企业提交虚假文件或采取其他欺骗手段，取得企业登记的处罚；对未经许可经营旅行社业务的处罚；对进口、销售超过污染物排放标准的机动车、非道路移动机械的处罚；对发布虚假广告的处罚；对销售不符合国家技术规范的强制性要求的畜禽的处罚；对假冒专利的处罚；对侵犯商标专用权的处罚等。

（六）行政强制权

市场监管部门的行政强制权是指其具有行政强制措施权，而不是指强制执行权。主要是指对于涉案证据、危险物品、违禁品以及相关设备的查封、扣押等强制措施。如对有根据认为不符合保障人体健康和人身、财产安全的国家标准、行业标准的产品或者有其他严重质量问题的产品予以查封或者扣押；对涉嫌掺杂掺假、以次充好、以假充真或者其他有严重质量问题的棉花以及专门用于生产掺杂掺假、以次充好、以假充真的棉花的设备、工具予以查封或者扣押；对涉嫌违反《外国企业常驻代表机构登记管理条例》有关的合同、票据、账簿以及其他资料、专门用于从事违法行为的工具、设备、原材料、产品（商品）等财物予以查封、扣押；对有证据证明是侵犯他人注册商标专用权的物品，可以查封或者扣押；对相关企业与直销活动有关的材料和非法财物予以查封、扣押；对涉嫌不正当竞争行为有关的财物予以查封、扣押等。

（七）其他职权

主要包括行政确认权和行政奖励权等。行政确认包括股权出质登记、《免予办理强制性产品认证证明》核发等。行政奖励主要是对优质企业和优质产品的依法奖励以及对于举报伪劣产品的奖励。

第二节　市场监管行政处罚程序

根据《市场监督管理行政处罚程序规定》[①]规定，市场监督管理部门实施行政处罚，应当遵循公正、公开的原则，坚持处罚与教育相结合，做到事实清楚、证据确凿、适用依据正确、程序合法、处罚适当。

一、一般规定

（一）管辖制度

管辖是市场监管部门对于违法行为进行查处的权限分工问题。市场监督管理行政处罚管辖制度主要包括地域管辖、级别管辖、移送管辖、协商管辖、指定管辖和特别管辖等内容。

1. 地域管辖

行政处罚由违法行为发生地的县级以上市场监督管理部门管辖。法律、行政法规、部门规章另有规定的从其规定。

2. 级别管辖

县级、设区的市级市场监督管理部门依职权管辖本辖区内发生的行政处罚案件。法律、法规、规章规定由省级以上市场监督管理部门管辖的，从其规定。

3. 委托管辖

县级以上市场监督管理部门可以在法定权限内书面委托符合《中华人民共和国行政处罚法》规定条件的组织实施行政处罚。受委托组织在委托范围内，以委托行政机关名义实施行政处罚；不得再委托其他任何组织或者个人实施行政处罚。委托书应当载明委托的具体事项、权限、期限等内容。委托行政机关和受委托组织应当将委托书向社会公布。

4. 特别管辖

网络交易平台经营者和通过自建网站、其他网络服务销售商品或者提供服务的网络交易经营者的违法行为由其住所地县级以上市场监督管理部门管辖。平台内经营者的违法行为由其实际经营地县级以上市场监督管理部门管辖。网络交易

---

① 2018年12月21日国家市场监督管理总局令第2号公布，根据2021年7月2日国家市场监督管理总局令第42号《国家市场监督管理总局关于修改〈市场监督管理行政处罚程序暂行规定〉等二部规章的决定》修正。

平台经营者住所地县级以上市场监督管理部门先行发现违法线索或者收到投诉、举报的，也可以进行管辖。

对利用广播、电影、电视、报纸、期刊、互联网等大众传播媒介发布违法广告的行为实施行政处罚，由广告发布者所在地市场监督管理部门管辖。广告发布者所在地市场监督管理部门管辖异地广告主、广告经营者有困难的，可以将广告主、广告经营者的违法情况移送广告主、广告经营者所在地市场监督管理部门处理。对于互联网广告违法行为，广告主所在地、广告经营者所在地市场监督管理部门先行发现违法线索或者收到投诉、举报的，也可以进行管辖。对广告主自行发布违法互联网广告的行为实施行政处罚，由广告主所在地市场监督管理部门管辖。

5. 指定管辖与移送管辖

对当事人的同一违法行为，两个以上市场监督管理部门都有管辖权的，由最先立案的市场监督管理部门管辖。两个以上市场监督管理部门因管辖权发生争议的，应当自发生争议之日起7个工作日内协商解决，协商不成的，报请共同的上一级市场监督管理部门指定管辖；也可以直接由共同的上一级市场监督管理部门指定管辖。

市场监督管理部门发现立案查处的案件不属于本部门管辖的，应当将案件移送有管辖权的市场监督管理部门。受移送的市场监督管理部门对管辖权有异议的，应当报请共同的上一级市场监督管理部门指定管辖，不得再自行移送。

6. 管辖权转移

上级市场监督管理部门认为必要时，可以将本部门管辖的案件交由下级市场监督管理部门管辖。法律、法规、规章明确规定案件应当由上级市场监督管理部门管辖的，上级市场监督管理部门不得将案件交由下级市场监督管理部门管辖。

上级市场监督管理部门认为必要时，可以直接查处下级市场监督管理部门管辖的案件，也可以将下级市场监督管理部门管辖的案件指定其他下级市场监督管理部门管辖。

下级市场监督管理部门认为依法由其管辖的案件存在特殊原因，难以办理的，可以报请上一级市场监督管理部门管辖或者指定管辖。

（二）证据制度

证据包括：（1）书证；（2）物证；（3）视听资料；（4）电子数据；（5）证人证言；（6）当事人的陈述；（7）鉴定意见；（8）勘验笔录、现场笔录。

立案前核查或者监督检查过程中依法取得的证据材料，可以作为案件的证据使用。对于移送的案件，移送机关依职权调查收集的证据材料，可以作为案件的证据使用。上述证据，应当符合法律、法规、规章关于证据的规定，并经查证属实，才能作为认定案件事实的根据。以非法手段取得的证据，不得作为认定案件事实的根据。

（三）送达制度

1. 当场送达

市场监督管理部门送达行政处罚决定书，应当在宣告后当场交付当事人。

2. 直接送达

直接送达的，由受送达人在送达回证上注明签收日期，并签名或者盖章，受送达人在送达回证上注明的签收日期为送达日期。受送达人是自然人的，本人不在时交其同住成年家属签收；受送达人是法人或者其他组织的，应当由法人的法定代表人、其他组织的主要负责人或者该法人、其他组织负责收件的人签收；受送达人有代理人的，可以送交其代理人签收；受送达人已向市场监督管理部门指定代收人的，送交代收人签收。受送达人的同住成年家属，法人或者其他组织负责收件的人，代理人或者代收人在送达回证上签收的日期为送达日期。

3. 留置送达

受送达人或者其同住成年家属拒绝签收的，市场监督管理部门可以邀请有关基层组织或者所在单位的代表到场，说明情况，在送达回证上载明拒收事由和日期，由送达人、见证人签名或者以其他方式确认，将执法文书留在受送达人的住所；也可以将执法文书留在受送达人的住所，并采取拍照、录像等方式记录送达过程，即视为送达。

4. 电子送达

经受送达人同意并签订送达地址确认书，可以采用手机短信、传真、电子邮件、即时通讯账号等能够确认其收悉的电子方式送达执法文书，市场监督管理部门应当通过拍照、截屏、录音、录像等方式予以记录，手机短信、传真、电子邮件、即时通讯信息等到达受送达人特定系统的日期为送达日期。

5. 邮寄送达、委托送达和转交送达

直接送达有困难的，可以邮寄送达或者委托当地市场监督管理部门、转交其他部门代为送达。邮寄送达的，以回执上注明的收件日期为送达日期；委托、转交送达的，受送达人的签收日期为送达日期。

6. 公告送达

受送达人下落不明或者采取上述方式无法送达的，可以在市场监督管理部门公告栏和受送达人住所地张贴公告，也可以在报纸或者市场监督管理部门门户网站等刊登公告。自公告发布之日起经过 60 日，即视为送达。公告送达，应当在案件材料中载明原因和经过。在市场监督管理部门公告栏和受送达人住所地张贴公告的，应当采取拍照、录像等方式记录张贴过程。

二、简易程序

（一）适用简易程序的案件

违法事实确凿并有法定依据，对自然人处以 200 元以下、对法人或者其他组织处以 3000 元以下罚款或者警告的行政处罚的，可以当场作出行政处罚决定。法律另有规定的，从其规定。

（二）程序要求

适用简易程序当场查处违法行为，办案人员应当向当事人出示执法证件，当场调查违法事实，收集必要的证据，填写预定格式、编有号码的行政处罚决定书。

行政处罚决定书应当由办案人员签名或者盖章，并当场交付当事人。当事人拒绝签收的，应当在行政处罚决定书上注明。

当场制作的行政处罚决定书应当载明当事人的基本情况、违法行为、行政处罚依据、处罚种类、罚款数额、缴款途径和期限、救济途径和期限、部门名称、时间、地点，并加盖市场监督管理部门印章。

办案人员在行政处罚决定作出前，应当告知当事人拟作出的行政处罚内容及事实、理由、依据，并告知当事人有权进行陈述和申辩。当事人进行陈述和申辩的，办案人员应当记入笔录。

适用简易程序查处案件的有关材料，办案人员应当在作出行政处罚决定之日起 7 个工作日内交至所在的市场监督管理部门归档保存。

三、普通程序

（一）立案

市场监督管理部门对依据监督检查职权或者通过投诉、举报、其他部门移送、上级交办等途径发现的违法行为线索，应当自发现线索或者收到材料之日起15个工作日内予以核查，由市场监督管理部门负责人决定是否立案；特殊情况下，经市场监督管理部门负责人批准，可以延长15个工作日。法律、法规、规章另有规定的除外。检测、检验、检疫、鉴定以及权利人辨认或者鉴别等所需时间，不计入上述规定期限。

经核查，符合下列条件的，应当立案：（1）有证据初步证明存在违反市场监督管理法律、法规、规章的行为；（2）依据市场监督管理法律、法规、规章应当给予行政处罚；（3）属于本部门管辖；（4）在给予行政处罚的法定期限内。决定立案的，应当填写立案审批表，由办案机构负责人指定两名以上具有行政执法资格的办案人员负责调查处理。

经核查，有下列情形之一的，可以不予立案：（1）违法行为轻微并及时改正，没有造成危害后果；（2）初次违法且危害后果轻微并及时改正；（3）当事人有证据足以证明没有主观过错，但法律、行政法规另有规定的除外；（4）依法可以不予立案的其他情形。决定不予立案的，应当填写不予立案审批表。

（二）调查取证

办案人员应当全面、客观、公正、及时进行案件调查，收集、调取证据，并依照法律、法规、规章的规定进行检查。首次向当事人收集、调取证据的，应当告知其享有陈述权、申辩权以及申请回避的权利。

办案人员调查或者进行检查时不得少于两人，并应当主动向当事人或者有关人员出示执法证件。

在证据可能灭失或者以后难以取得的情况下，市场监督管理部门可以对与涉嫌违法行为有关的证据采取先行登记保存措施。采取或者解除先行登记保存措施，应当经市场监督管理部门负责人批准。情况紧急，需要当场采取先行登记保存措施的，办案人员应当在24小时内向市场监督管理部门负责人报告，并补办批准手续。市场监督管理部门负责人认为不应当采取先行登记保存措施的，应当立即解除。

市场监督管理部门可以依据法律、法规的规定采取查封、扣押等行政强制措施。采取或者解除行政强制措施，应当经市场监督管理部门负责人批准。情况紧急，需要当场采取行政强制措施的，办案人员应当在24小时内向市场监督管理部门负责人报告，并补办批准手续。市场监督管理部门负责人认为不应当采取行政强制措施的，应当立即解除。

（三）案件中止与终止

有下列情形之一的，经市场监督管理部门负责人批准，中止案件调查：（1）行政处罚决定须以相关案件的裁判结果或者其他行政决定为依据，而相关案件尚未审结或者其他行政决定尚未作出的；（2）涉及法律适用等问题，需要送请有权机关作出解释或者确认的；（3）因不可抗力致使案件暂时无法调查的；（4）因当事人下落不明致使案件暂时无法调查的；（5）其他应当中止调查的情形。中止调查的原因消除后，应当立即恢复案件调查。

因涉嫌违法的自然人死亡或者法人、其他组织终止，并且无权利义务承受人等原因，致使案件调查无法继续进行的，经市场监督管理部门负责人批准，案件终止调查。

（四）法制审核

对情节复杂或者重大违法行为给予行政处罚的下列案件，在市场监督管理部门负责人作出行政处罚的决定之前，应当由从事行政处罚决定法制审核的人员进行法制审核；未经法制审核或者审核未通过的，不得作出决定：（1）涉及重大公共利益的；（2）直接关系当事人或者第三人重大权益，经过听证程序的；（3）案件情况疑难复杂、涉及多个法律关系的；（4）法律、法规规定应当进行法制审核的其他情形。法制审核由市场监督管理部门法制机构或者其他机构负责实施。

（五）罚前告知

拟给予行政处罚的案件，市场监督管理部门在作出行政处罚决定之前，应当书面告知当事人拟作出的行政处罚内容及事实、理由、依据，并告知当事人依法享有陈述权、申辩权。拟作出的行政处罚属于听证范围的，还应当告知当事人有要求听证的权利。法律、法规规定在行政处罚决定作出前需责令当事人退还多收价款的，一并告知拟责令退还的数额。

当事人自告知书送达之日起5个工作日内，未行使陈述、申辩权，未要求听证的，视为放弃此权利。

市场监督管理部门在告知当事人拟作出的行政处罚决定后，应当充分听取当事人的意见，对当事人提出的事实、理由和证据进行复核。当事人提出的事实、理由或者证据成立的，市场监督管理部门应当予以采纳，不得因当事人陈述、申辩或者要求听证而给予更重的行政处罚。

（六）责令退款

法律、法规要求责令当事人退还多收价款的，市场监督管理部门应当在听取当事人意见后作出行政处罚决定前，向当事人发出责令退款通知书，责令当事人限期退还。难以查找多付价款的消费者或者其他经营者的，责令公告查找。

（七）作出处理

市场监督管理部门负责人经对案件调查终结报告、审核意见、当事人陈述和申辩意见或者听证报告等进行审查，根据不同情况，分别作出以下决定：（1）确有依法应当给予行政处罚的违法行为的，根据情节轻重及具体情况，作出行政处罚决定；（2）确有违法行为，但有依法不予行政处罚情形的，不予行政处罚；（3）违法事实不能成立的，不予行政处罚；（4）不属于市场监督管理部门管辖的，移送其他行政管理部门处理；（5）违法行为涉嫌犯罪的，移送司法机关。

对涉及重大公共利益的的案件，拟给予行政处罚的，应当由市场监督管理部门负责人集体讨论决定。

市场监督管理部门作出的具有一定社会影响的行政处罚决定应当按照有关规定向社会公开。公开的行政处罚决定被依法变更、撤销、确认违法或者确认无效的，市场监督管理部门应当在3个工作日内撤回行政处罚决定信息并公开说明理由。

适用普通程序办理的案件应当自立案之日起90日内作出处理决定。因案情复杂或者其他原因，不能在规定期限内作出处理决定的，经市场监督管理部门负责人批准，可以延长30日。案情特别复杂或者有其他特殊情况，经延期仍不能作出处理决定的，应当由市场监督管理部门负责人集体讨论决定是否继续延期，决定继续延期的，应当同时确定延长的合理期限。

案件处理过程中，中止、听证、公告和检测、检验、检疫、鉴定、权利人辨认或者鉴别、责令退还多收价款等时间不计入上述所指的案件办理期限。

发生重大传染病疫情等突发事件，为了控制、减轻和消除突发事件引起的社会危害，市场监督管理部门对违反突发事件应对措施的行为，依法快速、从重处罚。

四、听证程序

听证程序是市场监管行政处罚的特别程序，不是所有行政处罚案件的必经程序，只有符合条件的案件才可以适用该程序。

（一）听证案件范围

根据《市场监督管理行政处罚听证办法》[1]规定，市场监督管理部门拟作出下列行政处罚决定，应当告知当事人有要求听证的权利：

（1）责令停产停业、责令关闭、限制从业；

（2）降低资质等级、吊销许可证件或者营业执照；

（3）对自然人处以10000元以上、对法人或者其他组织处以100000元以上罚款；

（4）对自然人、法人或者其他组织作出没收违法所得和非法财物价值总额达到第三项所列数额的行政处罚；

（5）其他较重的行政处罚；

（6）法律、法规、规章规定的其他情形。

各省、自治区、直辖市人大常委会或者人民政府对上述第3项、第4项所列罚没数额有具体规定的，可以从其规定。

（二）听证步骤和要求

1. 告知和申请

向当事人告知听证权利时，应当书面告知当事人拟作出的行政处罚内容及事实、理由、依据。当事人要求听证的，可以在告知书送达回证上签署意见，也可以自收到告知书之日起5个工作日内提出。当事人以口头形式提出的，办案人员应当将情况记入笔录，并由当事人在笔录上签名或者盖章。当事人自告知书送达之日起5个工作日内，未要求听证的，视为放弃此权利。当事人在规定期限内要求听证的，市场监督管理部门应当依照本办法的规定组织听证。

2. 听证主持人

市场监督管理部门应当自收到当事人要求听证的申请之日起3个工作日内，确定听证主持人。听证主持人由市场监督管理部门负责人指定。必要时，可以设1~2名听证员，协助听证主持人进行听证。办案人员不得担任听证主持人、听证员和记录员。市场监督管理部门行政处罚案件听证实行回避制度。听证主持人、听证员、记录员、翻译人员与案件有直接利害关系或者有其他关系可能影响公正

---

[1] 2018年12月21日国家市场监督管理总局令第3号公布，根据2021年7月2日国家市场监督管理总局令第42号《国家市场监督管理总局关于修改〈市场监督管理行政处罚程序暂行规定〉等二部规章的决定》修正。

执法的,应当回避。

3. 通知

听证主持人应当自接到办案人员移交的案件材料之日起 5 个工作日内确定听证的时间、地点,并应当于举行听证的 7 个工作日前将听证通知书送达当事人。

4. 公开听证

除涉及国家秘密、商业秘密或者个人隐私依法予以保密外,听证应当公开举行。公开举行听证的,市场监督管理部门应当于举行听证的 3 个工作日前公告当事人的姓名或者名称、案由以及举行听证的时间、地点。

5. 具体程序

听证按下列程序进行:(1)办案人员提出当事人违法的事实、证据、行政处罚建议及依据;(2)当事人及其委托代理人进行陈述和申辩;(3)第三人及其委托代理人进行陈述;(4)质证;(5)辩论;(6)听证主持人按照第三人、办案人员、当事人的先后顺序征询各方最后意见。当事人可以当场提出证明自己主张的证据,听证主持人应当接收。

6. 听证笔录和听证报告

记录员应当如实记录,制作听证笔录。听证笔录应当载明听证时间、地点、案由,听证人员、听证参加人姓名,各方意见以及其他需要载明的事项。听证会结束后,听证笔录应当经听证参加人核对无误后,由听证参加人当场签名或者盖章。当事人、第三人拒绝签名或者盖章的,由听证主持人在听证笔录中注明。

听证结束后,听证主持人应当在 5 个工作日内撰写听证报告,由听证主持人、听证员签名,连同听证笔录送办案机构,由其连同其他案件材料一并上报市场监督管理部门负责人。

市场监督管理部门应当根据听证笔录,结合听证报告提出的意见建议,依照《市场监督管理行政处罚程序规定》的有关规定作出决定。

7. 费用

市场监督管理部门应当保障听证经费,提供组织听证所必需的场地、设备以及其他便利条件。市场监督管理部门举行听证,不得向当事人收取费用。

五、执行制度

（一）当场收缴罚款

市场监督管理部门对当事人作出罚款、没收违法所得行政处罚的，当事人应当自收到行政处罚决定书之日起15日内，通过指定银行或者电子支付系统缴纳罚没款。有下列情形之一的，可以由办案人员当场收缴罚款：（1）当场处以100元以下罚款的；（2）当场对自然人处以200元以下、对法人或者其他组织处以3000元以下罚款，不当场收缴事后难以执行的；（3）在边远、水上、交通不便地区，当事人向指定银行或者通过电子支付系统缴纳罚款确有困难，经当事人提出的。

办案人员当场收缴罚款的，必须向当事人出具国务院财政部门或者省、自治区、直辖市财政部门统一制发的专用票据。

（二）延期、分期缴纳罚款

当事人确有经济困难，需要延期或者分期缴纳罚款的，应当提出书面申请。经市场监督管理部门负责人批准，同意当事人暂缓或者分期缴纳罚款的，市场监督管理部门应当书面告知当事人暂缓或者分期的期限。

（三）执行保障

（1）当事人逾期不缴纳罚款的，市场监督管理部门可以每日按罚款数额的百分之三加处罚款，加处罚款的数额不得超出罚款的数额。

（2）当事人在法定期限内不申请行政复议或者提起行政诉讼，又不履行行政处罚决定，且在收到催告书10工作日后仍不履行行政处罚决定的，市场监督管理部门可以在期限届满之日起3个月内依法申请人民法院强制执行。

第十七章 环境执法

本章导读： 本章主要涉及《环境保护法》《大气污染防治法》《水污染防治法》《海洋环境保护法》《环境影响评价法》等法律和国务院生态环境主管部门的规章，以生态环境主管部门的权责为主线，介绍了其职权职责和环境行政执法中的特别要求。

第一节 环境执法概述

一、环境执法的含义

环境是指影响人类生存和发展的各种天然的和经过人工改造的自然因素的总体，包括大气、水、海洋、土地、矿藏、森林、草原、湿地、野生生物、自然遗迹、人文遗迹、自然保护区、风景名胜区、城市和乡村等。保护环境是国家的基本国策。环境保护坚持保护优先、预防为主、综合治理、公众参与、损害担责的原则。

环境执法是指以生态环境部门为主的行政执法机关依照法律规定，对单位和个人的各种影响或可能影响环境的行为和事件进行监督管理的活动。加强环境行政执法，防止环境污染和其他公害，对保护和改善环境，实现环境保护的基本国策，具有极其重要的作用。

（一）环境执法的特征

环境执法具有多部门性。环境执法以各级人民政府为主导，以各级生态环境部门为主体，农业、林业、渔业、公安、住建、自然资源和规划等各部门分工协作，相互联动为模式的执法形式。环境执法手段具有多样性。事先监管手段主要是行政许可，如排污许可等。事中和事后监管手段包括行政检查、行政处罚、行政强制、行政指导等方式。

（二）环境执法的原则

环境执法属于行政执法的组成部分，因此要坚持行政法的基本原则。一是要坚持合法性原则。环境执法的主体必须具有法定职权,坚持法无授权不可为;环境执法必须以事实为根据,以法律为准绳;执法行为必须符合法定程序要求,做到程序合法与正当。二是坚持教育与处罚相结合的原则。环境执法的目标是贯彻保护环境的基本国策,保护和改善人类赖以生存的生态环境,目的是教育全体公民和组织体爱护环境。因此教育与处罚是环境保护工作的两个重要手段,缺一不可,必须坚持教育与处罚相结合的原则。三是要坚持合理性原则。环境行政执法主体的执法行为必须公允适当、具有合理性,只能根据违法行为的情节轻重、后果大小选择处罚的标准,合理使用自由裁量权。四是要坚持公平、公正、公开的原则。公平公正原则要求环境行政执法主体必须对任何单位和个人所依法享有的环境权利给予同等的保护,同时对其环境违法行为也要平等地加以追究和制裁。环境执法同样要坚持公开原则,坚持执法信息及时、持久的向社会公示公开。对于社会大众普遍关注的环境问题,要及时高效地公开。

二、生态环境部门的职责

（一）生态环境部的主要职责

（1）负责建立健全生态环境基本制度。会同有关部门拟订国家生态环境政策、规划并组织实施,起草法律法规草案,制定部门规章。会同有关部门编制并监督实施重点区域、流域、海域、饮用水水源地生态环境规划和水功能区划,组织拟订生态环境标准,制定生态环境基准和技术规范。

（2）负责重大生态环境问题的统筹协调和监督管理。牵头协调重特大环境污染事故和生态破坏事件的调查处理,指导协调地方政府对重特大突发生态环境事件的应急、预警工作,牵头指导实施生态环境损害赔偿制度,协调解决有关跨区域环境污染纠纷,统筹协调国家重点区域、流域、海域生态环境保护工作。

（3）负责监督管理国家减排目标的落实。组织制定陆地和海洋各类污染物排放总量控制、排污许可证制度并监督实施,确定大气、水、海洋等纳污能力,提出实施总量控制的污染物名称和控制指标,监督检查各地污染物减排任务完成情况,实施生态环境保护目标责任制。

（4）负责提出生态环境领域固定资产投资规模和方向、国家财政性资金安排的意见,按国务院规定权限审批、核准国家规划内和年度计划规模内固定资产投资项目,配合有关部门做好组织实施和监督工作。参与指导推动循环经济和生态环保产业发展。

（5）负责环境污染防治的监督管理。制定大气、水、海洋、土壤、噪声、光、恶臭、固体废物、化学品、机动车等的污染防治管理制度并监督实施。会同有关部门监督管理饮用水水源地生态环境保护工作，组织指导城乡生态环境综合整治工作，监督指导农业面源污染治理工作。监督指导区域大气环境保护工作，组织实施区域大气污染联防联控协作机制。

（6）指导协调和监督生态保护修复工作。组织编制生态保护规划，监督对生态环境有影响的自然资源开发利用活动、重要生态环境建设和生态破坏恢复工作。组织制定各类自然保护地生态环境监管制度并监督执法。监督野生动植物保护、湿地生态环境保护、荒漠化防治等工作。指导协调和监督农村生态环境保护，监督生物技术环境安全，牵头生物物种（含遗传资源）工作，组织协调生物多样性保护工作，参与生态保护补偿工作。

（7）负责核与辐射安全的监督管理。拟订有关政策、规划、标准，牵头负责核安全工作协调机制有关工作，参与核事故应急处理，负责辐射环境事故应急处理工作。监督管理核设施和放射源安全，监督管理核设施、核技术应用、电磁辐射、伴有放射性矿产资源开发利用中的污染防治。对核材料管制和民用核安全设备设计、制造、安装及无损检验活动实施监督管理。

（8）负责生态环境准入的监督管理。受国务院委托对重大经济和技术政策、发展规划以及重大经济开发计划进行环境影响评价。按国家规定审批或审查重大开发建设区域、规划、项目环境影响评价文件。拟订并组织实施生态环境准入清单。

（9）负责生态环境监测工作。制定生态环境监测制度和规范、拟订相关标准并监督实施。会同有关部门统一规划生态环境质量监测站点设置，组织实施生态环境质量监测、污染源监督性监测、温室气体减排监测、应急监测。组织对生态环境质量状况进行调查评价、预警预测，组织建设和管理国家生态环境监测网和全国生态环境信息网。建立和实行生态环境质量公告制度，统一发布国家生态环境综合性报告和重大生态环境信息。

（10）负责应对气候变化工作。组织拟订应对气候变化及温室气体减排重大战略、规划和政策。与有关部门共同牵头组织参加气候变化国际谈判。负责国家履行联合国气候变化框架公约相关工作。

（11）组织开展中央生态环境保护督察。建立健全生态环境保护督察制度，组织协调中央生态环境保护督察工作，根据授权对各地区各有关部门贯彻落实中央生态环境保护决策部署情况进行督察问责。指导地方开展生态环境保护督察工作。

（12）统一负责生态环境监督执法。组织开展全国生态环境保护执法检查活动。查处重大生态环境违法问题。指导全国生态环境保护综合执法队伍建设和业务工作。

（13）组织指导和协调生态环境宣传教育工作，制定并组织实施生态环境保护宣传教育纲要，推动社会组织和公众参与生态环境保护。开展生态环境科技工作，组织生态环境重大科学研究和技术工程示范，推动生态环境技术管理体系建设。

（14）开展生态环境国际合作交流，研究提出国际生态环境合作中有关问题的建议，组织协调有关生态环境国际条约的履约工作，参与处理涉外生态环境事务，参与全球陆地和海洋生态环境治理相关工作。

（15）完成上级交办的其他任务。

（二）省级生态环境部门的主要职责

（1）负责建立健全省生态环境基本制度。会同有关部门贯彻执行国家生态环境方针、政策和法律、法规。会同有关部门拟订并组织实施全省生态环境政策、规划，起草地方性法规和规章草案。会同有关部门编制并监督实施重点区域、流域、海域、饮用水水源地生态环境规划和水功能区划，组织拟订生态环境地方性标准，制定生态环境基准和技术规范。

（2）负责全省重大生态环境问题的统筹协调和监督管理。牵头协调全省重特大环境污染事故和生态破坏事件的调查处理，指导协调市、县（市、区）政府对重特大突、发生态环境事件的应急、预警工作，牵头指导实施生态环境损害赔偿制度，协调解决有关跨区域环境污染纠纷，统筹协调全省重点区域、流域、海域生态环境保护工作。

（3）负责监督管理全省减排目标的落实。组织制定全省陆地和海洋各类污染物排放总量控制、排污许可证制度并监督实施，确定全省大气、水、海洋等纳污能力，提出全省实施总量控制的污染物名称和控制指标，监督检查各地污染物减排任务完成情况，实施生态环境保护目标责任制。

（4）负责提出生态环境领域固定资产投资规模和方向、省级财政性资金安排的意见，按省政府规定权限审批、核准省规划内和年度计划规模内固定资产投资项目，配合有关部门做好组织实施和监督工作。参与指导推动全省循环经济和生态环保产业发展。

（5）负责全省环境污染防治的监督管理。制定全省大气、水、海洋、土壤、噪声、光、恶臭、固体废物、化学品、机动车等的污染防治管理制度并监督实施。会同有关部门监督管理全省饮用水水源地生态环境保护工作，组织指导城乡生态环境综合整治工作，监督指导农业面源污染治理工作。监督指导全省区域大气环境保护工作，组织实施区域大气污染联防联控协作机制。

（6）指导协调和监督全省生态保护修复工作。组织编制全省生态保护规划，监督对生态环境有影响的自然资源开发利用活动、重要生态环境建设和生态破坏恢复工作。组织制定全省各类自然保护地生态环境监管制度并监督执法。监督野生动植物保护、湿地生态环境保护、荒漠化防治等工作。指导协调和监督农村生态环境保护，监督生物技术环境安全，牵头生物物种（含遗传资源）工作，组织协调生物多样性保护工作，参与生态保护补偿工作。

（7）负责全省核与辐射安全的监督管理。拟订有关政策、规划、标准，牵头负责辐射安全工作协调机制有关工作，参与核事故应急处理，负责辐射环境事故应急处理工作。监督管理核设施和放射源安全，监督管理核设施、核技术应用、电磁辐射、伴有放射性矿产资源开发利用中的污染防治。对核材料管制和民用核安全设备设计、制造、安装及无损检验活动实施监督管理。

（8）负责全省生态环境准入的监督管理。受省政府委托对重大经济和技术政策、发展规划以及重大经济开发计划进行环境影响评价。按国家和省规定审批或审查重大开发建设区域、规划、项目环境影响评价文件。拟订并组织实施生态环境准入清单。

（9）负责全省生态环境监测工作。监督实施国家生态环境监测制度和规范。会同有关部门统一规划生态环境质量监测站点设置，组织实施生态环境质量监测、污染源监督性监测、温室气体减排监测、应急监测。组织对生态环境质量状况进行调查评价、预警预测，组织建设和管理省生态环境监测网和生态环境信息网。建立和实行生态环境质量公告制度，统一发布全省生态环境质量状况公报和重大生态环境信息。

（10）负责全省应对气候变化工作。组织拟订全省应对气候变化及温室气体减排规划和政策。与有关部门共同牵头组织参加气候变化国际谈判省内相关工作。

负责履行联合国气候变化框架公约省内相关工作。

（11）组织开展省委、省政府生态环境保护督察。建立健全生态环境保护督察制度，组织协调省委、省政府生态环境保护督察工作，根据授权对各有关部门和各市、县（市、区）贯彻落实中央和省委、省政府生态环境保护决策部署情况进行督察问责。

（12）统一负责全省生态环境监督执法。组织开展全省生态环境保护执法检查活动。负责跨区域、重大生态环境违法行为的现场调查、行政处罚和行政强制工作。指导全省生态环境保护综合执法队伍建设和业务工作。

（13）组织指导和协调全省生态环境宣传教育工作，制定并组织实施省生态环境保护宣传教育纲要，推动社会组织和公众参与生态环境保护。开展全省生态环境科技工作，组织生态环境重大科学研究和技术工程示范，推动生态环境技术管理体系建设。

（14）开展生态环境对外合作交流，研究提出国际、省际生态环境合作中有关问题的建议，组织协调有关生态环境国际条约的省内履约工作，参与处理涉外生态环境事务。

（15）完成上级交办的其他任务。

（三）市县级生态环境部门的主要职责

市县级生态环境部门负责本区域的生态环境保护和治理工作。虽然市一级生态环境部门具有一定的政策制定权，如通过制定规范性文件的形式统一本行政区行政处罚裁量基准等，但是市县一级的主要职责和任务是具体的行政执法工作，如环境监测、排污许可、排污收费、环境检查、行政处罚、行政强制和应急处置等。

三、生态环境部门的职权

（一）行政许可权

行政许可是环境执法领域重要的事先监管手段，主要包括排污许可、环评审批，其他许可项目还有危险废物经营许可、危险废物转移审批、放射性同位素转让审批、辐射安全许可、海洋环境保护设施拆除或闲置许可、海洋工程建设项目的环境保护设施验收等。

（二）行政检查权

行政检查是环境执法领域重要的事中监管手段，是发现问题和进行行政处理的必要前提。我国《环境保护法》第24条明确规定："县级以上人民政府环境保护主管部门及其委托的环境监察机构和其他负有环境保护监督管理职责的部门，有权对排放污染物的企业事业单位和其他生产经营者进行现场检查。被检查者应当如实反映情况，提供必要的资料。实施现场检查的部门、机构及其工作人员应当为被检查者保守商业秘密。"《大气污染防治法》第29条规定："生态环境主管部门及其环境执法机构和其他负有大气环境保护监督管理职责的部门，有权通过现场检查监测、自动监测、遥感监测、远红外摄像等方式，对排放大气污染物的企业事业单位和其他生产经营者进行监督检查。被检查者应当如实反映情况，提供必要的资料。实施检查的部门、机构及其工作人员应当为被检查者保守商业秘密。"环境执法检查包括日常监测检查、专项检查、重点项目检查和随机抽查等。检查内容包括对排放污染物的企业事业单位和其他生产经营者的现场检查；辐射污染防治工作监督管理；对新生产、销售机动车和非道路移动机械大气污染物排放状况的监督检查；对机动车排放检验情况的监督检查；对储油储气库、加油加气站和油罐车、气罐车等油气回收装置运行情况进行监督检查等。

（三）行政处罚权

对于环境违法行为必须依法严格处罚。根据我国《环境保护法》和其他法律法规规定，环境执法领域的行政处罚主要包括警告、罚款、限制生产、停产整治、责令停业、关闭等；对企业事业单位和其他生产经营者的直接负责的主管人员和其他直接责任人员可以处行政拘留的处罚。由于环境违法行为广泛存在，因此环境行政处罚的范围十分广泛。包括对造成辐射事故的行政处罚；对生产超过污染物排放标准的机动车、非道路移动机械的行政处罚；对超出生产配额许可证规定的品种、数量、期限生产消耗臭氧层物质等行为的行政处罚；对拒不改正违法排放污染物行为的行政处罚；对超标或超总量排放大气污染物的行政处罚等。

（四）行政强制权

行政强制是环境执法机关的必要执法措施。我国《环境保护法》第25条明确规定："企业事业单位和其他生产经营者违反法律法规规定排放污染物，造成或者可能造成严重污染的，县级以上人民政府环境保护主管部门和其他负有环境保护监督管理职责的部门，可以查封、扣押造成污染物排放的设施、设备。"《固体废物环境污染防治法》第27条规定："有下列情形之一，生态环境主管部门和其他负有固体废物污染环境防治监督管理职责的部门，可以对违法收集、贮存、运输、利用、处置的固体废物及设施、设备、场所、工具、物品予以查封、扣押：（一）可能造成证据灭失、被隐匿或者非法转移的；（二）造成或者可能造成严重环境污染的。"可见，环境执法中行政强制措施主要就是查封和扣押。行政强制的内容包括：对违法生产、销售、使用进出口的消耗臭氧层物质的单位及其生产设备、设施、原料及产品的行政强制；对违法收集、贮存、运输、利用、处置的固体废物及设施、设备、场所、工具、物品的行政强制；对造成水污染事故的行政强制；对违法排污造成突发环境事件的行政强制；对违法设置排污口的行政强制；对海洋工程建设项目造成领海基点及其周围环境被侵蚀、淤积或者损害等行为的行政强制等。

（五）其他职权

其他职权包括：行政奖励权，主要是对举报环境违法行为的奖励；行政备案权，包括放射性同位素转让完成后的备案，对废旧放射源回收（收贮）的备案，对放射性同位素异地使用的备案，Ⅰ类放射性物品运输备案等；行政确认权，如年度清洁生产审核评估企业名单确认及验收结果公布；行政验收、公共服务等职权。

第二节　环境执法要求

一、按日连续处罚要求

《环境保护法》第59条规定："企业事业单位和其他生产经营者违法排放污染物，受到罚款处罚，被责令改正，拒不改正的，依法作出处罚决定的行政机关可以自责令改正之日的次日起，按照原处罚数额按日连续处罚。前款规定的罚款处罚，依照有关法律法规按照防治污染设施的运行成本、违法行为造成的直接损失或者违法所得等因素确定的规定执行。地方性法规可以根据环境保护的实际需要，增加第一款规定的按日连续处罚的违法行为的种类。"本条规定，一是体现了国家对生态环境保护工作的重视，二是震慑违法者，通过按日连续处罚增加其违法成本，使其迅速改正违法行为。为了落实本条规范，原环境保护部于2014年12月15日通过并公布了《环境保护主管部门实施按日连续处罚办法》，自2015年1月1日起施行。

（一）适用范围

排污者有下列行为之一，受到罚款处罚，被责令改正，拒不改正的，依法作出罚款处罚决定的生态环境部门可以实施按日连续处罚：（1）超过国家或者地方规定的污染物排放标准，或者超过重点污染物排放总量控制指标排放污染物的；（2）通过暗管、渗井、渗坑、灌注或者篡改、伪造监测数据，或者不正常运行防治污染设施等逃避监管的方式排放污染物的；（3）排放法律、法规规定禁止排放的污染物的；（4）违法倾倒危险废物的；（5）其他违法排放污染物行为。

地方性法规可以根据环境保护的实际需要，增加按日连续处罚的违法行为的种类。

（二）实施程序

1. 调查取证

生态环境部门检查发现排污者违法排放污染物的，应当进行调查取证，并依法作出行政处罚决定。按日连续处罚决定应当在上述规定的行政处罚决定之后作出。

生态环境部门可以当场认定违法排放污染物的，应当在现场调查时向排污者送达责令改正违法行为决定书，责令立即停止违法排放污染物行为。需要通过环境监测认定违法排放污染物的，环境监测机构应当按照监测技术规范要求进行监测。生态环境部门应当在取得环境监测报告后3个工作日内向排污者送达责令改正违法行为决定书，责令立即停止违法排放污染物行为。

2. 复查

生态环境部门应当在送达责令改正违法行为决定书之日起30日内，以暗查方式组织对排污者违法排放污染物行为的改正情况实施复查。排污者在生态环境部门实施复查前，可以向作出责令改正违法行为决定书的生态环境部门报告改正情况，并附具相关证明材料。生态环境部门复查时发现排污者拒不改正违法排放污染物行为的，可以对其实施按日连续处罚。生态环境部门复查时发现排污者已经改正违法排放污染物行为或者已经停产、停业、关闭的，不启动按日连续处罚。

3. 认定与处罚

排污者具有下列情形之一的，认定为拒不改正：（1）责令改正违法行为决定书送达后，生态环境部门复查发现仍在继续违法排放污染物的；（2）拒绝、阻挠生态环境部门实施复查的。生态环境部门决定实施按日连续处罚的，应当依法作出处罚决定书。生态环境部门实施按日连续处罚应当符合法律规定的行政处罚程序。

（三）计罚方式

按日连续处罚的计罚日数为责令改正违法行为决定书送达排污者之日的次日起，至生态环境部门复查发现违法排放污染物行为之日止。再次复查仍拒不改正的，计罚日数累计执行。再次复查时违法排放污染物行为已经改正，生态环境部门在之后的检查中又发现排污者有本办法规定的情形的，应当重新作出处罚决定，按日连续处罚的计罚周期重新起算。按日连续处罚次数不受限制。按日连续处罚每日的罚款数额，为原处罚决定书确定的罚款数额。按照按日连续处罚决定的罚款数额，为原处罚决定书确定的罚款数额乘以计罚日数。

生态环境部门针对违法排放污染物行为实施按日连续处罚的，可以同时适用责令排污者限制生产、停产整治或者查封、扣押等措施；因采取上述措施使排污者停止违法排污行为的，不再实施按日连续处罚。

二、限制生产、停产整治要求

《环境保护法》第60条规定："企业事业单位和其他生产经营者超过污染物排放标准或者超过重点污染物排放总量控制指标排放污染物的，县级以上人民政府环境保护主管部门可以责令其采取限制生产、停产整治等措施；情节严重的，报经有批准权的人民政府批准，责令停业、关闭。"本条规定了限制生产、停产整治的措施。对于"限制生产、停产整治"的法律属性，当时是存在争议的。究竟是行政处罚、行政强制，还是行政命令？根据2021年修订的《行政处罚法》规定，这两项措施应当属于行政处罚措施，属于行为罚的种类。为了落实本条规范，原环境保护部于2014年12月19日公布了《环境保护主管部门实施限制生产、停产整治办法》，并自2015年1月1日起施行。

（一）总体要求

生态环境部门作出限制生产、停产整治决定时，应当责令排污者改正或者限期改正违法行为，并依法实施行政处罚。

生态环境部门实施限制生产、停产整治的，应当依法向社会公开限制生产、停产整治决定，限制生产延期情况和解除限制生产、停产整治的日期等相关信息。

（二）适用范围

（1）排污者超过污染物排放标准或者超过重点污染物日最高允许排放总量控制指标的，生态环境部门可以责令其采取限制生产措施。

（2）排污者有下列情形之一的，生态环境部门可以责令其采取停产整治措施：①通过暗管、渗井、渗坑、灌注或者篡改、伪造监测数据，或者不正常运行防治污染设施等逃避监管的方式排放污染物，超过污染物排放标准的；②非法排放含重金属、持久性有机污染物等严重危害环境、损害人体健康的污染物超过污染物排放标准三倍以上的；③超过重点污染物排放总量年度控制指标排放污染物的；④被责令限制生产后仍然超过污染物排放标准排放污染物的；⑤因突发事件造成污染物排放超过排放标准或者重点污染物排放总量控制指标的；⑥法律、法规规定的其他情形。

（3）具备下列情形之一的排污者，超过污染物排放标准或者超过重点污染物排放总量控制指标排放污染物的，生态环境部门应当按照有关环境保护法律法规予以处罚，可以不予实施停产整治：①城镇污水处理、垃圾处理、危险废物处置等公共设施的运营单位；②生产经营业务涉及基本民生、公共利益的；③实施停产整治可能影响生产安全的。

（三）实施程序

1. 调查取证

生态环境部门在作出限制生产、停产整治决定前，应当做好调查取证工作。责令限制生产、停产整治的证据包括现场检查笔录、调查询问笔录、环境监测报告、视听资料、证人证言和其他证明材料。

2. 集体审议

作出限制生产、停产整治决定前，应当书面报经生态环境部门负责人批准；案情重大或者社会影响较大的，应当经生态环境部门案件审查委员会集体审议决定。

3. 事先告知

生态环境部门作出限制生产、停产整治决定前，应当告知排污者有关事实、依据及其依法享有的陈述、申辩或者要求举行听证的权利；就同一违法行为进行行政处罚的，可以在行政处罚事先告知书或者行政处罚听证告知书中一并告知。

4. 期限规定

生态环境部门作出限制生产、停产整治决定的，应当制作责令限制生产决定书或者责令停产整治决定书，也可以在行政处罚决定书中载明。

生态环境部门应当自作出限制生产、停产整治决定之日起 7 个工作日内将决定书送达排污者。

限制生产一般不超过3个月；情况复杂的，经本级生态环境部门负责人批准，可以延长，但延长期限不得超过3个月。停产整治的期限，自责令停产整治决定书送达排污者之日起，至停产整治决定解除之日止。

5. 监督检查

排污者被责令限制生产、停产整治后，生态环境部门应当按照相关规定对排污者履行限制生产、停产整治措施的情况实施后督察，并依法进行处理或者处罚。排污者解除限制生产、停产整治后，生态环境部门应当在解除之日起30日内对排污者进行跟踪检查。

三、行政强制要求

我国《环境保护法》第25条规定了生态环境主管部门的行政强制措施权，即查封、扣押的权力。为了落实本条规定，细化强制措施程序，原环境保护部于2014年12月15日通过并公布了《环境保护主管部门实施查封、扣押办法》，自2015年1月1日起施行。

（一）适用范围

（1）应予查封、扣押的范围。排污者有下列情形之一的，生态环境部门依法实施查封、扣押：①违法排放、倾倒或者处置含传染病病原体的废物、危险废物、含重金属污染物或者持久性有机污染物等有毒物质或者其他有害物质的；②在饮用水水源一级保护区、自然保护区核心区违反法律法规规定排放、倾倒、处置污染物的；③违反法律法规规定排放、倾倒化工、制药、石化、印染、电镀、造纸、制革等工业污泥的；④通过暗管、渗井、渗坑、灌注或者篡改、伪造监测数据，或者不正常运行防治污染设施等逃避监管的方式违反法律法规规定排放污染物的；⑤较大、重大和特别重大突发环境事件发生后，未按照要求执行停产、停排措施，继续违反法律法规规定排放污染物的；⑥法律、法规规定的其他造成或者可能造成严重污染的违法排污行为。

有上述第1项、第2项、第3项、第6项情形之一的，生态环境部门可以实施查封、扣押；已造成严重污染或者有上述第4项、第5项情形之一的，生态环境部门应当实施查封、扣押。

（2）排除范围。具备下列情形之一的排污者，造成或者可能造成严重污染的，生态环境部门应当按照有关环境保护法律法规予以处罚,可以不予实施查封、扣押:①城镇污水处理、垃圾处理、危险废物处置等公共设施的运营单位;②生产经营业务涉及基本民生、公共利益的;③实施查封、扣押可能影响生产安全的。

(二)实施程序

1. 调查取证

生态环境部门实施查封、扣押前,应当做好调查取证工作。查封、扣押的证据包括现场检查笔录、调查询问笔录、环境监测报告、视听资料、证人证言和其他证明材料。

2. 审批决定

需要实施查封、扣押的,应当书面报经生态环境部门负责人批准;案情重大或者社会影响较大的,应当经生态环境部门案件审查委员会集体审议决定。生态环境部门决定实施查封、扣押的,应当制作查封、扣押决定书和清单。情况紧急,需要当场实施查封、扣押的,应当在实施后 24 小时内补办批准手续。生态环境部门负责人认为不需要实施查封、扣押的,应当立即解除。

3. 具体实施

实施查封、扣押应当符合下列要求:(1)由两名以上具有行政执法资格的环境行政执法人员实施,并出示执法身份证件;(2)通知排污者的负责人或者受委托人到场,当场告知实施查封、扣押的依据以及依法享有的权利、救济途径,并听取其陈述和申辩;(3)制作现场笔录,必要时可以进行现场拍摄。现场笔录的内容应当包括查封、扣押实施的起止时间和地点等;(4)当场清点并制作查封、扣押设施、设备清单,由排污者和生态环境部门分别收执。委托第三人保管的,应同时交第三人收执。执法人员可以对上述过程进行现场拍摄;(5)现场笔录和查封、扣押设施、设备清单由排污者和执法人员签名或者盖章;(6)张贴封条或者采取其他方式,明示生态环境部门已实施查封、扣押;(7)查封、扣押决定书应当当场交付排污者负责人或者受委托人签收。排污者负责人或者受委托人应当签名或者盖章,注明日期。实施查封、扣押过程中,排污者负责人或者受委托人拒不到场或者拒绝签名、盖章的,环境行政执法人员应当予以注明,并可以邀请见证人到场,由见证人和环境行政执法人员签名或者盖章。

4. 解除强制

解除查封、扣押强制措施分为主动解除和申请解除两种情况:(1)主动解除。

生态环境部门实施查封、扣押后，应当及时查清事实，有下列情形之一的，应当立即作出解除查封、扣押决定：第一，对违反法律法规规定排放污染物行为已经作出行政处罚或者处理决定，不再需要实施查封、扣押的；第二，查封、扣押期限已经届满的；第三，其他不再需要实施查封、扣押的情形。查封、扣押的期限不得超过 30 日；情况复杂的，经本级生态环境部门负责人批准可以延长，但延长期限不得超过 30 日。法律、法规另有规定的除外。（2）申请解除。排污者在查封、扣押期限届满前，可以向决定实施查封、扣押的生态环境部门提出解除申请，并附具相关证明材料。生态环境部门应当自收到解除查封、扣押申请之日起 5 个工作日内，组织核查，并根据核查结果分别作出如下决定：第一，确已改正违反法律法规规定排放污染物行为的，解除查封、扣押；第二，未改正违反法律法规规定排放污染物行为的，维持查封、扣押。

查封、扣押措施被解除的，生态环境部门应当立即通知排污者，并自解除查封、扣押决定作出之日起 3 个工作日内送达解除决定。

5. 物品保管

对就地查封的设施、设备，排污者应当妥善保管，不得擅自损毁封条、变更查封状态或者启用已查封的设施、设备。对扣押的设施、设备，生态环境部门应当妥善保管，也可以委托第三人保管。扣押期间设施、设备的保管费用由生态环境部门承担。查封的设施、设备造成损失的，由排污者承担。扣押的设施、设备造成损失的，由生态环境部门承担；因受委托第三人原因造成损失的，委托的生态环境部门先行赔付后，可以向受委托第三人追偿。

四、突发环境事件处置

我国《环境保护法》第 47 条规定："各级人民政府及其有关部门和企业事业单位，应当依照《中华人民共和国突发事件应对法》的规定，做好突发环境事件的风险控制、应急准备、应急处置和事后恢复等工作。"《大气污染防治法》第 97 条规定："发生造成大气污染的突发环境事件，人民政府及其有关部门和相关企业事业单位，应当依照《中华人民共和国突发事件应对法》《中华人民共和国环境保护法》的规定，做好应急处置工作。生态环境主管部门应当及时对突发环境事件产生的大气污染物进行监测，并向社会公布监测信息。"为了落实以上法律规定，规范突发环境事件调查处理工作，原国务院环境保护主管部门于 2014 年

12月19日公布了《突发环境事件调查处理办法》，自2015年3月1日起施行。

（一）调查原则

突发环境事件调查应当遵循实事求是、客观公正、权责一致的原则，及时、准确查明事件原因，确认事件性质，认定事件责任，总结事件教训，提出防范和整改措施建议以及处理意见。

（二）管辖权限

国务院生态环境部门负责组织重大和特别重大突发环境事件的调查处理；省级生态环境部门负责组织较大突发环境事件的调查处理；事发地设区的市级生态环境部门视情况组织一般突发环境事件的调查处理。

上级生态环境部门可以视情况委托下级生态环境部门开展突发环境事件调查处理，也可以对由下级生态环境部门负责的突发环境事件直接组织调查处理，并及时通知下级生态环境部门。

下级生态环境部门对其负责的突发环境事件，认为需要由上一级生态环境部门调查处理的，可以报请上一级生态环境部门决定。

（三）调查组织与纪律

突发环境事件调查应当成立调查组，由生态环境部门主要负责人或者主管环境应急管理工作的负责人担任组长，应急管理、环境监测、环境影响评价管理、环境监察等相关机构的有关人员参加。生态环境部门可以聘请环境应急专家库内专家和其他专业技术人员协助调查。

调查组成员和受聘请协助调查的人员不得与被调查的突发环境事件有利害关系。调查组成员和受聘请协助调查的人员应当遵守工作纪律，客观公正地调查处理突发环境事件，并在调查处理过程中恪尽职守，保守秘密。未经调查组组长同意，不得擅自发布突发环境事件调查的相关信息。

（四）调查措施

1. 现场勘查

开展突发环境事件调查，应当对突发环境事件现场进行勘查，并可以采取以下措施：（1）通过取样监测、拍照、录像、制作现场勘查笔录等方法记录现场情况，提取相关证据材料；（2）进入突发环境事件发生单位、突发环境事件涉及的相关单位或者工作场所，调取和复制相关文件、资料、数据、记录等；（3）根据调查需要，对突发环境事件发生单位有关人员、参与应急处置工作的知情人员进行询问，并制作询问笔录；（4）进行现场勘查、检查或者询问，不得少于两人。

2. 询问

突发环境事件发生单位的负责人和有关人员在调查期间应当依法配合调查工作，接受调查组的询问，并如实提供相关文件、资料、数据、记录等。因客观原因确实无法提供的，可以提供相关复印件、复制品或者证明该原件、原物的照片、录像等其他证据，并由有关人员签字确认。现场勘查笔录、检查笔录、询问笔录等，应当由调查人员、勘查现场有关人员、被询问人员签名。

（五）调查事项与损害评估

突发环境事件调查应当查明下列情况：（1）突发环境事件发生单位基本情况；（2）突发环境事件发生的时间、地点、原因和事件经过；（3）突发环境事件造成的人身伤亡、直接经济损失情况，环境污染和生态破坏情况；（4）突发环境事件发生单位、地方人民政府和有关部门日常监管和事件应对情况；（5）其他需要查明的事项。

生态环境部门应当按照所在地人民政府的要求，根据突发环境事件应急处置阶段污染损害评估工作的有关规定，开展应急处置阶段污染损害评估。应急处置阶段污染损害评估报告或者结论是编写突发环境事件调查报告的重要依据。

（六）调查报告与调查期限

开展突发环境事件调查，应当在查明突发环境事件基本情况后，编写突发环境事件调查报告。

特别重大突发环境事件、重大突发环境事件的调查期限为60日；较大突发环境事件和一般突发环境事件的调查期限为30日。突发环境事件污染损害评估所需时间不计入调查期限。调查期限从突发环境事件应急状态终止之日起计算。

（七）后续处理

（1）生态环境部门应当依法向社会公开突发环境事件的调查结论、环境影响和损失的评估结果等信息。生态环境部门应当将突发环境事件发生单位的环境违法信息记入社会诚信档案，并及时向社会公布。

（2）突发环境事件调查过程中发现突发环境事件发生单位涉及环境违法行为的，调查组应当及时向相关生态环境部门提出处罚建议。相关生态环境部门应当依法对事发单位及责任人员予以行政处罚；涉嫌构成犯罪的，依法移送司法机关追究刑事责任。发现其他违法行为的，生态环境部门应当及时向有关部门移送。

发现国家行政机关及其工作人员、突发环境事件发生单位中由国家行政机关任命的人员涉嫌违法违纪的,生态环境部门应当依法及时向监察机关或者有关部门提出处分建议。对于连续发生突发环境事件,或者突发环境事件造成严重后果的地区,有关生态环境部门可以约谈下级地方人民政府主要领导。

(3)生态环境部门可以根据调查报告,对下级人民政府、下级生态环境部门下达督促落实突发环境事件调查报告有关防范和整改措施建议的督办通知,并明确责任单位、工作任务和完成时限。接到督办通知的有关人民政府、生态环境部门应当在规定时限内,书面报送事件防范和整改措施建议的落实情况。

第十八章　应急管理

本章导读：本章介绍了应急管理制度的含义及特征，重点阐述了突发公共卫生事件应急管理制度、生产安全事故应急管理制度和自然灾害应急救助制度。

第一节　应急管理概述

一、应急管理的含义及特征

应急管理是指依照法律规定在政府主导下动员全社会力量，针对自然灾害、事故灾难、公共卫生事件和社会安全事件等重大突发事件而采取的预防、预测、应急处置和恢复重建等一系列活动的总称。应急管理是一项重要的公共事务，既是政府的行政职责，也是社会公众的法定义务。

1. 应急管理应依法进行

应急管理是政府的职责和职权，各级人民政府在应对突发事件时，要采取大量的应急措施。不过，这些措施也势必会影响公民的各项权利，包括人身权、财产权等。因此，根据依法行政的要求，行政主体采取应急措施也要有法可依，依法用权。有关人民政府及其部门采取的应对突发事件的措施，应当与突发事件可能造成的社会危害的性质、程度和范围相适应；有多种措施可供选择的，应当选择有利于最大程度地保护公民、法人和其他组织权益的措施。

2. 应急管理是在政府主导下，依靠全社会的力量进行

《突发事件应对法》规定，县级人民政府对本行政区域内突发事件的应对工作负责，涉及两个以上行政区域的，由有关行政区域共同的上一级人民政府负责，或者由各有关行政区域的上一级人民政府共同负责，从法律上明确界定了政府的责任。同时，该法还规定："国家建立有效的社会动员机制，增强全民的公共安全和防范风险的意识，提高全社会的避险救助能力。公民、法人和其他组织有义务参与突发事件应对工作。"尽管政府是应急管理的责任主体，但是没有全社会

的共同参与，突发事件应对不可能取得好的效果。

3. 应急管理是一系列应急制度、措施和活动的总和

应急管理是由预防、预警、应急处置和恢复重建几个阶段组成的一个完整过程，而且这个过程中，还包含了各项制度和措施。如应急预案制度、应急管理培训制度、信息报告员制度、监测制度、预警制度等。应急措施包括转移、疏散或者撤离易受突发事件危害的人员并予以妥善安置，转移重要财产；关闭或者限制使用易受突发事件危害的场所，控制或者限制容易导致危害扩大的公共场所的活动等。

4. 应急管理目标明确

应急管理的目标就是预防和减少突发事件的发生，控制、减轻和消除突发事件引起的严重社会危害，保护人民生命财产安全，维护国家安全、公共安全、环境安全和社会秩序。其中保护人民生命财产安全是核心目标，因为我们党和政府的执政理念是以人民为中心的，人民的生命财产安全始终在第一位。

近些年来，我国地震、洪涝、台风等自然灾害时有发生；2003 年"非典"发生，2020 年新冠肺炎疫情暴发；生产安全事故也经常性出现，如煤矿塌方、旅店倒塌等。这些突发事件严重威胁人民群众生命财产安全，因此必须加强我国的应急管理制度和能力建设。为此，近些年我国党和政府在法治层面、制度层面、体制层面大力加强建设，以应对频发的突发事件。1989 年 2 月颁布了《传染病防治法》；2002 年颁布了《安全生产法》；2003 年 5 月颁布了《突发公共卫生事件应急条例》；2007 年 8 月颁布了《突发事件应对法》；2010 年 6 月颁布了《自然灾害救助条例》；2018 年 12 月颁布了《生产安全事故应急条例》。这些法律法规的颁布实施，为我国应急管理提供坚强的法治保障。2018 年 3 月，根据第十三届全国人民代表大会第一次会议批准的国务院机构改革方案，中华人民共和国应急管理部设立。随后各级人民政府建立了相应的应急管理部门。应急管理部门的一个重要职责就是应急处置。应急管理部的一项职责是："组织编制国家应急总体预案和规划，指导各地区各部门应对突发事件工作，推动应急预案体系建设和预案演练。建立灾情报告系统并统一发布灾情，统筹应急力量建设和物资储备并在救灾时统一调度，组织灾害救助体系建设，指导安全生产类、自然灾害类应急救援，承担国家应对特别重大灾害指挥部工作。指导火灾、水旱灾害、地质灾害等防治。"省级应急管理部门的职责中也有如此规定："负责应急管理工作，指导各级各部门应对安全生产类、自然灾害类等突发事件和综合防灾减灾救灾工作。"其他市

县级别的应急管理部门的职责中也包括类似的规定。应急管理部门的建立为我国应急管理制度和能力建设提供了强大的组织基础。另外，根据多年的实践经验，从中央到地方建立了一套完善的应急制度体系，应急机制建设也在不断完善中。

二、应急管理的总体要求

（一）突发事件分级制度

突发事件是指突然发生，造成或者可能造成严重社会危害，需要采取应急处置措施予以应对的自然灾害、事故灾难、公共卫生事件和社会安全事件。按照社会危害程度、影响范围等因素，自然灾害、事故灾难、公共卫生事件分为特别重大、重大、较大和一般四级。法律、行政法规或者国务院另有规定的从其规定。突发事件的分级标准由国务院或者国务院确定的部门制定。

（二）应急处置原则

突发事件应对工作实行预防为主、预防与应急相结合的原则。国家建立重大突发事件风险评估体系，对可能发生的突发事件进行综合性评估，减少重大突发事件的发生，最大限度地减轻重大突发事件的影响。国家建立有效的社会动员机制，增强全民的公共安全和防范风险的意识，提高全社会的避险救助能力。

（三）应急管理体制

国家建立统一领导、综合协调、分类管理、分级负责、属地管理为主的应急管理体制。县级人民政府对本行政区域内突发事件的应对工作负责；涉及两个以上行政区域的，由有关行政区域共同的上一级人民政府负责，或者由各有关行政区域的上一级人民政府共同负责。国务院在总理领导下研究、决定和部署特别重大突发事件的应对工作；根据实际需要，设立国家突发事件应急指挥机构，负责突发事件应对工作；必要时，国务院可以派出工作组指导有关工作。县级以上地方各级人民政府设立由本级人民政府主要负责人、相关部门负责人、驻当地中国人民解放军和中国人民武装警察部队有关负责人组成的突发事件应急指挥机构，统一领导、协调本级人民政府各有关部门和下级人民政府开展突发事件应对工作；根据实际需要，设立相关类别突发事件应急指挥机构，组织、协调、指挥突发事件应对工作。

三、预防与应急准备

（一）应急预案体系建设

（1）国家建立健全突发事件应急预案体系。国务院制定国家突发事件总体应急预案，组织制定国家突发事件专项应急预案；国务院有关部门根据各自的职责和国务院相关应急预案，制定国家突发事件部门应急预案。

（2）地方各级人民政府和县级以上地方各级人民政府有关部门根据有关法律、法规、规章、上级人民政府及其有关部门的应急预案以及本地区的实际情况，制定相应的突发事件应急预案。

（3）应急预案制定机关应当根据实际需要和情势变化，适时修订应急预案。应急预案的制定、修订程序由国务院规定。

（4）应急预案应当根据法律、法规的规定，针对突发事件的性质、特点和可能造成的社会危害，具体规定突发事件应急管理工作的组织指挥体系与职责和突发事件的预防与预警机制、处置程序、应急保障措施以及事后恢复与重建措施等内容。

（二）避难场所建设

城乡规划应当符合预防、处置突发事件的需要，统筹安排应对突发事件所必需的设备和基础设施建设，合理确定应急避难场所。

（三）危险源、危险区域登记

县级人民政府应当对本行政区域内容易引发自然灾害、事故灾难和公共卫生事件的危险源、危险区域进行调查、登记、风险评估，定期进行检查、监控，并责令有关单位采取安全防范措施。省级和设区的市级人民政府应当对本行政区域内容易引发特别重大、重大突发事件的危险源、危险区域进行调查、登记、风险评估，组织进行检查、监控，并责令有关单位采取安全防范措施。县级以上地方各级人民政府依法规定登记的危险源、危险区域，应当按照国家规定及时向社会公布。

（四）安全管理制度建设

（1）所有单位应当建立健全安全管理制度，定期检查本单位各项安全防范措施的落实情况，及时消除事故隐患；掌握并及时处理本单位存在的可能引发社会安全事件的问题，防止矛盾激化和事态扩大；对本单位可能发生的突发事件和采取安全防范措施的情况，应当按照规定及时向所在地人民政府或者人民政府有关部门报告。

（2）矿山、建筑施工单位和易燃易爆物品、危险化学品、放射性物品等危险物品的生产、经营、储运、使用单位，应当制定具体应急预案，并对生产经营场所、有危险物品的建筑物、构筑物及周边环境开展隐患排查，及时采取措施消除隐患，防止发生突发事件。

（3）公共交通工具、公共场所和其他人员密集场所的经营单位或者管理单位应当制定具体应急预案，为交通工具和有关场所配备报警装置和必要的应急救援设备、设施，注明其使用方法，并显著标明安全撤离的通道、路线，保证安全通道、出口的畅通。

（五）应急队伍建设

县级以上人民政府应当整合应急资源，建立或者确定综合性应急救援队伍。人民政府有关部门可以根据实际需要设立专业应急救援队伍。县级以上人民政府及其有关部门可以建立由成年志愿者组成的应急救援队伍。单位应当建立由本单位职工组成的专职或者兼职应急救援队伍。县级以上人民政府应当加强专业应急救援队伍与非专业应急救援队伍的合作，联合培训、联合演练，提高合成应急、协同应急的能力。

（六）应急宣传与演练

（1）县级人民政府及其有关部门、乡级人民政府、街道办事处应当组织开展应急知识的宣传普及活动和必要的应急演练。居民委员会、村民委员会、企业事业单位应当根据所在地人民政府的要求，结合各自的实际情况，开展有关突发事件应急知识的宣传普及活动和必要的应急演练。新闻媒体应当无偿开展突发事件预防与应急、自救与互救知识的公益宣传。

（2）各级各类学校应当把应急知识教育纳入教学内容，对学生进行应急知识教育，培养学生的安全意识和自救与互救能力。教育主管部门应当对学校开展应急知识教育进行指导和监督。

（七）应急物资储备保障制度

国家建立健全应急物资储备保障制度，完善重要应急物资的监管、生产、储备、调拨和紧急配送体系。设区的市级以上人民政府和突发事件易发、多发地区的县级人民政府应当建立应急救援物资、生活必需品和应急处置装备的储备制度。县级以上地方各级人民政府应当根据本地区的实际情况，与有关企业签订协议，保障应急救援物资、生活必需品和应急处置装备的生产、供给。

四、监测与预警

（一）信息系统建设

（1）国务院建立全国统一的突发事件信息系统。县级以上地方各级人民政府应当建立或者确定本地区统一的突发事件信息系统，汇集、储存、分析、传输有关突发事件的信息，并与上级人民政府及其有关部门、下级人民政府及其有关部门、专业机构和监测网点的突发事件信息系统实现互联互通，加强跨部门、跨地区的信息交流与情报合作。

（2）县级人民政府应当在居民委员会、村民委员会和有关单位建立专职或者兼职信息报告员制度。获悉突发事件信息的公民、法人或者其他组织，应当立即向所在地人民政府、有关主管部门或者指定的专业机构报告。

（3）地方各级人民政府应当按照国家有关规定向上级人民政府报送突发事件信息。县级以上人民政府有关主管部门应当向本级人民政府相关部门通报突发事件信息。专业机构、监测网点和信息报告员应当及时向所在地人民政府及其有关主管部门报告突发事件信息。有关单位和人员报送、报告突发事件信息，应当做到及时、客观、真实，不得迟报、谎报、瞒报、漏报。

（4）县级以上地方各级人民政府应当及时汇总分析突发事件隐患和预警信息，必要时组织相关部门、专业技术人员、专家学者进行会商，对发生突发事件的可能性及其可能造成的影响进行评估；认为可能发生重大或者特别重大突发事件的，应当立即向上级人民政府报告，并向上级人民政府有关部门、当地驻军和可能受到危害的毗邻或者相关地区的人民政府通报。

（二）监测制度

国家建立健全突发事件监测制度。县级以上人民政府及其有关部门应当根据自然灾害、事故灾难和公共卫生事件的种类和特点，建立健全基础信息数据库，完善监测网络，划分监测区域，确定监测点，明确监测项目，提供必要的设备、设施，配备专职或者兼职人员，对可能发生的突发事件进行监测。

（三）预警制度

国家建立健全突发事件预警制度。可以预警的自然灾害、事故灾难和公共卫生事件的预警级别，按照突发事件发生的紧急程度、发展势态和可能造成的危害程度分为一级、二级、三级和四级，分别用红色、橙色、黄色和蓝色标示，一级为最高级别。

可以预警的自然灾害、事故灾难或者公共卫生事件即将发生或者发生的可能性增大时，县级以上地方各级人民政府应当根据有关法律、行政法规和国务院规定的权限和程序，发布相应级别的警报，决定并宣布有关地区进入预警期，同时向上一级人民政府报告，必要时可以越级上报，并向当地驻军和可能受到危害的毗邻或者相关地区的人民政府通报。

（四）预警措施

（1）发布三级、四级警报，宣布进入预警期后，县级以上地方各级人民政府应当根据即将发生的突发事件的特点和可能造成的危害，采取下列措施：①启动应急预案；②责令有关部门、专业机构、监测网点和负有特定职责的人员及时收集、报告有关信息，向社会公布反映突发事件信息的渠道，加强对突发事件发生、发展情况的监测、预报和预警工作；③组织有关部门和机构、专业技术人员、有关专家学者，随时对突发事件信息进行分析评估，预测发生突发事件可能性的大小、影响范围和强度以及可能发生的突发事件的级别；④定时向社会发布与公众有关的突发事件预测信息和分析评估结果，并对相关信息的报道工作进行管理；⑤及时按照有关规定向社会发布可能受到突发事件危害的警告，宣传避免、减轻危害的常识，公布咨询电话。

（2）发布一级、二级警报，宣布进入预警期后，县级以上地方各级人民政府除采取上述规定的措施外，还应当针对即将发生的突发事件的特点和可能造成的危害，采取下列一项或者多项措施：①责令应急救援队伍、负有特定职责的人员进入待命状态，并动员后备人员做好参加应急救援和处置工作的准备；②调集应急救援所需物资、设备、工具，准备应急设施和避难场所，并确保其处于良好状态、随时可以投入正常使用；③加强对重点单位、重要部位和重要基础设施的安全保卫，维护社会治安秩序；④采取必要措施，确保交通、通信、供水、排水、供电、供气、供热等公共设施的安全和正常运行；⑤及时向社会发布有关采取特定措施避免或者减轻危害的建议、劝告；⑥转移、疏散或者撤离易受突发事件危害的人员并予以妥善安置，转移重要财产；⑦关闭或者限制使用易受突发事件危害的场所，控制或者限制容易导致危害扩大的公共场所的活动；⑧法律、法规、规章规定的其他必要的防范性、保护性措施。

五、应急处置与救援

（一）针对自然灾害、事故灾难或者公共卫生事件的应急处置

自然灾害、事故灾难或者公共卫生事件发生后，履行统一领导职责的人民政府可以采取下列一项或者多项应急处置措施：

（1）组织营救和救治受害人员，疏散、撤离并妥善安置受到威胁的人员以及采取其他救助措施；

（2）迅速控制危险源，标明危险区域，封锁危险场所，划定警戒区，实行交通管制以及其他控制措施；

（3）立即抢修被损坏的交通、通信、供水、排水、供电、供气、供热等公共设施，向受到危害的人员提供避难场所和生活必需品，实施医疗救护和卫生防疫以及其他保障措施；

（4）禁止或者限制使用有关设备、设施，关闭或者限制使用有关场所，中止人员密集的活动或者可能导致危害扩大的生产经营活动以及采取其他保护措施；

（5）启用本级人民政府设置的财政预备费和储备的应急救援物资，必要时调用其他急需物资、设备、设施、工具；

（6）组织公民参加应急救援和处置工作，要求具有特定专长的人员提供服务；

（7）保障食品、饮用水、燃料等基本生活必需品的供应；

（8）依法从严惩处囤积居奇、哄抬物价、制假售假等扰乱市场秩序的行为，稳定市场价格，维护市场秩序；

（9）依法从严惩处哄抢财物、干扰破坏应急处置工作等扰乱社会秩序的行为，维护社会治安；

（10）采取防止发生次生、衍生事件的必要措施。

（二）针对社会安全事件的应急处置

社会安全事件发生后，组织处置工作的人民政府应当立即组织有关部门并由公安机关针对事件的性质和特点，依照有关法律、行政法规和国家其他有关规定，采取下列一项或者多项应急处置措施：

（1）强制隔离使用器械相互对抗或者以暴力行为参与冲突的当事人，妥善解决现场纠纷和争端，控制事态发展；

（2）对特定区域内的建筑物、交通工具、设备、设施以及燃料、燃气、电力、水的供应进行控制；

（3）封锁有关场所、道路，查验现场人员的身份证件，限制有关公共场所内的活动；

（4）加强对易受冲击的核心机关和单位的警卫，在国家机关、军事机关、国家通讯社、广播电台、电视台、外国驻华使领馆等单位附近设置临时警戒线；

（5）法律、行政法规和国务院规定的其他必要措施。

严重危害社会治安秩序的事件发生时，公安机关应当立即依法出动警力，根据现场情况依法采取相应的强制性措施，尽快使社会秩序恢复正常。

（三）信息发布

履行统一领导职责或者组织处置突发事件的人民政府，应当按照有关规定统一、准确、及时发布有关突发事件事态发展和应急处置工作的信息。任何单位和个人不得编造、传播有关突发事件事态发展或者应急处置工作的虚假信息。

（四）其他组织和个人的职责义务

突发事件发生地的居民委员会、村民委员会和其他组织应当按照当地人民政府的决定、命令，进行宣传动员，组织群众开展自救和互救，协助维护社会秩序。

受到自然灾害危害或者发生事故灾难、公共卫生事件的单位，应当立即组织本单位应急救援队伍和工作人员营救受害人员，疏散、撤离、安置受到威胁的人员，控制危险源，标明危险区域，封锁危险场所，并采取其他防止危害扩大的必要措施，同时，向所在地县级人民政府报告；对因本单位的问题引发的或者主体是本单位人员的社会安全事件，有关单位应当按照规定上报情况，并迅速派出负责人赶赴现场开展劝解、疏导工作。

突发事件发生地的其他单位应当服从人民政府发布的决定、命令，配合人民政府采取的应急处置措施，做好本单位的应急救援工作，并积极组织人员参加所在地的应急救援和处置工作。

突发事件发生地的公民应当服从人民政府、居民委员会、村民委员会或者所属单位的指挥和安排，配合人民政府采取的应急处置措施，积极参加应急救援工作，协助维护社会秩序。

六、恢复与重建

（一）损失评估

突发事件应急处置工作结束后，履行统一领导职责的人民政府应当立即组织对突发事件造成的损失进行评估，组织受影响地区尽快恢复生产、生活、工作和社会秩序，制定恢复重建计划，并向上一级人民政府报告。

受突发事件影响地区的人民政府应当及时组织和协调公安、交通、铁路、民航、邮电、建设等有关部门恢复社会治安秩序，尽快修复被损坏的交通、通信、供水、排水、供电、供气、供热等公共设施。

（二）计划并实施

受突发事件影响地区的人民政府应当根据本地区遭受损失的情况，制定救助、补偿、抚慰、抚恤、安置等善后工作计划并组织实施，妥善解决因处置突发事件引发的矛盾和纠纷。

第二节 突发公共卫生事件应急管理

突发公共卫生事件是指突然发生，造成或者可能造成社会公众健康严重损害的重大传染病疫情、群体性不明原因疾病、重大食物和职业中毒以及其他严重影响公众健康的事件。为了应对突发公共卫生事件，国务院于2003年5月专门制定了《突发公共卫生事件应急条例》。

一、总体要求

（一）工作方针与原则

突发公共卫生事件应急工作，应当遵循预防为主、常备不懈的方针，贯彻统一领导、分级负责、反应及时、措施果断、依靠科学、加强合作的原则。

（二）应急处理责任制

国务院有关部门和县级以上地方人民政府及其有关部门，应当建立严格的突发事件防范和应急处理责任制，切实履行各自的职责，保证突发事件应急处理工作的正常进行。

二、预防与应急准备

（一）应急预案建设

国务院卫生行政主管部门按照分类指导、快速反应的要求，制定全国突发事件应急预案，报请国务院批准。省、自治区、直辖市人民政府根据全国突发事件应急预案，结合本地实际情况，制定本行政区域的突发事件应急预案。突发事件应急预案应当根据突发事件的变化和实施中发现的问题及时进行修订、补充。

（二）预防与准备

1. 预防体系建设

国家建立统一的突发事件预防控制体系。县级以上地方人民政府应当建立和完善突发事件监测与预警系统。县级以上各级人民政府卫生行政主管部门，应当指定机构负责开展突发事件的日常监测，并确保监测与预警系统的正常运行。

2. 物资储备

国务院有关部门和县级以上地方人民政府及其有关部门，应当根据突发事件应急预案的要求，保证应急设施、设备、救治药品和医疗器械等物资储备。

3. 人力与设施储备

县级以上各级人民政府应当加强急救医疗服务网络的建设，配备相应的医疗救治药物、技术、设备和人员，提高医疗卫生机构应对各类突发事件的救治能力。设区的市级以上地方人民政府应当设置与传染病防治工作需要相适应的传染病专科医院，或者指定具备传染病防治条件和能力的医疗机构承担传染病防治任务。

三、报告与信息发布

（一）应急报告制度

国家建立突发事件应急报告制度。国务院卫生行政主管部门制定突发事件应急报告规范，建立重大、紧急疫情信息报告系统。

1. 省、自治区、直辖市人民政府职责

有下列情形之一的，省、自治区、直辖市人民政府应当在接到报告1小时内，向国务院卫生行政主管部门报告：（1）发生或者可能发生传染病暴发、流行的；（2）发生或者发现不明原因的群体性疾病的；（3）发生传染病菌种、毒种丢失的；（4）发生或者可能发生重大食物和职业中毒事件的。国务院卫生行政主管部门对可能造成重大社会影响的突发事件，应当立即向国务院报告。

2. 逐级上报制度

突发事件监测机构、医疗卫生机构和有关单位发现有上述情形之一的，应当在2小时内向所在地县级人民政府卫生行政主管部门报告；接到报告的卫生行政主管部门应当在2小时内向本级人民政府报告，并同时向上级人民政府卫生行政主管部门和国务院卫生行政主管部门报告。县级人民政府应当在接到报告后 2 小时内向设区的市级人民政府或者上一级人民政府报告；设区的市级人民政府应当在接到报告后 2 小时内向省、自治区、直辖市人民政府报告。

3. 核实与通报制度

接到报告的地方人民政府、卫生行政主管部门依照规定报告的同时，应当立即组织力量对报告事项调查核实、确证，采取必要的控制措施，并及时报告调查情况。

国务院卫生行政主管部门应当根据发生突发事件的情况，及时向国务院有关部门和各省、自治区、直辖市人民政府卫生行政主管部门以及军队有关部门通报。突发事件发生地的省、自治区、直辖市人民政府卫生行政主管部门，应当及时向毗邻省、自治区、直辖市人民政府卫生行政主管部门通报。接到通报的省、自治区、直辖市人民政府卫生行政主管部门，必要时应当及时通知本行政区域内的医疗卫生机构。县级以上地方人民政府有关部门，已经发生或者发现可能引起突发事件的情形时，应当及时向同级人民政府卫生行政主管部门通报。

（二）举报制度

国家建立突发事件举报制度，公布统一的突发事件报告、举报电话。任何单位和个人有权向人民政府及其有关部门报告突发事件隐患，有权向上级人民政府及其有关部门举报地方人民政府及其有关部门不履行突发事件应急处理职责，或者不按照规定履行职责的情况。接到报告、举报的有关人民政府及其有关部门，应当立即组织对突发事件隐患、不履行或者不按照规定履行突发事件应急处理职责的情况进行调查处理。对举报突发事件有功的单位和个人，县级以上各级人民政府及其有关部门应当予以奖励。

（三）信息发布制度

国家建立突发事件的信息发布制度。国务院卫生行政主管部门负责向社会发布突发事件的信息。必要时，可以授权省、自治区、直辖市人民政府卫生行政主管部门向社会发布本行政区域内突发事件的信息。信息发布应当及时、准确、全面。

四、应急处置

（一）预案启动

突发事件发生后，卫生行政主管部门应当组织专家对突发事件进行综合评估，初步判断突发事件的类型，提出是否启动突发事件应急预案的建议。在全国范围内或者跨省、自治区、直辖市范围内启动全国突发事件应急预案，由国务院卫生行政主管部门报国务院批准后实施。省、自治区、直辖市启动突发事件应急预案，由省、自治区、直辖市人民政府决定，并向国务院报告。

（二）建立指挥系统

突发事件发生后，国务院设立全国突发事件应急处理指挥部，由国务院有关部门和军队有关部门组成，国务院主管领导人担任总指挥，负责对全国突发事件应急处理的统一领导、统一指挥。突发事件发生后，省、自治区、直辖市人民政府成立地方突发事件应急处理指挥部，省、自治区、直辖市人民政府主要领导人担任总指挥，负责领导、指挥本行政区域内突发事件应急处理工作。

全国突发事件应急处理指挥部对突发事件应急处理工作进行督察和指导，地方各级人民政府及其有关部门应当予以配合。省、自治区、直辖市突发事件应急处理指挥部对本行政区域内突发事件应急处理工作进行督察和指导。

（三）技术处置

省级以上人民政府卫生行政主管部门或者其他有关部门指定的突发事件应急处理专业技术机构，负责突发事件的技术调查、确证、处置、控制和评价工作。

（四）应急措施

1. 人员物资调配与疫区封锁

根据突发事件应急处理的需要，突发事件应急处理指挥部有权紧急调集人员、储备的物资、交通工具以及相关设施、设备；必要时，对人员进行疏散或者隔离，并可以依法对传染病疫区实行封锁。

2. 现场控制

突发事件应急处理指挥部根据突发事件应急处理的需要，可以对食物和水源采取控制措施。县级以上地方人民政府卫生行政主管部门应当对突发事件现场等采取控制措施，宣传突发事件防治知识，及时对易受感染的人群和其他易受损害的人群采取应急接种、预防性投药、群体防护等措施。

3. 交通工具上疫情处置

交通工具上发现根据国务院卫生行政主管部门的规定需要采取应急控制措施的传染病病人、疑似传染病病人，其负责人应当以最快的方式通知前方停靠点，并向交通工具的营运单位报告。交通工具的前方停靠点和营运单位应当立即向交通工具营运单位行政主管部门和县级以上地方人民政府卫生行政主管部门报告。卫生行政主管部门接到报告后,应当立即组织有关人员采取相应的医学处置措施。交通工具上的传染病病人密切接触者,由交通工具停靠点的县级以上各级人民政府卫生行政主管部门或者铁路、交通、民用航空行政主管部门,根据各自的职责,依照传染病防治法律、行政法规的规定,采取控制措施。涉及国境口岸和人出境的人员、交通工具、货物、集装箱、行李、邮包等需要采取传染病应急控制措施的,依照国境卫生检疫法律、行政法规的规定办理。

4. 医疗机构职责

医疗卫生机构应当对因突发事件致病的人员提供医疗救护和现场救援,对就诊病人必须接诊治疗,并书写详细、完整的病历记录;对需要转送的病人,应当按照规定将病人及其病历记录的复印件转送至接诊的或者指定的医疗机构。医疗卫生机构应当对传染病病人密切接触者采取医学观察措施,传染病病人密切接触者应当予以配合。医疗机构收治传染病病人、疑似传染病病人,应当依法报告所在地的疾病预防控制机构。接到报告的疾病预防控制机构应当立即对可能受到危害的人员进行调查,根据需要采取必要的控制措施。有关部门、医疗卫生机构应当对传染病做到早发现、早报告、早隔离、早治疗,切断传播途径,防止扩散。

5. 基层组织职责

传染病暴发、流行时,街道、乡镇以及居民委员会、村民委员会应当组织力量,团结协作,群防群治,协助卫生行政主管部门和其他有关部门、医疗卫生机构做好疫情信息的收集和报告、人员的分散隔离、公共卫生措施的落实工作,向居民、村民宣传传染病防治的相关知识。

6. 流动人口管控

对传染病暴发、流行区域内流动人口,突发事件发生地的县级以上地方人民政府应当做好预防工作,落实有关卫生控制措施;对传染病病人和疑似传染病病人,应当采取就地隔离、就地观察、就地治疗的措施。

7. 强制隔离措施

在突发事件中需要接受隔离治疗、医学观察措施的病人、疑似病人和传染病病人密切接触者在卫生行政主管部门或者有关机构采取医学措施时应予以配合;拒绝配合的,由公安机关依法协助强制执行。

第三节　生产安全事故应急管理

生产安全事故是指生产经营单位在生产经营活动中突然发生的，伤害人身安全和健康，或者损坏设备设施，或者造成经济损失的，导致原生产经营活动暂时中止或永远终止的意外事件。安全生产工作应当以人为本，坚持人民至上、生命至上，把保护人民生命安全摆在首位，树牢安全发展理念，坚持安全第一、预防为主、综合治理的方针，从源头上防范化解重大安全风险。为了加强安全生产工作，防止和减少生产安全事故，保障人民群众生命和财产安全，促进经济社会持续健康发展，我国于2002年制定了《安全生产法》；为了规范生产安全事故应急工作，保障人民群众生命和财产安全，国务院于2018年颁布了《生产安全事故应急条例》。

一、总体要求

（一）监管机制

安全生产工作实行管行业必须管安全、管业务必须管安全、管生产经营必须管安全，强化和落实生产经营单位主体责任与政府监管责任，建立生产经营单位负责、职工参与、政府监管、行业自律和社会监督的机制。

（二）防控机制

生产经营单位必须遵守安全生产法和其他有关安全生产的法律、法规，加强安全生产管理，建立健全全员安全生产责任制和安全生产规章制度，加大对安全生产资金、物资、技术、人员的投入保障力度，改善安全生产条件，加强安全生产标准化、信息化建设，构建安全风险分级管控和隐患排查治理双重预防机制，健全风险防范化解机制，提高安全生产水平，确保安全生产。

（三）领导机制

国务院统一领导全国的生产安全事故应急工作，县级以上地方人民政府统一领导本行政区域内的生产安全事故应急工作。生产安全事故应急工作涉及两个以上行政区域的，由有关行政区域共同的上一级人民政府负责，或者由各有关行政区域的上一级人民政府共同负责。

（四）责任机制

县级以上人民政府应急管理部门和其他对有关行业、领域的安全生产工作实施监督管理的部门在各自职责范围内，做好有关行业、领域的生产安全事故应急工作。县级以上人民政府应急管理部门指导、协调本级人民政府其他负有安全生产监督管理职责的部门和下级人民政府的生产安全事故应急工作。乡、镇人民政府以及街道办事处等地方人民政府派出机关应当协助上级人民政府有关部门依法履行生产安全事故应急工作职责。生产经营单位应当加强生产安全事故应急工作，建立、健全生产安全事故应急工作责任制，其主要负责人对本单位的生产安全事故应急工作全面负责。

二、应急准备

（一）应急预案建设

县级以上人民政府及其负有安全生产监督管理职责的部门和乡、镇人民政府以及街道办事处等地方人民政府派出机关，应当针对可能发生的生产安全事故的特点和危害，进行风险辨识和评估，制定相应的生产安全事故应急救援预案，并依法向社会公布。

生产经营单位应当针对本单位可能发生的生产安全事故的特点和危害，进行风险辨识和评估，制定相应的生产安全事故应急救援预案，并向本单位从业人员公布。

生产安全事故应急救援预案应当符合有关法律、法规、规章和标准的规定，具有科学性、针对性和可操作性，明确规定应急组织体系、职责分工以及应急救援程序和措施。

县级以上人民政府负有安全生产监督管理职责的部门应当将其制定的生产安全事故应急救援预案报送本级人民政府备案；易燃易爆物品、危险化学品等危险物品的生产、经营、储存、运输单位，矿山、金属冶炼、城市轨道交通运营、建筑施工单位，以及宾馆、商场、娱乐场所、旅游景区等人员密集场所经营单位，应当将其制定的生产安全事故应急救援预案按照国家有关规定报送县级以上人民政府负有安全生产监督管理职责的部门备案，并依法向社会公布。

（二）应急演练

县级以上地方人民政府以及县级以上人民政府负有安全生产监督管理职责的部门，乡、镇人民政府以及街道办事处等地方人民政府派出机关，应当至少每2年组织1次生产安全事故应急救援预案演练。

易燃易爆物品、危险化学品等危险物品的生产、经营、储存、运输单位，矿山、金属冶炼、城市轨道交通运营、建筑施工单位，以及宾馆、商场、娱乐场所、旅游景区等人员密集场所经营单位，应当至少每半年组织1次生产安全事故应急救援预案演练，并将演练情况报送所在地县级以上地方人民政府负有安全生产监督管理职责的部门。

县级以上地方人民政府负有安全生产监督管理职责的部门，应当对本行政区域内前款规定的重点生产经营单位的生产安全事故应急救援预案演练进行抽查；发现演练不符合要求的，应当责令限期改正。

（三）应急队伍建设

县级以上人民政府应当加强对生产安全事故应急救援队伍建设的统一规划、组织和指导。县级以上人民政府负有安全生产监督管理职责的部门根据生产安全事故应急工作的实际需要，在重点行业、领域单独建立或者依托有条件的生产经营单位、社会组织共同建立应急救援队伍。国家鼓励和支持生产经营单位和其他社会力量建立提供社会化应急救援服务的应急救援队伍。

易燃易爆物品、危险化学品等危险物品的生产、经营、储存、运输单位，矿山、金属冶炼、城市轨道交通运营、建筑施工单位，以及宾馆、商场、娱乐场所、旅游景区等人员密集场所经营单位，应当建立应急救援队伍。其中，小型企业或者微型企业等规模较小的生产经营单位，可以不建立应急救援队伍，但应当指定兼职的应急救援人员，并且可以与邻近的应急救援队伍签订应急救援协议；工业园区、开发区等产业聚集区域内的生产经营单位，可以联合建立应急救援队伍。

（四）物资与设施储备

县级以上地方人民政府应当根据本行政区域内可能发生的生产安全事故的特点和危害，储备必要的应急救援装备和物资，并及时更新和补充。

易燃易爆物品、危险化学品等危险物品的生产、经营、储存、运输单位，矿山、金属冶炼、城市轨道交通运营、建筑施工单位，以及宾馆、商场、娱乐场所、旅游景区等人员密集场所经营单位，应当根据本单位可能发生的生产安全事故的特点和危害，配备必要的灭火、排水、通风以及危险物品稀释、掩埋、收集等应急救援器材、设备和物资，并进行经常性维护、保养，保证正常运转。

（五）应急值班制度

下列单位应当建立应急值班制度，配备应急值班人员：（1）县级以上人民政府及其负有安全生产监督管理职责的部门；（2）危险物品的生产、经营、储存、运输单位以及矿山、金属冶炼、城市轨道交通运营、建筑施工单位；（3）应急救援队伍。

规模较大、危险性较高的易燃易爆物品、危险化学品等危险物品的生产、经营、储存、运输单位应当成立应急处置技术组，实行24小时应急值班。

（六）信息系统建设

国务院负有安全生产监督管理职责的部门应当按照国家有关规定建立生产安全事故应急救援信息系统，并采取有效措施，实现数据互联互通、信息共享。

三、应急救援

（一）生产经营单位应急救援措施

发生生产安全事故后，生产经营单位应当立即启动生产安全事故应急救援预案，采取下列一项或者多项应急救援措施，并按照国家有关规定报告事故情况：（1）迅速控制危险源，组织抢救遇险人员；（2）根据事故危害程度，组织现场人员撤离或者采取可能的应急措施后撤离；（3）及时通知可能受到事故影响的单位和人员；（4）采取必要措施，防止事故危害扩大和次生、衍生灾害发生；（5）根据需要请求邻近的应急救援队伍参加救援，并向参加救援的应急救援队伍提供相关技术资料、信息和处置方法；（6）维护事故现场秩序，保护事故现场和相关证据；（7）法律、法规规定的其他应急救援措施。

（二）政府应急救援措施

有关地方人民政府及其部门接到生产安全事故报告后，应当按照国家有关规定上报事故情况，启动相应的生产安全事故应急救援预案，并按照应急救援预案的规定采取下列一项或者多项应急救援措施：（1）组织抢救遇险人员，救治受伤人员，研判事故发展趋势以及可能造成的危害；（2）通知可能受到事故影响的单位和人员，隔离事故现场，划定警戒区域，疏散受到威胁的人员，实施交通管制；（3）采取必要措施，防止事故危害扩大和次生、衍生灾害发生，避免或者减少事故对环境造成的危害；（4）依法发布调用和征用应急资源的决定；（5）依法向应急救援队伍下达救援命令；（6）维护事故现场秩序，组织安抚遇险人员和遇险遇难人员亲属；（7）依法发布有关事故情况和应急救援工作的信息；（8）法律、法规规定的其他应急救援措施。有关地方人民政府不能有效控制生产安全事故的，应当及时向上级人民政府报告。上级人民政府应当及时采取措施，统一指挥应急救援。

（三）设立现场指挥系统

发生生产安全事故后，有关人民政府认为有必要的，可以设立由本级人民政府及其有关部门负责人、应急救援专家、应急救援队伍负责人、事故发生单位负责人等人员组成的应急救援现场指挥部，并指定现场指挥部总指挥。

现场指挥部实行总指挥负责制，按照本级人民政府的授权组织制定并实施生产安全事故现场应急救援方案，协调、指挥有关单位和个人参加现场应急救援。参加生产安全事故现场应急救援的单位和个人应当服从现场指挥部的统一指挥。

（四）协同救援

生产安全事故发生地人民政府应当为应急救援人员提供必需的后勤保障，并组织通信、交通运输、医疗卫生、气象、水文、地质、电力、供水等单位协助应急救援。

（五）救援记录制度

现场指挥部或者统一指挥生产安全事故应急救援的人民政府及其有关部门应当完整、准确地记录应急救援的重要事项，妥善保存相关原始资料和证据。

（六）事后处置

（1）有关人民政府及其部门根据生产安全事故应急救援需要依法调用和征用的财产，在使用完毕或者应急救援结束后，应当及时归还。财产被调用、征用或者调用、征用后毁损、灭失的，有关人民政府及其部门应当按照国家有关规定给予补偿。

（2）按照国家有关规定成立的生产安全事故调查组应当对应急救援工作进行评估，并在事故调查报告中作出评估结论。

（3）县级以上地方人民政府应当按照国家有关规定，对在生产安全事故应急救援中伤亡的人员及时给予救治和抚恤；符合烈士评定条件的，按照国家有关规定评定为烈士。

第四节　自然灾害应急救助

自然灾害是指给人类生存带来危害或损害人类生活环境的自然现象，包括干旱、高温、寒潮、洪涝、山洪、台风、龙卷风、冰雹、霜冻、暴雨、暴雪、大雾、雾霾、地震、海啸、滑坡、泥石流、沙尘暴、雷暴、火山喷发等。我国属于自然灾害多发地区，如地震、洪涝、台风、暴雪等现象时有发生，严重影响人民群众的生命财产安全。为了应对多发的自然灾害,规范自然灾害救助工作,保障受灾人员基本生活,国务院于2010年颁布了《自然灾害救助条例》。

一、总体要求

（一）工作原则

自然灾害救助工作遵循以人为本、政府主导、分级管理、社会互助、灾民自救的原则。

（二）责任机制

自然灾害救助工作实行各级人民政府行政领导负责制。国家减灾委员会负责组织、领导全国的自然灾害救助工作,协调开展重大自然灾害救助活动。国务院应急管理部门负责全国的自然灾害救助工作,承担国家减灾委员会的具体工作。国务院有关部门按照各自职责做好全国的自然灾害救助相关工作。

县级以上地方人民政府或者人民政府的自然灾害救助应急综合协调机构,组织、协调本行政区域的自然灾害救助工作。县级以上地方人民政府应急管理部门负责本行政区域的自然灾害救助工作。县级以上地方人民政府有关部门按照各自职责做好本行政区域的自然灾害救助相关工作。

（三）社会组织职责

村民委员会、居民委员会以及红十字会、慈善会和公募基金会等社会组织,依法协助人民政府开展自然灾害救助工作。国家鼓励和引导单位和个人参与自然灾害救助捐赠、志愿服务等活动。

（四）宣传教育要求

各级人民政府应当加强防灾减灾宣传教育,提高公民的防灾避险意识和自救互救能力。村民委员会、居民委员会、企业事业单位应当根据所在地人民政府的要求,结合各自的实际情况,开展防灾减灾应急知识的宣传普及活动。

二、救助准备

（一）救助应急预案建设

县级以上地方人民政府及其有关部门应当根据有关法律、法规、规章,上级人民政府及其有关部门的应急预案以及本行政区域的自然灾害风险调查情况,制定相应的自然灾害救助应急预案。

（二）救助物资储备制度

国家建立自然灾害救助物资储备制度，由国务院应急管理部门分别会同国务院财政部门、发展改革部门、工业和信息化部门、粮食和物资储备部门制定全国自然灾害救助物资储备规划和储备库规划，并组织实施。其中，由国务院粮食和物资储备部门会同相关部门制定中央救灾物资储备库规划，并组织实施。

设区的市级以上人民政府和自然灾害多发、易发地区的县级人民政府应当根据自然灾害特点、居民人口数量和分布等情况，按照布局合理、规模适度的原则，设立自然灾害救助物资储备库。

（三）应急避难场所建设

县级以上地方人民政府应当根据当地居民人口数量和分布等情况，利用公园、广场、体育场馆等公共设施，统筹规划设立应急避难场所，并设置明显标志。

启动自然灾害预警响应或者应急响应，需要告知居民前往应急避难场所的，县级以上地方人民政府或者人民政府的自然灾害救助应急综合协调机构应当通过广播、电视、手机短信、电子显示屏、互联网等方式，及时公告应急避难场所的具体地址和到达路径。

（四）其他准备要求

1. 技术和设备准备

县级以上人民政府应当建立健全自然灾害救助应急指挥技术支撑系统，并为自然灾害救助工作提供必要的交通、通信等装备。

2. 队伍建设

县级以上地方人民政府应当加强自然灾害救助人员的队伍建设和业务培训，村民委员会、居民委员会和企业事业单位应当设立专职或者兼职的自然灾害信息员。

三、应急救助

（一）预警响应

县级以上人民政府或者人民政府的自然灾害救助应急综合协调机构应当根据自然灾害预警预报启动预警响应，采取下列一项或者多项措施：（1）向社会发布规避自然灾害风险的警告，宣传避险常识和技能，提示公众做好自救互救准备；（2）开放应急避难场所，疏散、转移易受自然灾害危害的人员和财产，情况紧急时，实行有组织的避险转移；（3）加强对易受自然灾害危害的乡村、社区以及公共场所的安全保障；（4）责成应急管理等部门做好基本生活救助的准备。

（二）应急响应

自然灾害发生并达到自然灾害救助应急预案启动条件的，县级以上人民政府或者人民政府的自然灾害救助应急综合协调机构应当及时启动自然灾害救助应急响应，采取下列一项或者多项措施：（1）立即向社会发布政府应对措施和公众防范措施；（2）紧急转移安置受灾人员；（3）紧急调拨、运输自然灾害救助应急资金和物资，及时向受灾人员提供食品、饮用水、衣被、取暖、临时住所、医疗防疫等应急救助，保障受灾人员基本生活；（4）抚慰受灾人员，处理遇难人员善后事宜；（5）组织受灾人员开展自救互救；（6）分析评估灾情趋势和灾区需求，采取相应的自然灾害救助措施；（7）组织自然灾害救助捐赠活动。对应急救助物资，各交通运输主管部门应当组织优先运输。

（三）紧急征用

在自然灾害救助应急期间，县级以上地方人民政府或者人民政府的自然灾害救助应急综合协调机构可以在本行政区域内紧急征用物资、设备、交通运输工具和场地，自然灾害救助应急工作结束后应当及时归还，并按照国家有关规定给予补偿。

（四）报告制度

自然灾害造成人员伤亡或者较大财产损失的，受灾地区县级人民政府应急管理部门应当立即向本级人民政府和上一级人民政府应急管理部门报告。自然灾害造成特别重大或者重大人员伤亡、财产损失的，受灾地区县级人民政府应急管理部门应当按照有关法律、行政法规和国务院应急预案规定的程序及时报告，必要时可以直接报告国务院。灾情稳定前，受灾地区人民政府应急管理部门应当每日逐级上报自然灾害造成的人员伤亡、财产损失和自然灾害救助工作动态等情况，并及时向社会发布。

四、灾后救助

（一）过渡性安置

受灾地区人民政府应当在确保安全的前提下，采取就地安置与异地安置、政府安置与自行安置相结合的方式，对受灾人员进行过渡性安置。就地安置应当选择在交通便利、便于恢复生产和生活的地点，并避开可能发生次生自然灾害的区域，尽量不占用或者少占用耕地。受灾地区人民政府应当鼓励并组织受灾群众自救互救，恢复重建。

（二）住房恢复重建

自然灾害危险消除后，受灾地区人民政府应当统筹研究制订居民住房恢复重建规划和优惠政策，组织重建或者修缮因灾损毁的居民住房，对恢复重建确有困难的家庭予以重点帮扶。居民住房恢复重建应当因地制宜、经济实用，确保房屋建设质量符合防灾减灾要求。受灾地区人民政府应急管理等部门应当向经审核确认的居民住房恢复重建补助对象发放补助资金和物资，住房城乡建设等部门应当为受灾人员重建或者修缮因灾损毁的居民住房提供必要的技术支持。

（三）基本生活救助

自然灾害发生后的当年冬季、次年春季，受灾地区人民政府应当为生活困难的受灾人员提供基本生活救助。受灾地区县级人民政府应急管理部门应当在每年10月底前统计、评估本行政区域受灾人员当年冬季、次年春季的基本生活困难和需求，核实救助对象，编制工作台账，制定救助工作方案，经本级人民政府批准后组织实施，并报上一级人民政府应急管理部门备案。

五、救助款物管理

（一）监管部门

县级以上人民政府财政部门、应急管理部门负责自然灾害救助资金的分配、管理并监督使用情况。县级以上人民政府应急管理部门负责调拨、分配、管理自然灾害救助物资。县级以上人民政府监察机关、审计机关应当依法对自然灾害救助款物和捐赠款物的管理使用情况进行监督检查，应急管理、财政等部门和有关社会组织应当予以配合。

（二）款物使用

自然灾害救助款物应当用于受灾人员的紧急转移安置，基本生活救助，医疗救助，教育、医疗等公共服务设施和住房的恢复重建，自然灾害救助物资的采购、储存和运输，以及因灾遇难人员亲属的抚慰等项支出。

自然灾害救助款物专款（物）专用，无偿使用。定向捐赠的款物，应当按照捐赠人的意愿使用。政府部门接受的捐赠人无指定意向的款物，由县级以上人民政府应急管理部门统筹安排用于自然灾害救助；社会组织接受的捐赠人无指定意向的款物，由社会组织按照有关规定用于自然灾害救助。

（三）公开公布

受灾地区人民政府应急管理、财政等部门和有关社会组织应当通过报刊、广播、电视、互联网，主动向社会公开所接受的自然灾害救助款物和捐赠款物的来源、数量及其使用情况。受灾地区村民委员会、居民委员会应当公布救助对象及其接受救助款物数额和使用情况。

（四）法律责任

（1）行政机关工作人员截留、挪用、私分自然灾害救助款物或者捐赠款物的，由任免机关或者监察机关依照法律法规给予处分；构成犯罪的，依法追究刑事责任。

（2）采取虚报、隐瞒、伪造等手段，骗取自然灾害救助款物或者捐赠款物的，由县级以上人民政府应急管理部门责令限期退回违法所得的款物；构成犯罪的，依法追究刑事责任。

（3）抢夺或者聚众哄抢自然灾害救助款物或者捐赠款物的，由县级以上人民政府应急管理部门责令停止违法行为；构成违反治安管理行为的，由公安机关依法给予治安管理处罚；构成犯罪的，依法追究刑事责任。

第四编
行政司法与行政救济

本编介绍了行政仲裁、行政裁决、行政调解、行政复议、行政赔偿五种法律制度。其中，前三种归类为行政司法制度，而行政复议和行政赔偿则是行政救济制度。至于行政诉讼应当也是法律救济制度，但是行政诉讼属于司法救济，所以在本编中不予探讨。

第十九章　行政司法行为

本章导读：本章主要介绍了行政仲裁、行政裁决、行政调解三种行政司法行为。对于这三类行为，现行法律规制尚不完善。我国没有统一的行政仲裁法、行政裁决法和调解法。对于这三类行为的性质理论上也存在争议。行政裁决是行政行为，而行政调解和行政仲裁是否属于行政行为尚无定论。

第一节　行政仲裁

一、行政仲裁概述

（一）行政仲裁的含义和特征

行政仲裁是指附设于行政机关的仲裁机构作为中立的第三者，依照法律规定对特定的民事纠纷进行审理和裁决的行为。与普通的民商事仲裁（以下简称为普通仲裁）相比较，行政仲裁具有如下特征：

1. 对象特定性

行政仲裁的对象是特定的。根据《仲裁法》第77条、《农村土地承包法》第55条、《劳动法》第79条、《公务员法》第105条、《事业单位人事管理条例》第37条、《人事争议处理规定》第3条等规定，我国的行政仲裁只适用于劳动争议、人事争议和农村土地承包纠纷这三类特定的案件。即我国行政仲裁分为劳动争议仲裁（以下简称劳动仲裁）、人事争议仲裁（以下简称"人事仲裁"）、农村土地承包经营纠纷仲裁（以下简称土地仲裁）三类。而且，法律对这三类行政仲裁案件具体的受案范围也有着明确的规定，只有在法律列举范围之内的的争议类型当事人才能通过行政仲裁解决。而普通仲裁的对象是平等主体的公民、法人和其他组织之间发生的合同纠纷和其他财产权益纠纷。

2. 强制性

根据《仲裁法》规定，当事人采用仲裁方式解决纠纷，应当双方自愿，达成仲裁协议。没有仲裁协议，一方申请仲裁的，仲裁委员会不予受理。这是对普通仲裁的要求，即普通仲裁的前提是双方当事人自愿达成仲裁协议，仲裁机构方得仲裁。而行政仲裁不需要有仲裁协议，只要有一方申请仲裁，仲裁机构就应当受理、审理和裁决。即行政仲裁是具有强制性的。

3. 前置性

根据《仲裁法》规定，我国普通仲裁采取或裁或审制度。即当事人可以选择仲裁或者诉讼途径解决纠纷。但是，如果当事人达成书面仲裁协议的，应当向仲裁机构申请仲裁，不能向法院起诉。人民法院也不受理有仲裁协议的案件。而行政仲裁（土地仲裁除外）是具有前置性的，对于劳动争议和人事争议必须先仲裁，对于仲裁裁决不服的才能向人民法院提起诉讼。

4. 非终局性

我国普通仲裁采取一裁终局制度，即仲裁裁决作出后，当事人就同一纠纷再申请仲裁或者向人民法院起诉的，仲裁委员会或者人民法院不予受理。而行政仲裁裁决不具有终局性，除法律特别规定的情形外，对行政仲裁裁决不服的，均可向人民法院起诉。

（二）行政仲裁的基本原则

根据《农村土地承包经营纠纷调解仲裁法》《劳动争议调解仲裁法》《人事争议处理规定》《劳动人事争议仲裁规则》等法律、法规和规章，行政仲裁应当坚持如下基本原则：

（1）调解优先的原则。对于三类行政仲裁案件首先要调解，如果调解不成或者当事人不愿意调解方可仲裁。

（2）合法原则。对于行政仲裁必须依法进行，即受案范围要合法、仲裁程序要合法、仲裁裁决要依法作出。

（3）公开、公正、公平原则。行政仲裁要坚持公开原则，除涉及国家秘密、个人隐私和商业秘密的外，一律公开开庭审理。行政仲裁要坚持公平、公正原则，对于双方当事人要一视同仁，不得歧视、偏袒任何一方。

（4）高效便民原则。行政仲裁必须在规定的期间内及时作出裁决，不得拖延，要讲求效率，及时解决纠纷，化解矛盾，稳定社会秩序。行政仲裁要坚持方便人民群众的原则，如设立行政仲裁机构要坚持就近的原则、行政仲裁不收费等。

二、劳动仲裁

（一）仲裁范围

用人单位与劳动者发生的下列劳动争议，可以仲裁：

（1）因确认劳动关系发生的争议；

（2）因订立、履行、变更、解除和终止劳动合同发生的争议；

（3）因除名、辞退和辞职、离职发生的争议；

（4）因工作时间、休息休假、社会保险、福利、培训以及劳动保护发生的争议；

（5）因劳动报酬、工伤医疗费、经济补偿或者赔偿金等发生的争议；

（6）法律、法规规定的其他劳动争议。

（二）劳动争议仲裁委员会和仲裁庭

1. 设立原则

劳动争议仲裁委员会按照统筹规划、合理布局和适应实际需要的原则设立。省、自治区人民政府可以决定在市、县设立；直辖市人民政府可以决定在区、县设立。直辖市、设区的市也可以设立一个或者若干个劳动争议仲裁委员会。劳动争议仲裁委员会不按行政区划层层设立。

2. 组成和职责

劳动争议仲裁委员会由劳动行政部门代表、工会代表和企业方面代表组成。劳动争议仲裁委员会组成人员应当是单数。劳动争议仲裁委员会依法履行下列职责：（1）聘任、解聘专职或者兼职仲裁员；（2）受理劳动争议案件；（3）讨论重大或者疑难的劳动争议案件；（4）对仲裁活动进行监督。

3. 仲裁庭

劳动争议仲裁委员会裁决劳动争议案件实行仲裁庭制。仲裁庭由三名仲裁员组成，设首席仲裁员。简单劳动争议案件可以由1名仲裁员独任仲裁。

（三）时效和期限

1. 一般规定

劳动争议申请仲裁的时效期间为1年。仲裁时效期间从当事人知道或者应当知道其权利被侵害之日起计算。

2. 时效中断

仲裁时效因当事人一方向对方当事人主张权利，或者向有关部门请求权利救济，或者对方当事人同意履行义务而中断。从中断时起，仲裁时效期间重新计算。

时效中断的情形主要有：（1）一方当事人通过协商、申请调解等方式向对方当事人主张权利的；（2）一方当事人通过向有关部门投诉，向仲裁委员会申请仲裁，向人民法院起诉或者申请支付令等方式请求权利救济的；（3）对方当事人同意履行义务的。

3. 时效中止

因不可抗力，或者有无民事行为能力或者限制民事行为能力劳动者的法定代理人未确定等其他正当理由，当事人不能在规定的仲裁时效期间申请仲裁的，仲裁时效中止。从中止时效的原因消除之日起，仲裁时效期间继续计算。

4. 特别规定

劳动关系存续期间因拖欠劳动报酬发生争议的，劳动者申请仲裁不受年 1 仲裁时效期间的限制；但是，劳动关系终止的，应当自劳动关系终止之日起 1 年内提出。

5. 办案期限

仲裁庭裁决劳动争议案件，应当自劳动争议仲裁委员会受理仲裁申请之日起 45 日内结束。案情复杂需要延期的，经劳动争议仲裁委员会主任批准，可以延期并书面通知当事人，但是延长期限不得超过 15 日。逾期未作出仲裁裁决的，当事人可以就该劳动争议事项向人民法院提起诉讼。

6. 起诉期限

劳动争议当事人对仲裁裁决不服的，可以自收到仲裁裁决书之日起 15 日内向人民法院提起诉讼。一方当事人在法定期限内不起诉又不履行仲裁裁决的，另一方当事人可以申请人民法院强制执行。

（四）举证责任

（1）当事人对自己提出的主张有责任提供证据。与争议事项有关的证据属于用人单位掌握管理的，用人单位应当提供；用人单位不提供的，应当承担不利后果。

（2）法律没有具体规定、无法确定举证责任承担的，仲裁庭可以根据公平原则和诚实信用原则，综合当事人举证能力等因素确定举证责任的承担。

（五）先予执行

仲裁庭对追索劳动报酬、工伤医疗费、经济补偿或者赔偿金的案件，根据当事人的申请，可以裁决先予执行，移送人民法院执行。仲裁庭裁决先予执行的，应当符合下列条件：（1）当事人之间权利义务关系明确；（2）不先予执行将严重影响申请人的生活。劳动者申请先予执行的，可以不提供担保。

(六)终局裁决及救济

(1)下列劳动争议,除法律另有规定的外,仲裁裁决为终局裁决,裁决书自作出之日起发生法律效力:①追索劳动报酬、工伤医疗费、经济补偿或者赔偿金,不超过当地月最低工资标准12个月金额的争议;②因执行国家的劳动标准在工作时间、休息休假、社会保险等方面发生的争议。

(2)劳动者对以上规定的仲裁裁决不服的,可以自收到仲裁裁决书之日起15日内向人民法院提起诉讼。

(3)用人单位有证据证明以上规定的仲裁裁决有下列情形之一,可以自收到仲裁裁决书之日起30日内向劳动争议仲裁委员会所在地的中级人民法院申请撤销裁决:①适用法律、法规确有错误的;②劳动争议仲裁委员会无管辖权的;③违反法定程序的;④裁决所根据的证据是伪造的;⑤对方当事人隐瞒了足以影响公正裁决的证据的;⑥仲裁员在仲裁该案时有索贿受贿、徇私舞弊、枉法裁决行为的。

人民法院经组成合议庭审查核实裁决有前款规定情形之一的,应当裁定撤销。仲裁裁决被人民法院裁定撤销的,当事人可以自收到裁定书之日起15日内就该劳动争议事项向人民法院提起诉讼。

(七)其他制度

1.管辖制度

劳动争议仲裁委员会负责管辖本区域内发生的劳动争议。劳动争议由劳动合同履行地或者用人单位所在地的劳动争议仲裁委员会管辖。双方当事人分别向劳动合同履行地和用人单位所在地的劳动争议仲裁委员会申请仲裁的,由劳动合同履行地的劳动争议仲裁委员会管辖。

2.公开制度

劳动争议仲裁公开进行,但当事人协议不公开进行或者涉及国家秘密、商业秘密和个人隐私的除外。

3.先行调解制度

仲裁庭在作出裁决前,应当先行调解。调解达成协议的,仲裁庭应当制作调解书。调解书应当写明仲裁请求和当事人协议的结果。调解书由仲裁员签名,加盖劳动争议仲裁委员会印章,送达双方当事人。调解书经双方当事人签收后,发生法律效力。调解不成或者调解书送达前,一方当事人反悔的,仲裁庭应当及时作出裁决。

4. 回避制度

仲裁员有下列情形之一，应当回避，当事人有权以口头或者书面方式提出回避申请：（1）是本案当事人或者当事人、代理人的近亲属的；（2）与本案有利害关系的；（3）与本案当事人、代理人有其他关系，可能影响公正裁决的；（4）私自会见当事人、代理人，或者接受当事人、代理人的请客送礼的。劳动争议仲裁委员会对回避申请应当及时作出决定，并以口头或者书面方式通知当事人。

三、人事仲裁

（一）仲裁范围

下列人事争议属于人事仲裁范围：

（1）实施公务员法的机关与聘任制公务员之间、参照《公务员法》管理的机关（单位）与聘任工作人员之间因履行聘任合同发生的争议；

（2）事业单位与工作人员之间因解除人事关系、履行聘用合同发生的争议；

（3）社团组织与工作人员之间因解除人事关系、履行聘用合同发生的争议；

（4）军队聘用单位与文职人员之间因履行聘用合同发生的争议；

（5）依照法律、法规规定可以仲裁的其他人事争议。

（二）人事争议仲裁委员会和仲裁庭

1. 设立和组成

省（自治区、直辖市）、副省级市、地（市、州、盟）、县（市、区、旗）设立人事争议仲裁委员会。人事争议仲裁委员会独立办案，相互之间无隶属关系。人事争议仲裁委员会由公务员主管部门代表、聘任（用）单位代表、工会组织代表、受聘人员代表以及人事、法律专家组成。人事争议仲裁委员会组成人员应当是单数，设主任1名、副主任2~4名、委员若干名。同级人民政府分管人事工作的负责人或者政府人事行政部门的主要负责人任人事争议仲裁委员会主任。

2. 职责

人事争议仲裁委员会的职责是：（1）负责处理管辖范围内的人事争议；（2）决定仲裁员的聘任和解聘；（3）法律、法规规定由人事争议仲裁委员会承担的其他职责。人事争议仲裁委员会实行少数服从多数原则，不同意见应如实记录。

3. 仲裁庭

人事争议仲裁委员会处理人事争议案件实行仲裁庭制度，仲裁庭是人事争议仲裁委员会处理人事争议案件的基本形式。仲裁庭一般由 3 名仲裁员组成。人事争议仲裁委员会指定 1 名仲裁员担任首席仲裁员，主持仲裁庭工作；另两名仲裁员可由双方当事人各选定 1 名，也可由人事争议仲裁委员会指定。简单的人事争议案件，经双方当事人同意，人事争议仲裁委员会可以指定 1 名仲裁员独任处理。

（三）时效和期限

1. 关于仲裁时效问题

中组部、人力资源和社会保障部、总政治部 2007 年发布的《人事争议处理规定》第 16 条规定："当事人从知道或应当知道其权利受到侵害之日起 60 日内，以书面形式向有管辖权的人事争议仲裁委员会申请仲裁。当事人因不可抗力或者有其他正当理由超过申请仲裁时效，经人事争议仲裁委员会调查确认的，人事争议仲裁委员会应当受理。"人力资源和社会保障部 2017 年发布的《劳动人事争议仲裁办案规则》第 26 条规定："本规则第二条第（一）、（三）、（四）、（五）项规定的争议，申请仲裁的时效期间为 1 年。仲裁时效期间从当事人知道或者应当知道其权利被侵害之日起计算。本规则第二条第（二）项规定的争议，申请仲裁的时效期间适用公务员法有关规定。劳动人事关系存续期间因拖欠劳动报酬发生争议的，劳动者申请仲裁不受本条第一款规定的仲裁时效期间的限制；但是，劳动人事关系终止的，应当自劳动人事关系终止之日起 1 年内提出。"《劳动人事争议仲裁办案规则》第 2 条第（二）项是指"实施公务员法的机关与聘任制公务员之间、参照公务员法管理的机关（单位）与聘任工作人员之间因履行聘任合同发生的争议"。可见，这两个文件对于人事争议仲裁的时效规定不一致。

《人事争议处理规定》和《劳动人事争议仲裁办案规则》都是规章，前者属于联合规章，后者属于部门规章，因此二者在法律地位上是同等的，无高下之分。那么在此只能适用"后法优于先法"的规则。在仲裁时效上应当适用《劳动人事争议仲裁办案规则》的规定。

2. 办案期限

仲裁庭处理人事争议案件，一般应当在受理案件之日起 90 日内结案。需要延期的，经人事争议仲裁委员会批准，可以适当延期，但是延长的期限不得超过 30 日。

3. 起诉期限

当事人对仲裁裁决不服的，可以按照《中华人民共和国公务员法》《中国人民解放军文职人员条例》以及最高人民法院相关司法解释的规定，自收到裁决书之日起15日内向人民法院提起诉讼；逾期不起诉的，裁决书即发生法律效力。

（四）其他制度

1. 管辖制度

中央机关、直属机构、直属事业单位及其在京所属单位的人事争议由北京市负责处理人事争议的仲裁机构处理，也可由北京市根据情况授权所在地的区（县）负责处理人事争议的仲裁机构处理。中央机关在京外垂直管理机构以及中央机关、直属机构、直属事业单位在京外所属单位的人事争议，由所在地的省（自治区、直辖市）设立的人事争议仲裁委员会处理，也可由省（自治区、直辖市）根据情况授权所在地的人事争议仲裁委员会处理。省（自治区、直辖市）、副省级市、地（市、州、盟）、县（市、区、旗）人事争议仲裁委员会的管辖范围，由省（自治区、直辖市）确定。

2. 公开制度

仲裁应当公开开庭进行，涉及国家、军队秘密和个人隐私的除外。涉及商业秘密，当事人申请不公开开庭的，可以不公开开庭。当事人协议不开庭的，仲裁庭可以书面仲裁。

3. 调解制度

仲裁庭处理人事争议应注重调解。自受理案件到作出裁决前，都要积极促使当事人双方自愿达成调解协议。当事人经调解自愿达成书面协议的，仲裁庭应当根据调解协议的内容制作仲裁调解书。协议内容不得违反法律法规，不得侵犯社会公共利益和他人的合法权益。调解书由仲裁庭成员署名，加盖人事争议仲裁委员会印章。调解书送达后，即发生法律效力。当庭调解未达成协议或者仲裁调解书送达前当事人反悔的，仲裁庭应当及时进行仲裁裁决。

4. 举证责任

当事人应当对自己的主张提供证据。仲裁庭认为有关证据由用人单位提供更方便的，应要求用人单位提供。用人单位作出解除人事关系和不同意工作人员要求辞职或终止聘任（用）合同引发的人事争议，由用人单位负责举证。仲裁庭认为需要调查取证的，可以自行取证。

四、土地仲裁

（一）仲裁范围

农村土地承包经营纠纷的仲裁范围，包括：

（1）因订立、履行、变更、解除和终止农村土地承包合同发生的纠纷；

（2）因农村土地承包经营权转包、出租、互换、转让、入股等流转发生的纠纷；

（3）因收回、调整承包地发生的纠纷；

（4）因确认农村土地承包经营权发生的纠纷；

（5）因侵害农村土地承包经营权发生的纠纷；

（6）法律、法规规定的其他农村土地承包经营纠纷。

因征收集体所有的土地及其补偿发生的纠纷，不属于农村土地承包仲裁委员会的受理范围，可以通过行政复议或者诉讼等方式解决。

（二）仲裁委员会、仲裁员和仲裁庭

1. 仲裁委员会

农村土地承包仲裁委员会，根据解决农村土地承包经营纠纷的实际需要设立。农村土地承包仲裁委员会可以在县和不设区的市设立，也可以在设区的市或者其市辖区设立。农村土地承包仲裁委员会在当地人民政府指导下设立。设立农村土地承包仲裁委员会的，其日常工作由当地农村土地承包管理部门承担。农村土地承包仲裁委员会由当地人民政府及其有关部门代表、有关人民团体代表、农村集体经济组织代表、农民代表和法律、经济等相关专业人员兼任组成，其中农民代表和法律、经济等相关专业人员不得少于组成人员的二分之一。农村土地承包仲裁委员会设主任1人、副主任1~2人和委员若干人。主任、副主任由全体组成人员选举产生。农村土地承包仲裁委员会依法履行下列职责：（1）聘任、解聘仲裁员；（2）受理仲裁申请；（3）监督仲裁活动。

2. 仲裁员

农村土地承包仲裁委员会应当从公道正派的人员中聘任仲裁员。仲裁员应当符合下列条件之一：（1）从事农村土地承包管理工作满五年；（2）从事法律工作或者人民调解工作满五年；（3）在当地威信较高，并熟悉农村土地承包法律以及国家政策的居民。

3. 仲裁庭

仲裁庭由3名仲裁员组成，首席仲裁员由当事人共同选定，其他2名仲裁员由当事人各自选定；当事人不能选定的，由农村土地承包仲裁委员会主任指定。事实清楚、权利义务关系明确、争议不大的农村土地承包经营纠纷，经双方当事人同意，可以由1名仲裁员仲裁。仲裁员由当事人共同选定或者由农村土地承包仲裁委员会主任指定。仲裁庭依法独立履行职责，不受行政机关、社会团体和个人的干涉。

（三）时效和期限

1. 仲裁时效

农村土地承包经营纠纷申请仲裁的时效期间为2年，自当事人知道或者应当知道其权利被侵害之日起计算。

2. 办案期限

仲裁农村土地承包经营纠纷，应当自受理仲裁申请之日起60日内结束；案情复杂需要延长的，经农村土地承包仲裁委员会主任批准可以延长，并书面通知当事人，但延长期限不得超过30日。

3. 起诉期限

当事人不服仲裁裁决的，可以自收到裁决书之日起30日内向人民法院起诉。逾期不起诉的，裁决书即发生法律效力。

（四）其他制度

1. 优先调解制度

仲裁庭对农村土地承包经营纠纷应当进行调解。调解达成协议的，仲裁庭应当制作调解书；调解不成的，应当及时作出裁决。

2. 就近和公开开庭制度

农村土地承包经营纠纷仲裁应当开庭进行。开庭可以在纠纷涉及的土地所在地的乡（镇）或者村进行，也可以在农村土地承包仲裁委员会所在地进行。当事人双方要求在乡（镇）或者村开庭的，应当在该乡（镇）或者村开庭。开庭应当公开，但涉及国家秘密、商业秘密和个人隐私以及当事人约定不公开的除外。

3. 举证责任

当事人应当对自己的主张提供证据。与纠纷有关的证据由作为当事人一方的发包方等掌握管理的，该当事人应当在仲裁庭指定的期限内提供，逾期不提供的，应当承担不利后果。

五、问题探讨

（一）行政仲裁的性质

对于行政仲裁的性质是存在争议的，有人认为是行政性，有人认为是准司法性。笔者认为行政仲裁是准司法性为，是特殊的仲裁制度。

第一，行政仲裁机构虽然附设于行政机关，但是具有相对独立性。如劳动争议仲裁委员会和人事争议仲裁委员会一般设立于人力资源和社会保障行政部门，农村土地承包仲裁委员会设立于农村土地承包管理部门。但是这些仲裁机构是相对独立的，其作出的仲裁裁决书是以仲裁委员会的名义作出，而不是以行政机关的名义作出的。

第二，行政仲裁和普通仲裁的对象都是民事争议，只不过行政仲裁的对象具有特殊性。在三类行政仲裁中，双方当事人虽然法律上规定地位平等，但是实际上，双方当事人之间存在人身隶属关系，如用人单位和职工之间、村民和村委会之间是有人身隶属关系的，即事实上当事人的法律地位并不对等。因此必须加强行政干预，才能保护、保障相对弱势一方的合法权益。实务中这三类争议事项也是相关行政机关重点监管对象。

第三，普通仲裁有终局性，除非经过特定程序，如撤裁程序等，否则不得否定和推翻仲裁裁决。行政仲裁虽然具有一定的准司法性，但是其仲裁裁决不具有终局性。可以通过诉讼推翻其仲裁裁决，所以说行政仲裁是特殊的仲裁制度。同时，对于行政仲裁裁决不服的，只能以对方当事人为被告提起民事诉讼，而不能以行政仲裁机构为被告提起行政诉讼。如果行政仲裁是行政行为，则当事人可以提起行政诉讼。因此按照当前制度设计，行政仲裁不作为行政行为来对待。

基于以上分析，可以认为行政仲裁准司法行为，是特殊的仲裁制度，把它作为行政司法行为对待有些牵强。之所以把行政仲裁制度放在本章介绍，主要考虑现在理论界和实务界对行政仲裁还有不同的认识，还有待于各位同仁继续探讨和研究。

（二）行政仲裁的发展趋势

行政仲裁制度是一个尴尬的存在，介于行政和司法之间。这项制度何去何从，如何发展，和其他制度如何融合，是一个值得思考的问题。

存在两个思路：第一，行政仲裁制度和行政裁决制度合并，统称行政裁决，并且作为行政行为存在。取消相关仲裁委员会，如劳动争议仲裁委员会等，把行政仲裁权作为行政权完全由行政机关掌控。对于行政仲裁不服的可以提起行政诉讼，也可以以对方当事人为被告提起民事诉讼。第二，行政仲裁和普通仲裁合并，把行政仲裁从行政机关剥离，只是作为一种特殊民事仲裁制度存在。同时，编纂仲裁法，专编设立特殊仲裁，对于行政仲裁事项作出专门规定。

对于以上两种思路，到底如何选择，一是要看社会发展，即法律制度要符合社会现实和社会发展规律；二是要考虑，如何能更好地保护当事人尤其是相对弱势一方当事人的合法权益，这是一个价值取向问题。总之，如何取舍要综合考虑各方面因素。

第二节　行政裁决

一、行政裁决概述

（一）行政裁决的含义及特征

行政裁决是行政机关依照当事人申请，根据法律授权，居中对与行政管理活动密切相关的民事纠纷进行裁处的行为。行政裁决具有效率高、成本低、专业性强、程序简便的特点，有利于促成矛盾纠纷的快速解决，发挥化解民事纠纷的"分流阀"作用。

1. 行政裁决是行政行为

行政裁决和行政仲裁都是居中对特定民事纠纷进行裁处的行为，都具有准司法性。但是二者是有区别的。行政裁决是行政机关根据法律授权，执行公务、行使公权力的行为，所以其行政性更为明显。因此，行政裁决是行政行为。

2. 行政裁决的主体具有行政性

行政裁决的主体是法律授权的行政机关。有两个问题要注意。首先，这里的"法律"作广义理解，包括法律、法规和规章。比如《专利法》授权国务院专利行政部门裁决专利强制许可争议[①]；《中药品种保护条例》授权国务院药品监督管

[①]《专利法》第62条："取得实施强制许可的单位或者个人应当付给专利权人合理的使用费，或者依照中华人民共和国参加的有关国际条约的规定处理使用费问题。付给使用费的，其数额由双方协商；双方不能达成协议的，由国务院专利行政部门裁决。"

理部门对使用费争议的裁决①；《普通高等学校学生管理规定》授权教育行政部门对学生投诉的处理②。严格来讲，规章授权不符合行政法原理，违反了法律保留原则。因此将来在制定统一的《行政裁决法》时，应当明确规定只有法律、法规授权的行政机关才能拥有行政裁决权，并且及时清理不符合规定的行政规章。第二，行政裁决的主体是行政机关，这是与行政仲裁的重要区别之一。行政仲裁的主体是附设在行政机关的仲裁机构，如劳动争议仲裁委员会等。这些仲裁机构虽然附设于行政机关，但是其具有相对独立性，它们不是行政机关。所以行政仲裁不是行政行为，而行政裁决属于行政行为。

3.行政裁决的对象具有特定性

行政裁决不同于行政复议。行政裁决的对象是特定的民事纠纷，而行政复议的对象是行政争议。但不是所有的民事纠纷都可以成为行政裁决的处理对象。行政裁决的受理范围必须是特定的民事纠纷：一是，该纠纷（争议）是行政机关管辖事项的职权范围；二是，该纠纷与行政管理活动密切相关，主要集中在自然资源权属争议、知识产权侵权纠纷和补偿争议、政府采购活动争议等方面，合同纠纷等一般民事争议不属于行政裁决的受理范围。

4.行政裁决结果具有非终局性

当事人不服行政裁决的，可依法向法院提起诉讼，不同于普通仲裁的一裁终局、民事诉讼的两审终审。

（二）行政裁决的适用范围

根据现行法律法规和规章规定，行政裁决主要适用于以下几个方面：

---

① 《中药品种保护条例》第19条："对临床用药紧缺的中药保护品种的仿制，须经国务院药品监督管理部门批准并发给批准文号。仿制企业应当付给持有《中药保护品种证书》并转让该中药品种的处方组成、工艺制法的企业合理的使用费，其数额由双方商定；双方不能达成协议的，由国务院药品监督管理部门裁决。"

② 《普通高等学校学生管理规定》第65条："学生认为学校及其工作人员违反本规定，侵害其合法权益的；或者学校制定的规章制度与法律法规和本规定抵触的，可以向学校所在地省级教育行政部门投诉。教育主管部门在实施监督或者处理申诉、投诉过程中，发现学校及其工作人员有违反法律、法规及本规定的行为或者未按照本规定履行相应义务的，或者学校自行制定的相关管理制度、规定，侵害学生合法权益的，应当责令改正；发现存在违法违纪的，应当及时进行调查处理或者移送有关部门，依据有关法律和相关规定，追究有关责任人的责任。"

1. 自然资源权属纠纷

权属纠纷，是指双方当事人因某一财产的所有权或使用权的归属产生争议，包括土地、草原、水流、滩涂、矿产等自然资源的权属争议，双方当事人可依法向行政机关请求确认，并作出裁决。如《草原法》第16条规定："草原所有权、使用权的争议，由当事人协商解决；协商不成的，由有关人民政府处理。单位之间的争议，由县级以上人民政府处理；个人之间、个人与单位之间的争议，由乡（镇）人民政府或者县级以上人民政府处理。"这类纠纷是最常见的行政裁决事项，也是相关司法解释明确规定的受案范围。①

2. 知识产权侵权纠纷和补偿争议

《专利法》第62条规定："取得实施强制许可的单位或者个人应当付给专利权人合理的使用费，或者依照中华人民共和国参加的有关国际条约的规定处理使用费问题。付给使用费的，其数额由双方协商；双方不能达成协议的，由国务院专利行政部门裁决。"《商标法》第2条规定："国务院工商行政管理部门商标局主管全国商标注册和管理的工作。国务院工商行政管理部门设立商标评审委员会，负责处理商标争议事宜。"

3. 政府采购争议

《政府采购法》第55条规定："质疑供应商对采购人、采购代理机构的答复不满意或者采购人、采购代理机构未在规定的时间内作出答复的，可以在答复期满后15个工作日内向同级政府采购监督管理部门投诉。"第56条规定："政府采购监督管理部门应当在收到投诉后30个工作日内，对投诉事项作出处理决定，并以书面形式通知投诉人和与投诉事项有关的当事人。"

4. 其他争议

包括医疗事故争议、水事争议、企业资产权属争议、教育领域争议等。如《医疗事故处理条例》第38条规定："发生医疗事故争议，当事人申请卫生行政部门处理的，由医疗机构所在地的县级人民政府卫生行政部门受理。医疗机构所在地是直辖市的，由医疗机构所在地的区、县人民政府卫生行政部门受理。"

---

① 《最高人民法院关于行政案件案由的暂行规定》（十七）行政裁决：117. 土地、矿藏、水流、荒地或者滩涂权属确权；118. 林地、林木、山岭权属确权。

（三）行政裁决的意义及问题

1. 行政裁决的意义

行政裁决对于处理民事纠纷具有两方面的意义：第一，行政裁决具有效率高、成本低、专业性强、程序简便等特点，因而有利于及时快速的处理民事纠纷，对于恢复法律秩序，维护社会稳定具有重要意义。第二，可以起到"分流阀"的作用。由于社会矛盾的增加和人们法律意识的增强，导致法院的民事案件逐年增多，司法官压力不断加大。而行政裁决可以解决相当一部分民事纠纷，从而减轻了法院的压力。

2. 行政裁决存在的问题

由于我国没有统一的《行政裁决法》和《行政程序法》导致在行政裁决领域存在大量亟须解决的问题。

第一是法律规定过于分散。我国多部法律法规，包括规章对于行政裁决都有规定，包括《政府采购法》《土地管理法》《森利法》《草原法》《矿产资源法》《商标法》《专利法》《植物新品种保护条例》《中药品种保护条例》《集成电路布图设计保护条例》《医疗事故处理条例》《水法》《教师法》《普通高等学校学生管理规定》等，而且各法律、法规的说法不一，有的称为"裁决"，有的称为"处理"，有的称为"裁处"。这必然不利于当事人通过行政裁决途径维权。

第二是裁决程序不规范。各个法律法规中对于行政裁决程序基本没有规定，只有在部分省市的规章中有相关规定。如《湖南省行政程序规定》《宁夏回族自治区行政程序规定》《山东省行政程序规定》三部省级政府规章对于行政裁决程序作出专章规定。《汕头市行政裁决规定》作为市一级政府规章专门对于行政裁决程序作出规定。虽然以上政府规章对于行政裁决程序规定有共同之处，但是也存在区别，比如在裁决的期限、受理期限等方面规定并不一致。这样必然导致各省甚至各市自行其是，导致法制不统一。

第三是对于行政裁决的法律救济机制应予明确。对于行政裁决不服是提起民事诉讼还是行政诉讼，有的法律有规定，有的没有明确规定。因此，应当明确当事人不服行政机关对民事纠纷作出的行政裁决的，在法定期限内，既可以以民事争议的对方当事人为被告提起民事诉讼，也可以对行政裁决行为提起行政诉讼，并申请法院一并解决相关民事争议。法律另有规定的，依照其规定。

二、行政裁决基本原则

行政裁决作为行政行为的一种必须要遵循行政法的基本原则，具体包括以下原则：

（一）合法原则

首先，行政机关行使裁决权必须要有法律法规的明确授权，法无授权不可为，做到职权合法。其次，行政机关裁决事项必须要与自身的行政管理密切相关，即属于本机关管辖范围。再次，行政主体不仅要依据行政法律、法规，还要依据民商事法律法规对相关民事争议做出裁决。最后，行政裁决要依照法定程序作出。

（二）公平、公正原则

行政裁决对双方当事人要公平公正，不得歧视、偏袒任何一方。一是同等对待，要求行政机关对当事人应当一视同仁，做到不偏私、不偏袒、无偏见；二是对于同等情况，应当作出相同的行政裁决；三是对于不同情况，要作出不同的行政裁决。

（三）及时便民原则

设置行政裁决制度的初衷就是为了快速处理民事纠纷，因此行政裁决制度必须体现及时便民原则。第一，要讲效率。必须在规定的时间内处理完毕相关民事争议，及时解决矛盾纠纷。第二，要方便人民群众。申请裁决要便民，当事人既可以用传统的书面形式申请裁决，也可以用信函、电报、电传、传真、电子数据交换和电子邮件等方式提出，甚至可以口头申请。裁决程序要便民，尽量用简便的方式裁决，不得设置不合理的程序障碍增加当事人的负担。最后，行政裁决不得收费。

（四）程序正当原则

首先，要给予双方当事人公平发表意见的机会，如举证质证、陈述辩论等。其次，要坚持回避制度，如果办案人员与本案有利害关系应当回避。再次，行政裁决除涉及国家秘密、商业秘密和个人隐私的，都应当公开进行。最后，行政裁决应当接受社会监督，广泛听取各方意见。对情况复杂、社会影响较大的案件，裁决机关可以组织公众代表、法律工作者、相关专家学者或者社区代表等无利害关系的第三方对裁决事项进行评议，听取各方意见，但涉及国家秘密或者依法不能公开的除外。

三、行政裁决程序

根据现有规章规定，行政裁决程序大致有以下步骤和要求：

（一）申请和受理

1. 申请

公民、法人或者其他组织申请行政裁决，可以书面申请，也可以口头申请；口头申请的，行政机关应当当场记录申请人的基本情况、行政裁决请求、申请行政裁决的主要事实、理由和时间。行政裁决申请可以通过信函、电报、电传、传真、电子数据交换和电子邮件等方式提出。

2. 受理

裁决机关应当自收到行政裁决申请材料之日起5个工作日[①]内进行审查，审查后按照下列情况分别作出处理：（1）申请事项依法不能适用行政裁决程序解决的，作出不予受理决定，并告知申请人不予受理的理由。（2）申请事项不属于本机关管辖的，告知申请人向有权机关提出申请。（3）申请材料不齐全或者不符合法定形式的，应当一次性书面告知申请人需要补正的全部内容并确定合理的补正期限；逾期不告知的，自审查期限届满之日起即为受理。（4）申请事项属于本机关行政裁决范围，申请材料齐全、符合法定形式，或者申请人按照裁决机关要求提交全部补正申请材料的，应当受理。申请材料存在可以当场更正的错误的，应当允许申请人当场更正。裁决机关受理或者不予受理行政裁决申请，应当出具加盖本机关专用印章和注明日期的书面凭证。

（二）通知与答辩

行政机关立案后应当通知民事争议的申请人及对方当事人，并要求对方当事人提交有关材料等有关情况。民事争议当事人在收到裁决申请后，应当在规定的期限内提交答辩书及有关证据材料。被申请人可以在答辩期限内提出反申请。被申请人逾期未提交书面答辩意见的，不影响裁决程序的进行。

（三）调查和取证

裁决机关可以依当事人申请在其职权范围内调查取证，也可以依职权主动进行调查、收集证据，有关单位和个人应当予以配合。裁决机关调查取证时调查人

[①] 参照《汕头市行政裁决规定》。本部分中关于行政裁决的期限规定均参照《汕头市行政裁决规定》。

员不得少于两名。裁决机关开展调查应当制作调查笔录,并由调查人和被调查人签名、盖章或者捺印确认。被调查人拒绝签名、盖章或者捺印的,应当在调查笔录中加以说明。裁决机关勘验物证或者现场,应当制作勘验笔录,由勘验人、当事人、见证人签名、盖章或者捺印。必要时,可邀请当地基层组织或者有关单位协助。当事人经书面通知,无正当理由拒不到场的,不影响勘验的进行。

(四)审理和裁决

裁决机关受理行政裁决申请后,应当指定三名行政裁决人员组成合议组对案件进行审理,并在其中确定一名主审人。裁决机关审理案件应当充分听取各方当事人表达意见。

为查明事实,裁决机关可以以听证形式组织当事人质证、辩论,由当事人到场陈述事实和理由,提供证据,进行对质和辩论;辩论终结时,应当征询当事人的最后意见。

对事实清楚、权利义务关系明确、争议不大的案件,裁决机关可以适用简易程序,指定一名行政裁决人员进行审理。

裁决机关适用一般程序审理案件,应当自受理之日起60日内审结。有特殊情况需要延长的,经裁决机关负责人批准,可以延长30日。裁决机关适用简易程序审理案件,应当自受理之日起30日内审结。有特殊情况需要延长的,经裁决机关负责人批准,可以延长10日。

行政裁决书应当写明裁决请求、争议事实、裁决理由、裁决结果和裁决日期等内容,并加盖裁决机关印章。行政裁决书应当依法送达当事人,自送达之日起发生法律效力。

(五)执行

行政裁决书生效后,当事人应当履行;当事人不服的,在法定期限内可以依法向人民法院提起诉讼。当事人在法定期限内不起诉又不履行生效行政裁决的,裁决机关可以依法申请人民法院强制执行;裁决机关在申请执行的期限内未申请人民法院强制执行的,生效行政裁决确定的权利人或者其继承人、权利承受人在法定期间内可以申请人民法院强制执行。

第三节 行政调解

一、行政调解概述

（一）含义及特征

行政调解是指行政机关依照法定职责和程序，以自愿平等为基础，以事实为依据，通过说服、疏导等方式，促使公民、法人或者其他组织之间以及公民、法人或者其他组织与行政机关之间达成调解协议，依法化解有关民事纠纷和行政争议的活动。

（1）行政调解属于行政司法行为。行政调解的主体是行政主体，包括行政机关和法律法规授权的组织，当然主要是行政机关。行政机关是以中立的第三方，居中以调解的方式解决民事纠纷和行政争议，因此行政调解具有准司法性。

（2）行政调解的案件包括民事纠纷和行政纠纷两类。涉及行政管理事项的大量民事纠纷可以通过行政调解解决。行政调解和人民调解、司法调解形成合力共同化解社会矛盾，同时减轻人民法院的办案压力。另外，部分行政争议在法律允许的范围内可以通过调解消除争议，解决纠纷。

（3）行政调解的方式是解释、沟通、说服、疏导、协商等，而不是强制式、压迫式的调解。因此，行政调解必须坚持自愿合法的原则，同时要符合国家政策、符合社会公序良俗。

（4）行政调解具有便捷性和权威性。行政机关可以主动调解，也可以当场调解。因此行政调解比较灵活、便捷，便于及时处理矛盾纠纷。人民政府和政府部门在人们心目中具有较高的威信，相对于人民调解人们更愿意相信政府机关的调解。因此，行政调解协议更容易被人们接受和履行。

行政调解应当遵循合法、自愿、平等、高效、便民的原则，不得损害国家利益、公共利益以及公民、法人和其他组织的合法权益。

行政调解必须坚持保护当事人诉讼权利的原则，不得以调解之名干涉、干扰、影响当事人运用仲裁、诉讼等途径解决纠纷。

行政机关调解争议纠纷，不得影响依法履行行政管理职责，不得以行政调解代替行政执法。

二、行政调解机关

（一）民事纠纷的调解机关

与行政管理有关的民事纠纷的调解，履行相关行政管理职能的行政机关为行政调解机关。

（二）行政争议的调解机关

行政争议的调解，按照以下规定确定行政调解机关：

（1）涉及地方人民政府的行政争议，由上一级地方人民政府负责调解；

（2）涉及地方人民政府工作部门的行政争议，由本级人民政府负责调解；

（3）涉及县级以上人民政府依法设立的派出机关的行政争议，由设立该派出机关的人民政府负责调解；

（4）涉及政府工作部门依法设立的派出机构的行政争议，由设立该派出机构的工作部门负责调解；

（5）涉及法律、法规、规章授权组织的行政争议，由直接管理该组织的人民政府或者部门负责调解。

（6）行政调解机关为人民政府的，人民政府可以指定相关部门或者机构具体组织调解。

（7）同一纠纷或者争议分别向两个以上有管理权限的行政机关提出行政调解申请的，由最先收到行政调解申请的行政机关受理。对管辖权有争议的，由行政机关进行协商；协商不成的，报同级人民政府指定受理机关。

三、行政调解范围

（一）民事纠纷调解范围

对于民事纠纷调解范围要把握两点原则：第一，凡是和行政机关履行行政管理职责有关的民事纠纷都可以调解；第二，调解范围必须有法律、法规或者规章的明确规定。即行政机关有权依照相关法律、法规、规章规定，对公民、法人或者其他组织之间发生的与本机关履行行政管理职能有关的民事纠纷进行调解。主要包括：

（1）可以进行治安调解的民间纠纷；（2）交通事故损害赔偿纠纷；（3）合同纠纷；（4）医疗事故赔偿纠纷；（5）消费者权益保护纠纷、产品质量纠纷；（6）土地承包经营纠纷；（7）侵犯商标专用权、专利权等知识产权的赔偿纠纷；

（8）环境污染赔偿纠纷；（9）电力纠纷、水事纠纷；（10）其他依法可以调解的民事纠纷。

（二）行政争议调解范围

行政机关可以对下列行政争议进行调解：（1）公民、法人或者其他组织对行政机关行使法律、法规、规章规定的行政裁量权作出的行政行为不服的；（2）公民、法人或者其他组织与行政机关之间的行政补偿、行政赔偿纠纷；（3）其他依法可以调解的行政争议。如行政协议争议、行政不作为争议等。

（三）排除范围

下列情形不适用行政调解：（1）人民法院、行政复议机关、行政裁决机关、仲裁机构等已经依法作出处理，或者已经经过信访复查、复核的；（2）已经达成有效调解协议再次申请行政调解，或者当事人就同一事实以相似理由重复提出行政调解申请的；（3）申请人民调解并且已经受理的；（4）已经超出行政复议或者诉讼期限的；（5）法律、法规、规章规定不适用行政调解的其他情形。

四、行政调解程序

行政调解虽然要坚持灵活性和便捷性，但是也要遵循必要的程序，坚持程序正义。

（一）申请和受理

申请行政调解，可以书面申请，也可以口头申请。口头申请的，行政调解机关应当记录当事人的基本情况和申请调解的请求、事实和理由，并由申请人签名确认。书面申请的，可以采取当面递交、邮寄或者传真等方式提出申请。

行政调解机关收到民事纠纷调解申请后，应当予以登记，自收到申请之日起5个工作日[1]内进行审查并征求其他当事人的意见，符合规定条件且其他当事人同意行政调解的，应当受理并向当事人发送行政调解受理通知书；不符合规定条件或者其他当事人不同意调解的，决定不予受理，书面告知申请人，并说明理由。

行政调解机关收到行政争议调解申请后，应当予以登记，自收到申请之日起5个工作日内进行审查，符合规定的，应当受理并向当事人发送行政调解受理通知书；不符合规定的，决定不予受理，书面告知申请人，并说明理由。

---

[1] 参照《江苏省行政调解办法》。本部分关于行政调解的期限均参照《江苏省行政调解办法》。

行政调解申请材料不齐全或者表述不清楚的，行政调解机关可以当场或者自收到申请之日起5个工作日内一次性告知申请人补正。无正当理由逾期不补正的，视为申请人放弃行政调解申请。法律、法规和规章对行政调解受理期限另有规定的，从其规定。

行政机关对管辖范围内的重大争议和纠纷，或者在日常管理和行政执法过程发现争议和纠纷，经征得当事人同意，可以主动组织调解。

行政机关在具体行政执法活动中对涉及的民事纠纷，具备当场调解条件的，行政机关工作人员可以当场启动调解，并将相关情况记录在案。

（二）举证要求

当事人应当向行政调解机关如实提供证据，并对所提供证据的真实性负责；行政调解机关也可以依申请在其职权范围内进行调查取证或者依职权主动进行调查、核实证据。

（三）一般程序

（1）行政调解机关受理申请或者经当事人同意主动组织调解的，应当于行政调解3个工作日前将行政调解的时间、地点和调解主持人、调解员等事项告知当事人。

（2）行政调解开始时，行政调解员应当核对当事人身份，宣布行政调解纪律，告知当事人依法享有的权利和履行的义务。

（3）行政调解机关调解纠纷或者争议，应当听取当事人的陈述、申辩和质证，向当事人释明有关法律、法规、规章和政策，在事实清楚的基础上分清是非，引导当事人自愿达成调解协议。

行政调解机关对重大复杂的争议或者纠纷，可以采取听证、现场调查、召开协调会等方式进行调解。

（4）行政调解应当自收到调解申请之日起30日内办结。检测、检验、检疫、技术鉴定、伤残评定的时间不计算在内。情况复杂或者有其他特殊情形的，经各方当事人同意，可以延长10日。

（四）简易程序

对事实清楚、权利义务关系明确、争议不大或者所涉赔偿、补偿数额较小的纠纷或者争议，经双方当事人同意，行政调解申请、受理和调处可以适用简易程序。适用简易程序进行调解的，申请人可以口头申请。行政调解机关可以用口头通知、电话、短信等简便方式通知当事人，由 1 名行政调解员当场调解。调解可以直接围绕调解请求，采用灵活简便的方式进行。当事人达成一致意见的，行政调解机关现场制作行政调解笔录，由当事人当场在行政调解笔录上签名或者盖章即具有调解协议的效力。不能达成一致意见的，行政调解机关应当告知当事人解决纠纷的其他途径。

（五）调解终止

有下列情形之一的，行政调解机关应当终止调解：

（1）当事人要求终止调解或者调解期限届满未达成调解协议的；（2）当事人拒不参加调解或者中途退出调解的；（3）调解协议生效前当事人反悔的；（4）公民死亡或者法人、其他组织终止，无权利义务承受人的；（5）当事人在调解过程中就纠纷或者争议申请人民调解、提起诉讼、申请复议或者申请仲裁的；（6）法律、法规、规章规定的其他应当终止的情形。

五、行政调解协议效力

经过行政调解达成调解协议后，调解协议是否具有法律效力？当事人能否申请强制执行？这个问题需要从两个方面分析：

（一）法律规定

我国没有专门的行政调解法，所以只能从相关法律、法规、规章中寻找依据。

1.《人民调解法》的规定

第 31 条："经人民调解委员会调解达成的调解协议，具有法律约束力，当事人应当按照约定履行。人民调解委员会应当对调解协议的履行情况进行监督，督促当事人履行约定的义务。"第 32 条："经人民调解委员会调解达成调解协议后，当事人之间就调解协议的履行或者调解协议的内容发生争议的，一方当事人可以向人民法院提起诉讼。"第 33 条："经人民调解委员会调解达成调解协议后，双方当事人认为有必要的，可以自调解协议生效之日起 30 日内共同向人民法院申请司法确认，人民法院应当及时对调解协议进行审查，依法确认调解协议的效力。人民法院依法确认调解协议有效，一方当事人拒绝履行或者未全部履行的，对方当事人可以向人民法院申请强制执行。人民法院依法确认调解协议无效的，当事人可以通过人民调解方式变更原调解协议或者达成新的调解协议，也可以向人民法院提起诉讼。"

2.《医疗事故处理条例》的规定

第48条:"已确定为医疗事故的,卫生行政部门应医疗事故争议双方当事人请求,可以进行医疗事故赔偿调解。调解时,应当遵循当事人双方自愿原则,并应当依据本条例的规定计算赔偿数额。经调解,双方当事人就赔偿数额达成协议的,制作调解书,双方当事人应当履行;调解不成或者经调解达成协议后一方反悔的,卫生行政部门不再调解。"

3.《北京市行政调解办法》的规定

第22条:"调解协议书自当事人签名、盖章,行政机关加盖印章之日起生效;口头协议自当事人达成协议之日起生效。"第23条:"对调解协议书,当事人可以依法申请公证机关公证,或者申请人民法院确认效力。"

4.《浙江省行政调解办法》的规定

第23条:"行政调解书自各方当事人签收之日起生效,当事人应当按照约定履行。行政机关不履行行政调解书的,行政调解机关应当责令履行。"第24条:"对有关民事纠纷经调解达成的行政调解书,各方当事人可以依据《中华人民共和国公证法》有关规定申请公证;或者依据《中华人民共和国民事诉讼法》《中华人民共和国仲裁法》以及有关规定,向行政调解机关所在地基层人民法院或者仲裁机构,申请确认其效力。以金钱或者有价证券给付为内容的行政调解书(民事纠纷),债权人可以依据《中华人民共和国民事诉讼法》及其司法解释的规定,向人民法院申请支付令。"

5.《江苏省行政调解办法》的规定

第32条:"行政调解协议对当事人具有法律约束力,当事人应当按照协议履行义务。"第33条:"对有关民事纠纷经行政调解达成调解协议的,双方当事人认为有必要的,可以自调解协议生效之日起30日内,共同向行政调解机关所在地的基层人民法院或者人民法庭申请司法确认。经司法确认的行政调解协议,一方当事人拒绝履行或者未全部履行的,对方当事人可以依法申请人民法院强制执行。对有关民事纠纷经行政调解达成调解协议的,双方当事人可以依据《中华人民共和国公证法》有关规定申请公证,或者依据《中华人民共和国仲裁法》及有关规定向仲裁机构申请确认其效力。以金钱或者有价证券给付为内容的有关民事纠纷的行政调解协议,债权人可以依据《中华人民共和国民事诉讼法》及其司法解释的规定,向人民法院申请支付令。"

从以上规定可以发现，行政调解协议对于双方当事人是有法律拘束力的，但是这种拘束力是依靠当事人自觉履行协议内容来实现的，因此其拘束力是有限的。除非通过司法确认、公证等途径才能赋予行政调解协议强制执行力。

（二）法理分析

首先要说明的是经过行政调解达成的关于行政争议的调解协议和关于民事纠纷的调解协议，二者性质不同，不能通过相同的途径履行。

行政争议调解协议其性质应该是行政合同（协议），应当按照行政协议的方式来处理。对于这类调解协议可以赋予其强制执行力，前提是当事人没有对其提出行政复议或者提起行政诉讼。

对于民事纠纷达成的调解协议其性质是民事合同，应当按照合同法的规则来处理。一方当事人如果不履行调解协议，另一方当事人可以以诉讼方式要求对方承担违约责任。

但是不论是哪种方式，都涉及一个问题，即调解协议的履行还要通过诉讼来最终解决。这样必然增加当事人的诉累，同时对行政资源和司法资源也造成极大浪费。因此，最好的办法就是制定统一的《调解法》。可以借鉴仲裁法的做法，在《调解法》直接赋予行政调解协议具有强制执行力，除非经过司法途径撤销该协议。

第二十章 行政复议

本章导读：本章介绍了《行政复议法》和《行政复议法实施条例》的主要内容，主要阐述了行政复议的管辖、复议范围、复议程序等内容。

第一节 行政复议概述

一、行政复议的概念

行政复议是指公民、法人或者其他组织认为行政主体的行政行为侵犯其合法权益，依法向具有法定权限的行政机关提出复议申请，由复议机关按照法定程序对行政行为的合法性和适当性进行审查并作出处理决定的法律制度。行政复议具有以下几个特征：

1. 行政复议是行政机关的行政行为

行政复议作为行政机关系统内部自我监督的一种重要形式，通常是上级行政机关对下级或其所属的行政机关作出的违法或者不当的具体行政行为实施的一种监督和纠错的行为。从这个意义上说，行政复议既是一种行政内救济，又是一种监督行政行为。《行政复议法》规定，除法律另有规定外，行政复议由县级以上人民政府或者由作出具体行政行为的行政机关的上一级行政机关管辖。从行政复议机关的设置上看，行政复议机关有本级人民政府，也有上级行政主管部门，还有设立的派出机关，但必须是行政机关，才能作出行政复议决定。

2. 行政复议是依申请的行政行为

行政复议只能由作为行政相对人的公民、法人或其他组织提起，行政主体不能主动提起行政复议。因此，行政复议是一种依申请而非依职权的行为，它基于行政相对人的申请而开始，以行政主体为被申请人。一般来说，无行政相对人的申请，便无行政复议活动的进行。虽然行政机关也可以复查自己的行政决定，但这与由行政相对人提出申请形式的复议请求是有区别的。作为行政相对人的公民、法人或者其他组织不主动申请，行政复议机关不能自行作出复议决定。

3.行政复议是以行政争议为处理对象的行政行为

行政争议是指行政主体在行政管理过程中因实施行政行为而与行政相对人发生的纠纷，其争议的核心是行政行为是否合法、适当。这种争议解决不好，不仅会使公民、法人或者其他组织的合法权益受到侵害，还会影响到行政效率以及正常的行政管理秩序。行政复议作为一种解决行政争议的途径，是行政相对人维护其合法权益的一种重要救济手段或途径，原则上只处理行政争议，不解决民事争议和其他争议。行政复议机关主要对引起争议的具体行政行为进行审查，附带审查抽象行政行为中的行政规范性文件，但不审查行政法规和规章。行政相对人如认为行政法规、规章违法，只能按照《立法法》的规定，通过其他途径解决。

4.行政复议是一种行政司法行为

行政复议实质上是一种行政行为，但从公正解决行政争议的要求出发又具有准司法性，主要表现在：（1）行政复议权与司法权的行使一样，都必须遵循"不告不理"的规则，即如果没有行政相对人依法提出复议申请，也就没有行政复议程序的开始；（2）在行政复议中，复议机关作为中立的第三方对行政机关和行政相对人之间的行政纠纷进行审查并作出裁决，其地位类似于法院在司法审判中的地位；（3）行政复议机关在复议过程中要适用严格的法定程序，带有强烈的司法程序的色彩；（4）行政复议的最终目的是解决行政争议，其内容和实质就是解决争议，而解决争议就是司法行为的功能。因而行政复议是一种行政司法行为或称为"准司法行为"。

二、行政复议的基本原则

（一）合法原则

合法原则是依法行政的基本内涵，也是对行政复议的必然要求。合法原则是指行政复议机关及其工作人员在行政复议活动中应按照法定的权限和程序，对行政相对人申请复议的具体行政行为和有关的抽象行政行为进行审查，并依法作出行政复议决定。其内容主要包括：

1.行政复议的主体合法

行政复议机关应当是依法成立并享有行政复议权的行政机关，其对于受理的行政争议案件享有管辖权。公民、法人或者其他组织对行政机关的具体行政行为有异议,向行政复议机关申请复议,行政复议机关及其工作机构有法定的义务和责任,依法受理申请人的复议申请,并对行政机关的具体行政行为予以审查、作出决定。

2. 行政复议的依据合法

行政复议机关在审理行政复议案件时据以判断行政行为合法性与合理性的依据,不仅包括法律、行政法规、地方性法规、自治法规、规章,也包括上级行政机关依法制定和发布的具有普遍约束力的决定、命令等其他规范性文件。但无论何种规范性文件都必须是现行、有效而且合法的。

3. 行政复议的程序合法

公正的程序不仅可以使复议决定更加科学、合理,而且可以使复议当事人及社会公众感受到法律的正义,增强复议决定的权威性。行政复议不仅要求行政复议机关在行政复议活动中依据实体法规定,而且要严格按照法律、法规规定的程序进行,尤其在受理行政复议申请、审查具体行政行为及作出行政复议决定等各个环节,必须遵循法定的步骤、方式、顺序和时限。

4. 行政复议内容合法

行政复议机关要依法审查行政机关作出的具体行政行为是否合法,主要包括具体行政行为认定事实是否清楚,证据是否确凿,适用依据是否正确,实施中执行的程序是否合法,作出的行政决定的内容是否适当,有没有超越职权或者滥用职权的现象,有没有不履行法定职责即不作为造成损害的情况等内容。

(二)公正原则

所谓公正,就是指公平正直,没有偏私。合法是公正的前提,公正是复议追求的首要价值。公正是行政复议制度的生命力所在。行政复议机关履行行政复议职责,是否遵循公正原则,直接关系人民政府的形象。由于行政复议工作是在行政系统内部运作的监督工作,在实际工作中,履行行政复议职责往往会遇到种种责难和干扰。一方面,行政机关外部的人认为行政复议容易"官官相护";另一方面,行政机关内部的人又认为干涉了本部门必要的行政管理活动。因此,公正原则要求行政复议机关在法定幅度和范围内做到不偏不倚,不畸轻畸重。在行政复议中,公正原则主要体现在:

(1)申请人认为审理行政复议案件的工作人员与本案有利害关系,可能影响公正审理的,有权要求审理人员回避。

（2）在行政复议过程中，行政复议机关不能偏袒下级行政机关，应当公正地对待复议双方当事人，给申请人和被申请人同样陈述理由、进行质证的机会，听取他们的意见，根据案件的事实、性质、情节作出公正的复议决定。

（三）公开原则

公开原则是指行政复议活动应当公开进行，使当事人与社会各界充分了解相关信息，从而保障申请人切实享有和行使复议权利，同时有利于行政复议机关依法公正地作出复议决定。这一原则主要包括：

1. 公开行政资讯

一切与行政复议有关的材料，包括行政复议所依据的法律规范和所适用的具体条款，必须公开让申请人和其他行政相对人知晓。

2. 公开行政复议的过程

申请人、被申请人和第三人只有了解了行政复议的程序，才能依法行使权利，陈述案件事实，提供证据材料，进行质证辩解，积极参与行政复议程序。例如，《行政复议法》规定行政复议原则采用书面审查的办法，但是申请人提出要求或者行政复议机关认为有必要时，可以听取申请人或者第三人的意见、向有关组织和人员调查了解情况。又如，规定除涉及国家机密、商业秘密或者个人隐私以外，申请人和第三人可以查阅被申请人的书面答复、作出行政行为的依据、证据和其他有关材料。

3. 公开行政复议的结果

行政复议的决定一经作出要及时公开并送达当事人，以避免"暗箱操作"，导致腐败。行政复议机关及其工作人员严格贯彻了公开原则，就可以消除人民群众的顾虑，使行政复议发挥有效的作用。

（四）及时原则

行政复议符合行政行为的特点，因此相比行政诉讼而言，更为注重效率。及时原则又叫效率原则，是指行政复议机关应当在法定的期限内尽快完成对复议案件的审查，并作出复议决定。及时原则是为了实现行政复议的效率，其核心内容是行政复议机关必须按照《行政复议法》所规定的受理、审理、作出决定的期限执行，延长期限也必须严格按照法律规定，要有法律依据。行政复议的及时原则主要包括：

1. 受理行政复议申请要及时

《行政复议法》第 17 条规定，行政复议机关收到行政复议申请后，应当在 5 日内进行审查，并作出是否受理的决定。行政复议申请或者规范性文件的审查申请需要转送的，行政复议机关应当在 7 日内转送。

2. 审理行政复议案件和作出复议决定要及时

行政复议机关受理复议案件后，应抓紧调查取证、收集材料，进行审理。《行政复议法》第 31 条规定："行政复议机关应当自受理申请之日起 60 日内作出行政复议决定，但是法律规定的行政复议期限少于 60 日的除外。情况复杂，不能在规定期限内作出行政复议决定的，经行政复议机关的负责人批准，可以适当延长，并告知申请人和被申请人，但是延长期限最多不超过 30 日。"

3. 敦促当事人及时履行行政复议决定

根据《行政复议法》第 32 条的规定："被申请人不履行或者无正当理由拖延履行行政复议决定的，行政复议机关或者有关上级行政机关应当责令其限期履行。"《行政复议法》第 33 条规定，申请人逾期不起诉又不履行行政复议决定的，或者不履行最终裁决的行政复议决定的，由行政机关强制执行，或者申请人民法院强制执行。

（五）便民原则

便民原则是指在行政复议活动中，复议机关应当尽量给行政复议申请人即公民、法人或者其他组织提供便利条件，最大限度地节省他们的人力、物力和财力，以确保他们切实行使复议权利以维护自己的合法权益。其主要体现在：

（1）在申请的形式上，申请人既可以书面形式提出申请，也可以口头方式提出申请。有条件的行政复议机构可以接受以电子邮件形式提出的行政复议申请。

（2）在管辖上，选择管辖的形式体现了便民原则。申请人对县级以上地方各级人民政府工作部门的具体行政行为不服的，既可以向该部门的本级人民政府申请复议，也可向上一级主管部门申请复议。如果搞不清楚向哪一个行政复议机关申请行政复议，可以直接向具体行政行为发生地的县级地方人民政府提出行政复议申请，由该县级地方人民政府负责转送有管辖权的行政复议机关。

（3）在审理形式上，以书面审理为主，其他方式审理为例外的原则极大地方便了当事人，降低了行政成本。

（4）在收费上，行政复议机关受理行政复议申请，不向申请人收取任何费用，这将大大减轻申请人的经济负担，使行政复议相对于行政诉讼更加便民，更能受到人民群众的拥护。

三、行政复议的作用

（一）防止和纠正违法或者不当的具体行政行为

当前，我国已进入改革发展的关键时期。这一时期，既是经济社会发展的重要战略机遇期，也是各种社会矛盾的集中凸显期。行政复议作为一种法律救济制度，是一项行政机关内部自我纠正错误的监督机制，其目的就是防止并纠正行政机关以及行政机关的工作人员作出违法的或者不适当的具体行政行为。《行政复议法》以防止和纠正行政机关违法的和不当的行政行为为目的，在国家行政机关内部建立起自我纠错的监督机制，是国家行政管理体制改革的进一步发展与完善，对促进和监督行政机关依法行政，加强社会主义民主法制建设，具有重大的意义。

（二）保护公民、法人和其他组织的合法权益

行政法理论中有一句名言："有权利必有救济"，"无救济的权利是无保障的权利"。行政机关的行政行为如果违法或不当，必然对公民、法人及其他组织的合法权益造成侵害。对这种侵害，在法律制度上就要建立消除侵害、加以救济的机制。行政复议和行政诉讼一样，是行政相对人面对处于不对等的法律地位的行政机关所作出的行政行为寻求法律保护的一条渠道，是保障公民、法人及其他组织合法权益的重要途径。行政复议具有方便群众、快捷高效、方式灵活，不收费等特点和优势，有利于保障人民群众在行政管理过程中的知情权、参与权、救济权等民主权利，充分调动人民群众参与国家管理的积极性。行政复议作为将行政争议依法及时化解在基层，化解在初发阶段、化解在行政机关内部的重要制度，应当也可能在解决行政争议、化解社会矛盾中发挥主渠道的作用。

（三）保障和监督行政机关依法行使职权

行政机关必须按照法律的规定行使职权，坚持依法行政。对行政权的行使，应当加强监督与制约。行政机关超越权限、滥用权力、个人专断、玩忽职守等行为造成公民、法人或者其他组织的合法权益受到侵害，应当予以纠正和补救。行政复议制度加大了上级行政机关对下级行政机关的监督，加大了人民政府对政府工作部门的监督。一方面使作出具体行政行为的行政机关依法履行职权，另一方面政府或者上级行政机关依职权来纠正下级行政机关的错误，从而保障和监督行

政机关依法行使职权。通过上级机关对下级机关不适当的决定的撤销或者改变，可以促进上级机关对下级机关的监督，增强行政机关工作人员的法制观念，促进他们依法办事，减少侵害公民、法人或者其他组织的违法的或者不当的行政行为。

第二节　行政复议范围

一、行政复议范围的含义

行政复议范围是指法律规定的行政复议机关受理并解决行政争议案件的权限范围，即公民、法人或者其他组织认为行政机关作出的行政行为侵犯其合法权益，依法向行政复议机关请求重新审查的范围。行政复议范围的大小不仅决定了哪些行政行为可以成为行政复议的对象，而且直接关系到行政复议机关实行内部监督的范围和行政相对人的合法权益能够得到行政救济的程度。因此，行政复议范围是行政复议制度中必不可少的核心内容之一。

我国行政复议法在确立复议范围的标准时结合我国行政复议制度发展的现状，最大限度地保护行政相对人的合法权益，符合行政机关与其他国家机关在处理行政案件时进行合理分工的要求。在确立复议受案范围的方式上，采用了混合式，又称为结合式，即对行政复议范围的规定既有概括式规定，又有列举式规定。

二、可申请复议的具体行政行为

（一）对行政机关作出的行政处罚决定不服的

行政处罚是指行政机关依法对违反行政管理秩序的公民、法人或者其他组织，以减损权益或者增加义务的方式予以惩戒的行为。行政处罚是一种使受处罚人承担不利法律后果的制裁行为，违法实施行政处罚会损害行政相对人的合法权益。因此行政相对人对行政处罚行为不服的可以申请行政复议。

（二）对行政机关作出的行政强制措施决定不服的

行政强制措施是指行政机关在行政管理过程中，为制止违法行为、防止证据损毁、避免危害发生、控制危险扩大等情形，依法对公民的人身自由实施暂时性限制，或者对公民、法人或者其他组织的财物实施暂时性控制的行为。行政相对人对行政强制措施决定不服的，可以申请行政复议。

行政强制除了行政强制措施外，还包括行政强制执行。行政强制执行是指行政机关或者行政机关申请人民法院,对不履行行政决定的公民、法人或者其他组织,依法强制履行义务的行为。依照我国现有的强制执行制度,行政强制执行主要由行政机关向法院申请强制执行,但是也有少数行政机关法律赋予了其强制执行的权力,如公安、海关、税务等行政机关。对于法院依照司法程序采取的强制措施,当事人可以通过司法途径寻求救济;对行政机关违法采取强制执行行为的,当事人可以通过司法途径寻求救济,也可以申请行政复议寻求救济。

(三)对行政机关作出的有关证书变更、中止、撤销的决定不服的

行政许可是指行政机关根据公民、法人或者其他组织的申请,经依法审查,准予其从事特定活动的行为。行政许可是一种赋权行为,获得许可的相对方因此取得了从事某项活动的权利或资格,而且以许可证、执照、资质证、资格证等各种各样的证书出现。不管是许可证、执照,还是资质证、资格证,都是公民、法人或者其他组织能够从事某种活动所必需的,没有这些证书,公民或组织就不能从事相应的活动。因此,法律对取得这些证书的公民、法人或者其他组织的保护也应当是相同的。除法律、法规明确规定的情形外,行政机关不得违法变更、中止、撤销公民、法人或者组织的许可证、执照、资质证或资格证。许可的变更、中止、撤销都是对行政相对人已取得的证书或执照的变动,从而使原有权利发生变化,关系到行政相对人的合法权益能否得到维护,对其不服的有权申请复议。

(四)对行政机关作出的确权决定不服的

行政确权是行政机关对当事人之间就财产所有权或使用权的归属发生的争议予以确认裁决的行为。对行政机关作出的关于确认土地、矿藏、水流、森林、山岭、草原、荒地、滩涂、海域等自然资源的所有权或者使用权的决定不服的,行政相对人可以提出复议。我国对土地、矿藏、水流、森林、山岭、草原、荒地、滩涂、海域等自然资源的管理,往往要经过行政机关依有关法律、法规确定权属后,有关公民、法人或者其他组织才享有所有权或使用权,经合法确认的权益方受法律保护。行政主体对土地等自然资源权属的确认往往影响较大,违法或不当行使确认裁决权力,势必会造成当事人较大的损失,甚至影响到社会的稳定。根据《土地管理法》《草原法》《森林法》《渔业法》《矿产资源法》等法律的规定,对土地、矿藏等自然资源的所有权或使用权予以确认和核发证书,是县级以上各级人民政府的法定职权。公民、法人或者其他组织对各级政府关于确认土地、矿藏、水流、森林、山岭、草原、荒地、滩涂、海域等的所有权或者使用权的决定不服的,

可以申请行政复议。

（五）认为行政机关侵犯合法的经营自主权的

经营自主权是公民、法人及其他经济组织依法享有的自主支配和使用其人力、物力和财力，自行组织生产、经营、供销等活动不受干涉的权利。赋予企业经营自主权是搞活企业的必要措施，保护企业的经营自主权，使企业真正成为自主经营、自负盈亏的商品生产者和经营者，是建立社会主义市场经济的内在要求，是深化经济体制改革的重要环节。行政机关侵犯经营自主权主要影响到相对方的财产权，通常表现为多种形式，如行政机关强制企业合并、变更企业名称、改变企业性质、转让知识产权等。企业的经营自主权受法律保护，行政机关干预企业的经营，侵犯企业的经营自主权，企业可以申请行政复议。

（六）认为行政机关变更或者废止农业承包合同，侵犯其合法权益的

农业承包合同是农民与所属的集体经济组织签订的有关农业生产方面的合同，双方依合同各自享有一定的权利和义务，主要包括土地承包合同、荒地承包合同、林地承包合同等。它是由村（组）集体经济组织与其内部成员或其他承包者之间通过签订承包合同的方式，确立双方在生产、经营和分配过程中的权利义务。实践中，一些基层行政机关无视法律的权威和农民的利益，随意变更、废止农业承包合同，侵犯了农民的经营自主权和财产权。承包合同当事人对行政机关行为有异议，认为侵犯自己合法权益的，有权依法申请行政复议。

（七）认为行政机关违法要求履行义务的

在我国，权利义务都是依法确定的，对于法定义务，公民、法人或者其他组织应当认真履行；不履行的，行政机关可以依法强制其履行。但是，行政机关无权要求公民、法人或者其他组织履行法定义务以外的其他义务，否则就是侵犯他们的合法权益。行政机关没有法律依据或违反法律规定设定义务，属于违法要求履行义务，通常表现为违法集资、违法征收财物、乱收费、乱摊派等。这在实质上构成了对行政相对人合法权益的侵犯，行政相对人如有异议，可以申请行政复议。

（八）认为行政机关不依法办理行政许可等事项的

在我国，法律、法规和规章中规定了大量的行政许可，涉及经济、文化、环境、卫生、资源以及公民安全和公共秩序等社会生活各个领域，依法取得许可是公民、法人或者其他组织的权利。公民、法人或者其他组织认为符合条件，申请行政机关颁发许可证、执照、资质证、资格证等证书，或者申请行政机关审批、登记有

关事项，行政机关没有依法办理的，可以申请行政复议。所谓"没有依法办理"，既包括行政机关明确表示对行政相对人申请的事项不予许可，也包括行政机关在法定期限内对相对方的申请不作任何表示的不作为。

（九）认为行政机关不履行保护人身权、财产权、受教育权法定职责的

人身权利是指没有直接经济内容，与公民人身相关的权利，它包括人格权和身份权。其中，人格权包括姓名权、名誉权、荣誉权、肖像权等。财产权是指有一定物质内容，直接体现为经济利益的权利，主要包括所有权及其他物权、债权和知识产权等。受教育权是指公民达到一定年龄并具备可以接受教育的智力时，通过学校或者通过其他教育设施和途径学习科学文化知识的权利。行政机关作为权力机关的执行机关，其法定职责之一就是保护公民人身权、财产权、受教育权等宪法、法律赋予公民的合法权利。行政机关没有依法履行职责，主要表现为拒绝履行或者不予答复两种情形，属于行政不作为，行政相对人均可以申请行政复议。

（十）认为行政机关不依法发放抚恤金、社会保险金或者最低生活保障费的

依法获得抚恤金、社会保险金或者最低生活保障费是公民的宪法权利，行政机关应按法定条件予以发放，而不能拒绝发放或者随意克扣。如果不能依法履行法定职责，公民有权申请行政复议。

（十一）认为行政机关的其他具体行政行为侵犯其合法权益的

行政复议法采用概括的方式作为列举式的补充，行政相对方认为以上所列情形之外的具体行政行为侵犯其合法权益的，可以申请行政复议。这为我国行政复议受案范围逐步扩大奠定了法律基础，也更加有利于全面保护公民、法人及其他组织的合法权益。

三、附带申请复议的抽象行政行为

根据《行政复议法》第7条的规定："公民、法人或者其他组织在对具体行政行为申请复议时，可以一并向行政复议机关提出对具体行政行为所依据的规章以下的抽象行政行为的审查申请。"这一规定有以下含义：

（1）对抽象行政行为提出复议审查请求是以对具体行政行为的复议申请为前提，只有在对具体行政行为申请复议的同时，才可以一并提出对有关抽象行政行为进行审查的申请，而不能单独就抽象行政行为提出复议申请。申请人在对具体

行政行为提出行政复议申请时，尚不知道该具体行政行为所依据的抽象行政行为的，可以在行政复议机关作出行政复议决定前，向行政复议机关提出对该抽象行政行为的审查申请。

（2）可以进行复议审查的抽象行政行为的范围仅限于规章以下的抽象行政行为，主要包括：①国务院部门的规定；②县级以上地方各级人民政府及其工作部门的规定；③乡、镇人民政府的规定。国务院部门规章和地方人民政府规章的审查依照法律、行政法规另行办理。

四、行政复议的排除事项

我国《行政复议法》除了明确规定了属于行政复议范围的各种各类行政案件之外，还规定了行政复议机关不能受理的几类事项。具体有以下两类：

（一）不服行政机关作出的行政处分或者其他人事处理决定的

行政处分是行政机关对其工作人员作出的警告、记过、记大过、降级、撤职、开除等惩戒决定。其他人事处理决定是行政机关对工作人员作出的录用、考核、奖励、辞退、职务升降、职务任免等决定。就性质而言，行政机关所作的行政处分或者其他人事处理决定均属于内部行政行为。根据我国法律法规的规定，工作人员对所属行政机关所作的行政处分或者其他人事处理决定不服的，应当向本行政机关、上级行政机关、监察机关、人事部门提起内部申诉程序，而不能申请行政复议。

（二）不服行政机关作出的对民事纠纷的调解或者其他处理行为的

通常情况下，民事纠纷是可以通过仲裁机构或人民法院处理的。鉴于有些民事纠纷与行政管理关系密切，且专业性、技术性较强，我国法律规定了行政机关先行调解和处理民事纠纷的制度。行政机关调解、处理民事纠纷是一种居间行为，行政机关以第三人的身份为民事争议双方当事人调停、斡旋，促使当事人友好协商，达成协议，从而解决纠纷。由于行政机关的先行调解、处理行为不是争议的最终裁决程序，主要起到了过滤纠纷和提高效率的作用，因而当事人不服行政机关对民事纠纷的调解、处理行为的，只能依法向仲裁机构申请仲裁或者向人民法院提起诉讼。

第三节 行政复议主体与管辖

一、行政复议机关与行政复议机构

行政复议机关是依照法律规定承担行政复议职能、受理复议申请、依法对被申请的行政行为进行审查并作出决定的行政机关。行政复议机关享有行政复议权，但并非所有行政机关都拥有行政复议权，如乡（镇）政府就无此权力。我国的行政复议机关主要有县级以上（含县级）各级人民政府以及依法履行行政复议职责的各级人民政府的职能部门，法律法规授权的组织不能成为行政复议机关。行政复议机关是一个独立的行政主体，能以自己的名义对外行使职权，并能以自己的名义独立承担相应的法律后果。行政复议机关具有两种功能：一是行政功能，行政复议机关与行政机关是两位一体的国家机关。行政复议机关作为行政机关，它担任组织、指挥、协调、监督等多种行政管理职能。二是准司法功能。作为行政复议机关时，它以中立第三方的身份出现，对复议纠纷双方的行政争议进行审查并作出裁判。从而使行政复议机关具有了准司法功能。

行政复议机构是行政复议机关内部设立的专门负责处理复议案件的机构，复议机构一般是复议机关内负责法制工作的机构。行政复议机构代表行政复议机关具体办理行政复议事项，但在行政法上的地位与行政复议机关相比仍存在区别，行政机构是行政机关的内设机构，不具有行政主体资格，不能独立对外行使权力，它只能以行政复议机关的名义对外行使职权，其行为后果由行政复议机关承担。在行政复议中，行政复议机构应当履行下列职责：（1）受理行政复议申请；（2）向有关组织和人员调查取证，查阅文件和资料；（3）审查申请行政复议的具体行政行为是否合法与适当，拟定行政复议决定；（4）处理或者转送对《行政复议法》第7条所列有关规定的审查申请；（5）对行政机关违反行政复议法规定的行为依照规定的权限和程序提出处理建议；（6）办理因不服行政复议决定提起行政诉讼的应诉事项；（7）依照《行政复议法》第18条的规定转送有关行政复议申请；（8）办理《行政复议法》第29条规定的行政赔偿等事项；（9）按照职责权限，督促行政复议申请的受理和行政复议决定的履行；（10）办理行政复议、行政应诉案件统计和重大行政复议决定备案事项；（11）办理或者组织办理未经行政复议直接提起行政诉讼的行政应诉事项；（12）研究行政复议工作中发现的问题，及时向有关机关提出改进建议，重大问题及时向行政机关报告；（13）法律法规规定的其他职责。

二、行政复议管辖

行政复议管辖是指不同行政复议机关之间受理行政复议案件的权限和分工，即某一具体行政案件应由哪一个行政机关来行使行政复议权。管辖是行政复议机关复议活动发生的基础，也是其复议活动合法化的前提。

确定行政复议的管辖，通常要考虑提高行政复议工作效率和方便行政相对人参加复议等因素，科学地确定行政复议管辖机关，有利于及时、公正地处理行政争议，维护行政相对人的合法权益，促进行政机关依法行政。根据《行政复议法》的规定，行政复议管辖有以下情形：

（1）对县级以上（含县级）地方各级人民政府工作部门的具体行政行为不服的，由申请人选择，可以向该部门的本级人民政府申请复议，也可以向上一级主管部门申请复议。这是基于行政管理体制的特点确定管辖的。我国行政机关是按照层级隶属设置的，各级政府分别设立若干工作部门。对于作出具体行政行为的县级以上人民政府的工作部门来说，上一级政府部门和本级人民政府都有对行政案件的管辖权。

（2）对海关、金融、国税、外汇管理等实行垂直领导的行政机关和国家安全机关的具体行政行为不服的，向其上一级主管部门申请行政复议。《行政复议法》这样规定主要是因为：①海关、金融、国税、外汇管理等部门的工作性质较为特殊，专业性、技术性较强，决定了实行垂直领导的管理体制；国家安全机关的工作涉及国家安全和国家秘密。②为了加强国家经济宏观调控，减少地方保护主义的影响。申请人对经国务院批准实行省以下垂直领导的部门作出的具体行政行为不服的，可以选择向部门的本级人民政府或者上一级主管部门申请复议；省、自治区、直辖市另有规定的，依照省、自治区、直辖市的规定办理。

（3）对地方各级人民政府的行为不服的行政复议管辖。根据我国《宪法》与《组织法》的规定，地方上下级政府之间是领导与被领导的关系。上级人民政府领导下级人民政府的工作，有权改变或撤销下级人民政府的具体行政行为。因此，《行政复议法》规定，对地方各级人民政府的具体行政行为不服的，向上一级地方人民政府申请行政复议。

（4）对省、自治区人民政府依法设立的派出机关所属的县级地方人民政府的具体行政行为不服的，向该派出机关申请行政复议。在实践中，省、自治区人民政府设立的派出机关是指省、自治区人民政府经国务院批准设立的行政公署。行政公署虽不是一级政府，却享有独立的财政经费和人事管理权，发挥了一级人民政府的功能。所以《行政复议法》规定，对省、自治区人民政府依法设立的派出机关所属的县级地方人民政府的具体行政行为不服的，向该派出机关申请行政复议。

（5）对国务院部门或者省、自治区、直辖市人民政府的具体行政行为不服的，向作出该具体行政行为的国务院部门或者省、自治区、直辖市人民政府申请行政复议。对行政复议决定不服的，可以向人民法院提起行政诉讼；也可以向国务院申请裁决，国务院依照行政复议法的规定作出最终裁决。申请人对两个以上国务院部门共同作出的具体行政行为不服的，可以向其中任何一个国务院部门提出行政复议申请，由作出具体行政行为的国务院部门共同作出行政复议决定。行政法律法规作这样的规定，主要是使国务院减少负担，摆脱繁杂的日常性的行政管理事务，更好地履行决策职责，加强国务院对于有关省、市、自治区或者国务院部门行政执法活动的监督，维护作为最高行政机关应有的权威与公信力。

申请人依照《行政复议法》第30条第2款的规定申请行政复议的，应当向省、自治区、直辖市人民政府提出行政复议申请。《行政复议法》第30条第2款规定，根据国务院或者省、自治区、直辖市人们政府对行政区划的勘定、调整或者征用土地的决定，省、自治区、直辖市人民政府确认土地、矿藏、水流、森林、山岭、草原、荒地、滩涂、海域等自然资源的所有权或者使用权的行政复议决定为最终裁决，申请人对此不服不得再提起行政诉讼。申请人如果选择申请行政复议，必须直接向省级人民政府提出申请，接受最终裁决。市级、县级人民政府在收到此类行政复议申请后，应当告知申请人向省级人民政府提出或者转送省级人民政府。

（6）对县级以上地方人民政府依法设立的派出机关的具体行政行为不服的，向设立该派出机关的人民政府申请复议。目前，在我国县级以上地方人民政府设立的派出机关有三种：一是省、自治区政府派出的行政公署（盟）；二是县、自治县政府设立的区公所；三是市辖区、不设区的市设立的街道办事处。对行政公署（盟）作出的具体行政行为不服，向派出它的省或者自治区人民政府申请复议；对区公所作出的具体行政行为不服，向派出它的县或者自治县人民政府申请复议；对街道办事处作出的具体行政行为不服，向派出它的市辖区或者不设区的市人民政府申请复议。

（7）对人民政府工作部门依法设立的派出机构依照法律、法规或规章规定，以自己的名义作出的具体行政行为不服的，向设立该派出机构的部门或者该部门的本级人民政府申请行政复议。经法律、法规和规章授权，派出机构诸如工商管理所、公安派出所、税务所等可具有行政主体资格，以自己名义行使行政职权，作出行政行为。

（8）对法律、法规授权的组织的具体行政行为不服的，分别向直接管理该组织的地方人民政府、地方人民政府工作部门或国务院部门申请行政复议。从行政法理论上讲，国家的行政权应当由行政机关和公务员行使，其他组织、个人无权对公民、法人等实施行政管理。但是，随着社会的发展，社会生活日趋复杂，国家对社会生活的干预无论是广度还是深度都在加强，行政管理的范围也越来越大，行政机关和公务员不可能无限制的增加，为了满足现实行政管理的需要，一些法律、法规就授权一些有公共事务管理职能的组织来代行一些行政管理权。根据我国的法律规定，被授权组织本身不是行政机关，因为国家管理和社会生活的实际需要，法律、法规授予其一定的行政管理职权，该组织取得了行政管理的主体资格，可以以自己的名义行使行政管理权，以自己的名义独立承担因行使行政管理权而引起的法律后果。

（9）对两个或两个以上行政机关以共同名义作出的具体行政行为不服的，向其共同上一级行政机关申请行政复议。共同的行政行为是指两个或者两个以上的行政机关以共同的名义作出的具体行政行为。作出这个具体行政行为的主体不是一个机关，而是两个或者两个以上。出现这种情况，可能是地方政府相关部门组织联合执法；也可能是依据几个部委联合下发的文件地方多个部门综合执法；还有政府部门联合办公；等等。但必须注意的是，看这个具体行政行为是一个机关作出的还是两个或者两个以上机关作出的，不能只看表面形式，要看最后作出的具体行政行为是谁的名义。有些联合检查，各部门调查讨论都是在一起，但作出决定是以自己单位的名义，对于这样的决定不服，行政管理相对人不能将几个机关都作为行政复议被申请人，只能对具体作出行政决定的机关提出行政复议。对共同行政行为不服的，应当向其共同的上一级机关申请复议。

（10）对被撤销的行政机关在撤销前所作出的具体行政行为不服的，向继续行使其职权的行政机关的上一级行政机关申请复议。《行政复议法》这一规定充分保障了公民、法人或其他组织的复议申请权。随着我国市场经济的发展，政府职能的转变，各级政府都面临着体制改革问题，政府各部门的撤销重组，个别的分立都时有发生。这种情况的发生带来了行政管理职能的变化，使一些行政机关由此丧失了主体资格，使其主体资格随着管理职能的转移而转移到其他行政机关。这种情况可能是同一政府的两个职能部门合并；也可能是一个部门被另一个部门吸收成为该机关的一个组成部分；还有的由于行政管理的需要作为一个行政部门一部分分立出来成为一个新的政府部门；等等。无论主体资格如何变化，行政机关作出的具体行政行为都是客观存在的，对于行政管理相对人来说仍然发生着法律效力，因此，行政管理相对人对此具体行政行为不服，应当获得救济的权利。

（11）转送管辖和指定管辖。转送管辖指接受行政复议申请的县级地方人民政府，对不属于自己受理范围的行政复议申请，应当在法定期限内转送有关复议机关。具体来说，就是当行政相对人不服派出机关、派出机构、被授权组织、共同行政机关、被撤销行政机关作出的具体行政行为申请复议时，可以直接向具体行政行为发生地的县级地方人民政府提出行政复议申请，该地方人民政府对属于其他行政复议机关受理的申请，应当在接到行政复议申请之日起 7 日内转送有关行政机关，并告知申请人。

指定管辖是指某一行政复议案件，上级行政机关或同级人民政府指定某一行政机关管辖。指定管辖往往是因为管辖发生争议，且协商不成时，由它们的上级行政机关指定管辖。

第四节　行政复议参加人

一、行政复议申请人

（一）行政复议申请人的含义和条件

行政复议申请人是指认为行政机关的具体行政行为侵犯其合法权益，依法以自己名义向行政复议机关申请复议，要求对该具体行政行为进行审查并作出裁决的公民、法人或其他组织。

行政复议是一种依申请行为，没有行政复议申请人的申请，行政复议程序就不能启动。因此，《行政复议法》和《行政复议法实施条例》对于如何确定行政复议申请人的资格作了明确规定。通常情况下，行政复议申请人应该当具备以下条件：

1. 申请人必须是作为行政相对人的公民、法人或其他组织

在行政管理中，行政相对人相比行使国家行政权力的行政主体而言处于被管理的地位。为保障行政相对人的合法权益，法律赋予其在受到行政机关具体行政行为侵害时行使行政复议申请权予以救济。行政主体不能作为申请人，只能作为被申请人。

2. 申请人必须是认为行政行为侵害了其合法权益的行政相对人

包含了两层意思：（1）申请人拥有其想要保护的法律利益，与被申请复议的行政行为之间有法律上的利害关系，才有必要申请复议。没有特定行政相对人声称要求保护的法律利益，而要求启动行政复议程序，是一种滥用行政复议申请权的行为，它会侵占宝贵的公共资源，挤占他人寻求行政复议救济的机会，法律对此不应予以支持。（2）申请人主观上"认为"就可以行使复议申请权，但这种主观认识需要行政复议机关审查后才能确认具体行政行为是否客观上构成侵权。

3. 申请人必须以自己的名义申请复议

申请人申请行政复议目的是保护自己的合法权益，而不是为保护他人权益。在行政复议过程中，不是以自己名义而是受他人之托、以他人名义参加行政复议的人，因为其所表达的意志不属于自己的意志，所代表的利益也不属于自己的利益，因此不能取得行政复议申请人的法律地位。

（二）行政复议申请人资格的确认

（1）有权申请行政复议的公民死亡的，其近亲属可以申请行政复议。这里的近亲属包括配偶、父母、子女、兄弟姐妹、祖父母、外祖父母、孙子女、外孙子女，其法律地位等同于有权申请复议的公民，不属于代理人。

（2）有权申请行政复议的法人或其他组织终止，承受其权利的法人或其他组织可以申请行政复议。所谓"法人或者其他组织终止"，是指法人或者其他组织自身的消灭和变更。"消灭"是指法人或者其他组织的资格在法律上最终归于灭失和结束而不复存在，法人或者其他组织消灭后其权利包括复议申请权，应当由承受其权利的法人或者其他组织行使。"变更"是指原有意义上的法人或者其他组织虽然已经终止，但又以新的其他组织形式出现，并且与原法人或者其他组织之间在法律上具有继承关系。变更的主要形式是法人或者其他组织的分立和合并。

（3）合伙企业申请行政复议的，应当以核准登记的企业为申请人，由执行合

伙事务的合伙人代表该企业参加行政复议。这是因为合伙企业是依法核准登记的企业，具有自己的名称、办公场所及内部的组织机构，这类合伙企业已经具备了法人基本特征，具有相应的以企业的名义对外承担法律责任的能力，因此可以以该企业的名义申请行政复议。同时，由于该企业在核准登记时要确定执行合伙事务的合伙人，该合伙人是合伙企业的负责人，相当于法人的法定代表人，可以对外以合伙企业的名义实施一定的行为，因此，由该合伙人作为合伙企业的代表参加行政复议，能够有效地代表、维护合伙企业的合法权益。

其他合伙组织申请行政复议的，由合伙人共同申请行政复议。这是因为非企业的其他合伙组织未经依法登记，没有法律承认的组织机构和代表人，每个合伙人在合伙组织中承担共同的责任，因此只有他们共同申请行政复议，才能更好地维护合伙组织的合法权益。从这个意义上讲，此时的申请人已经不是合伙组织，而是作为共同行政复议申请人的各合伙人。

不具备法人资格的其他组织申请行政复议的，由该组织的主要负责人代表该组织参加行政复议；没有主要负责人的，由共同推选的其他成员代表该组织参加行政复议。对这类组织，法律并没有规定其法定代表人或者主要负责人，为了便于他们申请行政复议，赋予他们自行确定代表人的权利是必要的。也就是说，如果他们在此前的日常活动中已经确立了主要负责人，则由该负责人作为复议代表人；如果他们此前并没有明确的主要负责人，也可以由他们在行政复议时共同推选代表人。

（4）股份制企业的股东大会、股东代表大会、董事会认为行政机关作出的具体行政行为侵犯企业合法权益的，可以以企业的名义申请行政复议。企业法人提出行政复议申请，一般是由其法定代表人提出，因为法定代表人是法律、法规或者组织章程确定的代表法人行使权利的自然人。实践中，可能出现法定代表人主观上不愿意或者客观上无法提出行政复议申请，导致股份制企业无法通过行政复议维护自主经营的合法权利，给企业带来损失。而在股份制企业中，股东的利益是包含在企业利益中的，企业的损失同时意味着股东的损失。为了避免这种情况的发生，从而规定了股份制企业的股东大会、股东代表大会、董事会的行政复议申请权。需要注意的是，只有在法定代表人怠于履行这项职责时，股东大会、股东代表大会、董事会才有权申请行政复议，但是只能由其中某一个主体提出一个行政复议申请，不能每个主体同时提出不同的行政复议申请。

（5）同一行政复议案件申请人超过5人的，推选1~5名代表参加行政复议。行政复议代表人实质上是一种特殊的行政复议代理人制度。行政复议代表人又不同于一般的行政复议代理人，两者的区别主要表现在两个方面：一是代表人必须享有全权委托，若受委托的权利是有限制的，则不符合行政复议代表人推举的要件；二是代表人本身就是行政复议申请人。在行政复议中适用复议代表人制度，不论复议申请人队伍如何庞大，都可由复议代表人进行复议，有助于大大简化行政复议程序，节省大量的人力、物力、财力，有助于行政复议机关依法全面彻底地解决纠纷，有效地保护当事人的合法权益，从而达到复议救济的目的。

二、行政复议被申请人

（一）行政复议被申请人的含义和条件

行政复议被申请人与申请人相对应，是指申请人认为实施了侵犯其合法权益的具体行政行为，并由复议机关通知参加复议的行政主体。

行政复议被申请人应具备以下条件：

1. 被申请人必须是行政主体

只有具备了行政主体资格，才能成为被申请人，以自己的名义独立承担法律后果。从这个意义上讲，被申请人包括行政机关、法律法规授权的组织。只要行政机关或者法律法规授权的组织作出的具体行政行为属于申请复议的范围，公民、法人或者其他组织依法申请复议，复议机关依法受理复议申请，作出该具体行政行为的行政机关或者法律法规授权的组织就成为被申请人。自然人不能成为行政复议的被申请人，即使具体行政行为由行政机关工作人员作出，被申请人也只能是行政机关。国家机关的工作人员及行使行政权的组织的工作人员不能成为行政复议的被申请人，这是由其法律地位决定的。公务人员的执法行为代表其所属的行政机关的意志，属于其所从属的行政机关的行政行为。即使该行政机关的工作人员有违法失职行为，也只能由有关行政机关处理，而不能通过复议来处理。

2. 被申请人必须实施了相应的行政行为

正是由于具体行政行为引发了行政争议，从而产生了行政复议的救济方式。没有实施具体行政行为，或者虽实施了具体行政行为但与申请人的合法权益之间没有因果关系，不能成为被申请人。并不是所有的行政机关或组织随时都可以成为被申请人，而是他们实施的具体行政行为给公民、法人或其他组织的合法权益造成侵害，并被公民、法人或其他组织申请复议时才能成为被申请人。不仅如此，作为行使国家管理权的行政机关，即使其作出了具体行政行为，如果公民、法人或者其他组织认为该具体行政行为并没有侵犯其合法权益，或者即使公民、法人或者其他组织认为该具体行政行为侵犯了其合法权益，但并没有向行政复议机关提出行政复议的申请的，该行政机关也不是被申请人。只有公民、法人或者其他组织对行政主体的具体行政行为不服申请行政复议，作出该具体行政行为的行政主体才是被申请人。

3. 被申请人必须由行政复议机关通知参加复议活动

由于作出复议对象的具体行政行为是由被申请人作出的，因此，即便被申请人认为存在错误，也只需通过法定程序予以纠正即可，而无须通过申请行政复议加以解决。当然也就不存在主动参加行政复议的问题。由复议机关通知参加复议是行政复议案件发生的标志，也是某一行政机关或者组织作为被申请人的必要条件。复议机关没有通知参加复议的，不能成为被申请人。行政机关即使作出了损害申请人权益的具体行政行为，如果没有申请人提起复议申请，也不会成为被申请人。

（二）行政复议被申请人的确定

根据《行政复议法》和《行政复议法实施条例》的有关规定，行政复议被申请人的确定主要有以下几种情况：

（1）公民、法人或者其他组织对行政机关的具体行政行为不服申请复议的，作出行政行为的行政机关是被申请人。这里所说的行政机关是指行使国家行政职能，依法独立享有行使行政职权的国家机关。这是最主要的被申请人类型，包括具体行政行为的作为或不作为行政机关。作为的行政机关如作出行政拘留决定的公安机关；不作为的行政机关如应该颁发营业执照而未颁发的工商行政机关。

（2）法律、法规授权的组织作出的具体行政行为引起的行政复议，该组织是被申请人。法律、法规授权的组织虽然不是行政机关，但是按照其权力的来源，凡是由法律、法规授权的组织作出了具有具体行政行为性质的行为，该组织也是行政复议法所调整的被申请人。

（3）行政机关委托的组织作出的具体行政行为引起的行政复议，委托的行政机关是被申请人。例如，城市街道办事处受市民政局委托发放最低生活标准补助费，因街道办事处未及时发放而引起行政复议时，市民政局即应作为被申请人。

（4）两个或两个以上行政机关以共同名义作出同一具体行政行为的，共同作出具体行政行为的行政机关是共同被申请人；行政机关与法律、法规授权的组织以共同的名义作出具体行政行为的，行政机关和法律、法规授权的组织为共同被申请人，因为按照行政主体的理论，法律法规授权的组织作为行政主体，具有等同于行政主体的法律地位；行政机关与其他组织以共同名义作出具体行政行为的，行政机关为被申请人。

（5）下级行政机关依照法律、法规、规章规定，经上级行政机关批准作出具体行政行为的，批准机关为被申请人。所谓经批准的具体行政行为，就是由上级行政机关以批准方式予以确定具体的内容，同时，由下级行政机关以自己的名义出具法律文书并送达给相对人的具体行政行为。在经批准的具体行政行为中，形式上存在两个行政主体，即作出批准行为的行政机关和对外出具法律文书的行政机关。

（6）对人民政府依法设立的派出机关的具体行政行为不服的，该派出机关是被申请人；行政机关设立的派出机构、内设机构或者其他组织，未经法律、法规授权，对外以自己名义作出具体行政行为的，该行政机关为被申请人。行政执法实践中，许多行政机关设立的派出机构、内设机构或者其他组织，未经法律、法规授权，以自己的名义对外作出具体行政行为，其中有些是因为工作失误，内部把关不严，将本来应当加盖机关印章的行政决定文书，加盖了派出机构、内设机构或其他组织的印章即送达当事人了；另外，也有一些行政机关，错误地认为本机关的派出机构、内设机构或其他组织可以以自己的名义作出具体行政行为。

（7）作出具体行政行为决定的行政机关被撤销的，继续行使其职权的行政机关为被申请人。如无继续行使其职权的行政机关，则由作出撤销决定的行政机关或其指定的行政机关作为被申请人。这在理论上被称为被申请人资格的承受，这种承受是法律规定的，与承受者的主观愿望无关。无论哪种情况，其判断标准都只能是在被撤销的行政机关行政职权的转移中，谁承受了这种职权，谁就要对已被撤销的行政机关已作出的具体行政行为负责，谁就是被申请人。

三、行政复议第三人

（一）行政复议第三人的含义和条件

行政复议第三人是指同申请的行政行为有利害关系，为维护自己的合法权益依申请或经复议机关通知参加复议的公民、法人或其他组织。行政复议第三人制度的设立，主要用意之一是力争通过一个行政复议案件的审理，解决与同一具体行政行为都有利害关系的多个当事人的诉求，避免不同当事人就同一具体行政行为引发若干个行政复议案件，加大审理的难度和成本。如果不允许与正在进行行政复议有利害关系的公民、法人或者其他组织参加已开始的行政复议，势必逼迫该利害关系人另行申请行政复议或者提起行政诉讼，从而可能导致就同一个问题作出的行政复议决定之间的冲突和矛盾。反之，则能防止前后两个复议决定出现互相矛盾情况，维护行政复议的权威性。因此，第三人参加行政复议，有利于行政复议机关及时查清案件的全部事实真相，有利于准确地把握和分析有关法律问题，正确地作出行政复议决定。这是正确开展行政复议的需要，也是保护各方当事人合法权益的需要，对促进行政复议活动的正常进行具有重要作用。

公民、法人或者其他组织作为第三人参加行政复议，应当具备以下几个条件：

（1）必须与申请复议的具体行政行为有利害关系。这是因为具体行政行为在客观上涉及和影响了第三人的权利与义务，第三人有必要通过参加行政复议进行救济。

（2）必须以维护自己的合法权益为目的，以自己的名义参加行政复议。第三人具有独立的法律地位，既不依附于申请人，也不依附于被申请人，在行政复议中享有与复议申请人或被申请人基本相同的复议权利和义务。

（3）必须在行政复议程序已经开始，但尚未结束前参加到行政复议过程中。

（二）第三人参加复议的方式

第三人参加复议的方式主要有两种：（1）通过申请参加复议；（2）经复议机关通知参加复议。

如果第三人拒不参加，复议机关不能强求，必须尊重第三人的权利与选择。

（三）行政复议第三人的范围

从行政复议的实践来看，行政复议第三人主要有以下几种情形：

（1）行政处罚案件中的被处罚人或受害人。被处罚人和受害人中有一方不服行政处罚行为申请行政复议，另一方可作为第三人参加复议。

（2）行政处罚中的共同被处罚人。其中有一部分人申请行政复议，其他的被处罚人可作为第三人参加行政复议。

（3）在行政确权案件中主张权利的人。如在土地确权、专利确权案件中，被驳回请求的人申请复议，被授予权利的人或者其他被驳回请求的人，可以作为第三人参加行政复议。如在申请发明专利权的两人中其中一人被批准授予专利权，另外一人被驳回，被驳回的一人提起复议，被批准授予专利权的人可以作为第三人。

（4）两个或两个以上的行政机关基于同一事实作出相互矛盾的具体行政行为，行政相对人对其中一个具体行政行为不服申请行政复议，其他行政机关可以作为第三人参加行政复议。如村委会获得林业局审批将公路上的树木砍伐，公路局对村委会作出处罚。村委会申请行政复议时，林业局就是第三人。

（5）行政机关越权处罚被申请行政复议时，越权的行政机关是被申请人，被越权的行政机关作为第三人参加行政复议。

（6）行政裁决案件的一方当事人。被裁决民事纠纷中的一方当事人不服行政裁决申请行政复议的，另一方当事人可以作为第三人参加行政复议。

（7）其他与被申请的具体行政行为有利害关系的行政相对人。如某新闻出版管理机关，以某书店出售非法出版物为由，对其进行处罚，该书店不服，申请行政复议，并称所售出版物是从某正规出版社购进的，该出版社可以作为第三人。

四、行政复议代理人

行政复议代理人是指在行政复议中以被代理人的名义行使复议权利，代理他人进行复议的人。建立复议代理制度有利于协助公民、法人或者其他组织实现其权利，履行其义务，有效地维护自身的合法权益；有利于行政复议机关正确、合法、及时地审理案件，进一步查清事实，解决当事人之间的行政争议。

关于行政复议代理人，需注意行政法律法规规定的以下几种情形：

（一）法定代理

有权申请行政复议的公民为无民事行为能力人或者限制民事行为能力人的，其法定代理人可以代为申请行政复议。

（二）委托代理

申请人、第三人可以委托1~2名代理人代为参加行政复议。申请人、第三人委托代理人的，应当向行政复议机构提交授权委托书。授权委托书应当载明委托事项、权限和期限。以书面形式委托的好处在于有利于明确代理权限，有利于准确掌握代理人的情况，有利于行政复议机构与代理人交流。公民在特殊情况下无法书面委托的，可以口头委托。口头委托的，行政复议机构应当核实并记录在卷。

实践中，落实这一要求往往需要委托人当面向行政复议机构口头委托，并由复议工作人员记录。对申请人、第三人来说，这种委托形式并不会带来太多的方便，因为他们在通常情况下是不会选择这种委托方式的。但如果他们坚持要求口头委托，行政复议机构应当依法核实，而不必劝说他们书面委托。委托代理关系成立后，申请人、第三人根据需要可以对代理权限作必要的变更、扩大或者缩小，委托人可以解除委托，代理人也可辞去委托。发生上述情况时，当事人应及时用书面形式告知行政复议机关。

第五节 行政复议程序

一、行政复议的申请

（一）行政复议申请的条件

行政复议是一种依申请行为，必然要以行政相对人申请为前提，没有行政相对人的申请，行政复议机关就不能主动复议。因此，行政复议申请是行政复议程序的首要环节。申请人申请行政复议必须满足一定的条件，具体包括：（1）有适格的申请人，即申请人是认为行政行为侵犯了其合法权益的公民、法人或其他组织。（2）有明确的被申请人。行政相对人提起行政复议申请必须列明被申请人，并且该被申请人必须符合行政复议法和行政复议法实施条例规定的条件，即该被申请人必须是实施了行政行为的行政机关或者法律法规授权的组织。申请人提出行政复议申请时错列被申请人的，行政复议机构应当告知申请人变更被申请人。（3）有具体的复议请求、主要事实和理由。（4）属于申请复议的范围和受理复议机关管辖。公民、法人或其他组织申请复议的案件属于行政复议机关受理的范围，不在复议范围内的案件复议机关不予受理。同时，申请复议必须向有管辖权的复议机关提出，复议机关无权受理不属于自己管辖的复议案件。（5）法律法规规定的其他条件。如申请期限、申请方式等程序性要求。

（二）申请行政复议的期限

申请行政复议的期限是指提出复议申请的时间限制，这不仅涉及行政机关能否正确地行使其权力，而且还关系到公民、法人和其他组织能否充分地行使其行政复议申请权，保护自己的合法权益。明确申请复议的期限，有利于督促申请人及时行使复议申请权，提高行政复议的效率。行政相对人在法定期限内不提出复议申请，行政复议机关将不予受理案件。

1. 一般规定

根据《行政复议法》的规定，公民、法人或者其他组织认为具体行政行为侵犯其合法权益的，可以自知道该具体行政行为之日起60日内提出行政复议申请，但是法律规定的申请期限超过60日的除外。关于行政复议申请期限的计算，区分不同情况依法办理：（1）当场作出具体行政行为的，自具体行政行为作出之日起计算；（2）载明具体行政行为的法律文书直接送达的，自受送达人签收之日起计算；（3）载明具体行政行为的法律文书邮寄送达的，自受送达人在邮件签收单上签收之日起计算；没有邮件签收单的，自受送达人在送达回执上签名之日起计算；（4）具体行政行为依法通过公告形式告知受送达人的，自公告规定的期限届满之日起计算；（5）行政机关作出具体行政行为时未告知公民、法人或者其他组织，事后补充告知的，自该公民、法人或者其他组织收到行政机关补充告知的通知之日起计算；（6）被申请人能够证明公民、法人或者其他组织知道具体行政行为的，自证据材料证明其知道具体行政行为之日起计算。行政机关作出具体行政行为，依法应当向有关公民、法人或者其他组织送达法律文书而未送达的，视为该公民、法人或者其他组织不知道该具体行政行为。

2. 期限延长

《行政复议法》还对复议申请期限的延长作了规定，因不可抗力或者其他正当理由耽误法定申请期限的，申请期限自障碍消除之日起继续计算。可以适当延期的情况有两类：一是因不可抗力的发生耽误了法定申请期限，不可抗力是指不能预见、不能避免并不能克服的客观情况，如地震、水灾、战争等；二是其他一些正当理由耽误了法定申请期限的，如法人处于合并或者改组阶段，复议申请人病重等。也就是说，在不可抗力或者其他正当理由出现时，申请复议期限处于中止状态，因此当这些障碍消除后，申请复议期限继续计算，而不是重新计算。

3. 特别规定

对于行政机关未履行法定职责的，如行政机关没有依法颁发许可证、执照、资质证、资格证等证书或者不予审批、登记；没有依法履行保护人身权利、财产权利、受教育权利的法定职责；没有依法发放抚恤金、社会保险金或者最低生活保障费等情况，行政复议申请期限按下列规定计算：（1）有履行期限规定的，自履行期限届满之日起计算；（2）没有履行期限规定的，自行政机关收到申请满60日起计算。

公民、法人或者其他组织在紧急情况下请求行政机关履行保护人身权、财产权的法定职责，行政机关不履行的，行政复议申请期限不受以上规定的限制。

（三）复议申请的形式

1. 书面申请

书面申请是指申请人以向行政复议机关递交行政复议申请书的形式来表达其申请行政复议的意愿。以书面形式申请行政复议，能够全面、准确、详尽地表达申请人的行政复议请求、申请行政复议的主要事实、理由等，也有利于复议机关准确地了解有关情况，把握案件的关键所在，及时地进行审查和判断。

申请人书面申请复议的，可以采取当面递交、邮寄或者传真等方式提出行政复议申请。有条件的行政复议机构可以接受以电子邮件形式提出的行政复议申请。在书面申请时，要求书面提出的行政复议申请书具备必要的内容，符合一定的规范要求，有利于申请人全面、准确、详尽地表达其复议请求和目的，阐明申请行政复议的事由和依据，也有利于行政复议机关及时、准确地了解情况，对行政复议申请及时进行审查并作出相应的处理。申请人应当在行政复议申请书中载明下列事项：（1）申请人的基本情况，包括：公民的姓名、性别、年龄、身份证号码、工作单位、住所、邮政编码；法人或者其他组织的名称、住所、邮政编码和法定代表人或者主要负责人的姓名、职务；（2）被申请人的名称；（3）行政复议请求、申请行政复议的主要事实和理由；（4）申请人的签名或者盖章；（5）申请行政复议的日期。

2. 口头申请

口头申请是指行政管理相对人以口头言语的形式向行政机关提出申请，以表达其申请行政复议的意愿和要求。口头申请的形式充分体现了行政复议方便群众、快捷高效、方式灵活的特点，更加有利于公民、法人或者其他组织行使复议申请权以维护自身的合法权益。

采用口头方式申请行政复议，一般是由申请人亲自到行政复议机关所在地向行政复议机关提出申请。申请人口头申请复议的，行政复议机关应当当场记录申请人的基本情况、行政复议请求、申请行政复议的主要事实、理由和时间，将行政复议申请笔录交申请人核对或者向申请人宣读，并由申请人签字确认。笔录中有更改、涂抹的地方，也应该由申请人在相应的位置签字确认。这有利于申请人及时更正口头申请中的错误，也有利于督促行政复议机构的工作人员正确记录口头申请，保证申请人诉求的正确表达。

应当注意的是，在特殊情况下，申请人除提交申请书外，还应当提供相关的证明材料。这些证明材料是证明复议案件案情事实所必需的证据材料，是申请人要求复议机关保护其合法权益的重要依据，也是复议活动向前发展的大致方向，直接影响申请人复议请求的实现。申请人只有提供这些证明材料，才能使行政复议机关高效、快捷解决行政争议，有效维护申请人的合法权益。申请人应当提供证明材料的情形有以下几种：（1）认为被申请人不履行法定职责的，提供曾经要求被申请人履行法定职责而被申请人未履行的证明材料。例如，申请人申请复议要求公安机关履行治安管理的法定职责，必须提供证据证明自己曾经向公安机关报案或者举报，而公安机关未予理睬。（2）申请行政复议时一并提出行政赔偿请求的，提供受具体行政行为侵害而造成损害的证明材料。（3）法律、法规规定需要申请人提供证据材料的其他情形。除此之外，任何规范性文件都不能规定申请人的举证义务，加重申请人的负担。

二、行政复议的受理

行政复议的受理是指行政管理相对人提出行政复议申请后，行政复议机关经审查认为符合行政复议的条件而决定予以立案并进行审理的活动。行政复议机关在收到行政复议申请后，应在5日内予以审查，根据不同情况作出决定。

（1）决定予以受理。受理的前提是复议申请必须符合下列条件：①有明确的被申请人和符合规定的申请人。②申请人与具体行政行为有利害关系。③有具体的行政复议请求和理由。④在法定期限内提出。⑤属于《行政复议法》规定的行政复议范围。⑥属于收到行政复议申请的行政复议机关的管辖范围。⑦其他行政复议机关尚未受理同一行政复议申请，人民法院尚未受理同一主体就同一事实提起的行政诉讼。

（2）对不符合条件的行政复议申请，决定不予受理。

（3）对符合条件但不属于本行政机关受理的行政复议申请，应当告知申请人向有关行政机关提出。接受行政复议申请的县级地方人民政府，对属于其他行政复议机关受理的行政复议申请，应当自接到该行政复议申请之日起7日内，转送有关行政复议机关，并告知申请人。

（4）行政复议申请材料不齐全或者表述不清楚的，行政复议机构可以自收到该行政复议申请之日起 5 日内书面通知申请人补正。补正通知应当载明需要补正的事项和合理的补正期限。无正当理由逾期不补正的，视为申请人放弃行政复议申请。补正申请材料所用时间不计入行政复议审理期限。

（5）申请人就同一事项向两个或两个以上有权受理的行政机关申请复议的，由最先收到行政复议申请的行政机关受理；同时收到行政复议申请的，由收到行政复议申请的行政机关在 10 日内协商确定；协商不成的，由其共同上一级行政机关在 10 日内指定受理机关。协商确定或者指定受理机关所用时间不计入行政复议审理期限。

（6）上级行政机关认为行政复议机关不予受理行政复议申请的理由不成立的，可以先行督促其受理；经督促仍不受理的，应当责令其限期受理，必要时也可以直接受理；认为行政复议申请不符合法定受理条件的，应当告知申请人。这里的上级行政机关包括与行政复议机关存在行政上或者业务上的领导或者指导关系的行政机关，可以是上一级行政机关，也可以是上两级或者三级行政机关。不论是哪一级，只要是行政复议机关的上级行政机关，都有权根据行政复议申请人的申诉或者主动检查、监督下级行政机关依法受理行政复议申请或者直接对被申请行政复议的具体行政行为进行审理。

三、行政复议的审理

（一）审理前的准备

审理前的准备包括行政复议人员的确定、发送申请书、接受书面答复、收集证据材料等一系列准备工作。根据《行政复议法》第 23 条的规定："行政复议机关负责法制工作的机构应当自行政复议申请受理之日起 7 日内，将行政复议申请书副本或者行政复议申请笔录复印件发送被申请人。被申请人应当自收到申请书副本或者申请笔录复印件之日起 10 日内，提出书面答复，并提交当初作出具体行政行为的证据、依据和其他有关材料。申请人、第三人可以查阅被申请人提出的书面答复、作出具体行政行为的证据、依据和其他有关材料，除涉及国家秘密、商业秘密或者个人隐私外，行政复议机关不得拒绝。"

行政复议机关应当为申请人、第三人查阅有关材料提供必要条件。

（二）审理方式

1. 书面审理方式

行政复议作为一项准司法行为，采取何种审理方式，应当与行政复议本身的特点相符合，既要符合行政效率原则，也应当在程序上体现公开、公正、参与的特点，增强行政复议的公正性，提高行政复议的权威。根据《行政复议法》及《行政复议法实施条例》的规定，我国行政复议的审理方式遵循以书面审查为主的方式。书面审查是指行政复议机关仅对申请人、被申请人提供的书面材料进行审查并作出决定的一种审理方式。对于一些事实清楚、争议不大的行政复议案件，实行书面审理的方式，申请人、被申请人、证人等无须当面对质，行政复议机构通过对各方提交的书面材料进行审查，可以判断具体行政行为是否合法、适当，并作出行政复议决定，这有利于提高行政复议案件的办理效率。行政复议机构审理行政复议案件，应当由2名以上行政复议人员参加。

2. 非正式听证方式

行政复议以书面审查为主，但也不排除其他审理形式。随着实践的发展，行政复议案件越来越复杂，有时仅凭书面审理，无法查清案件事实，而且审理程序不透明，容易给申请人以"暗箱操作""官官相护"的错觉，不利于行政争议的彻底解决。创新行政复议的审理方式，借鉴行政争议解决制度的基本程序，有利于提高行政复议办案质量和效率。

申请人提出要求或者行政复议机关负责法制工作的机构认为有必要时，可以实地向有关组织和人员调查情况，核实证据，听取申请人、被申请人和第三人的意见。行政复议人员向有关组织和人员调查取证时，可以查阅、复制、调取有关文件和资料，向有关人员进行询问。调查取证时，行政复议人员不得少于2人，并应当向当事人或者有关人员出示证件。被调查单位和人员应当配合行政复议人员的工作，不得拒绝或者阻挠。实践中，对以下情形，行政复议机关应当进行调查取证，核实有关证据：（1）涉及国家利益、公共利益或者他人合法利益的事实需要认定的；（2）涉及依职权追加当事人，中止或者终止行政复议等程序性事项的；（3）申请人或者第三人提供了证据或者依据的线索，但是无法自行收集而申请行政复议机构收集的；（4）当事人应当提供原件或者原物而无法提供的；（5）为了查明事实，确有必要调取其他证据材料的。

3. 听证方式

申请人提出要求或者行政复议机构认为必要时，可以采取听证的方式审理。听证的基本含义是指行政机关作出决定时，要提前通知并听取利益受到影响的当事人的意见。听证最初仅适用于司法领域，逐步发展到适用于执法和立法领域。通常情况下，对于重大、复杂的行政复议案件，可以实行听证审理。所谓重大、复杂案件，一般包括：（1）涉及人数众多或者群体利益的案件；（2）具有涉外因素的案件，如涉及外国人或者港、澳、台的案件；（3）社会影响较大的案件，如当事人对立情绪激烈、可能影响社会稳定的案件；（4）案件事实和法律关系复杂的案件。行政复议听证审理方式的启动，可以有两种方式：一是申请人提出要求；二是行政复议机构认为必要时。因此，实行听证审理也是申请人的权利，对此，行政复议机关应当通过适当的方式告知申请人。

四、行政复议审理中的各项制度

（一）行政复议申请的撤回制度

行政复议申请的撤回是指申请人在复议决定作出前要求撤回行政复议申请，经复议机关同意，终止审理的制度。这是公民、法人或者其他组织行使行政复议权的一种方式，任何单位和个人都不得妨碍申请人行使这一权利，同时也不能强迫申请人撤回行政复议申请。在申请撤回行政复议申请时，申请人要向行政复议机关说明理由，行政复议机关则要对申请人的要求和相应的理由进行审查，并根据具体情况决定准予或者不准予撤回行政复议申请。

申请人在行政复议决定作出前自愿撤回行政复议申请的，经行政复议机关同意，可以撤回。行政复议机关准许申请人撤回行政复议申请的，行政复议活动终结，继续审理已无必要，应当向申请人发出行政复议终止通知书。行政复议机关不准撤回行政复议申请，也应当作出书面决定，并通知申请人。申请人撤回行政复议申请的，不得再以同一事实和理由提出行政复议申请。如果没有正当理由，行政复议机关可以不予受理。但是，如果申请人撤回行政复议申请是违背本人真实意思表示的，比如受到行政机关的胁迫或者欺骗而撤回的，对于其再次提出的行政复议申请，行政复议机关应当予以受理。

（二）行政复议的和解制度

行政复议和解是申请人、被申请人在行政复议过程中自愿达成和解，行政复议机关经审查准许后,对行政复议案件不再继续审理。行政复议和解是适应新形势下行政复议发展实践的需要,是对行政复议审理方式上的创新,是具有中国特色的化解矛盾纠纷的有效途径,对于促进社会和谐有积极作用。从实践效果来看,行政复议和解符合我国"和为贵"的文化传统,有利于缓和申请人与行政机关的对立情绪,促使行政争议的柔性解决,注重法律效果与社会效果相结合,达到息诉止纷、稳定社会的良好效果。

公民、法人或者其他组织对行政机关行使法律、法规规定的自由裁量权作出的具体行政行为不服申请行政复议,申请人与被申请人在行政复议决定作出前自愿达成和解的,应当向行政复议机构提交书面和解协议;和解内容不损害社会公共利益和他人合法权益的,行政复议机构应当准许。

(三)行政行为不停止执行制度

根据《行政复议法》第21条的规定:"行政复议期间具体行政行为不停止执行;但是,有下列情形之一的,可以停止执行:(1)被申请人认为需要停止执行的;(2)行政复议机关认为需要停止执行的;(3)申请人申请停止执行,行政复议机关认为其要求合理,决定停止执行的;(4)法律规定其他停止执行的。"

(四)行政复议中止制度

行政复议中止是指行政复议过程中出现法定情形后,行政复议机关暂停有关行政复议案件的审理,待有关影响行政复议案件正常审理的情形消除后,再继续审理行政复议案件。根据《行政复议法实施条例》第41条的规定:"行政复议期间有下列情形之一,影响行政复议案件审理的,行政复议中止:(1)作为申请人的自然人死亡,其近亲属尚未确定是否参加行政复议的;(2)作为申请人的自然人丧失参加行政复议的能力,尚未确定法定代理人参加行政复议的;(3)作为申请人的法人或者其他组织终止,尚未确定权利义务承受人的;(4)作为申请人的自然人下落不明或者被宣告失踪的;(5)申请人、被申请人因不可抗力,不能参加行政复议的;(6)案件涉及法律适用问题,需要有权机关作出解释或者确认的;(7)案件审理需要以其他案件的审理结果为依据,而其他案件尚未审结的;(8)其他需要中止行政复议的情形。行政复议中止的原因消除后,应当及时恢复行政复议案件的审理。行政复议机构中止、恢复行政复议案件的审理,应当告知有关当事人。"

（五）行政复议终止制度

行政复议终止是指行政复议过程中出现法定情形后，行政复议机关不再继续审理有关行政复议案件，从而终结行政复议的活动。行政复议终止的，行政复议机关无须对具体行政行为是否合法和适当进行实质性审理，也不需要作出行政复议决定，而是要制发行政复议终止通知书，告知有关当事人行政复议活动已经终结。根据《行政复议法实施条例》第42条的规定："行政复议期间有下列情形之一的，行政复议终止：（1）申请人要求撤回行政复议申请，行政复议机构准予撤回的；（2）作为申请人的自然人死亡，没有近亲属或者其近亲属放弃行政复议权利的；（3）作为行政复议的法人或者其他组织终止，其权利义务的承受人放弃行政复议权利的；（4）申请人与被申请人经行政复议机构准许达成和解的；（5）申请人对行政拘留或者限制人身自由的行政强制措施不服申请复议后，因申请人同一违法行为涉嫌犯罪，该行政拘留或者限制人身自由的行政强制措施变更为刑事拘留的。"

（六）行政复议中的调解制度

在行政复议中，行政复议机关可以按照自愿、合法的原则进行调解，调解适用的情形主要有两种：（1）公民、法人或者其他组织对行政机关行使法律、法规规定的自由裁量权作出的具体行政行为不服申请复议的；（2）当事人之间的行政赔偿或者行政补偿纠纷。当事人经调解达成协议的，行政复议机关应当制作行政复议调解书。调解书应当载明行政复议请求、事实、理由和调解结果，并加盖复议机关印章。行政复议书经双方当事人签字，即具有法律效力。调解未达成协议或者调解书生效前一方反悔的，行政复议机关应当及时作出行政复议决定。

五、行政复议的决定

（一）对行政规定和行政依据的审查

根据《行政复议法》第26条的规定："申请人在申请行政复议时，一并提出对本法第7条所列有关规定的审查申请，行政复议机关对该规定有权处理的，应当在30日内依法处理；无权处理的，应当在7日内按法定程序转送有权处理的行政机关依法处理，有权处理的行政机关应当在60日内依法处理。处理期间，中止对具体行政行为的审查。"

根据《行政复议法》第27条的规定："行政复议机关在对被申请人作出的具体行政行为进行审查时，认为其依据不合法，本机关有权处理的，应当在30日内依法处理；无权处理的，应当在 7 日内按照法定程序转送有权处理的国家机关依法处理。处理期间，中止对具体行政行为的审查。"

(二) 对具体行政行为的复议决定

行政复议决定是指行政复议机关对行政复议案件进行审理后，依据法律和事实，就有关具体行政行为是否合法、适当所作出的裁判。行政复议机关负责法制工作的机构应当对被申请人作出的具体行政行为进行审查，提出意见，经行政复议机关的负责人同意或者集体讨论通过后，针对不同的情况作出不同的复议决定。行政复议机关在申请人的行政复议请求范围内，不得作出对申请人更为不利的行政复议决定。

1. 维持决定

行政复议机关对具体行政行为进行审查后，认为其认定事实清楚，证据确凿，适用依据正确，程序合法，内容适当的，应当作出维持决定，从而否定了申请人的指控，肯定被审查的具体行政行为是合法、适当的。

2. 履行职责决定

行政复议机关经过审查，认定被申请人未履行法律、法规所规定的职责，应当决定其在一定期限内履行其法定职责。

3. 撤销、变更和确认违法决定

具体行政行为有下列情形之一的，决定撤销、变更或者确认该具体行政行为违法；决定撤销或者确认该具体行政行为违法的，可以责令被申请人在一定期限内重新作出具体行政行为：（1）主要事实不清、证据不足的；（2）适用依据错误的；（3）违反法定程序的；（4）超越或者滥用职权的；（5）具体行政行为明显不当的。

被申请人不依法提出书面答复、提交当初作出具体行政行为的证据、依据和其他有关材料的，视为该具体行政行为没有证据、依据，决定撤销该具体行政行为。

4. 驳回行政复议申请决定

有下列情形之一的，行政复议机关应当决定驳回行政复议申请：（1）申请人认为行政机关不履行法定职责申请行政复议，行政复议机关受理后发现该行政机关没有相应法定职责或者在受理前已经履行法定职责的；（2）受理行政复议申请后，发现该行政复议申请不符合《行政复议法》和《行政复议法实施条例》规定的受理条件的。

上级行政机关认为行政复议机关驳回行政复议申请的理由不成立的，应当责令其恢复审理。

5.责令被申请人赔偿的决定

公民、法人或者其他组织在申请行政复议时可以一并提出行政赔偿请求，行政复议机关对符合国家赔偿法的有关规定应当予以赔偿的，在决定撤销、变更具体行政行为或者确认具体行政行为违法时，应当同时决定被申请人依法给予赔偿。申请人在申请行政复议时没有提出行政赔偿请求，行政复议机关在依法决定撤销、变更罚款，撤销违法集资、没收财物、征收财物、摊派费用以及对财产的查封、扣押、冻结等具体行政行为时，应当同时责令被申请人返还财产，解除对财产的查封、扣押、冻结措施，或者赔偿相应的价款。

（三）行政复议决定的期限

行政复议决定的期限是指行政复议机关受理复议申请、进行复议审查以及作出复议决定的全过程所需的时限。根据《行政复议法》第31条的规定："行政复议机关应当自受理申请之日起60日内作出行政复议决定，但是法律规定的行政复议期限少于60日的除外。情况复杂，不能在规定期限内作出行政复议决定的，经行政复议机关的负责人批准，可以适当延长，并告知申请人和被申请人，但是延长期限最多不超过30日。行政复议机关作出行政复议决定，应当制作行政复议决定书，并加盖印章。行政复议决定书一经送达，即发生法律效力。"

六、行政复议决定的执行

行政复议决定书是行政复议机关对具体行政行为进行审查之后作出的结论性的书面裁决形式。行政复议机关在申请人的行政复议请求范围内，不得作出对申请人更为不利的行政复议决定。双方当事人均受行政复议决定书的制约，应当自觉履行决定书的内容，否则就要承担相应的法律后果。

根据《行政复议法》第32条的规定："被申请人应当履行行政复议决定。被申请人不履行或者无正当理由拖延履行行政复议决定的，行政复议机关或者有关上级机关应当责令其限期履行。"

根据《行政复议法》第33条的规定："申请人逾期不起诉又不履行行政复议决定的，或者不履行最终裁决的行政复议决定的，按照下列规定分别处理：（1）维持具体行政行为的行政复议决定，由作出具体行政行为的行政机关依法强制执行，或者申请人民法院强制执行；（2）变更具体行政行为的行政复议决定，由行政复议机关依法强制执行，或者申请人民法院强制执行。"

七、关于行政复议制度改革

我国行政复议制度运行三十多年来，对于监督行政机关依法行政，保护公民、法人和其他组织合法权益起到了巨大的作用。但是随着时代的发展，尤其是我国法治的不断进步，行政复议制度的改革势在必行。

（一）行政复议体制改革

2020年2月5日，中央全面依法治国委员会第三次会议通过《行政复议体制改革方案》，提出要优化行政复议资源配置。所谓"优化行政复议资源配置"是指，除垂直领导部门外，由政府统一行使复议权。这样既可以节约行政资源，又可以方便行政相对人提出行政复议申请。

（二）不断扩大受案范围

首先，现行行政复议法和行政复议法实施条例使用的名称还是"具体行政行为"，建议在修改法律时修改为"行政行为"。这不仅是和《行政诉讼法》的统一，也是扩大受案范围的前提。其次，把行政诉讼法中已经列明的可以受理的案件而行政复议法中没有列明的，一律列入行政复议法的受案范围。如行政协议、行政强制执行、征收、征用决定及其补偿决定等。最后，兜底性规定沿用现在规定较好，即"认为行政机关的其他行政行为侵犯其合法权益的"，可以申请行政复议。因为这个规定比行政诉讼法的规定要宽泛。

（三）完善证据制度

第一，规范证据种类，和行政诉讼法的证据规定统一起来，即证据包括：（1）书证；（2）物证；（3）视听资料；（4）电子数据；（5）证人证言；（6）当事人的陈述；（7）鉴定意见；（8）勘验笔录、现场笔录。第二，明确举证责任。明确规定被申请人对行政行为的合法性、适当性负有举证责任。

（四）完善程序制度

首先增设简易程序，对于事实清楚、权利义务关系明确、争议不大的，可以适用简易程序。其次，规范听证程序，对于听证案件的范围，听证具体步骤和要求要作出明确规范。最后，规范一般程序。除适用简易程序的案件外一律适用一般程序，并对一般程序的调查取证、发送相关法律文书、审理等程序作出详细规定。

（五）细化行政复议决定

首先，明确行政复议决定的形式包括维持决定、驳回复议请求决定、责令履职决定、变更决定、撤销决定、确认违法决定、确认无效决定、责令赔偿或者补偿决定、责令继续履行或者采取补救措施决定等。其次，要明确各种行政复议决定的适用情形。

第二十一章　行政赔偿

本章导读：本章介绍了《国家赔偿法》的主要内容，着重阐述了行政赔偿部分。主要包括行政赔偿的范围、赔偿请求人和赔偿义务机关、赔偿程序、赔偿方式和计算标准等。

第一节　行政赔偿概述

一、行政赔偿的概念和特征

行政赔偿是指行政主体及其工作人员在行使职权过程中，侵犯公民、法人或其他组织的合法权益造成损害，依法由国家对此承担赔偿责任的法律制度。这一概念应从以下四个方面理解：

（1）行政赔偿本质上属于国家赔偿。国家赔偿是指国家机关及其工作人员因行使职权侵犯公民、法人及其他组织的合法权益造成损害的，而依法由国家承担赔偿责任的法律制度。国家赔偿包括行政赔偿、司法赔偿和监察赔偿。

（2）行政赔偿赔偿范围法定。《国家赔偿法》第2条规定："国家机关和国家机关工作人员行使职权，有本法规定的侵犯公民、法人和其他组织合法权益的情形，造成损害的，受害人有依照本法取得国家赔偿的权利。"该法第3条、第4条规定了侵犯人身权和财产权的具体范围。可见，行政赔偿的赔偿范围是有限的，仅限于国家赔偿法的规定范围。

（3）行政赔偿赔偿义务机关特定。根据《国家赔偿法》第7条、第8条的规定，行政赔偿的赔偿义务机关包括行政机关、法律法规授权的组织、委托机关、复议机关。

（4）行政赔偿赔偿途径多样。赔偿请求人可以直接向行政赔偿义务机关提出，也可以通过行政复议、行政诉讼等渠道实现赔偿权利。

二、行政赔偿的构成要件

行政赔偿责任由侵权主体要件、侵权行为要件、损害结果要件和因果关系要件四个必要条件构成。只有同时具备上述四个要件，国家才承担赔偿责任，缺少任何一个条件，国家都不承担赔偿责任。

（一）主体要件

这里的主体不是责任主体，行政赔偿的责任主体是国家。这里的主体是侵权主体，指的是实施了侵权行为的组织和个人。在行政赔偿活动中，侵权主体是特殊主体，只有这些主体实施了侵权行为才有可能引起侵权责任。构成行政赔偿的侵权行为主体原则上包括：（1）行政机关。（2）行政机关工作人员。（3）法律、法规授权的组织。（4）行政机关委托的组织和个人。

（二）行为要件

行政赔偿的行为要件是指国家承担行政赔偿责任必须具备的行为条件，即行政侵权行为主体的哪些行为可以引起行政赔偿责任。这里的"行为"必须是执行职务的行为，国家只对执行职务的行为承担赔偿责任，而对于国家机关工作人员职务之外与行使职权无关的个人行为纵然违法，也只对行为人产生相应的民事责任、行政责任或刑事责任，不能引起行政赔偿责任。

（三）损害结果要件

损害结果是指国家机关及其工作人员行使职权，侵犯了公民、法人或者其他组织的合法权益所造成的既定的客观损害。即有损害，才会有赔偿。也就是说，一些职权侵害行为有过错或者本身行为违法，但是没有造成当事人的合法权益的损害，国家将不承担赔偿责任。并且违法损害结果只有具备以下特征，才可以获得行政赔偿：（1）合法权益的损害具有现实性，即已经发生的、现实的，而不是未来的、主观臆想的；（2）损害必须针对合法权益而言，违法的利益不受法律保护，不引起行政赔偿；（3）损害必须是直接损害，而不包括间接损害。

（四）因果关系要件

行政赔偿的因果关系要件是指行政机关及其工作人员行使职权的行为和给公民、法人或者其他组织的合法权益造成的损害结果之间必须有因果关系。这种关系是一种必然的、内在的、本质的联系。只有两者之间具有这种联系，国家才负责赔偿。

第二节　赔偿范围和赔偿义务机关

一、行政赔偿的范围

行政赔偿的范围是指国家对行政机关及其工作人员在行使行政职权时侵犯公民、法人和其他组织合法权益造成损害的哪些行为承担赔偿责任。这些行为的分类一般是以侵犯公民、法人和其他组织的合法权利的类别进行区分的。行政赔偿的范围具体包括：

（一）侵犯人身权的行为

在行政赔偿的范围中关于侵犯人身权的行为，一般分为侵犯人身自由权的行为和侵犯生命健康权的行为。

1. 侵犯人身自由权的行为

（1）违法拘留。在行政拘留这种处罚行为中，如果处罚机关不合法，被处罚人不具备拘留条件而拘留的，拘留超出了法定期限，以及违反了法定程序等，都可能造成被处罚人人身自由被侵犯。（2）违法限制人身自由的行政强制措施。强制措施不是行政处罚，而是限制公民权利或强制其履行义务的措施。具体包括：强制治疗、强制戒毒、强制传唤、强制隔离及其他强制措施。（3）非法拘禁或者以其他方法非法剥夺公民人身自由。包括两种情况：第一，行政机关无限制公民人身自由的权力；第二，超过法定期限或者条件关押。

2. 侵犯生命健康权的行为

（1）暴力行为。主要是指以殴打、虐待等行为或者唆使、放纵他人以殴打、虐待等行为造成公民身体伤害或者死亡的。（2）违法使用武器、警械造成公民身体伤害或者死亡的行为。（3）其他造成公民身体伤害或者死亡的违法行为。包括行政不作为和行政事实行为。

（二）侵犯财产权的行为

（1）违法实施罚款、吊销许可证和执照、责令停产停业、没收财物等行政处罚的；

（2）违法对财产采取查封、扣押、冻结等行政强制措施的；

（3）违法征收、征用财产的；

（4）造成财产损害的其他违法行为。包括行政不作为和行政事实行为。

（三）国家不承担赔偿责任的情形

（1）行政机关工作人员作出的与行使职权无关的个人行为；

（2）因公民、法人和其他组织自己的行为致使损害发生的；

（3）法律规定的其他情形。这里包括：不可抗力、第三人过错、受害人从保险、公费医疗中得到补偿等。

二、行政赔偿请求人

行政赔偿请求人是指依法享有行政赔偿权利，请求义务机关履行行政赔偿责任的公民、法人或者其他组织。

《国家赔偿法》第6条规定："受害的公民、法人和其他组织有权要求赔偿。受害的公民死亡，其继承人和其他有扶养关系的亲属有权要求赔偿。受害的法人或者其他组织终止的，其权利承受人有权要求赔偿。"本条规定必须是"受害"者，才有资格成为赔偿请求人。当"受害"者死亡或者消失后，才由其继承方或者替代方成为赔偿请求人。根据法条，赔偿请求人的范围包括公民、法人和其他组织：

（一）公民

赔偿请求人一般是受害公民本人。受害的公民死亡，其继承人和其他有扶养关系的亲属有权要求赔偿。

（二）法人

赔偿请求人一般是受害法人。受害的法人终止的，承受其权利的法人是赔偿请求人。终止的原因一般为依法被撤销、解散、依法宣告破产等。

（三）其他组织

其他组织是指没有法人资格的社会组织。和法人相同，赔偿请求人一般是受害组织。受害的组织终止的，承受其权利的其他组织是赔偿请求人。

三、行政赔偿义务机关

行政赔偿义务机关是指代表国家处理赔偿请求、支付赔偿费用、参加赔偿诉讼的行政机关。行政赔偿义务机关的确认是一个值得注意的问题。正确地确认赔偿义务机关是行政赔偿活动正常进行的前提之一。具体情形有：

（1）行政机关及其工作人员行使行政职权侵犯公民、法人和其他组织的合法权益造成损害的，该行政机关为赔偿义务机关。

（2）两个以上行政机关共同行使行政职权时侵犯公民、法人和其他组织的合法权益造成损害的，共同行使行政职权的行政机关为共同赔偿义务机关。

（3）法律、法规授权的组织在行使行政职权时侵犯公民、法人和其他组织的合法权益造成损害的，被授权的组织为赔偿义务机关。

（4）受行政机关委托的组织或者个人在行使受委托的行政权力时侵犯公民、法人和其他组织的合法权益造成损害的，委托的行政机关为赔偿义务机关。

（5）赔偿义务机关被撤销的，继续行使其职权的行政机关为赔偿义务机关；没有继续行使其职权的行政机关的，撤销该赔偿义务机关的行政机关为赔偿义务机关。

（6）经复议机关复议的，最初造成侵权行为的行政机关为赔偿义务机关，但复议机关的复议决定加重损害的，复议机关对加重的部分履行赔偿义务。

第三节　行政赔偿程序

行政赔偿程序是指受害人依法获得行政赔偿、行政机关或者人民法院依法办理行政赔偿事务应当遵守的方式、步骤、顺序、时限的总称。行政赔偿程序包括先行处理程序和一并提出请求的程序。

一、先行处理程序

先行处理程序是指赔偿请求人在请求损害赔偿时，先向有关的赔偿义务机关提出赔偿请求，双方就有关赔偿范围、方式、金额等事项进行自愿协商或由赔偿义务机关决定，从而解决争议的程序。《国家赔偿法》第9条规定，"赔偿请求人要求赔偿，应当先向赔偿义务机关提出，也可以在申请行政复议或者提起行政诉讼时一并提出。"也就是说，在申请行政赔偿时，申请人应当先向赔偿义务机关提出赔偿请求来解决争议。这样做既给了赔偿义务机关自我纠正错误的机会，加强了行政机关的内部监督，又有利于迅速解决赔偿争议，减少受害人诉累。先行处理程序有如下几个步骤：

（一）提出赔偿申请

赔偿请求人应当递交申请书。申请书应包括以下事项：（1）受害人的姓名、性别、年龄、工作单位和住所，法人或者其他组织的名称、住所和法定代表人或者主要负责人的姓名、职务；（2）具体的要求、事实根据和理由；（3）申请的年、月、日；（4）有关附件。

赔偿请求人书写申请书确有困难的，可以委托他人代书；也可以口头申请，由赔偿义务机关记入笔录。赔偿请求人不是受害人本人的，应当说明与受害人的关系，并提供相应证明。

赔偿请求人可以向共同赔偿义务机关中的任何一个赔偿义务机关要求赔偿，该赔偿义务机关应当先予赔偿。赔偿请求人根据受到的不同损害，可以同时提出数项赔偿要求。

（二）赔偿义务机关受理和处理赔偿申请

赔偿请求人当面递交申请书的，赔偿义务机关应当当场出具加盖本行政机关专用印章并注明收讫日期的书面凭证。申请材料不齐全的，赔偿义务机关应当当场或者在5日内一次性告知赔偿请求人需要补正的全部内容。

赔偿义务机关应当自收到申请之日起2个月内，作出是否赔偿的决定。赔偿义务机关作出赔偿决定，应当充分听取赔偿请求人的意见，并可以与赔偿请求人就赔偿方式、赔偿项目和赔偿数额进行协商。赔偿义务机关决定赔偿的，应当制作赔偿决定书，并自作出决定之日起10日内送达赔偿请求人。赔偿义务机关决定不予赔偿的，应当自作出决定之日起10日内书面通知赔偿请求人，并说明不予赔偿的理由。

（三）救济

赔偿义务机关在规定期限内未作出是否赔偿的决定，赔偿请求人可以自期限届满之日起3个月内，向人民法院提起诉讼。赔偿请求人对赔偿的方式、项目、数额有异议的，或者赔偿义务机关作出不予赔偿决定的，赔偿请求人可以自赔偿义务机关作出赔偿或者不予赔偿决定之日起3个月内，向人民法院提起诉讼。

二、行政复议程序

一并提出赔偿请求的程序分为行政复议程序和行政诉讼程序。行政复议申请人往往是受害人。申请人申请复议应递交复议申请书，在申请复议的理由中一并提出赔偿请求。复议申请的被申请人是赔偿义务机关。

在行政复议中一并提出赔偿请求的受理和审理适用行政复议程序。行政复议机关对具体的行政行为审查并作出裁决。在处理赔偿问题时复议机关可以适用调解，以调解书形式解决争议，也可以作出赔偿决定。

复议机关应当在复议申请书收到 60 日起作出复议决定，申请人对复议决定不服的，可以在收到复议决定之日起 15 日内向人民法院提起行政诉讼。如果复议机关不予受理申请或逾期不复议的，可以直接向人民法院提起诉讼。

三、行政赔偿诉讼

行政赔偿诉讼是一种特殊的行政诉讼，是人民法院受理和审理行政赔偿请求的程序。受害人可以在行政诉讼时一并提起行政赔偿要求，也可以在行政复议作出决定或赔偿义务机关作出决定之后，向法院提起行政赔偿诉讼。

行政行为未被确认为违法，公民、法人或者其他组织提起行政赔偿诉讼的，人民法院应当视为提起行政诉讼时一并提起行政赔偿诉讼。

行政行为已被确认为违法，并符合下列条件的，公民、法人或者其他组织可以单独提起行政赔偿诉讼：

（1）原告具有行政赔偿请求资格；

（2）有明确的被告；

（3）有具体的赔偿请求和受损害的事实根据；

（4）赔偿义务机关已先行处理或者超过法定期限不予处理；

（5）属于人民法院行政赔偿诉讼的受案范围和受诉人民法院管辖；

（6）在法律规定的起诉期限内提起诉讼。

原告提起行政诉讼时未一并提起行政赔偿诉讼，人民法院审查认为可能存在行政赔偿的，应当告知原告可以一并提起行政赔偿诉讼。

原告在第一审庭审终结前提起行政赔偿诉讼，符合起诉条件的，人民法院应当依法受理；原告在第一审庭审终结后、宣判前提起行政赔偿诉讼的，是否准许由人民法院决定。

原告在第二审程序或者再审程序中提出行政赔偿请求的，人民法院可以组织各方调解；调解不成的，告知其另行起诉。

赔偿请求人请求国家赔偿的时效为 2 年，自其知道或者应当知道国家机关及其工作人员行使职权时的行为侵犯其人身权、财产权之日起计算，但被羁押等限制人身自由期间不计算在内。在申请行政复议或者提起行政诉讼时一并提出赔偿请求的，适用行政复议法、行政诉讼法有关时效的规定。

赔偿请求人在赔偿请求时效的最后 6 个月内，因不可抗力或者其他障碍不能行使请求权的，时效中止。从中止时效的原因消除之日起，赔偿请求时效期间继续计算。

人民法院审理行政赔偿案件，赔偿请求人和赔偿义务机关对自己提出的主张，应当提供证据。

赔偿义务机关采取行政拘留或者限制人身自由的强制措施期间，被限制人身自由的人死亡或者丧失行为能力的，赔偿义务机关的行为与被限制人身自由的人的死亡或者丧失行为能力是否存在因果关系，赔偿义务机关应当提供证据。

四、行政追偿

赔偿义务机关赔偿损失后，应当责令有故意或者重大过失的工作人员或者受委托的组织或者个人承担部分或者全部赔偿费用。对有故意或者重大过失的责任人员，有关机关应当依法给予处分；构成犯罪的，应当依法追究刑事责任。

五、涉外赔偿

外国人、外国企业和组织在中华人民共和国领域内要求中华人民共和国国家赔偿的，适用国家赔偿法的规定。

外国人、外国企业和组织的所属国对中华人民共和国公民、法人和其他组织要求该国国家赔偿的权利不予保护或者限制的，中华人民共和国与该外国人、外国企业和组织的所属国实行对等原则。

第四节　赔偿方式和计算标准

一、赔偿方式

（一）赔偿方式的含义

赔偿方式是指国家对国家机关及其工作人员的侵权行为承担赔偿责任的各种形式。行政赔偿是对行政侵权行为造成损害的补救。赔偿的方式根据损害的性质、情节、程度的不同也会有所不同。同时，采用不同的方式也会直接影响到国家和被侵害主体的合法权益，因此有必要以法律的形式进行明确。

（二）行政赔偿的方式

我国《国家赔偿法》第 32 条规定："国家赔偿以支付赔偿金为主要方式。能够返还财产或恢复原状的，予以返还财产和恢复原状。"根据规定，我国行政赔偿是以金钱赔偿为主要方式，以返还财产、恢复原状为补充的，也就是说，除特别情况外，我国的绝大部分赔偿应当以支付货币的形式进行，只有在需要返还财产或恢复原状时，才可以返还财产、恢复原状的方式进行。

我国《国家赔偿法》第 35 条还规定："有本法第三条或者第十七条规定情形之一，致人精神损害的，应当在侵权行为影响的范围内，为受害人消除影响，恢复名誉，赔礼道歉；造成严重后果的，应当支付相应的精神损害抚慰金。"

1. 支付赔偿金

支付赔偿金，即金钱赔偿，是指将受害人的各项损失计算成相应数额的金钱，并以金钱折抵受害人的损失。金钱赔偿方式既可以赔偿财产损失，也可以赔偿人身损害和精神损害。支付赔偿金应为本国货币。

金钱赔偿作为物质利益的数据化表现形式，是社会中最常用、最普遍的支付手段。其本身的特点也决定了金钱赔偿是国家赔偿法中的主要赔偿方式，具体表现为：（1）金钱赔偿适用的范围非常广泛，几乎适用于任何损害的赔偿，无论是物质损害还是精神损害，也无论是对人身权或对财产权的损害，都可以进行金钱赔偿。（2）金钱赔偿便于操作。由于货币具有数值性，它可以作为统一的标准衡量不同的利益损失，便于实施，可以避免双方由于标准不统一而使赔偿难以实施。

同时，金钱赔偿的适用是以不能返还财产或恢复原状为前提。不能返还财产和恢复原状主要是指以下几种情况：（1）侵犯公民的人身自由及生命健康权；（2）侵犯公民、组织的财产权，被侵害的财产已经灭失、拍卖等，恢复原状事实上不可能；（3）侵犯公民和组织财产的财产权，被侵害的财产已被损坏且不能恢复原状，或恢复原状有重大困难；（4）返还财产或恢复原状与法律规范相抵触。

根据国家赔偿法规定，致人精神损害的，应当在侵权行为影响的范围内，为受害人消除影响，恢复名誉，赔礼道歉；造成严重后果的，应当支付相应的精神损害抚慰金。"造成严重后果"是指：（1）受害人被非法限制人身自由超过 6 个月；（2）受害人经鉴定为轻伤以上或者残疾；（3）受害人经诊断、鉴定为精神障碍或者精神残疾，且与违法行政行为存在关联；（4）受害人名誉、荣誉、家庭、职业、教育等方面遭受严重损害，且与违法行政行为存在关联。"后果特别严重"

是指：（1）受害人被限制人身自由10年以上；（2）受害人死亡；（3）受害人经鉴定为重伤或者残疾一至四级，且生活不能自理；（4）受害人经诊断、鉴定为严重精神障碍或者精神残疾一至二级，生活不能自理，且与违法行政行为存在关联。

2. 返还财产

返还财产是指国家机关将违法占有或控制的受害人的财产返还给受害人。返还财产适用于采取剥夺相对人的物品或其他财产的措施，如罚款、没收财产、没收违法工具或违禁物品，违反国家规定征收财物、摊派费用等错误造成当事人损失。返还财产只限于物质损害，返还的财产可以是金钱，也可以是具体的物。如果返还物有孳息，通常情况下，返还原物时应当一并返还孳息。

返还财产的前提是原物存在或返还原物比金钱赔偿更为便捷。因此，返还财产主要适用于以下情形：（1）行政机关违法采用罚款、没收财产等行政处罚。（2）行政机关违法征收财物、摊派费用。（3）司法机关或行政机关违法适用罚金、没收追缴等剥夺财物的措施。（4）国家机关违法采取查封、扣押、冻结财产的措施。

返还财产时还需要注意三个问题：第一，原财产还存在；第二，返还财产比金钱赔偿更为便捷；第三，返还财产不影响公务的实施。

3. 恢复原状

恢复原状是指对赔偿请求人已经受到损害的财产进行修复，使之恢复到损害前的状态或性能。

采用恢复原状必须满足两个前提：（1）受损财产没有灭失，还具有可修复性；（2）恢复原状比金钱赔偿更为经济，更简便易行。

一般情况下，应当适用恢复原状有以下几种情况：（1）应当返还的财产被损坏，能够恢复原状，应当恢复原状的；（2）查封、扣押、冻结的应当解除查封、扣押、冻结的；（3）有可能恢复原状且不违反其他法律规定的。

4. 其他方式

除了上述三种方式之外，行政赔偿还包括消除影响、恢复名誉、赔礼道歉等。采用这些赔偿方式主要是因为某些法定的侵权行为侵犯了受害人的名誉权和荣誉权，主要是指国家赔偿法第3条规定的违法行为。人民法院可以根据案件具体情况，组织赔偿请求人与赔偿义务机关就消除影响、恢复名誉或者赔礼道歉的具体方式进行协商。协商不成作出决定的,应当采用下列方式:(1)在受害人住所地或者所在单位发布相关信息;(2)在侵权行为直接影响范围内的媒体上予以报道;(3)赔偿义务机关有关负责人向赔偿请求人赔礼道歉。

二、计算标准

行政赔偿的计算标准是指国家支付赔偿金赔偿受害人的损失时所适用的标准。一个国家的计算标准和国家的经济实力和财政状况相适应。

(一)侵犯人身自由权的计算标准

《国家赔偿法》第33条规定:"侵犯公民人身自由的,每日赔偿金按照国家上年度职工日平均工资计算。"

(二)侵犯公民生命健康权的计算标准

根据《国家赔偿法》第34条的规定:"侵犯公民生命健康权的,赔偿金按照下列规定计算:(1)造成身体伤害的,应当支付医疗费、护理费,以及赔偿因误工减少的收入。减少的收入每日的赔偿金按照国家上年度职工日平均工资计算,最高额为国家上年度职工年平均工资的5倍。(2)造成部分或者全部丧失劳动能力的,应当支付医疗费、护理费、残疾生活辅助具费、康复费等因残疾而增加的必要支出和继续治疗所必需的费用,以及残疾赔偿金。残疾赔偿金根据丧失劳动能力的程度,按照国家规定的伤残等级确定,最高不超过国家上年度职工年平均工资的20倍。造成全部丧失劳动能力的,对其扶养的无劳动能力的人,还应当支付生活费。(3)造成死亡的,应当支付死亡赔偿金、丧葬费,总额为国家上年度职工年平均工资的20倍。对死者生前扶养的无劳动能力的人,还应当支付生活费。(4)对被扶养的人生活费发放标准,参照当地最低生活保障标准执行。被扶养的人是未成年人的,生活费给付至18周岁止;其他无劳动能力的人,生活费给付至死亡时止。"

(三)侵犯公民财产权的计算标准

侵犯公民、法人和其他组织的财产权造成损害的,按照下列规定处理:

(1)处罚款、罚金、追缴、没收财产或者违法征收、征用财产的,返还财产。

(2)查封、扣押、冻结财产的,解除对财产的查封、扣押、冻结。

(3)应当返还的财产损坏的,能够恢复原状的恢复原状,不能恢复原状的,按照损害程度给付相应的赔偿金。

（4）应当返还的财产灭失的，给付相应的赔偿金。

（5）财产已经拍卖或者变卖的，给付拍卖或者变卖所得的价款；变卖的价款明显低于财产价值的，应当支付相应的赔偿金。

（6）吊销许可证和执照、责令停产停业的，赔偿停产停业期间必要的经常性费用开支。经常性费用开支包括：①必要留守职工的工资；②必须缴纳的税款、社会保险费；③应当缴纳的水电费、保管费、仓储费、承包费；④合理的房屋场地租金、设备租金、设备折旧费；⑤维系停产停业期间运营所需的其他基本开支。

（7）返还执行的罚款或者罚金、追缴或者没收的金钱，解除冻结的存款或者汇款的，应当支付银行同期存款利息。

（8）对财产权造成其他损害的，按照直接损失给予赔偿。直接损失包括：①存款利息、贷款利息、现金利息；②机动车停运期间的营运损失；③通过行政补偿程序依法应当获得的奖励、补贴等；④对财产造成的其他实际损失。

（四）精神损害抚慰金的计算标准

致人精神损害，造成严重后果的，精神损害抚慰金一般应当在国家赔偿法第33条、第34条规定的人身自由赔偿金、生命健康赔偿金总额的50%以下（包括本数）酌定；后果特别严重，可以在50%以上酌定。精神损害抚慰金的具体数额，应当在兼顾社会发展整体水平的同时，参考下列因素合理确定：（1）精神受到损害以及造成严重后果的情况；（2）侵权行为的目的、手段、方式等具体情节；（3）侵权机关及其工作人员的违法、过错程度、原因力比例；（4）受害人的职业、影响范围；（5）纠错的事由以及过程；（6）其他应当考虑的因素。

三、行政赔偿的费用

为了保证受害人能够及时得到赔偿，我国相关法律对行政赔偿费用的来源作出了明确的规定。根据《国家赔偿法》第37条的规定："赔偿费用列入各级财政预算。赔偿请求人凭生效的判决书、复议决定书、赔偿决定书或者调解书，向赔偿义务机关申请支付赔偿金。赔偿义务机关应当自收到支付赔偿金申请之日起7内，依照预算管理权限向有关的财政部门提出支付申请。财政部门应当自收到支付申请之日起15日内支付赔偿金。"国务院发布实施的《行政赔偿费用管理办法》又进一步对赔偿费用的支付提供了保障。行政赔偿费用由各级政府财政列支，由各级财政部门拨款，而且单立账户，专款专用，由赔偿义务机关向请求权人支付，不得挪作他用。

　　赔偿请求人要求国家赔偿的，赔偿义务机关、复议机关和人民法院不得向赔偿请求人收取任何费用。对赔偿请求人取得的赔偿金不予征税。

附件：本书涉及的法律、法规等规范性文件

一、法律

1.《中华人民共和国宪法》，1982 年 12 月 4 日在第五届全国人大第 5 次会议上正式通过并颁布。1988 年、1993 年、1999 年、2004 年、2018 年五次修正。

2.《中华人民共和国立法法》，2000 年 3 月 15 日第九届全国人民代表大会第三次会议通过；2015 年修正。

3.《中华人民共和国地方各级人民代表大会和地方各级人民政府组织法》，1979 年 7 月 1 日第五届全国人民代表大会第 2 次会议通过；1982 年、1986 年、1995 年、2004 年、2015 年和 2022 年六次次修正。

4.《中华人民共和国村民委员会组织法》，1998 年 11 月 4 日第九届全国人民代表大会常务委员会第 5 次会议通过；2010 年、2018 年两次修改。

5.《中华人民共和国城市居民委员会组织法》，1989 年 12 月 26 日第七届全国人民代表大会常务委员会第 11 次会议通过；2018 年修正。

6.《中华人民共和国公务员法》，2005 年 4 月 27 日第十届全国人民代表大会常务委员会第 15 次会议通过；2017 年、2018 年两次修改。

7.《中华人民共和国行政处罚法》，1996 年 3 月 17 日第八届全国人民代表大会第 4 次会议通过；2009 年、2017 年、2021 年三次修改。

8.《中华人民共和国行政强制法》，第十一届全国人民代表大会常务委员会第 21 次会议于 2011 年 6 月 30 日通过，自 2012 年 1 月 1 日起施行。

9.《中华人民共和国税收征收管理法》，1992 年 9 月 4 日第七届全国人民代表大会常务委员会第 27 次会议通过；1995 年、2001、2015 三次修改。

10.《中华人民共和国个人所得税法》，1980 年 9 月 10 日第五届全国人民代表大会第 3 次会议通过；至今先后进行了七次修正。

11.《中华人民共和国城市房地产管理法》，1994 年 7 月 5 日第八届全国人民代表大会常务委员会第 8 次会议通过；2007 年、2009 年、2019 年三次修正。

12.《中华人民共和国价格法》，第八届全国人民代表大会常务委员会第29次会议于1997年12月19日通过，自1998年5月1日起施行。

13.《中华人民共和国土地管理法》，1986年6月25日经第六届全国人民代表大会常务委员会第16次会议审议通过，1987年1月1日实施；1988年、1998年、2004年、2019年四次修改。

14.《中华人民共和国人口与计划生育法》，2001年12月29日第九届全国人民代表大会常务委员会第25次会议通过；2015年、2021年两次修正。

15.《中华人民共和国行政许可法》，由第十届全国人民代表大会常务委员会第4次会议于2003年8月27日通过，自2004年7月1日起施行；2019年修正。

16.《中华人民共和国社会保险法》，2010年10月28日第十一届全国人民代表大会常务委员会第17次会议通过，自2011年7月1日起施行；2018年修正。

17.《全国人民代表大会常务委员会关于加强法律解释工作的决议》，1981年6月10日第五届全国人民代表大会常务委员会第19次会议通过。

18.《中华人民共和国人民警察法》，1995年2月28日第八届全国人民代表大会常务委员会第12次会议通过，2012年修正。

19.《中华人民共和国道路交通安全法》，2003年10月28日第十届全国人民代表大会常务委员会第5次会议通过；2007年、2011年、2021年三次修正。

20.《中华人民共和国治安管理处罚法》，2005年8月28日十届全国人大常委会第17次会议通过，自2006年3月1日起施行；2012年修正。

21.《中华人民共和国户口登记条例》，1958年1月9日全国人民代表大会常务委员会第91次会议通过，1958年1月9日起施行。

22.《中华人民共和国居民身份证法》，2003年6月28日第十届全国人民代表大会常务委员会第3次会议通过，自2004年1月1日起施行；2011年修正。

23.《中华人民共和国教育法》，1995年3月18日第八届全国人民代表大会第3次会议通过；2009年、2015年、2021年三次修正。

24.《中华人民共和国教师法》，1993年10月31日第八届全国人民代表大会常务委员会第4次会议通过；2009年修正。

25.《中华人民共和国高等教育法》，1998年8月29日第九届全国人民代表大会常务委员会第4次会议通过；2015年、2018年两次修正。

26.《中华人民共和国民办教育促进法》，2002年12月28日第九届全国人民代表大会常务委员会第 31 次会议通过；2013 年、2016 年、2018 年三次修正。

27.《中华人民共和国义务教育法》，1986 年 4 月 12 日第六届全国人民代表大会第 4 次会议通过；2006 年、2015 年、2018 年三次修改。

28.《中华人民共和国环境保护法》，1989 年 12 月 26 日第七届全国人民代表大会常务委员会第 11 次会议通过；2014 年修订。

29.《中华人民共和国大气污染防治法》，1987 年 9 月 5 日第六届全国人民代表大会常务委员会第 22 次会议通过；1995 年、2000 年、2015 年、2018 年四次修改。

30.《中华人民共和国固体废物污染环境防治法》，1995 年 10 月 30 日第八届全国人民代表大会常务委员会第 16 次会议通过；2004 年、2013 年、2015 年、2016 年、2020 年五次修改。

31.《中华人民共和国突发事件应对法》，第十届全国人民代表大会常务委员会第 29 次会议于 2007 年 8 月 30 日通过，自 2007 年 11 月 1 日起施行。

32.《中华人民共和国传染病防治法》，第七届全国人民代表大会常务委员会第 6 次会议于 1989 年 2 月 21 日通过，自 1989 年 9 月 1 日起施行；2004 年、2013 年两次修改。

33.《中华人民共和国安全生产法》，2002 年 6 月 29 日第九届全国人民代表大会常务委员会第 28 次会议通过；2009 年、2014 年、2021 年三次修改。

34.《中华人民共和国农村土地承包经营纠纷调解仲裁法》，第十一届全国人民代表大会常务委员会第 9 次会议于 2009 年 6 月 27 日通过，自 2010 年 1 月 1 日起施行。

35.《中华人民共和国劳动争议调解仲裁法》，第十届全国人民代表大会常务委员会第 31 次会议于 2007 年 12 月 29 日通过，自 2008 年 5 月 1 日起施行。

36.《中华人民共和国行政复议法》，1999 年 4 月 29 日第九届全国人民代表大会常务委员会第 9 次会议通过；2009 年、2017 年两次修正。

37.《中华人民共和国国家赔偿法》经 1994 年 5 月 12 日八届全国人大常委会第 7 次会议通过；2010 年、2012 年两次修正。

38.《中华人民共和国行政诉讼法》，1989 年 4 月 4 日第七届全国人民代表大会第 2 次会议通过；2014 年、2017 年两次修正。

二、法规

1.《中华人民共和国政府信息公开条例》，2007年4月5日中华人民共和国国务院令第492号公布；2019年修订。

2.《行政法规制定程序条例》2001年11月16日中华人民共和国国务院令第321号公布；2017年修订。

3.《规章制定程序条例》2001年11月16日中华人民共和国国务院令第322号公布；2017年修订。

4.《国有土地上房屋征收与补偿条例》，国务院于2011年1月21日发布，自公布之日起施行。

5.《中华人民共和国税收征收管理法实施细则》，2002年9月7日中华人民共和国国务院令第362号公布；2012年、2013年、2016年三次修正。

6.《中华人民共和国土地管理法实施条例》，1998年12月27日中华人民共和国国务院令第256号发布；2011年、2014年、2021年三次修正。

7.《军人抚恤优待条例》，由中华人民共和国国务院、中华人民共和国中央军事委员会于2004年8月1日公布，自2004年10月1日起施行；2011年、2019年两次修订。

8.《烈士褒扬条例》，2011年7月20日国务院第164次常务会议通过，自2011年8月1日起施行；2019年3月、8月先后两次修订。

9.《社会救助暂行办法》，由国务院于2014年2月21日公布，自2014年5月1日起施行；2019年修订。

10.《重大行政决策程序暂行条例》，国务院于2019年5月8日公布，自2019年9月1日起施行。

11.《中华人民共和国道路交通安全法实施条例》，2004年4月28日国务院第49次常务会议通过，自2004年5月1日起施行；2017年修订。

12.《企业名称登记管理规定》，1991年5月6日中华人民共和国国家工商行政管理局令第7号发布；2012年11月9日，经中华人民共和国国务院令第628号第一次修订；2020年12月28日，经中华人民共和国国务院令第734号第二次修订。

13.《突发公共卫生事件应急条例》，2003年5月9日中华人民共和国国务院令第376号公布；2011年修订。

14.《生产安全事故应急条例》，2018年12月5日国务院第33次常务会议通过，自 2019 年 4 月 1 日起施行。

15.《自然灾害救助条例》，2010 年 6 月 30 日国务院第 117 次常务会议通过，自 2010 年 9 月 1 日起施行；2019 年修订。

16.《事业单位人事管理条例》，2014 年 2 月 26 日国务院第 40 次常务会议通过，自 2014 年 7 月 1 日起施行。

17.《中华人民共和国行政复议法实施条例》，2007 年 5 月 23 日国务院第 177 次常务会议通过，自 2007 年 8 月 1 日起施行。

三、规章

1.《湖南省行政程序规定》，2008 年 4 月 9 日省人民政府第 4 次常务会议通过，自 2008 年 10 月 1 日起施行。

2.《山东省行政程序规定》，2011 年 5 月 25 日省政府第 101 次常务会议通过，自 2012 年 1 月 1 日起施行。

3.《江苏省行政程序规定》，2015 年 1 月 4 日经省人民政府第 49 次常务会议讨论通过，自 2015 年 3 月 1 日起施行。

4.《宁夏回族自治区行政程序规定》，2015 年 1 月 8 日自治区人民政府第 38 次常务会议讨论通过，自 2015 年 3 月 1 日起施行。

5.《浙江省行政程序办法》，省人民政府第 67 次常务会议审议通过，自 2017 年 1 月 1 日起施行。

6.《基础设施和公用事业特许经营管理办法》，发展和改革委员会等 6 部门于 2015 年 4 月 25 日发布，自 2015 年 6 月 1 日起施行。

7.《市政公用事业特许经营管理办法》，2004 年 2 月 24 日经第 29 次建设部常务会议讨论通过，自 2004 年 5 月 1 日起施行；2015 年修正。

8.《公安机关办理行政案件程序规定》，2012 年公安部发布；2014 年、2018 年两次修正。

9.《普通高等学校学生管理规定》，教育部 2016 年第 49 次部长办公会议修订通过，自 2017 年 9 月 1 日起施行。

10.《市场监督管理行政处罚程序规定》，2018 年 12 月 21 日国家市场监督管理总局令第 2 号公布；根据 2021 年 7 月 2 日国家市场监督管理总局令第 42 号《国家市场监督管理总局关于修改〈市场监督管理行政处罚程序暂行规定〉等二部规章的决定》修正。

11.《市场监督管理行政处罚听证办法》，2018 年 12 月 21 日国家市场监督管理总局令第 3 号公布；根据 2021 年 7 月 2 日国家市场监督管理总局令第 42 号《国家市场监督管理总局关于修改〈市场监督管理行政处罚程序暂行规定〉等二部规章的决定》修正。

12.《环境保护主管部门实施按日连续处罚办法》，2014 年 12 月 15 日环境保护部部务会议审议通过，自 2015 年 1 月 1 日起施行。

13.《环境保护主管部门实施限制生产、停产整治办法》，2014 年 12 月 15 日由环境保护部部务会议审议通过，自 2015 年 1 月 1 日起施行。

14.《环境保护主管部门实施查封、扣押办法》，2014 年 12 月 15 日由环境保护部部务会议审议通过，自 2015 年 1 月 1 日起施行。

15.《劳动人事争议仲裁办案规则》，2017 年 4 月 24 日人力资源和社会保障部第 123 次部务会审议通过，自 2017 年 7 月 1 日起施行。

16.《汕头市行政裁决规定》，2021 年 1 月 12 日汕头市人民政府令第 198 号公布，自 2021 年 3 月 1 日起施行。

17.《江苏省行政调解办法》，江苏省人民政府 2019 年 4 月 12 日发布。

四、其他规范性文件

1.《中共中央关于全面推进依法治国若干重大问题的决定》，2014 年 10 月中国共产党第十八届中央委员会第四次全体会议通过。

2.《法治中国建设规划（2020—2025 年）》，2021 年 1 月中共中央印发。

3.《法治政府建设实施纲要（2015—2020 年）》，2015 年 12 月 27 日中共中央、国务院印发。

4.《全面推进依法行政实施纲要》，2004 年 3 月 22 日国务院印发实施。

5.《国务院关于加强市县政府依法行政的决定》，国务院于 2008 年 5 月 12 日发布。

6.《国务院关于加强法治政府建设的意见》，2010 年 10 月 10 日发布。

7.《最高人民法院关于行政案件案由的暂行规定》，2020 年 12 月 7 日由最高人民法院审判委员会第 1820 次会议讨论通过，自 2021 年 1 月 1 日起施行。

8.《最高人民法院关于审理行政协议案件若干问题的规定》，2019 年 11 月

12 日由最高人民法院审判委员会第 1781 次会议通过，自 2020 年 1 月 1 日起施行。

9.《最高人民法院关于适用〈中华人民共和国行政诉讼法〉的解释》，2017 年 11 月 13 日由最高人民法院审判委员会第 1726 次会议通过，自 2018 年 2 月 8 日起施行。

10.《人事争议处理规定》，2007 年 8 月 9 日，中组部、人事部、总政治部联合印发，2007 年 10 月 1 日起施行；2011 年修改。

11.《最高人民法院关于审理行政赔偿案件若干问题的规定》，2022 年 3 月 21 日最高人民法院发布，自 2022 年 5 月 1 日起施行。